中德法学论坛

第 15 辑(2018 年)

Jahrbuch des Deutsch-Chinesischen Instituts für Rechtswissenschaft der Universitäten Göttingen und Nanjing

Band 15 Jahr 2018

感谢德意志学术交流中心
对《中德法学论坛》的支持
Gefördert vom Deutschen Akademischen Austausch Dienst(DAAD)
aus Mitteln des Auswärtigen Amtes(AA)

序

2017 年,南京大学 – 哥廷根大学中德法学研究所获批主持“华英文教基金大师讲座项目”,邀请在民法学、民事诉讼法学、经济法学、法学方法论、法理学等多个领域造诣极深的世界著名法学家、德国弗莱堡大学教授罗尔夫·施蒂尔纳(Rolf Stürner)对南京大学进行为期十天的学术访问。教授开设“法学方法论”课程,并面向全校师生、江苏省和南京市学界及司法实务界作了题为“法院判决和替代性纠纷解决之间的关系”“法学方法论之争对于法律发展的意义”“金融危机后十年间新自由主义对西方文明和法律的影响”“论最高法院的裁判对于社会发展的意义”的四场学术演讲,掀起了研究所年度学术交流的高潮。这四篇报告的文字版经教授授权和修订,将陆续在《中德法学论坛》上发表。本辑收录的《方法论之争对于法律发展的意义》简明扼要地厘清了法概念、法教义学、潘德克顿、法学方法论、基础科学等常见然而对很多法律人来说仍然模糊不清的基本概念,阐明了概念和科学认知、法学方法论和法教义学、方法论和基础科学之间的关系,认为:法学方法论和哲学、史学、经济学、社会学、政治学等一样应归属于基础科学,但各基础科学仅是整体知识的部分环节;基础科学中的概念理解构成前理解,法律中的概念理解建立在前理解基础上;法律的发展来自法学对所有基础科学的综合关注和总体认识、批判意识。尤为可贵的是,论文用相当篇幅深入细致地介绍了德国法学方法论中最具特色的“精细构造”(Feinstrukturen),即介于法律体系金字塔顶端的抽象基本原则和金字塔底部的极为详细和具体的个案规则之间的中间层“精细体系”(Feinsystem),阐述了法律精细体系中间层形成的特殊历史背景,精细体系在法教义学中的重要地位、对法律实践和法律思维的积极影响,同时也分析了精细体系所代表的德国发达的教义学面临的欧盟法和现代信息技术的挑战和风险,指出当下法律实践和教学中愈发强烈的个案导向趋势和体系化教义学的渐行渐远,在此基础上讨论德国教义学对东亚尤其是对中国的可借鉴性。作者指出的通过体系化和教义学有助于在顺应政治期待和安定的前提下使判例达到一定程度的独立性,使法律体系从其他国家权力中适度解放,进而有助于巩固法治国基本原则的观点,是比较新颖和有意思的,似乎也为中国正在进行的司法改革和全面依法治国提供了一种注解。

另一篇法学方法论论文、雷根斯堡大学教授马丁·罗尼希(Martin Löhnig)的《比较法与法制史——关于比较法制史的一些认识》将法律比较研究方法区分为法律的历史比较和比较法制史,将以教义学为核心、比较在不同时期和不同法域背景下教义学概念及其发展演变的研究路径称为法律的历史比较,而比较法制史不侧重教义学,更多关注文化传统、社会结构、经济环境、国家组织特性等对法律的影响,对法律制度的历史发展进程进行历史学研究(法制史),并对不同国家的法制史进行比较研究。尚不清楚这样的分类和原先比较法理论中对法律比较研究和法律文化比较研究的分类之间的关系特别是差别。但论文通过对"比较法制史"的若干基本问题的理论阐述,包括什么是比较法制史,比较法制史的研究对象是什么,它有哪些独特的功能和价值,面临哪些严峻挑战,采取哪些应对措施,等等,清楚地界定和推介了这门非常年轻的、目前仍处在探索期的新学科,指出了新的比较法学学科发展方向,并为推动相关研究、形成有效研究计划、组建长期合作的跨国研究团队以克服该学科发展瓶颈、促进学科发展吹响了号角。

2018年,中国《反垄断法》实施十周年,已经成为国际上最具影响力的反垄断法之一。十年间形成了一批有影响力、有价值的实践案例,也凸显出立法、执法和法学研究中亟待解决的问题。数字经济的全面快速发展、全球化面临的严峻挑战和中国全方位对外开放战略之间的紧张关系、中国进一步深化改革的基本国策等,对反垄断法理论和实践也提出了新课题、新挑战。中国反垄断法面临修法重任。2018年也是《德国反限制竞争法》(GWB)生效六十周年。经过九次修订,该法始终保持与时俱进的良好发展态势。为此本辑选登了三位曾留学德国的青年才俊对反垄断法前沿问题的研究成果。三篇论文不约而同地运用了比较研究方法,但都呈现出立足中国问题的浓厚的主体意识和明确的研究目标。周万里的论文《数字市场反垄断法——经济学和比较法的视角》结合2017年《德国反限制竞争法》最新修订内容,系统而具体地阐述了以平台、数据、双边市场为核心要素和特征的数字经济对反垄断法的影响和重塑;翟巍的

《行政性垄断豁免机制的本土建构路径——基于欧盟与德国模式镜鉴的视角》一文建设性地提出中国行政垄断豁免机制的设计应当同时关注社会公共服务产生的对反垄断豁免的普遍需求和本国经济体制与产业政策特点产生的特殊需求的新观点;金枫梁的论文《论通过取得资产的方式取得控制权——兼论〈反垄断法〉第20条第2项的解释误区》通过比较研究和借鉴,运用法解释学方法,重新解读和界定我国反垄断法中"经营者集中"的三项构成要件,尝试纠正目前执法实践中的误读,弥补理论研究中的短板。

党的十九大提出"乡村振兴战略",2018年一号文件确立了乡村振兴的方向和总体思路,农村迎来新一轮改革发展。法律如何为这一中国社会极其重大的改革发展提供制度保障,是中国法律人面临的新课题。虽然中国是一个农业大国,农村发展是国家的重大战略,但相关法学研究和法制建设至今仍被忽视甚至轻视。中德法学研究所的主要合作伙伴德国哥廷根大学拥有全德唯一、享誉欧洲的农业法教席和历史悠久的农业法研究所,目前执掌该教席的是何塞·马丁内茨(José Martinéz)教授。本辑选登了三篇德国视野下的农业法论文。第一篇 Martinéz 的论文《农业 4.0——农业数字化的法律框架和挑战》有很强的时代性,探讨了法律在农业数字化中的角色,特别是知识产权法、合同法、侵权法、竞争法等部门法工具对自由数据交易的限制和对数据交易经济利益的保障及两者间的平衡。第二篇是哥廷根大学农业经济法研究所2017年年刊发表的德国著名农业法学家罗兰·诺尔(Roland Norer)的论文《农业法特别法理论、功能性理论和农村区域法理论》,探讨什么是农业法,农业法在法律体系中的地位和作用是什么等农业法的基础性理论问题。第三篇论文哥廷根大学农业经济法研究所博士生金健的《德国食品安全领域的元规制》,介绍了德国的元规制理论及其在食品安全领域的应用,也表明了德国农业法的宽广研究范围。

维尔纳·豪恩(Werner Heuen)是哥廷根大学资深教授,也是德国国家法学领域有影响力和富有争议的一位著名法学家,对国民经济法学的研究颇有建树,对比较法研究的兴趣一以贯之。20世纪90年代初,Heuen 教授还是哥大法学院最年轻的教授,就来到南京大学中德所进行短期教学,教授德国宪法。之后的数十年里,Heuen 教授三次担任哥大法律系主任,始终大力支持中德法学研究所的发展,并多次亲自到访南京,教授课程、发表演讲、参加学术会议,还为研究所培养了多名优秀的德国公法硕士生和一名博士生,是中德所发展和中德法学交流坚定的支持者和实践者。2017年9月教授因病英年早逝。本辑《中德法学论坛》谨以选登教授的得意门生亚历山大·蒂勒(Alexander Thiele)博士的一篇悼念文章和教授生前专门为《中德法学论坛》撰写的论文《从法律视角看金融市场监管的新发展》来纪念教授,表达敬意!

专论部分刊登了六篇高水平研究论文,部分是具有开拓性、原创性的前沿研究成果,部分是功底深厚的基础研究佳作,包括世界著名国际法和国际海洋法学家亚历山大·普鲁尔斯(Alexander Proelss)专门为本书撰写的力作《〈联合国海洋法公约〉法庭的"属物管辖权"限制》,德国著名劳动法学家奥拉夫·戴纳特(Olaf Deinert)新近拓展研究范围后的成果《移民与劳动法》,以及四位中国学者的优秀研究成果,马海峰的《圣命难违与圣教一统——罗马法中的渎圣罪》、吴建斌的《从"孟文公案"中的优待股论争看类别股权益的平衡路径》、李建星的《消解中的拒绝履行——德国法演进及对中国法的启示》和陈苏豪的《论德国刑事被追诉人的阅卷权》。丰富的内容无需也无法在此赘述,唯有阅读原文,令人耳目一新。

结合南京大学中德法学研究所同名丛书项目,近年来《中德法学论坛》专设一个相对固定的栏目"德国联邦法院典型判例研究"。本辑选登研究所校友、四川外国语大学教授李大雪的《德国教会内部纠纷的法律救济途径——德国联邦最高法院判例评析》一文,关注国家司法权和宗教团体自决权之间的关系,呈现德国联邦法院判例原貌,以飨读者。

祝大家阅读有收获,思想有乐趣!

方小敏

2018年4月23日

·德国联邦法院典型判例研究·

Jahrbuch des Deutsch-Chinesischen Instituts für Rechtswissenschaft der Universitäten Göttingen und Nanjing

Band 15

Inhaltsverzeichnis

· Agrarrecht ·

· Gedächtnisschrift für Prof. Dr. Dr. h.c. Werner Heun ·

· Aufsätze ·

Yearbook of the German-Chinese Institute for Law Science of the University Göttingen and Nanjing Vol. 15 Index

· Special Column for Professor Werner Heun ·

· Essays ·

· Illustrations and Explanations of the Supreme Court Rulings in Germany ·

法学方法论

罗尔夫·施蒂尔纳著　孙文译　方法论之争对于法律发展的意义

马丁·罗尼希著　朱子音译　比较法与法制史

——关于比较法制史的一些认识

中德法学论坛
第15辑,第3~25页

方法论之争对于法律发展的意义

罗尔夫·施蒂尔纳*著　孙　文**译

摘　要:概念在方法论的研究中必不可少,但概念具有不确定性,这源于其和前理解的相互作用。尽管如此,方法论的研究仍具意义。教义学者既区分法教义学和实用教义学,又致力于将基本原则和具体个案进行体系建构。法学方法论应归入基础科学,亦受辅助科学的影响,但不应将个别基础科学命题片面化和绝对化。由于历史原因,相比英美法系,德国方法论的特点在于精细体系。该体系构成了个案和基本规则、基本原则之间的中间层,发挥着稳定、控制和创新等功能,但对其过度依赖造成了对基本原则的忽视。同时,当今德国方法论也面临着欧盟法和现代信息技术的挑战。尽管德国方法论对日本法影响深远,但因历史和文化因素,中国法的继受路径和日本法不同。德国的精细体系对中国法有一定的借鉴作用,但中国法更需走出自己的道路。

关键词:法学方法论;法教义学;基础科学;精细体系;东亚法

Abstract:The concept is indispensable in the study of methodology, but it also involves some degree of uncertainty, which stems from the interaction with pre-understanding. Despite this, the research of methodology remains significant. The researchers of dogmatics not only distinguish legal dogmatics and practical dogmati-

---

* 罗尔夫·施蒂尔纳(Professor Dr. Dres. h. c. Rolf Stürner):德国弗莱堡大学民法和民事诉讼法教席荣休教授,原德国和外国民事诉讼法研究所第一分所所长。

** 孙文:华东政法大学研究生教育院民商法博士研究生。

cs, but also devote themselves to constructing systems based on principles and specific cases. The methodology of law should be subsumed into basic science and also influenced by auxiliary science. However, individual propositions in basic science should not be taken one-sidedly and absolutely. Due to historical reasons, the German legal methodology is characterized by a finer system than the Anglo-American legal system. The system constitutes the interlayer between the cases and the basic rules as well as basic principles. It has functions in stability, control, and innovation. However, its over-reliance has caused the neglect of basic principles. At the same time, today's German legal methodology also faces the challenges of EU laws and the modern information technology. Although the German legal methodology has a far-reaching impact on Japanese law, the way of legal reception in Chinese law differs from the Japanese law due to historical and cultural factors. The fine system of Germany has a certain reference for Chinese law, but the Chinese law needs to pursue its own course independently.

Key Words: legal methodology, legal dogmatics, basic science, fine system, East Asian law

一、科学的认知可能性与概念明确性的界限

(一)在方法论的概念海洋中进行概念构造

人们若从事方法论研究,不可避免地会碰到一些概念,这些概念互相重合,难以区分,而且这些概念本身也没有明确的外延。人们屡战屡败,仍尝试创造一种能得到普遍承认的概念秩序,这对于从西方文明开始至今、业已经过数百年,或者更准确地说业已两千年的宏伟法律思想史来说,无甚意义。现代东亚的混合法律文化亦难逃此一概念明确性受限之宿命,例如日本、韩国和中国台湾地区,数十年来将各自的法律实践和不同的西方文明思潮相结合,热烈讨论方法论问题——近来中国大陆的讨论也历经了同样的发展。人们在概念的浩瀚海洋中感到茫然不知所措,体会到无法获得固定基础之无奈。然而,期待任何时候都能获得确定的概念根基是错误的,道理很简单,主要原因在于一切思考之对象本身都在客观表征的意义上脱离了科学认知。概念性(Begrifflichkeit)也因此充斥着不确定性和矛盾性,而法律、立法、法律

发现以及法律适用的基本问题都应以概念来理解和分析。概念和结果共同建构不仅是个别的想法,也当然是在不同历史时期所分别形成的、民族和法律文化的进程。

(二)一位侧重教义学的法学家对法学理论和方法论的观察

尽管人们对概念的构造具有多样性,并对概念赋予不同的内容,但法学家始终致力于法律的方法论基础仍颇具意义,以此弄清自己行为和思考的出发点和基础,而人们也恰好认识到,终究是自己的概念理解和自己对方法论之概念性的填补方可显得不会被一般化。对方法论问题进行持续研究可以防止错误的安定性,避免客观查明正确或错误之错觉,获得自己的话语权和对更好认知的开放性。对于法学研究者而言,像笔者这样既非方法论研究者、也非基础理论研究者,而是一个传统法学家,但在其法学研究工作以及在工作中常常会面临的方法选择中,必须适当地将方法论与传统理论的知识考虑在内并予以加工,这尤为重要。[1] 法律实践也需回溯于其思考和行为之基础,法律实践将法律适用于个人,使其法律关系具体化,并以特定的形式固定下来。

(三)自身前理解的知识界限——谦卑的原因

任何对概念、原则和规则所作的体系性思考都由某一循环的知识界限所决定。[2] 在此循环内,观察者的前理解(Vorverständnis)取决于其如何理解概念以及用概念表达基本原则和基本规则。反过来,他所置身的、由已知的概念原则及规则所组成的世界构建了其前理解。[3] 这种知识和前理解的相互依存可能变成封闭循环之囹圄,此循环排除任何运动,但也可将此相互依存比作一个可以向上也可向下运动之螺旋。[4] 准此以言,以某种知识获取来进行向上运动的可能性将取决于观察者前理解之基础的维度。但这并非绝对,即便在理

〔1〕 对此观点参见 Stürner AcP 214 (2014),7 ff.,8 f。

〔2〕 对于作为一般知识论现象的诠释学循环,尤其要参见 *Gadamer*, Wahrheit und Methode,1960; 6. Aufl. 1990; 参见 Rüthers/Fischer/Birk,Rechtstheorie,8. Aufl. 2015,R. 156 ff. 的论述。

〔3〕 对此尤其要参见 Esser, Vorverständnis und Methodenwahl in der Rechtsfindung,2. Aufl. 1972。

〔4〕 对于螺旋,尤其要参见 Gadamer aaO。

想或无拘束的讨论情境下亦同。[5] 法学和法律实践不得不和这种不确定性共存,并且须将其纳入考量。若某一学派或思潮臆想其掌握了终极知识,屈从于想要决定人类认知螺旋上升或下降之诱惑,即存在危险。方法论的工作主要致力于批判视角和朴素性,如果其宣称掌握了确定的知识,已经穷尽,多少会毁于极权主义之倾向,失其意义和目的,这是危险的。下文中所有思考都建立在这一设定之上。

二、以个别概念所描述之体系的理解

(一)教义学

1. 法教义学和实用教义学

"教义学"之概念被以不同方法所使用,其本身就如同"确定的观点"和"有拘束力的定理"[6]一样多义。有些论述者仅将教义学理解为法学中体系化建构的那一部分,其作用在于为实践中的法律适用提供一个相较实定法更为精细规则框架(Regelwerk),以此简化其工作。[7] 另一些人比如本人对法教义学作广义理解,将其定义为:将个案体系化地归纳到以现行法为基础的基本规则与原则之中。[8] 因教义学立足于或者说至少总是顾及现行法,所以如对教义学作广义理解,解释学和法律续造学也应是其一部分。教义学者区分法教义学和实用教义学,法教义学在体系化上可穷尽法律上有意义之现象的全部领域,并囊括基本原则、基本规则、法律文本、微观结构、案型(Fallgruppe)和个案,相比之下,实用教义学则阐明微观结构,以使其成为个案之标准,避免总是借助基本原

[5] 但最终是过程性知识论的出发点,尤其在 Habermas, Zur Logik der Sozialwissenschaften, 5. Aufl. 1982。

[6] 对此 Rüthers/Fischer/Birk, Rechtstheorie, Rn. 310; 部分持概念之否定 Stürner JZ 2012, 10。

[7] 在此意义上比如行政法 Brohm VVDStRL 30 (1972), 245 ff.; 更明显的如 Bachof VVDStRL 30 (1972), 193 ff。

[8] Stürner AcP 214 (2014), 11 mNw.

则和基本规则来评价。[9]

2. 作为独立于法律文化之体系建构形式的法教义学

如对法教义学作广义理解,其很大程度上和需要建构体系的想法一致,[10]它主张无教义学就无法秩序之论断,[11]因为人类正义之形式和正义理论的关联在于,同等事物同等对待,不同事物不同处理,类似事物相应调整,[12]因此规则要以不同的体系归类作为基础。历史和比较法上之区分主要源自区分的标准不同,尤其是决定它们的基本原则各不相同。在基本原则和其所作用之归类的范围内,空间上看有不同的法律文化,时间上看在同一法律文化内也存在多个不同时期,这些都造成了对个案冲突的不同评价。基本原则之产生(Genese)依赖于理念、技术和经济之变更,但这些变更反过来又会造成个案正义之改变,基本原则也会随之发生变化,最后在教义学大厦内重新建立起一个也已变更的、与体系协调之类型。尤其是,若准此以言,表明科学教义学是在国家和国际层面进行科学和理性分析的一种工具,是感知变更的传感器,只有在仔细和正确分析的基础上才能准确判断其使用和风险。在所有的语言中,日常生活语言经常使用任意概念,发生和法律对立,因此日常生活语言包括法律和体系之间的强制联系,但体系只允许将一部分个案解决方案归入有说服力的整体观(Gesamtschau)中。

(二)基础科学

1. 对基础科学的传统理解

基础科学应和本文所述的广义教义学相区分。基础科学是指哲学、历史、经济学、社会学、政治学、心理学、文化学、法律比较,一定程度上也指法学方法

---

〔9〕 对于区别参见 Stürner JZ 2012,10 ff.,11 f.;Würtenberger,in:Stürner(Herausgeber),Die Bedeutung der Rechtsdogmatik für die Rechtsentwicklung,2010,S. 7(“法律实践教义学”)。

〔10〕 对此关联,更详细和不同的论述参见 Möllers,in:Hoffman-Riem/Schmidt-Aßmann/Voßkuhle(Herausgeber),Grundlagen des Verwaltungsrechts,Band I,2. Aufl. 2012,§ 3 Rn. 35 ff。

〔11〕 对此参见 Kötz,in:K. Schmidt,Rechtsdogmatik und Rechtspolitik,1990,S. 75 ff。反对观点 Zweigert,Festschrift für Bötticher,1969,S. 443 ff.;相同观点 Stürner JZ 2012,10,11。

〔12〕 对于平等原则之于远古法律思维的根本意义,参见《圣经·摩西五经》利未记第19章第15节;BVerfGE 54,277,296。

论本身。基础科学之本质在于尝试分析和掌握世界进程和人类的共同生活,有些立足于特定方面,但有些则提出更为广泛的有效性主张。[13] 法律及其根基通常是这种基础科学的重要元素。所以在基础科学领域内也有一些学者专门研究基础科学中的法律元素,这并不奇怪,而且这些学者可能在基础科学本身或者法学上已成绩斐然。以这种方式产生了交叉(混合)科学及特殊科学之形式,比如法哲学、法律史、法经济学、法社会学等。

2. 作为基础科学的法学理论和方法论

若人们明确法律本身是人类文化和文明的组成部分,就会发现,法学方法论吸收了其他基础科学的发展成果,例如知识论或论证理论的知识,历史学知识,再如体系论或博弈论思想成果。因此法学方法论也应归入基础科学之范围。

3. 基础科学和辅助科学

某种程度上基础科学很难或者说根本不能和所谓的辅助科学相区分,当今的辅助科学不是为法学整体,而是仅为法学的个别领域提供知识。因此,值得争议的是,心理学知识尤其是关于人类意志形成的理论是属于基础科学,还是应该被看作辅助科学。如今这个归类问题对于现代信息科学也颇具意义,信息科学不仅改变了信息存储和信息处理的技术条件,也影响了人类的行为,部分替代和模仿着人类的智慧。基础科学和辅助科学既可以塑造法秩序的基本原则,也能够影响法律构造的细节。因此法学方法论应该分析和加工来源于这些科学的理论。那么就会有一个重大争议问题,即如何进行分析和加工。

4. 基础科学和法学方法论的关系

若要尝试描述和确定基础科学和法学方法论的关系,[14] 人们必须首先明确,基础科学在法律适用和法律续造中的功能不同。只要某个法律规则使用概念,而这些概念来源于基础科学或者为基础科学所使用,例如至少本质上受到经济学影响的市场和竞争概念,心理学上人的意志自由和责任性,抑或有强烈

---

〔13〕 对于基础科学概述参见 Stürner AcP 214 (2014),7 ff.,30 ff.;此外还有 Wissenschaftsrat, Perspektiven der Rechtswissenschaft in Deutschland: Situationen, Analysen, Empfehlungen,2012;对此参见下列作者的文章 Grundmann, Gutmann, Hillgruber, Stephan Lorenz, Rixen und Stolleis JZ 2013,693 ff。

〔14〕 此处和以下参见 Stürner AcP 214 (2014),7 ff.,17 f.,30 ff. mwN。

哲学色彩的人格尊严和自我决定,因此对于法学家和法律实践者而言,弄清这些和其他科学密切关联的理论和争议问题很有意义。尤其是在法官进行法律续造或者立法者进行立法时,更为必要。相较于法律适用,续造和立法的裁量空间更大,在其框架内需将这些理论和法律传统合理协调。在法律工作之全部形式中,这些知识从本质上决定了法律适用者和法律创造者的前理解,即冲突状况亟待解决。重要的是,法律人要弄清事实,并且避免前文所述的风险,这些风险必然是与个人的先前理解相关的。因此法学和法律实践必须始终注意到,所有基础科学的知识仅是整体之部分环节,而法律人需始终综合地关注所有的基础科学,这样可以促进知识进步。如果仅以经济学分析作为基础科学,在其效率理解的基础上施行民法,而不考虑哲学伦理学、行为心理学、社会学和历史知识的话,显然不够。近代英美法律文化采取这种做法,其结果是加剧了经济危机的产生,形成了一个新的"愤民社会"(Wutbürgergesellschaft),社会极端化趋势愈发明显。除了周全的总体认识,还需有批判意识。大部分的基础科学知识并没有能够客观化的范围,其本身就是评价观察的结果,而这种观察同样深受个人先前理解之影响。所以经济数学家经常混淆模型的内部协调性和其与社会现实的一致性,从而以这种方法达成极其严重的错误预测。某些基础科学,比如法经济学和制度经济学,以自己的概念勾勒出整个世界大厦,这很容易让人想起绝对的有效性主张,这属于概念法学的一部分,德国法学曾有意识地付出巨大努力来摆脱这种思想。比如某个英美公司法的著名学者,其主张"长期股东价值说",认为这是最好的理论(一剂良药),在一篇著名文章的开头将该理论称为公司法历史之终点。[15] 他就是错误理解了社会科学知识的历史性和变迁性。当人们把某基础科学以及和它相关联的、存在于特定时期的相对认识提升为一种宗教或意识形态,并忽略其他科学时,才能理解这种错误。法学不应犯这种将个别基础科学中的命题和结果片面和绝对化的错误。因为人们无法忍受自己的知识总是飘忽不定这一事实,天真地想投入其他科学的怀抱,却没有发现他们的新欢亦难免存在明显缺陷。要正确理解基础科学,需认识到,关于解释方法位阶顺序(文义解释、体系解释、历史解释和目的解释)的学术争

---

〔15〕 Hansmann/Kraakman, Georgetown Law Journal 89 (2001), 439 ff.

议并无确切答案,[16]因为任何方法究其本质可以提供有价值的观点,但在其基础科学之定位上,总受个别基础科学知识界限之限制,由此,这里仅有一个总体认识可能即为已足。

三、德国法学方法论的优势与不足
——对比其他大陆法系法律文化和英美法律文化的方法论

(一)法律体系的金字塔

德国法学方法论和其他欧陆法律文化以及英美法文化中的方法论有一点明显不同。[17] 在所有法律文化中,位于法律体系金字塔底部的是适用于个案或案型的规则,其更为详细和具体。金字塔的顶端则是经普遍化而笼罩一切的基本原则。[18] 位于基本原则下面的是基本规则,基本规则将基本原则适用到各更广泛的法领域,并将其具体化。基本原则和基本规则之间的界限不易划分,且概念上并不明确。通常适用于各个法领域的基本规则也被称作基本原则,尽管从法秩序的整体体系来看,它们本应叫基本规则。[19] 毫无疑问,生命权、人格自由权、个人行为自由权、平等权、通过有效率的法律程序得到保护的权利等[20]属于西方法律文化的基本原则。在个别法领域中,基本原则寓于基本规则,比如合同法中的合同缔结自由和合同内容自由,民事诉讼法中的处分原则和辩论原

〔16〕 详见 Stürner in：Bu（Herausgeber）, Juristische Methodenlehre in China und Ostasien, 2016, S. 339 ff., 364 ff。

〔17〕 以下参见 Kötz a. a. O., S. 75 ff.; Stürner JZ 2012, 10 ff., 11f., 12 ff. mNw.; 同作者 AcP 214（2014）, 7 ff., 11 ff。

〔18〕 对于这一结构上的基本范式,尤其是参见 Dworkin, Taking Rights Seriously, 1978, S. 22 ff.; Alexy, Theorie der Grundrechte, 3. Auf. 1998, S. 71 ff。但下文的思考和这些法学理论和方法论选取的范畴略有不同。

〔19〕 对于此种从批判视角进行思考的功能和效果,参见 Rüthers/Birk/Fischer, Rn. 756 ff。

〔20〕 这些基本原则可参见欧盟基本法宪章的表述(参见第2条、第6条以下,第20条以下,第47条)。但它们更多的是法律原则,与相对较新的宪法文本相比它们显然要古老得多。对于程序法上的基本权利和人权,参见 Stürner ZZP 127（2014）, 271 ff., 307 ff。

则，法定禁止歧视等，还包括一些更具体的形式和调整方式，它们可能发生在宪法层面[21]或一般性法律层面[22]。所有法律体系的共同点在于，根据基本规则和基本原则来设置适用于案型和个案的详细规则。任何法秩序，例如保护消费者的合同法，究其本质考虑的是平等和个人行为自由的基本原则。为了推导出在消费者合同的案型有制定规则之必要和某些个案的特点，第二步要衡量合同法上的合同缔结自由和合同内容自由的基本规则。[23] 这里涉及的仅是逻辑的结构，在可容忍的范围内，即使基本原则相同或相似，得出的结果也可能相去甚远，因为对个别原则作不同评价也可以达到基本原则和基本规则实际上的一致。但德国法学方法论和其他法律文化的方法论不同，它一方面在基本原则和基本规则之间，另一方面在案型和个案之间，又镶入一个层面，可以将该层面称为精细体系的中间层。

（二）德国方法论的精细体系中间层

不同法律文化赋予封闭体系和法学建构各自不同的权重。[24] 在德国的法律文化中，由概念和法律构造建立之体系通常具有或多或少的独立意义。在由规则和例外构成的体系中，可以看到精细的概念归置和一定程度的法学构造加工，以此方式可由个案之法律归置，得到体系逻辑之推论。[25] 尤其是所谓的概念法学时期，其尝试使概念大厦达到完美，将整体法律体系理解为一座金字塔，

---

〔21〕 在宪法文本中完全存在这样一些基本权，它们以非常详细的方式尝试和产生冲突的一般基本权相协调，或者针对特殊案型将一般基本权予以很大程度的具体化，例如《欧盟基本法宪章》第3条第2款、第5条、第8条、第9条、第15条、第21条、第23条、第47条第2款及第3款等，《德国基本法》第3条第2款及第3款、第6条第5款、第9条第3款，《意大利宪法》第111条第2款（程序期间）。

〔22〕 例如《德国民法典》第311条（合同自由）或《法国民事诉讼法典》第1～24条的“准则”。

〔23〕 这种方法论操作例如消费者合同欧盟指令（die Richtlinie 93/13/EWG des Rates vom 5.4.1993 über missbräuchliche Klauseln in Verbraucherverträgen），ABl. L 095，21.4.1993，29－34，其思想架构反映在一些国家的转换中。

〔24〕 关于19世纪的建构主义和萨维尼、普赫塔以及温德沙伊德的影响，在诸多文献中参见 Zweigert/Kötz，Einführung in die Rechtsvergleichung，3. Aufl. 1996，S. 138 ff.，146 ff。

〔25〕 此处及以下，参见 Stürner JZ 2012，10 ff.，11 f。

金字塔的顶端是法律理念及其公理,由法律理念出发可经逻辑推导演绎出中间环节、法律制度和法律规则。[26] 即使人们——对此下文将有更详尽的论述——后来认识到风险,即过分强调形式主义会使法律严重脱离社会和政治现实,法律金字塔所勾勒的蓝图也逐渐开始在这里所阐述的结构意义上进行自我修正,但直至今日这种以体系逻辑为导向的法律思维仍举足轻重。各浩瀚法典的体系效力,特别是德语法系和受其影响的混合文化,得益于这一历史时期和其概念的相对明确化。

(三)精细体系中间层的特征

即使这种思维方式在过去的数十年中已有所松动,现在在德国它仍主导着由法院和律师进行的法学案例分析,控制着大学教育中学生的考试技巧,在民法上主要体现为关系技术(Relationstechnik)。[27] 这里所说的精细体系中间层对于法律实践和法律思维的影响,有诸多合适的范例可资参考。比如民法上为保护人格权免受媒体出版之侵害,在确定保护范围的标准时,提出了绝对当代历史人物、相对当代历史人物及私人的类型区分;[28] 在合同法中进行了精细的合同类型构造,以确定不同类型合同的义务范畴;[29] 通过细致而有区别的理论构造,区分了可赔偿的损害类型和不可赔偿的损害类型;[30] 在不当得利法中,为

---

〔26〕 对此的概述,参见 Rüthers/Fischer/Birk, Rn. 458 ff.; Wieacker, Privatrechtsgeschichte der Neuzeit,2. Aufl. 1967,S. 400 ff.; Günter Hager,Rechtsmethoden in Europa,2009, S. 22 ff。

〔27〕 对于所谓的案件处理技术,尤其要参见 Kurt Schellhammer,Die Arbeitsmethode des Zivilrichters,17. Aufl. 2014; Anders/Gehle,Das Assessorexamen im Zivilrecht,12. Aufl. 2015。

〔28〕 此观点(Ansatz)清晰地展现于 BGH 131,332 ff.,336 ff.; 在 in BVerfG 101,361 ff.,393 f. 中弱化; 批判参见欧洲人权法院(EGMR) JZ 2004,1015 ff.(德国的参见 Florian Rink) Zupancic 法官批评其是概念法学的残留,详见 Stürner AfP 2005,213 ff.,215 f。

〔29〕 对于债法的合同类型及其功能,参见 Larenz,Lehrbuch des Schuldrechts,2. Band,1. Halbband,13. Aufl. 1986,S. 4 ff.; 对于类型在法律发现中的功能,参见 Larenz,Methodenlehre der Rechtswissenschaft,6. Aufl. 1991,S. 460 ff.; Leenen,Typus und Rechtsfindung,1971; 英国合同法明显持保留观点,如参见 Andrews,Contract Law,2. Aufl. 2015。

〔30〕 对于这一理论构造(例如挫折和需求理论,商品化理论),下列文献毋宁持反对态度:F. Baur,Festschrift Ludwig Raiser,1974,119 ff.; Kötz,in: K. Schmidt,Rechtsdogmatik und Rechtspolitik,1990,S. 86; sehr kritisch Koziol AcP 121 (2012),1 ff.,41 ff。

能形式化地确定得利债务人，构造了精细的给付概念，小心地揭开“致他人受损害”这一特征的外衣；[31] 最后，在债法和物权法交界处，区分计划和实施等。[32] 在民事诉讼法中，比如根据实体规范之类型，划分为请求权规范、抗辩权规范、答辩规范和二次答辩规范，以确定举证风险分配；[33] 以及现在流行的二阶层的诉讼标的理论，可以此确定诉讼系属和既判力；[34] 为澄清不属于债务人之标的被质押和变价后的返还问题，发展出了扣押质权的理论。[35] 再比如将诸多其他诉讼现象纳入体系，有时给其披上教义学的外衣实则是掩盖，而非揭示实质冲突。[36] 在刑法中也能欣喜地看到这种精细体系下的理论构造，[37] 比如区分共犯的形式，[38] 以及结果加重犯的未遂犯理论。[39] 在行政法中，瑕疵行政行为的

---

〔31〕 对此尤其要参见 Larenz/Canaris, Lehrbuch des Schuldrechts, 2. Band, 2. Halbband, 13. Aufl. 1994, § § 67 ff。

〔32〕 Stadler, Gestaltungsfreiheit und Verkehrsschutz durch Abstraktion, 1996；相反，批评意见 Koziol AcP 212 (2012), 1 ff., 16 ff.；对此之反驳 Stürner AcP 214 (2014), 8 ff., 12/13 参见 Baur/Stürner, Sachenrecht, 18. Aufl. 2009, § 64, insbes. Rn. 146。

〔33〕 在诸多文献中参见 Rosenberg/Schwab/Gottwald, Zivilprozessrecht, 17. Aufl. 2010, § 102 Rn. 8 f., § 115 Rn. 7 ff。

〔34〕 Schwab, Der Streitgegenstand im Zivilprozess, 1954；Habscheid, Der Streitgegenstand im Zivilprozess und im Streitverfahren der freiwilligen Gerichtsbarkeit, 1957；持不同观点的新文献如 Althammer, Streitgegenstand und Interesse, 2012；尝试进行分类的如 Stürner ZZP 127 (2014), 271 ff., 283/284 mNw；同作者, Festschrift für Gerhard Lüke, 1997, S. 829 ff., 831；从中国视角观察德国发展 Ding Ma, Die Entwicklung der Streitgegenstandslehre in Deutschland und Europa und ihre Vorbildwirkung für das chinesische Recht, 2013。

〔35〕 对此概述参见 Baur/Stürner/Bruns, Zwangsvollstreckungsrecht, 13. Aufl. 2006, § 27, S. 339 ff。

〔36〕 诉讼的基本问题不受时代限制，为其披上教义学外衣是所谓的德国诉讼法建构时期的奋斗目标，对此参见 Stürner ZZP 127 (2014), 271 ff., 282 ff。

〔37〕 对于刑法中的体系思维问题，尤其要参见 Roxin, Strafrecht. Allgemeiner Teil, Band I, 4. Aufl. 2006, § 7 IV；Pawlik, Das Unrecht des Bürgers, 2012, S. 1 – 23。

〔38〕 Roxin, Strafrecht. Allgemeiner Teil, Band II, 2003, § 25 B II – VI.

〔39〕 亦见 Roxin, Allgemeiner Teil, Band II, § 29 D I。

学说早在立法作出区分之前就已存在,并保留下来。[40] 甚至在宪法中也出现了基本权利教义学,虽然它并不足以构成一项界限理论(Schrankenlehre),但却使妨害的比例性审查越发精细化[41]和教义学化[42],审查的标准是适当性、必要性和衡量性。此外基本权利教义学在溯及既往之侵害的判断上创造了不同的类型划分。[43] 可以确定的是,相比其他法领域,宪法中的教义构造形式在精细构造(Feinstrukturen)中必然是更少的。

(四)其他法律文化中的精细体系?

有观点认为,在其他的法律文化中根本没有精细体系,这种极端的表述肯定有某种夸张的成分。无论如何,可以肯定的是,判例法的法律文化明显更倾向于以案例事实为导向来构造案型,与以基本原则或基本规则为导向的成文法法律文化相比,法律效果显为不同。[44] 当今存在于英美法系的"成文法",比如美国法重述,与其说是某法律总体完全为科学渗透之结果,毋宁是审判实践之表达方式已独立体系化。但这并不排除立法者或重述撰写人在某些问题点上

---

[40] 从总体来看,对于公权力行政诉讼法的关注毋宁是批判性的,参见 Schmidt-Aßmann, in: Hoffmann-Riem/Schmidt-Aßmann/Voßkuhle, Grundlagen des Verwaltungsrechts, Band II, 2. Aufl. 2012, § 27, S. 495 ff., 尤其是 Rn. 9 ff.("限制趋势"),在笔者看来,正确的态度是少一些批判,参见 J.-P. Schneider aaO § 28, S. 557 ff., 尤其是 Rn 14。

[41] 对于这一发展,Dreier 的概括较好,见 Dreier (Herausg.), Grundgesetz, Band I, 3. Aufl. 2013, Vor Art. 1 Rn. 91 mNw; 对于比例原则及其教义学化之发展,尤其参见 Lerche, Übermaß und Verfassungsrecht, 1961; Schlink, Abwägung im Verfassungsrecht, 1976。

[42] 联邦宪法法院(Dreier aaO Rn. 91 Fn. 362)根据这些标准,进行"完全学术性检验"之观察,是正确的,其参照有 BVerfGE 81, 156, 188 ff.; 91, 207, 222 ff.; 人们也可以在近期的判决中找到范例,如 BVerfGE 117, 163 ff., 181 ff。

[43] 对于真正溯及既往和不真正溯及既往的区分,一方面参见 BVerfGE 13, 261, 272; 30, 367, 389; 95, 64, 86 f.; 101, 239, 263(禁止真正溯及既往),另一方面参见 BVerfGE 63, 343, 356; 72, 200, 242; 74, 129, 155; 97, 67, 79; 105, 17, 37 f.; 127, 1 17(对于案情还未完结的,允许不真正溯及既往),也有很多判决并未进行区分。概述参见 Brüning NJW 1998, 1525; Fischer JuS 2001, 861, 865。

[44] 这些法系的法律发现,更强调归纳和个案导向,和它的联系参见 Zweigert/Kötz, Einfürung in die Rechtsvergleichung, 3. Auf. 1996, § 18 mNw。

进行修正。比如英格兰的立法者在2002年的不动产法[45]或者民事诉讼法[46]中设置了很多新规则，这毋宁是聚焦于某一法领域内之个别要素的实践摸索，并未考虑整体规则的需求。整体规则要包括一切重大法律问题，并使其互相协调、有序归类。比如英国法和美国法在土地买卖中区分买卖合同（sales agreement）和权利让与（conveyance），但与德国法或法国法（无因性原则或有因性原则）不同，在出现瑕疵结果时即满足信赖保护的案型，无需考虑这两个范畴的基本归类问题。[47] 罗马法虽然明显更倾向于体系构建，比如法国就区分债权（droit des obligations）和物权（droit des biens）以及相对严格的物权类型。[48] 法国和其他的罗马法系国家尽管有悠久的法典化传统，但它们并未达到、可能也不想达到德国精细体系中间层那样的严谨性。[49] 比如法国合同法中，支付需要特别的法律行为性质的作为（rechtsgeschäftliche Aktivität），与之相反，在对待给付情形，因债务关系权利自动发生移转："交付标的物之债一经当事人同意，即告完成……债权人成为标的物所有人"。[50] 从德国法视角来看，这种由合同一方自动履行的法律义务，缺乏体系逻辑，需要通过大量案例进行修正（种类物、将来物、他人之物、供应链等），《法国民法典》新法也仅能采取类似概括条款的

---

〔45〕 关于这一改革，参见 Sparkes, A new land law, 2. Aufl. 2003。

〔46〕 关于所谓的沃尔夫改革，尤其要参见 Andrews, On Civil Processes, Vol. 1, 2013, Rn. 1.06 ff., S. 7 ff。

〔47〕 关于这种衡平法，参见 Baur/Stürner, Sachenrecht, 18. Aufl. 2009, § 64 Rn. 41, S. 925。

〔48〕 《法国民法典》第515－14条以下（物权）和第1101条以下（债权）；关于类型参见 Baur/Stürner aaO § 64 Rn. 7。

〔49〕 对于德国法律思维和法国法律思维的区别，尤其要参见 Ferrand, Der Einfluss des deutschen Zivilprozessrechts auf Henri Motulskys Lehre, Festschrift Rolf Stürner, Band II, 2013, S. 1485。

〔50〕 《法国民法典》旧法第1138条之表述。《法国民法典》已经部分改革，现在第711条是："财产的所有权可以通过继承、赠与、遗嘱、与债权的方式取得与转让。"（La propriété des biens s'aquiert et se transmet par succession, par la donation entre vifs ou testamentaire et par l'effet des obligations.）现第1196条是："对于以所有权转让或其他权利转让为标的的合同，合同一经缔结，转让即发生。"（Dans les contrats ayant pour l'objet l'aliénation de la propriété ou la cession d'un autre droit, le transfert s'opère lors de la conclusion du contrat.）

方式予以处理:"经当事人同意或者转让物的性质或者法律允许的原因可以延迟转让。"(Ce transfert peut être différé par la volonté des parties, la nature des choses ou par l' effet de la loi.)在不动产法中这一一体化原则甚至需要通过单方承诺制度(promesse de vente)来补充,它可以将计划与实施区分开来。造成这一切的原因仅仅在于,人们不想向区分计划与实施的物权法逻辑俯首称臣,奉上所有的建构主义祭品。[51]

(五)德国精细体系的评价

1. 历史特殊性

要对德国精细体系进行评价首先要考虑到德国历史,尤其是19世纪历史的特殊性。就像这一思维方式在上述德国精细体系中所展现的那样,所谓的潘德克顿法学继受罗马法,重塑理性法的外衣,并在整个欧洲大陆流传甚广,这一思维方式正是其结果。由于当时德国的地方分治主义(Partikularimus),相比欧陆其他重要的法律文化,这一历史时期明显更长,例如法国很早就实现了国家统一,并逐步实现了民族国家的法典化,直至法国民法典颁布。鉴于当时德国缺乏法典化统一,大范围的学术活动大有裨益,其试图通过科学的体系建构和教义学来建立法律的统一,开始主张特定前法律效力,它影响了后来的法典编纂,亦在某种程度上得以生存,进而持续对司法实践保持了一定影响。正是由于这种法教义学及其对法院的显著影响,公民自由才得以在19世纪的立法中发展起来,且发展程度远高于姗姗来迟的议会制。在民众的生活感受中,法律对自由构建所起之作用远比缓慢实施的议会民主制强。[52]

2. 德国教义学的积极功能

法教义学在思维上贯穿法律金字塔,从底部的个案直至顶部的原则。事实上,法教义学会在一定范围进行保护,以避免行政强权的干涉,或者说在当下避免对立法和法院有影响力的公众意见之干涉,因为它让矛盾更明显,并以这种方式赋予法官和官员以隐蔽的、受制度制约的纠正手段和衡平手段。法院在其

[51] 亦见 Stürner JZ 2012, 10 ff., 13., 大部分观点相同。但 von Bar 在 JZ 2015, 845 ff., 859 Fn. 39 中的一般性论断令人迷惑,其认为在法国人们不能出卖他人之物,他人之物应该仅涉及特定情形。

[52] 对于19世纪德国国歌歌词中"统一、法律和自由"的排列顺序,参见 Stürner AcP 214 (2014), 7 ff., 16/17。

判决中加入法学理论、探讨批评和建议之传统一直保留至今，相比其他法律文化，这一传统的保留在德国更为明显。法学学术和法院得以这种方式在一定限度内互相支持。而这恰好对于社会颇具意义，因为社会还未发展到大体上成为法治国的程度。在已经确立法治国的社会中，还有其他一些未经缩减的、"真正"的法教义学优点需要说明。在法院适用法律时，精细体系通过其疏而不漏的规则条文——这些规则条文的功能在于实施法典化的法律——显示出一种稳定功能，因为它为法院的个别判决规定了一个极其客观的框架，以此方式提高了法院判决的可预见性和法律安定性。同时法教义学迫使法院在作出悖于常规的说理时，必须谨慎地论证理由。对于法律漏洞的确定和创造性的填补亦同。这只有在仔细分析现有规则广度和深度的基础上才能进行，于此精细体系提供了一种更为灵敏的控制工具，而非和基本原则仅有松散联系的案例法。由此可知，教义学也为法律整体体系提供了一个有效的批判标准。因此教义学的功能是多方面的：体系化功能、稳定功能、控制功能以及在法律适用和法律续造时的创新功能。[53] 如果法学家能成功地将在教义学中流传千年以上的智慧转化为日常生活语言，那么，也可以从这些功能得出教义学在法政策讨论中的重要意义。[54]

3. 体系思维和教义学思维的风险

任何教义学都有一个内在风险，即错误使用(Fehlgebrauch)。错误使用主要体现在，沉醉于精细体系之功效，学术和法院过度停留于实用教义学，[55]未对基本原则和基本原理作必要回应。经常能听到说，一个教义学的精细体系使得"正义问题……(变得)可操作"，[56]且因为省时地简化了工作，对于日常案例亦有重要的减负功能，如此一来，可能会过于轻易甚至是以错误的方式实现特定情形下的思维简化。在封闭体系下思维独立的风险总是会存在，这种风险开始背离对于教义学建构之意义的认知，其工作仅局限于实用教义学，脱离全局，导

---

〔53〕 对这一观点的准确概括，参见 Rüthers/Fischer/Birk，Rechtstheorie，Rn. 321－330。

〔54〕 对此观点参见 Stürner AcP 214 (2014)，7 ff.，20－22。

〔55〕 这一概念见上文。

〔56〕 Esser AcP 172 (1972)，97 ff.，113；类似观点也可参见 Llewellyn，Law and Contemporary Problems 5 (1938)，104 ff.，118。

致错误。[57] 最恶劣的情形是,在基本参数已完全改变的情况下,实用教义学的精细构造还可以得到不同的填充,同时也被歪曲和滥用——德国于国家社会主义时期之经验即为明证。[58] 因此在思维上应始终回溯到基本原则上,而不是到教育或实践中,甚至是科学中。如果在探寻思维依据时,总是花时间考虑用基础性的基本原则来调整精细体系之结果,且判决不再畏惧对于法学演绎的社会外部观点时,节约工作和可操作性的观点依然举足轻重。

4. 德国教义学和欧盟化

当今德国教义学面临两大挑战。其一是国内法愈加强烈的欧盟化,这使得法律规范的等级制度扩展了两个法律层级,除了德国案例法、德国一般性的制定法和德国宪法,又增加了欧盟基础性法律(Primärrecht)和派生性法律(Sekundärrecht),且这两者具有更高的效力等级。[59] 鉴于欧盟成员国之间语言的多样性和仍旧巨大的法律文化差异,对于欧盟立法来说,通常第一步考虑的不是真正法典化意义上的"抽象—概括"之基本范式,相反,欧盟立法者需要更多地满足在特定问题上制定规则的需要。而第二步才是尝试将以这种方式产生的个别规则归入一个整体体系,但这种尝试迄今为止很少获得彻底成功。[60] 虽然德国教义学在近来付出了巨大努力,将一个由多个法律层级组合而成的法秩序归入一个由若干不同层面组成的体系中,[61] 但给人的总体印象仍然是:一个真正封闭的整体体系仅能在很小的限度内和多层面之设想相协调,尤其是传

[57] 详细举例参见 JZ 2012,10 ff.,12; ZZP 127 (2014),271 ff.,282 ff。

[58] 对此参见 AcP 214 (2014),7 ff.,17。

[59] 参见 AcP 214 (2014),7 ff.,22 f。

[60] 使消费者法达到完全协调的尝试已取得部分成功;对此参见消费者法指令草案[Komm (2008),614]; Tonner/Reich JZ 2009,277 ff.; 后来成为法律的文本参见 Grundmann JZ 2013,53 ff.; 对于消费信贷法参见 Gsell/Schellhase JZ 2009,20 ff; 对于可选择适用的欧盟买卖法,尤其要参见 Stadler, Grundmann, Zöchling-Jud, Loschelders, St. Lorenz AcP 212 (2012),473 ff.,502 ff.,550 ff.,581 ff.,702 ff.; Eidenmüller/Nansen/Kieninger/Wagner/Zimmermann JZ 2012,269 ff。

[61] 在诸多文献中参见 Fleischer, Wendehorst, W. – H. Roth, A. Metzger, Grundmann RabelsZ 75 (2011),700 ff.,730 ff.,787 ff.,845 ff.,882 ff.; Beate Gsell AcP 214 (2014),100 ff。

统精细体系的中间层必须让步于一个新体系,而这一新体系的建构效力看起来已被不同层面的归置消耗殆尽。人们会更乐意看到个别的案型和共同的基本原则及基本规则之间得以足够协调。

5. 德国方法论和现代信息技术

德国方法论面临第二个挑战来自新的信息技术。[62] 它可以储存大量的数据,并迅速而准确地检索大量个别数据。未来的发展是否会导致这样的后果,即通过检索相似个案和直接权衡基本原则及基本规则来代替精密体系的工作?抑或针对大宗数据的处理程序恰好不需要精细体系的中间层,精细体系在现代信息处理的基础上得以复兴?这是个尚待解决的问题。但在教学和实践中,迄今为止看到的毋宁是愈发强烈的个案导向趋势,与体系化教义学的渐行渐远,这种强化看起来经常会损害对于基本原则的必要反馈——这是一个完全令人疑惑的发展,一直到联邦最高法院都存在这种现象。

四、有着精细体系结构的教义学对于东亚,尤其对中国(的作用)?

对于新近产生的中国法律混合文化自然有一个问题,即对它来说,有着某种程度上非常精细体系化构造的德国方法论是否有用和有益。但可以确定的是,已在其悠久传统中探讨过西方文明法律文化的东亚国家,也一定在德国的精细体系中找到了一些乐趣。

(一)日本和德国方法论

1. 对实定法和方法论的继受及其界限

对于日本来说,情况尤为特别。毫无疑问,日本是最早在其法律体系和法律思维中深受西方指引的国家。[63] 日本的文献最好地记载了德国教义学和德国法律思维的继受。尽管日本法典化非常注重以德国法为导向,但因之前继受

---

〔62〕 对此亦见 AcP 214 (2014),7 ff.,23/24。

〔63〕 遗憾的是,因地域原因,笔者未探讨韩国和中国台湾地区的发展,但一些非常好的论文已有述及,参见 *Bu* (Herausgeber),Juristische Methodenlehre in China und Ostasien,2016,此外,相比日本,笔者亦严重缺乏比较法知识。但笔者还是提出了如下论断:其印象中在这两种情形,显然和日本有一定的相似性。

法国法,一些内容亦于后来德国法占主导时保留下来,[64]教义学导向起初全部根据德国法律思维进行调整,[65]甚至在“二战”后的一些案例里重新取代了美国法移植。[66] 尽管第二次世界大战这一重大转折必然引起大规模借鉴美国法蓝本(的现象),尤其是在宪法中。[67] 随着商品、货物交换和思想交流的活跃,学术交流的持续深入,以及日本社会日趋自由化,在过去的数十年中,美国的影响力显著提升。这主要体现在与经济密切相关的领域,比如公司法[68]、破产和资本重组法[69]、竞争法[70]和信托法[71],特别是在传统教育体系上引进了法学院,但如今它已失去魅力,饱受批评。一些人认为,直到现在日本的实践也未完全脱离德国教义学的藩篱,然而却能看到,学术中出现了深受美国影响的竞争

---

[64] 在诸多文献中,参见 Hideo Nakamura, Japan und das deutsche Zivilprozessrecht, in: Habscheid (Herausgeber), Das deutsche Zivilprozessrecht und seine Ausstrahlung auf andere Rechtsordnungen, 1991, S. 415 ff., 418 ff., 421(以诉讼法为例)。

[65] 非常清楚的论述参见 Nakamura aaO S. 424 – 426; Taniguchi, in: Chase/Hershkoff/Silberman/Taniguchi/Varano/Zuckerman, Civil Litigation in Comparative Context, 2007, S. 95 ff。

[66] 诉讼法示例见 Taniguchi aaO S. 36 ff.; Takada, Die Theorie des sozialen Zivilprozesses, in: Stürner/Bruns, Globalisierung und Sozialstaatsprinzip, 2014, S. 213 ff., 223 ff。

[67] 此处及以下参见 Ohya, History and Present of Legal Interpretation in Japan, 尤其是 sub I. 2。

[68] 美国化和某种“日本化”相关联,因为德国、欧洲和美国的影响相互融合,对此尤其要参见 Takahashi, in: Leipold, Verbände und Organisationen im japanischen und deutschen Recht, 2006, S. 81 ff。

[69] 对此参见 Kawano ZZPInt 5 (2000), 415 ff. 的概述; Matsushita ZZPInt 6 (2001), 277 ff.; 另见 Krohe, Unternehmenssanierungsrecht in Japan, 2001。

[70] 对此有明显不同的观点,参见 Möschel, Japanisches Kartellrecht-von außen gesehen, in: Japanstudien. Jahrbuch des deutschen Instituts für Japanstudien 2002, S. 165 ff。

[71] 对此,有很早之前的信托法 Nr. 62/1922 和商业信托法 Nr. 65/1922, 2004 年以来进行了大范围的改革; *Stürner*, Deutsche öffentliche Pfandbriefe und japanische Deckungswerte, 2006, S. 42。

运动(Konkurrenzbewegung),[72]与之对应,德国亦经历了利益法学和评价法学的发展,并且这一竞争运动在深度法典化的日本法上寻得其界限。无论如何从接触到的很多日本同行身上,现在仍能察觉到依据精细教义学进行探讨和体系化的明显倾向。[73] 尽管如此,仍能发现日本法律文化自始就部分保留了其特色。比如中村英郎发现,即便师法于德国的法律已施行多年,大部分民众仍旧尝试以调解程序中(Schlichtungsverfahren)的传统规则来解决纠纷。[74] 现在这种基本立场亦有体现,比如和调解相似的现代法庭和解辩论(Güteverhandlung)。

2. 德国风格的教义学思维保留至今的原因

若人们提出疑问,为何日本如此深刻地吸收了德国的教义学思维,并改变其形式保留到今天,就会发现诸多影响这种发展的因素。首先要注意的是日本法律思维[75]的基本特征,其数百来年受到儒学影响,这使得其无论过去还是现在,相比美国特色的竞争社会法律思维,能更好地与德国法律思维相结合。[76] 最初德国社会、尤其是普鲁士的等级制度结构对日本帝国可能很有吸引力。但在第二次世界大战后,德国民族主义、法西斯主义和种族主义已到穷途末路,日本帝国主义亦走向灭亡,但伴随着福利国家以及更温和的莱茵资本主义的德国

---

〔72〕 Rahn,Die Entwicklung der Zivilrechtsdogmatik in Japan,尤其是 sub 6. –8。对此予以强调。

〔73〕 对此的示例如 die Bände Recht in Japan,zuletzt die Bände 11 und 12,1998 und 2000,herausgegeben von Müller-Freienfels,Hans Stoll,G. Frank,Hohloch,Leipold,R. Stürner;此外还有 die Bände Baumgärtel (Herausgeber),Grundprobleme des Zivilprozessrechts,Bd. 1 und 2,1978 und 1985;近期的有 Leipold (Herausgeber),Verbände und Organisationen im japanischen und deutschen Recht,2006;Stürner/Bruns (Herausgeber),Globalisierung und Sozialstaatsprinzip,2014。所有德国和日本的论文都记录下探讨之热烈,而没有教义学之共同性这一基础,可能是无法想象的。

〔74〕 对此参见 Hideo Nakamura aaO S. 424,438 ff。

〔75〕 对此亦见 Nakamura aaO S. 438。

〔76〕 对于美国竞争社会的本质及其对抗制,详见 Stürner,Markt und Wettbewerb über Alles?,S. 33 ff。

社会模式却仍是一个合适的选择,[77]它和日本战后发展有诸多相似性,日本战后的发展并非从一个严格的等级社会完全转变成美国模式那样的严格竞争社会。但倘若断言日本社会是以德国模式为导向,可能是错误的。相反,应认为两国是平行发展的,这种平行发展为思想上进一步深入的交流提供支持,且在两国的经济文化中已取得巨大成功——相比很多"二战"战胜国更为成功。两国的经济和社会模式都根源于民主原则,但与日本相比,民主原则在德国可以追溯到更长久的人文历史传统中,尽管起初它在政治上并不是很成功。[78] 但两国作为有序社会(formierte Gesellschaften),相比美国的社会模式,明显更强调合作和协同的元素。协同与合作首先要求在民法和行政法中有一种可预见性和合规律性,但这两者仅能有助于法典化的体系,无法解决在法律争端中才会显现出来的案例法。但若某一教义学相比由基本原则、基本规则和案型之集合建立起的教义学建构得更加精细的话,也符合这种强度更高的合规律性及可预见性。所以在日本和德国,教义学得以存续,在诸多领域中,这种教义学倾向于在某些地方进行精细构造,这些地方的基本原则或对它们的归置在过去数十年已完全变更。对于重视教义学精细结构的优点与风险,上文已详尽论述。

(二)中国道路

现在亦有无数高质量的中文方法论文章,[79]如果只阅读并尝试理解了一部分就想给中国方法论和其倡导者提一些有益建议的话,就会陷入错误。因为就中国学者对西方方法论思想成果的研究现状而言,实际上并没有什么在中国可能还未被考虑过或者不熟悉的新东西。[80] 尽管如此,对于一些中国方法论的代表人物而言,能够了解某位德国学者的外部观点仍具意义。该德国学者在他的法律文化中同样也只是用相应的外部观点来研究法学理论和方法论,亦即作为民法学者以及从事实务工作的法官。他关于基础科学具有重要意义的看法得

〔77〕 关于这一社会模式的本质,参见 Stürner, Markt und Wettbewerb, S. 48 ff。

〔78〕 对此亦见 Stürner, Markt und Wettbewerb, inbes. S. 53 ff。

〔79〕 Bu (Herausgeber) aaO,该文集用德语进行了一定的概述。

〔80〕 对此参见下列文章:Yuanshi Bu (S. 17 ff.), Lei Lei (S. 29 ff.), Feng Wei (S. 57 ff.), Huo Meng/Liu Zhuang (S. 91 ff.), Weixing Shen (S. 119 ff.), Huang Hui (S. 145 ff.), und Su Jiang (S. 147 ff.)。

到广泛承认,但在某些方面可能明显要比一些法学理论家对其自己学科的观察更为客观。

1. 中国的出发点

在某些点上,中国的出发点和日本的继受大相径庭。日本转向西方文明的法律是直接外部政治压力的结果,至于为何偏偏选择德国法,则是天皇政府在现代化的大背景下——尤其是经济现代化的大背景下——作出的自主选择。[81] 但美国法的部分继受须视为"二战"失败及日本帝国主义崩溃的直接强制后果。[82] 此后日本社会和法律进一步发展,其主要特征是社会多元主义和分权制的现代民主,同时也未能摆脱等级制社会的影响,20世纪前半叶的日本还是深受等级制的影响。中国虽然在帝制末期才开始继受西方法律,[83] 但全面法典化形式的继受直到推翻帝制后的中华民国才出现,其尝试以日本的形式继受西方法律,但这种尝试终因后来无法立足于社会主义的整体体制而失败。只有中国台湾地区还贯彻这种主要偏向于德国法的继受形式。[84] 这种对西方法律的新式继受本质上是中国内部自主发展之结果,自始就显示出和日本的完全不同。中国逐渐成为一党领导,多党合作的国家。[85] 自由化在经济领域最为深入。新的市场经济体制可以刺激经济繁荣,其亦以对西方世界开放贸易为前提。[86] 坦白地说,这种转变至少意味着关于市场和社会模式的马克思主义经典理论部分失败了,[87] 而就在中国准备好应对这一转变时,西方世界相比战后时期已发生了深刻变化。美国毫无争议地一跃成为政治和经济上的霸权国家,其经济和法律的基本结构开始影响欧洲及德国,也同样影响了日本和其他东亚国家。因此中国在开始新一次继受时所面对的是这样一种西方文明,即以前在很多领域,

---

〔81〕 对此,在诸多文献中参见 Nakamura aaO S. 415 ff. ,417 ff。

〔82〕 亦见 Nakamura aaO S. 430 ff. ; Taniguchi aaO S. 35 ff. ,36。

〔83〕 对此的简短概述参见 Bu,Einführung in das Recht Chinas,2009, § 1 Rn. 8 ff。

〔84〕 对此参见该文集中 You Chin-Fa (S. 278 ff.)。

〔85〕 对此参见 Bu,Einfürung, § 1 Rn. 14,16。

〔86〕 亦见 Bu aaO § 1 Rn. 12,15; 对于加入世贸组织参见 Esplueges Mota,China's Accession to WTO,in: Bu (Herausgeber),Chinese Business Law,2010,S. 1 ff。

〔87〕 对此详细论述参见 Heilmann,Das politische System der Volksrepublik China,2004; Bu,Einführung, § 1 Rn. 14。

大体上全世界受欧洲法律文化和经济文化的影响更多,现在它们的影响力被与其相对立的美国所排挤和替代。[88] 相比日本,中国并无更悠久的继受德国法和大陆法的传统。其原因何在?由此产生了一个疑问,即是否中国并未限于对美国法进行一种改良继受,而是采取了一种兼采欧盟法——其含有明显的德国元素——和美国法的混合继受?[89] 要回答这一问题,需考虑到日本和中国近代史具有极大相似性。二者的共同点就在于都缺乏实质意义的个人主义传统。两国逾百年的帝制和后来中国在早期共产主义时期的不宽容形式,导致个人主义传统不可能形成,儒家学说尽管强调个人主义之内在性,也恰因为这种内在性,它一直是和等级社会敌对的思潮。[90] 迈向个体主义的市场社会的这一步跨越太大,风险迭生,特别是以有序的方式在极短的时间内实现彻底的转向根本不可行。因此日本的做法具有借鉴意义,即至少以大陆法模式,尤其是德国模式为导向,该模式受到相应社会理念的影响,不仅引入了竞争元素,而且试图抑制以协同和合作之方式形成的市场力量集中。[91] 此外,相比日本,中国坚持一党领导,多党合作的方式,并选择了一种更为缓慢和谨慎的改革方式,这种做法就显得尤为必要。

2. 确定方法论价值的结果

这种类型的法律体系结果是,需要相对较高程度的法律规制,且相比日本,范围明显更大。它也同样需要一个尽可能封闭的体系,有足够的教义学精细构造。只有这样,相较于纯竞争的社会模式更注重合作与协调的社会模式才能顺利运行。竞争社会可以用源于法律纠纷的案例法来满足解决案件的需求,但只

---

〔88〕 关于这一发展,参见 Mehren /Murray, Law in the United States, 2. Aufl. 2007, S. 273 ff.; 详细论述参见 Stürner, Markt und Wettbewerb,其中多处提及,尤其是第 33 页以下;同作者, Privatautonomie und Wettbewerb unter der Hegemonie der angloamerikanischen Rechtskultur?, AcP 210 (2010), 105 ff。

〔89〕 简言之,在传统民法的核心领域,德国的影响更深,这点和日本相似,相反在和经济关系密切的法律领域(资本市场法、公司法、破产法)可能受美国的影响更大。对此之概述参见 Bu, Einführung, § 1 Rn. 14 f.; 亦参见文集 Bu (Herausgeber), Chinese Business Law, 2010, und Chinese Civil Law, 2013 中相关的个别论述。

〔90〕 对此的评论和证明参见 Bu, Einführung, § 1 Rn. 19 f。

〔91〕 亦见 Stürner, Markt und Wettbewerb, 2007, 多处提及,以及 AcP 210 (2010), 105 ff。

有在支付合理费用的条件下，多数执业律师才能有效率地为公民代理时，案例法才能得出合理结果。在和大陆法系法典化的传统建立联系时，中国当然需要找到自己的、和德日模式有本质区别的道路，因为迄今为止，西方传统意义上的民主化进程是受到压制的。前文已强调，体系和教义学的精细构造可能发挥出完全矛盾的功能和效果。一方面，这种体系能有助于判例达到一定程度的独立性，通过判例和学术的相互影响建立起法学大厦，对公民就社会和政治发展之权利的保护产生影响。这主要是19世纪下半叶德国教义学及其潘德克顿传统的功劳。它使法律体系从其他的国家权力中适度解放出来，进而有助于在国家权力的全部三个领域内巩固法治国的基本原则，而这又是民主发展的前提。准此以言，19世纪德国以及“二战”后日本的情况和中国今天的情况很相似。为巩固法治国和法律安定性，大学和法院被赋予了一定的自由空间，要填补这些自由空间，法学应当作其贡献，它所做的可能在某种程度上完全顺应政治的期待。特别是有诸多卓具才干的中国学者，要唤起他们对德式教义学工作的热情，这也是在努力填补这种相对的自由空间。另一方面，自我维持的体系总是存在一个风险，即将自己置于基本原则的工作中，基本原则是可以替代的，甚至已经被替代，而体系对此没有足够的意识。因此对于中国当下和不远的将来来说，有一个问题尤为重要，即在多大程度上能回溯到法律金字塔中的特定基本原则，以及这些基本原则如何进一步发展。作为中国过去数十年发展的崇拜者，同时亦作为批判的观察者，人们必须放弃这些念头：从外部进行无益的尝试，指明指导方针，局限于对自身经验的描述和批判分析。中国法学和法律实践会做出自己的选择，然后需要继续执行艰难的整合任务。没有一种西方法律传统的方法论能给予“正确”保证，提供一条实践中可操作的路径——以此作为一个令人鼓舞的结语，在我看来，这比文责自负的表达更为真诚。

（李建星　徐建刚　校）

中德法学论坛
第15辑,第26~34页

比较法与法制史

——关于比较法制史的一些认识

马丁·罗尼希*著　朱子音**译

摘　要:比较法的路径通常可以分为两类,法律的历史比较以及比较的法制史研究。相较于法律的历史比较这一路径而言,后者并不过多侧重于法教义学的研究。并且这种相对较为年轻的研究路径通常比较复杂。尽管这一路径可以抽象地以"描述,比较,概括"加以形容,但首先关于对象客体的选择就颇为复杂。这是由于产生相互作用的并非法律规范或是它们的沿革,而是它们之间内在的联系。此外,把握住研究课题的真实复杂全貌也是这一路径下的一大挑战。从这一意义上而言,比较的法制史研究必须建立在已经进行的数个独立先行研究的基础上。因此,这一路径下的研究只有在详细周全的计划下,才能取得相应成果。

关键词:法律的历史比较;比较法制史;教义学

Abstract:Approach in the comparative law can usually be divided into two kinds,historical comparison of law and comparative legal history. Compared with the historical comparison of laws, the other approach, comparative legal history does not focus mainly on doctrinal aspects. The latter is a young discipline and this

* 马丁·罗尼希(Professor Dr. Martin Löhnig):德国雷根斯堡大学民法、法制史、教会法学教授。

** 朱子音:北海道大学法学研究科博士研究生。

kind of work is usually very hard. Though the route can be simply summarized in "describe, explain, and generalize", the object of comparison itself is difficult to choose, since it is not legal norms or their evolution but the relations which are being related to each other. Besides, to acutely capture the complexity of the research is another challenge. In this meaning, research in comparative legal history has to be done under the bases of several individual studies which contend with wide-ranging questions first. Thus, only with a well-planned preparation that one can move smoothly in the research.

Key Words: historical comparison of laws, comparative legal history, doctrine

一、两种路径——两类目标?

从法制史的视角切入,由于法制史自身并没有特殊的比较方法,比较法的研究包含两种路径。事实上,一位法制史学者借助比较法这一工具,或者进行"法律的历史比较"研究,或者进行"比较的法制史"研究。至于究竟选择何种途径进行研究,并不是由特定的预设所决定,而是取决于研究者的研究兴趣之所在。

(一)法律的历史比较

法律的历史比较,是一种以教义学为核心的研究路径,主要关注法律概念的思想史。它通常是在叙述数个法律体系的基础上进行相互比较研究。因此其比较的对象是在不同时期、法域背景下的不同的教义学概念及其发展演变。研究的结果可用于分析,或者如果有必要的话修正研究者自身的教义学认知。研究的结果同样也可用于探索超国界的法律统一的可能性甚至是对其有意识地推动。因此,法律的历史比较这一路径能够为编纂一个(统一的)欧洲法律奠定基础,尤其是在欧洲私法领域,因为在私法领域中,法律的历史比较是一种典型的研究方法。法律的历史研究致力于在中世纪以及现代对罗马法研究的基础之上,构建起一个统一的欧洲法系。在这一语境下,罗马法被视为欧洲私法典编纂的方法论以及本质的要素。

然而,这种关注法律融合的比较研究隐含着忽视了较小法域中的差异及其特性的风险。此外,纯粹的教义学结构的比较并不满足功能性比较法研究的诉求。因为它必然会忽视,本身就不根植于教义学思考体系中的,对于差异之处存在的各种可能的解释。不过,这些问题并非不能避免,如果不再以法律的融合作为唯一的目标,并且不去忽视功能的比较法研究。此外,也应当借助“比较的法制史”对可能存在的差异进行解释。

(二)比较的法制史

比较的法制史,与前者相反,并不主要侧重教义学一面。不过事实上,也正是其忽视教义学这一点,成为了自其作为一种法律科学研究的方法以来,一直被批判之处。多少可以预测的是,比较的法制史研究只有在借助历史比较法途径下才能成功。这也是因为法学总是由教义来阐述的,所以比较的法制史研究必须将教义学层面的发展纳入考量。

比较的法制史这一研究路径的起点是历史学研究:在过去的三四十年间,历史学研究认识到比较是一种有助于更好地分析历史原因、推测发展过程,以及理解自身和其他文化(包括法律文化)的研究路径。比较的历史研究被誉为“历史创新研究的缩影以及有望在认知上取得质的进步”。[1]

比较法制史作为一门年轻的学科也能试图在对法制史(顺便一提,这一领域在至今数十年间一直备受争议)的理解上取得上述的进步。因此就方法论的层面而言,它更接近于历史学研究的范畴。然而比较特定的现象——法律规范毫无疑问也是一种特定的现象——本身并不足以寻找到解释,更遑论对其演变的类型化。这样就要求研究者必须进一步在特定历史背景下比较现象之间可能存在的联系。通常,对于不同法律体系下对象的比较会被预设为共时性的。不过历时性的比较也是可能的,正如同社会与法律文化可以进行跨时期的比较:法律继受时,国家建立时以及工业化之时。不可否认的是,历时性的比较不存在共同的时代语境,[2]但也因此反而可能对于类型化更为有益。因此在这个意义上,比较的法制史研究也可以选用功能的比较路径。不过,值得注意的是,被相互联系在一起的并非事实而是(社会—法律)关系,并且这种比较处于社会

---

[1] *F Jaeger*, ‘Der Vergleich in der Ideengeschichte der Gesellschaft’ in H Kaeble and J Schriewer (eds), Diskurse und Entwicklungspfade: Der Gesellschaftsvergleich in den Geschichts- und Sozial-wissenschaften (Frankfurt am Main, Campus Verlage, 1999) 401.

[2] *H Kaelble*, Der historische Vergleich (Frankkfurt am Main, Campus Verlage, 1999) 15.

史背景之下,比较本身也可以对上述关系做出解释。[3]

以法律继受为例,研究者可以展现出可能的研究目标以及相应所运用的历史的比较方法,或者反过来说,比较的历史研究方法之间的差异。

假如研究者对一组法律规范——例如罗马民法,又或者是法国司法与程序法——在不同法律体系中如何被继受抱有兴趣:(两者)是否有相似的教义学和制度构造呢?产生了哪些差异,以及是通过怎样的思考方式产生的?通过历史的比较研究方法可以通过比较数个继受该法律规范的法系进而达成这一研究目标。研究时有必要同时注重教义学的比较以及所涉及的法系自身法律规范的比较。这可以帮助我们找到更好的法律解决方案,同时也助于我们理解现行法中之所以出现这些差异在智识与历史上的缘由。它同样有助于让我们意识到法律体系的不同可能是不同的价值观体系所致。此外,它也可能有助于我们评估国民性的乃至超国别的法律融合的可能性。

当然,研究者的研究兴趣也可能是法律继受这一文化现象本身。比较不同的继受进程,可以展现出的既包括共性,也涵盖各国的特性。它也可以揭示出对于法律继受的成功而言哪些是必不可少的要素。有哪些不同的继受类型?在不同社会政治背景下相同的解决路径方法是否都能起效?例如,如果研究者的课题是 19 世纪早期欧洲的欧洲各国对拿破仑法典的继受,那么比较法制史进路所侧重的将不再是教义学方面,而是着重比较不同的社会状况、政治决策制定中的差异以及法律移植过程中的不同。因此比较法制史研究并不会选择预设为前法律(时期)的社会现实作为参考资料,并在此基础上选出调整这些现象的规范然后加以相互比较。相反,研究将以那些继受来源同一,并且尽管社会背景不尽相同但依然演变相似甚至相同的不同法系的法律规范为对比基础。研究会去比较产生外国法继受的社会与政治背景,继受的过程及其影响效果。

---

〔3〕 *J Schriewer*, 'Problemdimensionen sozialwissenschaftlicher Komparatistik' in H Kaelble and J Schriewer (eds), Vergleich und Transfer—Komparatistik in den Sozial Geschiebts- und Kulturwissenschaften (Frankkfurt am Main, Campus Verlage, 2003) 24.

二、"比较的本质"

(一)引言

比较的法制史是一门非常年轻的学科。这是因为其在方法论上所追随的历史研究直到20世纪为服务于民族意识的建立才逐渐被认可。[4] 即便如此,比较研究也仅仅是作为在强调个体民族自身的特性时用于补强的一类论据。直到20世纪70年代,比较研究才最终被认为是最适合用于历史学研究。但实际上,即便是现今,所谓的最合适的方式也因为存在诸多困难而并没有被广泛运用。同样这种方法在更为广义的法史研究中的适用也并不常见。实际上,从对、罗马法、普鲁士联邦法、德国民法典这三段法史研究中,并无高质量的研究之现状便可见一斑。

即使在现在,比较的法制史研究也非常罕见。这是因为在进行相关研究时,虽然可能看上去微不足道,但必须要求起初不带偏重的考察、独立的检验用于比较的诸对象。而后通过对它们的比较,彼此之间关联的考察得出结论以达成研究目标。这类工作非常艰难,尤其因为有待比较的对象体系可能曾经发生过相互影响。我们不能简单假设它们未曾如此。如果不考察彼此之间是否存在过交叉影响就得出的所谓共性是毫无价值的。[5]

那么,知识层面的好处是什么呢?虽然同样可能微不足道,但比较应当是去揭示并尽可能去解释存在的异同之处。[6] 简言之,比较或者是深入了解对象的相似之处并理解相互之间的普遍关联,或者是理解对象之间的差异以便突出各自的特点。

(二)比较的对象

如果比较的对象既非法律规范亦非它们的沿革,那么究竟什么才是严格意义上的比较对象呢?正如之前所述,相互影响的并非作为表象的事实,而是内在联系,既然法律是作为广义文化的一部分,并且是用于调整规范社会、经济以

---

〔4〕 *Kaelble*, above n 2, 9.

〔5〕 *Cf Kaelble*, above n 2, 21.

〔6〕 *M Bloch*, 'Pour une historie comparée des socictes européennes (1928)' in M Bloch, Mélanges bistoriques I (Paris, EHESS, 1983) 17.

及政治制度的，那么比较的法制史研究就不能忽视其存在的文化背景。因此推荐被作为比较的法制史研究的课题包括制度和制度化的过程，以及它们与社会、经济、法制史相互依存之处。举例而言，合适的课题可以是民主化、法律继受以及工业化的进程，极权主义的影响，以及价值观转化的影响（这尤其会体现于家庭法之中）。简言之，是在最广义上的承载着法律制度转化的那些历史进程。[7] 相应地，这些议题也会被记载于一些法律文件中，从而成为比较的法制史研究的基础。例如，法律规范，立法辩论记录和程序（包括未获支持的那些），法院判决，包含特定命令或禁令的行政决定，契约，遗嘱，以及法学研究的评注成果。

这里所指的比较，并不是纯粹的通过前后的对比来揭示沿革（例如，20 世纪 50 年代与 20 世纪 70 年代的德国家庭法），这样的研究仅仅是在描述其发展或者关联，而并非比较。不过，如果是德国、法国以及美国之间的家事法之间的比较与关联，则又另当别论。这正是 Jens Beckert[8]，一位社会学家，数年前在继承法领域的研究形式。他的专著《继承的财产》为比较的法制史研究树立了范本。Beckert 本人并不满足于简单的描述，而是进一步追问："为什么在同时期既有相似亦有不同？是不同的经济环境，利益团体，国家特性的不同所导致的吗？"[9]通过这些思考，他将比较的法制史研究作为当下继承法律与政策争论时的一类论据。

（三）描述—解释—概括

在最初比较可能是纯粹的描述性的，随后突出某种发展的独特性。例如，只有当留心到 19 世纪德国的不同州之时，我们才能分辨一个自由的司法机关是否不久后将会在上述各州中成形。也只有当比较了巴登与其他州之间的民事程序法或者广为熟知的商法领域，我们才能去称赞在巴登盛行的（司法）自

---

〔7〕 *Cf Kaelble*, above n 2, 9.

〔8〕 *J Beckert*, Unverdientes Vermögen—Soziologie des Erbrechts (Frankkfurt am Main, Campus Verlage, 2004).

〔9〕 *T Duve*, 'Review of J Beckert, "Unverdientes Vermögen soziologie des Erbrechts"' (2005) 7 Rechtsgeschichte—Legal History 199.

由。Nobili[10] 和 Müßig[11]在刑事程序方面进行了很好的研究。(前者涉及法官是如何形成他们的观点的,后者涉及有法律上权利资格的裁判官)

通过描述性的比较可以找到被比较对象的特点,这通常也是研究者最为熟悉的法律体系的特点之所在。相反地,有时也可能会发现被比较的对象并没有那么特殊。进一步地,这样的比较通过拓宽了研究者的视野,可能使研究者对此先确定的内容再次产生疑问。即使最初的研究目的仅是更好地理解研究者自身的法律体系,比较的研究也不能被贬低为纯粹服务于某一国自身,研究本身是平等地对待比较的对象,并不会删减外国的法制史以衬托其自身。

比较研究是从描述的层面开始逐步进入解释的层面,并验证解释的合适与否。几乎没有比比较的法制史研究更适合用于检验一个解释的好坏的研究了。[12] 正如汉斯·乌尔里希·韦勒(Hans Ulrich Wehler)所指出的,比较的研究有助于完善猜想,它是检验假说是否有说服力的一种最佳方式。[13] 例如,汉纳斯·齐格里斯特(Hannes Siegrist)就德国、瑞士以及意大利的律师职业化所作的研究"律师,公民以及政府",[14]让我们可以检验有关"在律师协会自治方面的诸多不同源于不同国家历史上政府所承担的职能的不同"这一假说。

对于历史发展的比较性分析有助于排除完全基于国别研究所得出的错误因果解释。例如,社会保障法几乎同时期地在工业化的德国以及前工业化的匈牙利萌芽,但是在早已完成工业化的英国却产生得相对较晚。这一发现可能使人产生工业化的程度以及劳工的力量(以及对其的恐惧)是不是导致差异的重

---

[10] *M Nobili*, Die freie richterliche Überzeugungsbildung: Reformdiskussion und Gesetzgebung in Italien, Frankreich und Deutschland seit dem Ausgang des 18. Jahrhunderts (1974) (Baden-Baden, Nomos Verlagegesellschaft, 2001).

[11] *U Seif* (*Müßig*), Recht und Hustizhoheit. Historische rundlagen des gesetzlichen Richters in Deutschland, England und Frankreich (Berlin, Duncker & Humblot, 2003).

[12] *Kaelble*, above n 41.

[13] *H-U Wehler*, 'Einleitung' in H-U Wehler (ed), Geschichte und Soziologie (Köln, Kiepenheuer & Witsch, 1972) 24.

[14] *H Siegrist*, Advokat, Bürger und Staat. Sozialgeschichte der Rechtsanwälte in Deutschland, Italien und der Schweiz (Frankfurt, Klostermann, 1996).

要因素的疑问。[15] 因此比较的研究有助于帮助研究者注意到可能会被忽视的，或者使其意识到主流的解释模型——虽然大体正确——但并不一定把握住了复杂状况的全貌。另外，比较的研究也有助于形成假说。例如，如果在对象A和对象B中都包含了同一的特征，那么就有理由推测，在对象C中也存在相同的特征。[16]

比较的研究还有助于消弭实证结果与理论学说之间的差异。[17] 如果研究者认可了从自然科学转向历史的比较的研究方法，那么他也应当，至少部分地同步舍弃一些自然科学比较所采用的基本假设。因此，他不得不假设这种方式可以形成定理或者解释的模型，并且考虑到对于定式和典型类型的区分。它是有关"相同现象在不同社会的内在逻辑"。[18] 然而，如果研究者在人文科学中以这种方法加以抽象，他就不能如同在自然科学中那样去忽视所存在的（假设的）自然规律与因果关联以及行为自由与开放式的历史不会重复之间的紧张关系。[19] 当然超越描述以及解释意义层面的法制史的比较，仍然需要在接受前一类别的前提下才有意义。换言之，他需要相信某种社会的以及象征性的行为的基本模式仍然存在，这种基本形式即使会被不同的文化修正，有着不同的发展路径，但仍明确地在任何法律共同体中留有其独特的时空投影。[20] 例如，现代家事法的发展在欧洲不同地区都遵循着某种模式，尽管这些基础模式在各自不同的社会政治环境中的投影不尽相同。

---

〔15〕 *Cf Kaelble*, above n 2,51.

〔16〕 H-G Haupt and J Kocka (eds),Geschichte und Vergleich—Ansätze international vergleichender Geschichtsschreibung (Frankkfurt am Main,Campus Verlage,1996) 12.

〔17〕 *Cf K Popper*, Logik der Forschung (1934) (Tübingen,JCB Mohr (Paul Siebeck), 1973).

〔18〕 *Kaelble*,above n 2,13.

〔19〕 *Cf J Schreiwer*, 'Problemdimensionen sozialwissenschaftlicher Komparatistik' in Kaelble and Schreiwer,above n 3,20.

〔20〕 *H Siegrist*, 'Perspektiven der vergleichenden Geschichtswissenschaft. Gesellschaft, Kultur und Raum' in Kaelble and Schreiwer,ibid. ,305.

三、结　　语

触及比较法制史的本质的研究,亦即超越纯粹的描述性的研究并不容易,同样比较的法制史研究仍处在探索期也并不令人意外。

研究者所需要的是充足的大数量的比较对象,其中每一个都又可以成为一项复杂的研究。它们之间的联系与进程不可以被粗糙地比较。研究者必须同时考虑到成功的可能以及过程中存在的抵抗力所能达到的程度。这对发展模式的选择也同样适用。存在的这些可能不能简单地仅因为不主流或不符合模式而受到忽视轻视。正因如此,现今法制史的比较研究所面临的最大挑战可以说是难以把握住研究课题的真实复杂全貌。此外还有前面提到的转换分析的复杂性。最后值得一提的是,比较的研究经常涉及非常广泛的问题,并且需要使用不同语言的材料。

因此,比较法制史的研究必须依托先前已经进行的数个独立研究。目前由于各国各地区的研究现状非常不同,因此在许多领域仍然缺乏这样的基础研究。可以说只有在非常细致并有计划的研究工作之后,研究者才可能进入第二步的比较研究。也因此,比较法制史的研究通常需要诸多基于协议可以长期合作的跨国别的团队学者。

反垄断法前沿问题研究

周万里 数字市场反垄断法
——经济学和比较法的视角

翟巍 行政性垄断豁免机制的本土建构路径
——基于欧盟与德国模式镜鉴的视角

金枫梁 论通过取得资产的方式取得控制权
——兼论《反垄断法》第20条第2项的解释误区

中德法学论坛
第 15 辑,第 37 ~58 页

数字市场反垄断法
——经济学和比较法的视角*

周万里**

摘　要:数字市场竞争主要体现为互联网平台间的竞争。平台的网络效应、规模效应、负荷能力、差异程度、用户多宿的可能性、经营者获得数据的能力以及创新等因素,共同决定了互联网市场的集中程度和经营者市场力量的大小。现行反垄断法偏重于依据市场份额、市场集中度等市场结构特征认定经营者的市场力量,需要在数字市场反垄断中做出一些调整,着重按照上述因素分析互联网经营者的市场力量,认定其行为是否排除、限制市场竞争。

关键词:反垄断法;数字市场;双边市场理论;网络效应;数据

Abstract: Competition in the digital markets means the competition among platforms. The market concentration degree and market power of undertakings depend on the factors jointly such as platforms' network effects, scale effects, congestion, platform differentiation, users' multi-homing, undertakings' ability to collect data and the innovation. The traditional approach to assessing the market power, which especially stresses the importance of market structure features such as market shares and market concentration, shall be modified for implementing the anti-mo-

* 本文为中央高校基本科研业务费项目华东师范大学人文社会科学青年跨学科创新团队项目(批准号:2018ECNU - QKT013)的阶段性成果,并受"瀚英"科研基金项目资助。

** 周万里:华东师范大学法学院讲师,德国波恩大学法学博士。

nopoly law in the digital markets, and the above-mentioned factors should be used to analyze the market power of undertakings of digital economy, and to decide whether undertakings' behaviors limit or restrict the competition in the markets.

Key Words: anti-monopoly law, digital markets, two-sided market theory, network effects, data

2018 年是我国《反垄断法》生效十周年之年。如果试问十年来反垄断法面临的挑战有哪些,数字市场反垄断法无疑是其中的一个。究其原因,一是数字化已经融入到生产生活的各个方面,数字市场的竞争问题更容易引起关注;二是数字市场的竞争机制不同于传统的线下行业,尤其是平台、数据、人工智能推动着数字市场竞争的发展。传统产业经济学基础上建构的反垄断法分析在数字化环境下需要新的经济学思维和范式。2013 年最高院审理奇虎诉腾讯案,2017 年 6 月欧盟委员会因谷歌滥用市场支配地位排除价格比较市场的竞争而对其处以 24.2 亿欧元罚金,2017 年 12 月德国联邦卡特尔局初步认定社交网络巨头脸书滥用市场支配地位收集数据案,都反映了数字市场反垄断的新问题和特殊性。[1]

2018 年也是《德国反对限制竞争法》(GWB)生效六十周年之年。2017 年 6 月 9 日生效的《德国反对限制竞争法第九次修订法》对该法做了大幅度的修改,包括新增的"数字市场反垄断法条款",[2]使"平台"和"数据"这两个关键词成为法律专业用语,产生规范性的约束力。德国因此成为世界上第一个在成文法中明确规定数字市场反垄断法的国家。如何分析数字市场的反垄断案件,平台和数据在其中扮演什么样的角色,成为两国反垄断法面临的共同难题。本文以为,经济学

---

〔1〕 参见最高人民法院,北京奇虎科技有限公司诉腾讯科技(深圳)有限公司、深圳市腾讯计算机系统有限公司滥用市场支配地位纠纷案,(2013)民三终字第 4 号。*European Commission*, Press release, IP/17/1784, 27 June 2017. Bundeskartellamt, Preliminary assessment in Facebook proceeding: Facebook's collection and use of data from third-party sources is abusive, 19. 12. 2017. 欧盟委员会处理谷歌的一系列反垄断案件,参见周万里:《欧盟竞争执法概况及典型案例》,载《中国与世界:竞争法发展研究报告(2016 年卷)》,法律出版社 2017 年版,第 281~283 页。各国和国际组织对数字市场反垄断问题的分析,参见韩伟:《数字市场竞争政策研究》,法律出版社 2017 年版。

〔2〕 包括《德国反对限制竞争法》第 18 条第 2a 款、第 3a 款,第 35 条第 1a 款。

中的双边市场理论是数字市场反垄断法分析的科学基础,[3]其分析逻辑和结论应当在竞争政策中得到充分重视和运用。有鉴于此,本文以经济学和比较法为视角,论述双边市场理论的基本原理,突出平台和数据在数字化竞争中的关键作用,阐明两者在界定相关市场、分析和认定经营者市场力量和垄断行为中的作用,为我国在“中国制造2025”和“互联网+”背景下修订和适用《反垄断法》提供借鉴和参考。

一、平台、数据和双边市场理论

(一)平台

在反垄断法的语境下,互联网平台有两个典型特征,分别是网络效应和中介服务。[4] 网络效应包括间接网络效应和直接网络效应。平台的种类很多,有具有搜索功能的搜索引擎平台,也有进行网络销售的电商平台,还有拓展人脉的社交网络平台等。[5] 间接网络效应是平台的关键特征,也被称为交叉网络外部性,是平台上不同用户群之间相互影响、相互作用的效应。[6] 具体而言,平台

[3] 参见董亮、赵健:《双边市场理论:一个综述》,载《世界经济文汇》2012年第1期;侯利阳、李剑:《免费模式下的互联网产业相关产品市场界定》,载《现代法学》2014年第6期;吴汉洪、孟剑:《双边市场理论与应用述评》,载《中国人民大学学报》2014年第2期。

[4] Vgl. *BKartA*, B6-113/15, Arbeitspapier-Marktmacht von Plattformen und Netzwerken, Juni 2016, S. 14; *Telle*, Konditionenmissbrauch durch Ausplunderung von Plattform-Nutzerdaten, WRP 2016, 814.

[5] 搜索平台作为中间商撮合搜索内容的用户与内容供应商以及网络广告商,电商平台作为中间商撮合平台上的网店和网购者,社交网络平台作为中间商撮合注册用户建立人际关系。

[6] Vgl. *BKartA*, B6-113/15, Arbeitspapier-Marktmacht von Plattformen und Netzwerken, Juni 2016, S. 9; *Jean-Charles Rochet & Jean Tirole*, Two-sided markets: a progress report, Rand Journal of Economics, Vol. 37, No. 3 (2006); *Giacomo Luchetta*, Is the Google platform a two-sided market, Journal of Competition Law & Economics 2014, 10 (1); *Filistrucchi, Geradin/van Damme*, Identifying Two-Sided Markets, World Competition, 2013, 36(1); 侯利阳、李剑:《免费模式下的互联网产业相关产品市场界定》,载《现代法学》2014年第6期;林平、刘丰波:《双边市场的相关市场界定研究进展与判例评析》,载《反垄断法中的相关市场界定》,社会科学文献出版社2014年版,第101页;宋迎、周万里:《德国〈竞争政策:数字市场的挑战〉调研报告介评》,载《数字市场竞争政策研究》,法律出版社2017年版,第58~59页;王先林:《互联网行业反垄断相关商品市场界定的新尝试》,载《中国版权》2013年第3期。

一边市场的用户增加会使平台另一边市场更具有吸引力,激励更多的用户进入另一边的市场,这反过来又会激励更多的用户进入第一个市场,平台两边的市场之间因此产生间接网络效应。比如在电子商务市场,使用淘宝平台购物的用户越多,越能增加平台上卖方的交易量和营业额,够吸引更多的卖方在淘宝平台上设立网店,而平台上更多的卖方和网店又能够促进竞争,使商品实惠、多样化,进而吸引更多的用户在淘宝平台上购物,轮回循环,在平台上产生间接网络效应。与间接网络效应对应的是直接网络效应,是平台上同一个用户群成员之间相互影响、相互作用的效应。

提供中介服务是平台的另一个特征。互联网平台因此被称为中间商。互联网平台的实质是提供居间服务,使不同用户群的成员能够直接接触、谈判、达成协议。在该过程中,平台提供者并不参与影响和决定平台用户如何交易以及达成什么样的交易条件。相反,如果平台提供者参与买卖双方的交易,直接决定诸如商品价格、数量、运送方式等交易条件,就成了交易当事人一方,属于经销商从事的商品分销行为,要受到《反垄断法》第 13 条和第 14 条的规制。比如京东平台上既有自营店,也有他营店,以前者的形式提供商品时,京东不是平台,只有以后者的形式提供平台服务时,京东才是提供中介服务的互联网平台。

(二)双边市场理论

双边市场理论以平台为研究对象,主要从平台的网络效应、定价、创新等方面研究平台的运作机制、竞争特点及其福利效果。[7] 为了深化间接网络效应的运作机制,双边市场理论还区分正和负的间接网络效应,即平台一边对另一边产生的是正还是负的外部效应,以及区分间接网络效应的方向是单向还是双向的。不同的间接网络效应会产生不同的竞争效果,因此对它的分析在界定相关市场以及认定经营者市场力量具有重要的意义。此外,双边市场理论还研究平台实施的非对称的价格结构策略,科学地解释了互联网业中普遍存在的“免费”服务的现象。

(三)平台竞争的特点

1. 数据作为对价

按照传统的价格理论(price theory),商品的价格是否等于它的边际成本,

---

〔7〕 See *Rochet & Tirole*, Platform Competition in Two-Sided Markets, Journal of the European Economic Association, June 2003 1(4); *Evans/Schmalensee*, The Industrial Organization of Markets with Two-Sided Platforms, Competition Policy International, Vol. 3 Nr. 1 (2007).

是认定经营者是否拥有市场力量以及交易行为是否具有效率的标准。在互联网业中,免费服务很普遍,从单笔交易来看,商品价格往往低于边际成本,这给适用反垄断法带来了难题。从双边市场理论和民法角度来看,其实互联网平台并没有提供免费服务。

其一,从双边市场理论的角度来看,平台盈利主要靠对平台一边用户收费。双边市场理论研究表明,平台提供者以非对称的定价方式实现盈利,即对价格弹性低的一边用户收取费用,比如网络广告商或电商平台上的卖方,而对价格弹性高的一边用户,主要是最终消费者,不收费甚至补贴其消费。〔8〕平台提供者总体考虑双边或多边市场,确定平台服务的总价格和各边市场的价格,让价格弹性低的一边用户对价格弹性高的一边用户进行补贴,体现了双边市场中"羊毛出在猪身上"的经济逻辑,这与单边市场中"羊毛出在羊身上"的经济逻辑完全不同。

其二,从民法角度来看,互联网用户并没有免费获得平台服务,而是以非货币的形式向平台支付获得了有偿的服务。互联网用户虽然没有支付货币给平台提供者,却向平台提供者"支付"了注意力和个人信息,留下了大量有经济价值的数据,因此获得了平台服务。〔9〕互联网平台提服务,交换得到用户的注意力,叠加的注意力能够强化网络效应。〔10〕更为重要的是,互联网用户在使用平台时,会留下大量个人信息,聚积形成大数据。分析这些数据能够推理出特定用户或用户群的消费习惯、需求、财力等方面的信息,解决了供应商在商品供应时面临的经典难题——信息不对称,实施差异化定价,盈利更多。因此,数据对于平台提供者来说,蕴藏着巨大的经济价值,可以为其所用,也可以转卖给其他

---

〔8〕参见吴汉洪、孟剑:《双边市场理论与应用述评》,载《中国人民大学学报》2014年第2期;胡丽:《互联网经营者相关商品市场界定方法的反思与重构》,载《法学杂志》2014年第6期。

〔9〕参见承上:《互联网领域免费行为的反垄断规制》,载《现代经济探讨》2016年第3期;*Dewenter*, Digitale Ökonomie: Herausforderungen für die Wettbewerbspolitik, Wirtschaftsdienst, Vol. 96, Issue 4, April 2016; *Klotz*, Google und Facebook im Kontext von Art. 102 AEUV, WuW 2016, Heft 1。

〔10〕参见侯利阳、李剑:《免费模式下的互联网产业相关产品市场界定》,载《现代法学》2014年第6期。

经营者,获得经济利益。正是在这个意义上,数据是互联网虚拟世界的"货币"。所谓的免费服务是不存在的,实质上平台提供者和获得免费服务的用户达成了有偿的交换协议。[11]

2. 数据作为竞争因素

数据是数字市场中关键的竞争因素。[12] 在传统线下行业中,主要的竞争因素有商品价格、数量、质量、供应和支付条件等,其中价格是最重要的。在数字市场中,数据是数字经济的"原材料",利用它可以提高平台的竞争能力。比如平台提供者利用大数据技术,能够在更大范围收集、存储、加工和分析用户数据,提高平台服务质量和运行效率,有利于平台各方;[13] 数据还可以用于广告目的。比如在搜索引擎市场,使用某个搜索引擎的用户越多,该搜索引擎就能收集、分析更多的用户数据,提供准确和有针对性的广告服务,这不仅能增加搜索引擎服务商的广告收入,也能够避免或减少搜索用户被无关广告干扰以及降低用户的搜索成本。

3. 创新竞争

创新一直以来就是一个竞争因素,不过在数字市场中发挥的作用更为突出。互联网商品和服务创新周期短是常态。比如应用软件基本每年都会有新版本,一年之中又有很多次的更新,新的可替代应用软件和平台也会不断涌现。这种快节奏、动态的创新竞争,可能会使拥有高市场份额的互联网经营者在短时间内失去市场领先地位,甚至淘汰出市场,很快被用户遗忘。在"创造性破坏"(creative destruction)的过程中,现有企业不断地被后来企业取代,形成动态的发展过程。在该过程中,潜在的竞争压力会激励企业对其商品和服务不断改善和创新,促进市场竞争,形成动态竞争的局势。

---

[11] Vgl. T*homas*, Personenbezogene Daten als neue Währung der Internetwirtschaft, WuW 2013, Heft 05; Klotz, Google und Facebook im Kontext von Art. 102 AEUV, WuW 2016, Heft 1.

[12] See *Weber*, Information at the crossroads of competition and data protection law, ZWeR 2014, Heft 2.

[13] See *Weber*, Information at the crossroads of competition and data protection law, ZWeR 2014, Heft 2; *Weber/Volz*, Kartellrechtlicher Handlungsbedarf im Licht potenzieller Meinungsmacht von Suchmaschinen, WuW 2015, Heft 4.

4. 高市场集中度

即使互联网业的创新竞争很激烈,能够观察到现实中有的数字市场的集中度还是偏高,垄断化趋势明显。比如在世界范围内,谷歌、亚马逊、脸书和苹果组成的全球互联网业"四大",而在国内的互联网市场中,百度、阿里巴巴和腾讯组成的我国互联网业"三大",在相应的市场中拥有很高的市场份额,所在市场的集中度很高,有的市场甚至近乎成为垄断市场。按照双边市场理论,高的市场集中度和垄断化趋势是互联网业本身的发展规律。双边市场理论学者埃文斯(Evans)和施马兰西(Schmalensee)的经典研究表明,平台的网络效应、规模效应、负荷能力、差异程度以及用户多宿的可能性五大因素,共同决定了平台市场集中度和市场进入难度。[14] 其中前两个因素是促进市场集中的因素,后三个因素则是阻碍市场集中的因素。这五个因素在各个互联网市场中的作用不同,因此不同的互联网市场会呈现出不同的市场集中度和市场进入难度。埃文斯和施马兰西的此项研究成果为分析和解释双边市场的竞争机制提供了有说服力的结论,得到众多学者、反垄断执法和咨询机构的认同。[15] 德国 2017 年的《德国反对限制竞争法》甚至在第 18 条第 3a 款中直接采纳了该理论中的三大因素,即网络效应、、规模效应、用户多宿的可能性。[16]

(1)网络效应

直接和间接网络效应是传统线下产业的特殊规律,却是数字市场中的一般规律,它能够使强者更强,加速市场集中的发展。一方面,高度集中的互联网市场对平台提供者和用户都有利。间接网络效应促使一个市场中仅剩少数几个互联网平台,产生高度集中的市场,这对互联网平台提供者来说,能够实现规模效应,使平台运行更有效率。对用户来说,平台的规模越大,搜索成本就越小,

---

〔14〕 See *Evans/Schmalensee*, The Industrial Organization of Markets with Two-Sided Platforms, Competition Policy Inernational 2007, Vol. 3, p. 163; Monopolkommission, Sondergutachten 68, Wettbewerbspolitik: Herausforderungen digitaler Märkte, Tz. 45.

〔15〕 Vgl. *Monopolkommission*, Sondergutachten 68, Wettbewerbspolitik: Herausforderungen digitaler Märkte, Tz. 45f.; BKartA, B6 – 113/15, Arbeitspapier-Marktmacht von Plattformen und Netzwerken, Juni 2016, S. 49f.

〔16〕 参见《德国反对限制竞争法》第 18 条第 3a 款。肖辉龙、蔡婷贻:《巨头并购的垄断边界》,载《财经》2016 年第 26 期。

更能得到优质的互联网服务。正是在这个意义上,高度集中甚至垄断的互联网市场就如自然垄断能够带来更高的经济效率。[17]

另一方面,平台上的用户越多,间接网络效应也就越强,越是对大型互联网企业有利。竞争者需要在平台的两边市场都拥有一定数量的用户,才能与市场中领先的平台竞争。这意味着拥有一定数量的用户能够成为潜在竞争者进入相关市场的障碍。[18] 另外,用户数量达到关键值后,竞争者就很难进入市场进行竞争,平台就能"倾覆"市场,产生"赢家通吃"(the winner takes it all)的局面,占据市场的主导地位,产生所谓的倾覆效应(tipping effects)。达到这个关键值的转折点在经济学中被称为倾覆点(tipping point),在反垄断法语境下,倾覆则是经营者自我强化而引发的垄断化和排除竞争者的过程。[19] 分析互联网平台的"倾覆点"和"倾覆"危险,应当是分析和认定互联网业垄断行为的重要组成部分。

(2)规模效应

高固定成本和低可变成本是互联网平台成本结构的一般特征。设立一个互联网平台的固定成本一般很高,而后期提供平台服务的可变成本几乎为零。即增加一个新用户一般不会明显增加构建和维护平台的成本。因此,平台上的用户越多,交易量越大,总平均成本就越低,收益就会越多,从而能够实现规模经济。规模效应与间接网络效应也有直接的关系,前者能够促进后者实现平台自我强化过程,加速到达"倾覆点"。正是基于这点考虑,《德国反对限制竞争

〔17〕 See *Haucap/Heimeshoff*, Google, Facebook, Amazon, eBay: Is the Internet driving competition or market monopolization?, International Economics and Economic Policy 11(1-2) 2014.

〔18〕 Vgl. *Krämer*, Herausforderungen bei der Bestimmung von Marktmacht in digitalen Märkten, in Wirtschaftsdienst, Vol. 96, Issue 4 (2016); *Dewenter*, Digitale Ökonomie: Herausforderungen für die Wettbewerbspolitik, in Wirtschaftsdienst, Vol. 96, Issue 4 (2016); *Evans/Schmalensee*, The Industrial Organization of Markets with Two-Sided Platforms, Competition Policy Inernational, 2007, Vol. 3, p. 164.

〔19〕 倾覆点泛指特定的时间点,在该时间点之前事物以线性方式发展,而在该时间点之后,事物突然以指数的方式发展。对于倾覆点在反垄断法中的含义,参见 *Bundeskartellamt*, Beschluss vom 22. 10. 2015 - B6 - 57/15, Parship/Elitepartner, Rn. 142。

法》第 18 条第 3a 款第 3 项才有“其(经营者)与网络效应相关的规模优势”的考虑因素。

(3)负荷能力

由于技术或用户偏好方面的限制,平台提供者会限制平台服务的规模。比如在搜索引擎市场,搜索结果中的广告位置是有限的,限制了网络广告投放的数量。再如网络广告市场和搜索引擎用户市场之间的间接网络效应关系。由于这种关系是单向的,即搜索用户越多,对网络广告公司和广告主越有利,但是过多的广告反而会引起用户的反感,使用户数量减少,产生负的间接网络效应,因此,平台提供者需要控制网络广告的数量,防止搜索用户过度流失,以达到最优的状态。

(4)差异程度

基于平台用户偏好和需求的不同,平台提供者会设立不同的平台,提供不同的平台服务。用户偏好差异度越大,平台差异性就会越大,就越能限制平台向高市场集中度的方向发展。产业经济学把差异划分为横向差异和纵向差异,前者是质量相似的不同产品,而后者是指质量不同的产品。一般的规律是,产品差异化越大,经营者能够盈利更多。按照这个规律,平台提供者会基于用户的偏好,提供差异程度更大的平台,获得更多的利润,同时这也限制了用户集中流向同一个平台。

(5)多宿的可能性

由于平台的差异性,用户会选择同时使用多个平台,双边市场理论学者罗切特(Rochet)和梯若尔(Tirole)称之为多宿(Multi-Homing)。[20] 相反,用户只能使用一个平台的情形是单宿(Single-Homing)。用户在不同平台之间转移成本越低,多宿也就越容易,越能制约市场朝高集中度的方向发展。互联网市场不同,用户多宿的可能性也会不同。在搜索引擎市场中,用户的转移成本很低,仅靠鼠标点击就能在不同搜索引擎平台之间转换,因此用户多宿比较容易。而在电子商务市场中,卖方在平台上得到的“评价”“关注人数”“卖家服务”以及成交量记录等信息,都不能被卖方带走,因此平台间转移成本很高,商户进行多宿就很难。

---

〔20〕 See *Evans/Schmalensee*, “The Industrial Organization of Markets with Two-Sided Platforms”, *Competition Policy Inernational*, 2007, Vol. 3, p. 166.

二、反垄断法分析

(一)相关市场界定

相关市场界定是反垄断法分析的第一步,其目的是确定经营者受到竞争制约的市场范围。通用的相关市场界定方法是需求替代分析、供给替代分析和假设垄断者测试。由于竞争是经营者围绕交易相对方的需求进行的,因此需求替代分析是最基本的相关市场界定方法。相关市场界定原本就是一个复杂的过程,得出的结论也常会有争议。在界定数字市场时,由于平台服务在替代程度、网络效应、免费服务及市场动态发展等方面的特征,难度更大,争议更多,以至于最高院在奇虎诉腾讯案判决中认为:“并非在任何滥用市场支配地位的案件中均必须明确而清楚地界定相关市场”。〔21〕 由于目前还没有公认的适合数字市场的相关市场界定方法,有必要在考虑互联网平台网络效应特征的前提下,对通用的相关市场界定方法进行完善,避免界定出的相关市场范围过宽或过窄。〔22〕

1. 整体和分别界定

由于互联网平台涉及双边或多边市场,在界定相关市场时,把平台各边所涉的所有市场看作一个整体,还是分别从平台各边界定相关市场,还有争议。我国的司法实践以整体界定为主,即仅界定平台一边的市场,分析平台的市场力量。比如,在唐山人人诉北京百度案和奇虎诉腾讯案中,法院仅界定免费一边的市场。审理奇虎诉腾讯案的助理审判员朱理认为,无论从哪一边界定,结论都是一致的。〔23〕 值得注意的是,德国联邦卡特尔局在论证整体界定时,认为平台提供的是中介服务,各边对之都有需求,并且各边之间有较强的间接网络效应,因此平台各边可以视为一个整体,即界定一个相关市场即可,通常是用户

---

〔21〕 参见该案助理审判员朱理:《互联网产业滥用市场支配地位行为的反垄断分析》,载《竞争政策研究》2015年9月号。

〔22〕 Vgl. *Krämer*, Herausforderungen bei der Bestimmung von Marktmacht in digitalen Märkten, in Wirtschaftsdienst, Vol. 96, Issue 4 (2016).

〔23〕 参见朱理:《互联网产业滥用市场支配地位行为的反垄断分析》,载《竞争政策研究》2015年9月号。

付费的一边市场。[24] 由此可以看出,在采用整体界定方法时,我国以选择免费一边市场为主,而德国则以选择付费一边市场为主。

而主张分别界定的主要理由是,需求替代是相关市场界定最基本的方法,同样也适用于互联网业。平台各边的需求不同,分别确定平台各边市场可替代商品的范围,才能全面地确定平台提供者的市场力量和受到竞争制约的程度。[25]

持整体界定主张的学者考虑到平台用户群的需求特点和间接网络效应,却忽视了互联网平台和间接网络效应的差异性,而正是这些细节考虑对选择整体还是分别界定往往产生很大的影响。比如学者侯利阳、李剑从单边市场分析的角度,得出应当仅界定平台一边市场的结论,而不对平台各边进行分析。[26] 持分别界定主张的,多从现有法律框架出发,坚持需求替代分析的基本原则和方法,往往忽视了平台各边之间的间接网络效应。

本文以为选择整体还是分别界定,取决于平台的性质,即平台是匹配平台(Matching-Plattform)还是注意力平台(Aufmerksamkeitsplattform)[27]。匹配平台促使买卖双方直接接触和谈判,达成交易或实现其他目的。匹配平台用户的目的比较一致,都是为了找到交易相对方,达成交易或者实现其他目的。诸如淘宝、京东等电商平台都属于非常典型的匹配平台。由于匹配平台用户的需求一致,平台两边市场之间具有很强的双向间接网络效应,因此可以整体界定平台的中介服务作为相关市场,无须从平台各边分别界定相关市场。出于操作性的考虑,一般仅界定提供有偿平台服务的一边市场。

注意力平台是让一个用户群能够注意到另一个用户群的平台。以广告收入为主要经济收入来源的平台一般都属于这类平台。注意力平台各边用户需求不同,并且间接网络效应往往是单向的,因此需要从平台各边用户的角度界

---

〔24〕 *BKartA*, *B6* – 113/15, Arbeitspapier-Marktmacht von Plattformen und Netzwerken, Juni 2016, S. 32.

〔25〕 *Körber*, Analoges Kartellrecht für digitale Märkte, WuW 2015, Heft 2.

〔26〕 参见侯利阳、李剑:《免费模式下的互联网产业相关产品市场界定》,载《现代法学》2014 年第 6 期。

〔27〕 *BKartA*, B6 – 113/15, Arbeitspapier-Marktmacht von Plattformen und Netzwerken, Juni 2016, S. 22ff.

定相关市场。搜索引擎是典型的注意力平台,搜索用户使用搜索引擎是为了从搜索结果中找到想要的信息,而不是搜索广告,而搜索引擎让用户阅读搜索结果的同时也注意到广告,用户点击广告增加了平台提供者的盈利水平。

在经济学界,平台的另一种分法以平台是否能够观察到用户互动后的交易为标准,把平台区分为交易平台和非交易平台。[28] 如果平台能够观察到用户互动和交易,则属于交易平台,否则属于非交易平台。对于前者,需要整体界定相关市场。对于后者,则需要分别界定相关市场。因为匹配平台不仅包括商业交易平台,还包括诸如网络婚介、社交等不属于典型商业意义上的非交易平台,扩大了相对来说容易操作的整体界定的适用范围,并且匹配平台和注意力平台的划分是以平台功能为基础的划分,与需求替代分析方法强调商品功能的基本理念是一致的,因此按照此类划分界定相关市场更为科学和合理。

2. 相关商品市场

互联网业中普遍存在的免费商品,是否构成相关商品市场以及能否引发反垄断法的问题,在欧盟和德国曾经有过激烈的讨论,目前比较一致的观点是免费商品可以构成相关商品市场。[29] 最新的《德国反对限制竞争法》第 18 条第 2a 款明确"无偿给付与认定市场不矛盾"。如上文所述,互联网用户并没有免费获得商品,而是交换了个人信息和注意力,与平台提供者达成了默示的有偿交易合同。因此这类免费商品能够构成相关商品市场。

在界定免费商品相关市场时,很难使用假设垄断者测试的方法。[30] 免费商品以非货币的形式支付,而假定垄断者测试以商品价格变化作为考察对象,没有商品价格就不能使用该测试。在这种情况下,可以考虑"质量下降"代替"价格上涨"的方法,考察用户对质量变化的反应,即商品性能测试(SSNDQ 测试),

---

〔28〕 参见林平、刘丰波:《双边市场的相关市场界定研究进展与判例评析》,载《反垄断法中的相关市场界定》,社会科学文献出版社 2014 年版,第 104 ~ 105 页。

〔29〕 Vgl. *BKartA*, B6 – 113/15, Arbeitspapier-Marktmacht von Plattformen und Netzwerken, Juni 2016, S. 36ff.

〔30〕 参见侯利阳、李剑:《免费模式下的互联网产业相关产品市场界定》,载《现代法学》2014 年第 6 期;林平、刘丰波:《双边市场的相关市场界定研究进展与判例评析》,载《反垄断法中的相关市场界定》,社会科学文献出版社 2014 年版,第 102 页。

或采用其他定性的方法。[31] 对于以货币形式支付的有偿互联网服务，在考虑间接网络效应条件下，可以使用计量经济学模型或者改良的假设垄断者测试界定相关市场。但是，这对数据的要求较高，会加大反垄断法分析的复杂程度，因此有必要衡量使用不同方法界定相关市场的收益与成本，选择相对有经济优势的方法。

3. 相关地域市场

在界定相关地域市场时，运输成本和特征非常重要，而在界定数字市场的地域市场时，数字类商品往往不会产生运输成本，因而相关市场是全球或者全国范围。比如使用搜索引擎服务，不会产生运输成本。但是考虑到语言、文化和各国产业政策等方面的因素，多数的数字市场局限于全国范围。

（二）垄断协议

互联网是供应商和经销商分销商品的一种新途径，有利于减少交易成本，消费者从中能获得多样和优惠的商品。同时，网络分销也加剧了商品销售市场的竞争，减少了供应商和分销商的销售利润空间，促使供应商特别是品牌商品的供应商，采取不同形式的措施限制网络分销，垄断协议是其中的一种措施。数字市场的垄断协议分为价格垄断协议和非价格垄断协议。[32] 与传统市场中的垄断协议一样，价格垄断协议仍然被认为能够严重排除、限制市场竞争，是反垄断重点执法的对象。[33]

1. 价格垄断协议

互联网竞争者之间达成价格协议及非竞争者之间达成限制转售价格协议，

---

〔31〕 参见侯利阳、李剑：《免费模式下的互联网产业相关产品市场界定》，载《现代法学》2014 年第 6 期；朱理：《互联网产业滥用市场支配地位行为的反垄断分析》，载《竞争政策研究》2015 年 9 月号。

〔32〕 Vgl. *Monopolkommission*, Wettbewerbspolitik: Herausforderung digitale Märkte, Sondergutachten 68, 2015, Rn. 406.

〔33〕 比如英国竞争与市场管理局（CMA）在 2016 年 4 月和 5 月对浴室设备供应商 Ultra 和商业冷冻机供应商 ITW 在电子商务中维持转售价格的行为分别处以 826, 000 英镑和 2, 200, 000 英镑的罚款，载 https://www.gov.uk/government/news/bathroom-supplier-fined–826000–for-restricting-online-prices 以及 https://assets.publishing.service.gov.uk/media/575a8f5eed915d3d24000003/commercial-catering-equipment-non-confidential-decision.pdf。

可以适用一般的分析垄断协议的方法。数字市场中出现的比较特殊的价格垄断协议是最惠国待遇条款和算法合谋。

(1)最惠国待遇条款

按照最惠国待遇条款的要求,一个平台的商户在其他平台提供的价格不能比该平台优惠。该条款对竞争产生的负面影响主要表现在:一是平台的竞争者进入平台市场的难度增大,二是弱化平台之间的竞争以及有利于平台之间达成合谋。[34] 保护"特定交易投资"(contract-specific investments)和避免投机定价,理论上可以成为该条款的正当理由,实践中很少被反垄断执法机构采纳,并且证明这些正面效果也很难。[35] 比如 2013 年 12 月德国联邦卡特尔局认为旅馆预订平台 HRS 与旅馆达成的最惠国待遇条款属于垄断协议,违反了《德国反对限制竞争法》,责令 HRS 限期清除这些条款。在该案中,旅馆预订平台 HRS 类似于我国互联网平台携程、去哪儿,互联网用户可以在这些平台上比较旅馆价格、预订房间。HRS 与其平台上的旅馆达成协议,要求后者在任何第三方平台上提供同类旅馆的价格不得低于其在 HRS 平台上的价格,提供房间的数量和退订的条件等也不能优于其在 HRS 平台上的条件。德国联邦卡特尔局认为,该约定限制了旅馆的竞争自由,导致旅馆价格趋于一致,最终会限制网上旅馆预订平台以及旅馆市场的竞争。不过,同样是该案,脱欧前的英国却持不同观点,在 2015 年终止了对该案的调查。[36]

(2)算法合谋

算法合谋是人工智能运用引发的反垄断法新问题,[37] 尤其是在电商领域,算法能够成为经营者实施价格垄断的一种新手段。一方面,人工智能能够提高

---

[34] Vgl. *Monopolkommission*, Wettbewerbspolitik: Herausforderung digitale Märkte, Sondergutachten 68, 2015, Rn. 411.

[35] Vgl. *Monopolkommission*, Wettbewerbspolitik: Herausforderung digitale Märkte, Sondergutachten 68, 2015, Rn. 413, 414.

[36] See *GCR*, UK shuts down hotel online booking investigation, available under http://globalcompetitionreview. com/news/article/39485/uk-shuts-down-hotel-online-booking-investigation/.

[37] 涉及算法合谋的反垄断案件,参见韩伟:《算法合谋反垄断初探》,载《竞争政策研究》2017 年第 5 期。

效率,使复杂活动智能化,替代或辅助人类的活动,创造出诸如无人驾驶的新产品和新服务。算法则是人工智能的关键,它使机器学习和深度学习成为可能。另一方面,人工智能和算法的运用成为反垄断法面临的新问题。2017 年,欧盟委员会在《电子商务行业特别调查》报告中指出,多数的经销商跟踪着竞争者的网上价格,甚至其中有三分之二的经销商使用自动化的软件基于观察到的竞争者的报价调整自己商品的价格。[38]

对于算法合谋,原则上可以把算法视为经营者达成价格合谋的交流工具,从而使算法合谋受到《反垄断法》第 13 条规制。对于通过最为复杂的"自我学习算法"达成的合谋行为,是否将该行为归责为经营者,还没有定论。[39] 这种算法使机器在不断的反应和适应中通过自我学习,在无人干预和知情的情况下,做出合谋行为。[40] 按照我国的反垄断法,这种合谋不是经营者合意的结果,因此不属于《反垄断法》第 13 条第 2 款意义上的协议。它也不是经营者意思联络的结果,因此也不属于《反垄断法》第 13 条第 2 款意义上的协同行为,[41] 更像是经济学教科书中默契合谋(tacit collusion)。所以,按照我国的《反垄断法》,通过"自我学习算法"达成的合谋行为不属于垄断协议。

2. 非价格垄断协议

在互联网业中,非价格垄断协议的极端形式是供应商通过协议禁止经销商设立电商平台分销商品。电子商务是经销商新的销售渠道,能够促进商品销售市场的竞争,增加市场透明度,有利于消费者比较商品价格和质量,所以依据反垄断法应当原则禁止限制网络分销的协议。欧盟法院和德国最高法院都认为禁止网络分销的条款属于赤裸裸的核心限制,应当被严格禁止,并且没有豁免的余地。[42] 只有在例外情况下,限制诸如奢侈品等特殊商品不属于纵向垄断协

---

〔38〕 See *EU Commission*, Final report on the E-commerce Sector Inquiry-commerce Sector Inquiry, 13, 10. 05. 2017.

〔39〕 Vgl. *Käseberg/Kalben*, Herausforderungen der Künstlichen Intelligenz für die Wettbewerbspolitik, WuW 2018, Heft 1, S. 3.

〔40〕 参见韩伟:《算法合谋反垄断初探》,载《竞争政策研究》2017 年第 5 期。

〔41〕 参见国家发改委《反价格垄断规定》第 6 条。

〔42〕 See Case C – 439/09 Pierre Fabre Dermo-Cosmétique SAS [2011] ECR I – 00000; BGH, (Versäumnis-) Urteil vom 4. 11. 2003, KZR 2/02 – Depotkosmetik im Internet.

议。比如,欧盟终审法院在最新的科蒂案(Coty)判决中允许供应商为了维护品牌形象禁止经销商在亚马逊、eBay 等第三方平台销售这类商品。[43] 德国联邦卡特尔局对限制网络分销行为也持否定的态度。[44] 对于其他采用奖励或处罚措施激励经销商通过实体店分销商品的,需要分析这类限制措施的效果是否等同于赤裸裸地禁止网络分销,或有一定的正当性,包括上述的维护品牌形象和避免"搭便车"的问题。[45]

(三)滥用市场支配地位

1. 市场支配地位

确定经营者是否具有市场支配地位时,经营者的市场份额的大小往往起到初步证据的作用。在认定互联网业经营者的市场地位时,应当弱化市场份额的作用,更多地考虑决定平台竞争的特点。[46] 我国《反垄断法》第 18 条规定,认定经营者是否具有市场支配地位时,需要考虑的因素包括市场份额、市场集中度等方面的市场结构特征,分析考虑这些因素比较适用传统的单边市场。对于数字经济下常见的互联网平台,需要关注双边或多边市场的特征,考虑直接和间接网络效应、规模效应、平台负荷能力、平台差异程度、用户多宿的可能性、用户转移成本、经营者获得数据的能力以及创新竞争的压力。

值得注意的是,最新的《德国反对限制竞争法》第 18 条第 3a 款,直接接受了双边市场理论研究的成果,规定"在多边市场和网络中尤其也要考虑以下因素评价经营者的市场地位:(1)直接和间接的网络效应;(2)用户同时利用多个

---

〔43〕 Vgl. Coty Germany GmbH-Urteil vom 06. 12. 2017 – C – 230/16.

〔44〕 *Bundeskartellamt*, Unlawful restriction of online sales of ASICS running shoes, 2015. 08. 27, available: http://www. bundeskartellamt. de/SharedDocs/Meldung/EN/Pressemitteilungen/2015/27_08_2015_ASICS. html; jsessionid = 80DCC43797EF811E641961AA47213FEC. 1_cid371? nn = 3591568%20%2825/09/2015%29.

〔45〕 Vgl. *Monopolkommission*, Wettbewerbspolitik: Herausforderung digitale Märkte, Sondergutachten 68, 2015, Rn. 424, 425.

〔46〕 参见林平、刘丰波:《双边市场的相关市场界定研究进展与判例评析》,载《反垄断法中的相关市场界定》,社会科学文献出版社 2014 年版,第 106 页;焦海涛:《论互联网行业反垄断执法的谦抑性》,载《交大法学》2013 年第 2 期;朱理:《互联网产业滥用市场支配地位行为的反垄断分析》,载《竞争政策研究》2015 年 9 月号。

服务以及转换费用;(3)其与网络效应相关的规模优势;(4)获得竞争相关的数据;(5)创新推动的竞争压力。”该规定为反垄断法在数字市场的适用提供了具体的指引,是反垄断法发展的巨大进步。其中间接网络效应、获得数据的能力和创新竞争的压力,对于确定互联网业经营者的市场地位(即市场力量)尤为重要。

(1)间接网络效应

一方面,间接网络效应有利于互联网平台提供者获得更多的市场份额,取得市场强势甚至垄断的地位。另一方面,间接网络效应也意味着平台提供者要在平台两边或多边市场同时面临竞争的压力(所谓的跨界竞争)。平台两边市场相互依存、依赖,没有哪一边市场能够单独存在,即使平台提供者在一边市场具有较强的市场力量,也有可能在另一边市场受到竞争约束,间接地对平台提供者在一边市场中的行为产生竞争制约。因此,平台提供者只有在平台的两边或多边都拥有较强的市场力量时,才可能认定其在其中一边市场拥有市场支配地位。

(2)获得数据的能力

用户数据能够成为市场进入的障碍,这在互联网业尤为明显。[47] 拥有一定用户基础和数据是互联网平台取得竞争优势的前提条件。数据携带性不强的话,会限制后来竞争者赢得新用户和获得用户数据。[48] 比如在电子商务市场和社交网络市场,用户数据携带性不强,这不仅限制了互联网用户多宿的可能性,加剧了平台的锁定效应,也有利于现有平台提供者取得和巩固市场支配地位。

为了减少市场进入障碍,促进互联网业竞争,应当增强数据的携带性。作为数据保护法的重要组成部分的用户数据“携带权”(right of portability),虽然不是反垄断法规则,却能间接地降低市场进入的障碍、缓解锁定效应,对互联网业竞争产生积极的效果。欧盟议会 2016 年 4 月通过的《一般数据保护条例》第 20 条赋予数据所有人携带数据的权利。数据所有人据此可以向平台提供者(数据控制者)索要或转移其数据,该规定的目的是预防和制止非法泄露用户的信

〔47〕 参见韩伟:《大数据与企业市场力量》,载《中国物价》2016 年第 7 期。

〔48〕 Vgl. *Krämer*, Herausforderungen bei der Bestimmung von Marktmacht in digitalen Märkten, in Wirtschaftsdienst, Vol. 96, Issue 4, April 2016, S. 232.

息、保护用户的隐私,同时却能促进互联网业市场竞争。[49] 从减少市场进入障碍、促进竞争的角度来看,该项规定值得我国数据保护立法和反垄断法借鉴。

(3)创新压力

创新是互联网业竞争的显著特征。即便互联网经营者的市场份额很高,甚至是垄断者,也会受到现有或潜在竞争者的制约,担心竞争者发明新产品吸引用户,自己失去市场领先或垄断地位。如果市场创新活动频繁,创新竞争激烈,即使特定互联网经营者在该市场中长时间拥有很高的市场份额,也会受到创新竞争的制约,激励其不断地投资研发活动。在该意义上,经营者长期拥有很高的市场份额,可能是对平台提供者研发活动回报,是绩效竞争(competition on the merits)的结果,应该受到反垄断法保护。正是基于这样的考虑,《德国反对限制竞争法》第18条第3a款中规定"创新推动的竞争压力"是认定双边市场中经营者市场支配地位的一个考虑因素。

2. 滥用行为

具有市场支配地位的经营者,只有实施了滥用该地位的行为,才会违反反垄断法。对于双边平台的竞争行为,适用反垄断法中认定滥用行为的一般标准,可能会得出错误的结论。比如提供免费商品是双边市场运作的内在机制,不应当被认定为掠夺性定价。[50] 再比如捆绑服务可能是为了确保互联网商品性能稳定、提高服务质量和实现范围经济等,[51] 也可能是为了阻碍竞争者进入相邻市场而采取的防御措施。如果是前者,捆绑行为不是滥用行为。另外,互联网业创新周期短,互联网业经营者被淘汰是常态,这是竞争者的商品或经营模式创新得到用户认可的结果,不应当认定为是排他性滥用行为导致的结果。

除此之外,滥用互联网用户数据构成滥用行为,愈显重要。由于数据是互联网业竞争的关键因素,滥用互联网用户信息可能会构成滥用市场支配地位。反垄断法是保护竞争自由的法律,并不保护个人隐私。但是,反垄断法与保护个人信息有紧密的联系。互联网业经营者不当或非法收集、使用用户信息,因

[49] Vgl. *Zimmer*, Reicht das geltende Wettbewerbsrecht aus oder bedarf es sektorspezifischer Regulierungen?, Wirtschaftsdienst, Vol. 96, Issue 4, April 2016, S. 242.

[50] 参见吴汉洪、孟剑:《双边市场理论与应用述评》,载《中国人民大学学报》2014年第2期。

[51] 参见张江莉:《互联网平台竞争与反垄断规制》,载《中外法学》2015年第1期。

此取得或巩固其有利的地位,可能会构成滥用市场支配地位的行为。德国联邦卡特尔局2016年3月对脸书正式启动反垄断调查,指控其利用用户数据的行为违反了德国《数据保护法》及其他保护互联网用户信息的法律,由此可能构成滥用市场支配地位的行为。[52] 就在2017年12月,德国联邦卡特尔局初步认定脸书违法收集用户数据属于滥用市场支配地位的行为。法国反垄断执法机构(Autorité de la concurrence)也启动了对网络广告市场中涉嫌滥用数据行为的调查,谷歌和脸书作为法国网络广告市场中重要的经营者,不可避免地要面对所进行的调查。[53] 而在2015年,比利时就已经处理了具有垄断地位的经营者违反比利时数据保护法,滥用客户数据构成了滥用市场支配地位的案件。[54] 具有市场支配地位的经营者在什么情况下违法收集、使用用户信息,会构成滥用行为,目前还没有定论,但是上述案件至少表明,数据不仅是竞争因素和成为市场进入的障碍,而且还与滥用行为相关。

(四)经营者集中

具有或者可能具有排除、限制竞争效果的经营者集中是我国反垄断法禁止的垄断行为。除实现规模经济、范围经济和纵向一体化之外,有效利用用户数据和争夺新市场是互联网业的经营者集中的重要原因。经营者集中能够使互联网平台整合各自拥有的用户数据,提高平台的运行效率和服务质量,为平台开拓新业务提供数据基础。另外,争夺新市场,特别是相邻市场,既能使经营者

---

〔52〕 参见宋迎、周万里:《德国〈竞争政策:数字市场的挑战〉调研报告介评》,载《数字市场竞争政策研究》,法律出版社2017年版,第94页。

〔53〕 The Autorité de la concurrence, Press releases 2016, The Autorité de la concurrence begins, at its own initiative, gathering information in order to assess data processing in the on-line advertising sector, on 23 May 2016, Available under: http://www.autoritedelaconcurrence.fr/user/standard.php? id_rub=630&id_article=2780.

〔54〕 涉案的经营者是在比利时销售乐透(lottery)的垄断企业,自2003年它除了销售乐透,还使用"Scooore!"商标销售体育彩票,在销售彩票过程中,它使用在销售乐透中取得的客户信息推广其体育彩票。比利时反垄断执法机构认为该行为构成滥用市场支配地位,最终该案以和解结束。参见22.09.2015 - BMA - 2015 - P/K - 27 - AUD, Nationale Loterij NV, available under: http://www.abc-bma.be/sites/default/files/content/download/files/2015pk27-aud-bma-pub.pdf。

减少对现有商业模式的依赖,取得先动优势(first-mover advantage),也是对抗竞争者的防御性措施。

但是,数字市场中的经营者集中也能封闭相关市场、增加市场进入障碍和排除创新竞争。经营者通过兼并和收购,可以整合多个平台的用户数据,加大了竞争者在数据方面取得竞争优势的难度,网络效应同时也会加速拉大经营者之间的市场地位,使数据成为市场进入的障碍。

另外,数字市场中的经营者集中更有可能排除、限制创新竞争。在互联网业中,新兴公司和中小经营者在兼并与收购活动中经常是被收购方,这类经营者集中会排除、限制潜在竞争,减少经营者的创新压力和激励。互联网业的创新活动频繁,跨界竞争是常态,被收购的经营者常在平台一边或者相邻市场从事经营活动,对收购方产生竞争制约,要么就是被收购方拥有大量的数据,蕴含着巨大的商业价值。在以动态、创新竞争为特征的数字市场中,这类经营者集中排除、限制潜在竞争的行为,在反垄断审查中应该得到重点关注。以最新的《德国反对限制竞争法》为例,该法新增了“交易额条款”,主要用来规制数字市场中那些没有达到一般申报标准的经营者集中。第35条新增加的第1a款规定交易额达到4亿欧元的,就可能有申报义务。[55] 同样,2017年5月1日生效的《奥地利卡特尔与竞争法修正案》也引入了交易额条款,规定交易额达到2亿欧元,参与集中的经营者就可能有申报的义务。[56] 欧盟委员也在征集意见,计划对互联网业或医疗行业的经营者集中,在现有营业额标准的基础上增加交易额条款。[57] 增加交易额条款的原因在于,一些具有竞争潜力的互联网公司和新

---

〔55〕 第35条第1a款规定:“符合以下条件的,有关经营者集中的规定也得以适用:1.满足第1款第1项的条件,2.在集中之前,上一个商业年度在国内:(1)参与集中的一个经营者的营业额超过2500万欧元,并且(2)被收购的经营者和其他的经营者都没有取得超过500万欧元的营业额,(3)对于该经营者集中的对价超过4亿欧元,以及(4)第2项中被收购的经营者在国内有大量的经营活动。”

〔56〕 Vgl. § 9.(4), Kartell- und Wettbewerbsrechts-Änderungsgesetz 2017 – KaWeRÄG 2017, abrufbar unter: https://www.parlament.gv.at/PAKT/VHG/XXV/I/I_01522/index.shtml.

〔57〕 See GCR, DG Comp consults on big data in merger control, available under http://globalcompetitionreview.com/news/article/41963/dg-comp-consults-big-data-merger-control/.

兴公司不仅掌握大量有价值的用户数据，而且在市场中具有重要的竞争意义，但是这些公司被收购时，其营业额却很少，没有达到现有的经营者集中营业额标准，因此无需申报。经典案例是欧盟委员会审查脸书收购 WhatsApp 案。[58] 被收购方 WhatsApp 是即时通讯交流工具提供商，在被收购之前的营业额微乎其微，即使这样，脸书在 2014 年却以 190 亿美元收购了该公司。该交易额与 WhatsApp 的营业额严重不成比例，反映了后者有非常重要的竞争意义。因为 WhatsApp 的营业额非常少，没有达到欧盟和德国反垄断法规定的营业额标准，所以该交易无需在欧盟委员会和德国进行经营者集中申报。最终因为该交易在欧盟其他三个成员国有申报义务并且脸书申请转移了该申报，欧盟委员会才得以审查该收购。

三、结　　语

我国数字市场的发展规模和程度居于世界领先水平，在该领域适用反垄断法是为了保护市场竞争，提高市场运行效率，促进数字市场更快和更好地发展。反垄断法作为保护竞争自由的市场秩序法，针对数字市场的竞争特点和商业模式，在适用时需要量身定做。正如欧盟、德国等在数字市场领域的反垄断立法和执法所表明的，积极吸收双边市场经济学研究的成果，有助于在数字化时代科学、有效地适用反垄断法，实现《反垄断法》的立法目的。

在界定相关市场时，需要明确免费商品实质上并不免费，并且可以构成反垄断法上的相关商品市场。平台本身并不是相关市场，界定相关市场原则上需要从平台各边需求方的角度界定各边市场，但是基于各边用户群之间互动产生的间接网络效应，应对匹配平台进行整体界定，对注意力平台则采用分别界定的方法。在分析垄断行为时，需要明确数字市场反垄断法更需要注重保持市场开放，即对竞争者、新兴企业、新的商业模式开放。具体来说，对于垄断协议，分析的基本原则是，禁止网络销售是一种本身违法行为，算法合谋原则上可视为经营者利用算法作为交流工具达成的垄断行为，“自我学习算法”达成的合谋除外。最惠国条款、第三方平台禁止条款等则需要分析其竞争效果，进行具体的

---

〔58〕 参见宋迎、周万里：《德国〈竞争政策：数字市场的挑战〉调研报告介评》，载《数字市场竞争政策研究》，法律出版社 2017 年版，第 91～92 页。

反垄断法分析。在分析滥用市场支配地位行为时,可以借鉴《德国反对限制竞争法》第18条第3a款的做法,直接吸收双边市场研究的成果,重点考虑网络效应、规模效应、平台负荷能力和差异程度、用户多宿的可能性、用户的转换成本、经营者获得数据的能力以及创新竞争的因素,分析认定平台提供者的市场力量。数字市场反垄断法应当弱化市场份额的指示作用,强化用户数据和创新活动在竞争中的关键作用;在分析滥用行为时,则需要突破针对传统行业滥用行为的认识,考虑行为是否是双边市场本身的运作机制;对于经营者集中,同样可以考虑上述因素,分析和预测经营者集中后市场发生的变化,特别是用户数据和创新所起到的作用,预测经营者集中对相关市场产生的竞争影响。

中德法学论坛
第 15 辑,第 59 ~82 页

行政性垄断豁免机制的本土建构路径
——基于欧盟与德国模式镜鉴的视角*

翟　巍**

摘　要:虽然行政性垄断并非我国特有现象,欧陆发达国家同样存在此类行为,但是行政性垄断的成因却具有明显的国别化与阶段化特征。而适用于这类垄断行为的豁免机制则在实质意义上划定了市场调节与政府干预行为之间的界限。在新时代背景下,我国为了系统建构行政性垄断豁免机制,一方面需要强化本土生成要素,依据本国经济体制与产业政策的要求厘定若干类型豁免领域,另一方面也有必要有机糅合本国国情与欧盟、德国先进法治经验,根据我国与欧盟、德国在以经济属性社会公共服务为代表的若干领域存在的共同豁免需求,在我国行政性垄断豁免机制中植入与嵌合欧盟、德国精细化制度设计与较为成熟的执法、司法经验。不容忽视的是,欧盟、德国模式自身也有瑕疵与不足,这为我国行政性垄断豁免机制的建构提供了前车之鉴。

关键词:社会主义市场经济体制;行政性垄断;普遍经济利益服务

Abstract:Although administrative monopoly is not a unique phenomenon in our country and exists in developed countries on the European continent. However,the reasons for the formation of administrative monopoly in different countries

---

* 本文系国家社会科学基金一般项目"依法治国视域下社会公共服务领域行政垄断规制研究"(项目编号:15BFX081)阶段性成果。

** 翟巍:华东政法大学经济法学院副教授,法学博士。

have obvious differentiation and stage characteristics. The exemption mechanism of administrative monopoly has drawn the line between "market regulation" and "government intervention" in essence. Under the background of "new era", our country should construct the exemption mechanism of administrative monopoly systematically. On the one hand, it is necessary to strengthen the local color of this mechanism and establish certain types of exemption fields according to the requirements of domestic economic system and industrial policy. On the other hand, it is necessary to combine the national conditions with the advanced law experience of the European Union and Germany. According to the common exemption needs of China, the European Union and Germany in a number of fields represented by "social public services with economic attributes", the exemption mechanism of administrative monopoly in our country should be supplemented with the perfect system design and the more mature law enforcement and judicial experience of the European Union and Germany. It can not be ignored that the models of the European Union and Germany have their own flaws and shortcomings which also provides a warning for our country to establish and improve the exemption mechanism of administrative monopoly.

Key Words: socialist market economic system, services of general economic interest, administrative monopoly

一、我国行政性垄断豁免机制建构的演进路径与现实困境

在我国学术界,"行政性垄断"与"行政垄断"被视为同义概念,二者出现时间均较晚。依据现有文献资料分析,"行政性垄断"概念最早出现于史文清、刘晓海在1985年发表的论文《试论健全竞争领域的经济法制》中,[1]而"行政垄断"概念最早出现于魏云、李高楼在同一年发表的论文《建立开放型金融体制初探》中。[2]

---

[1] 史文清、刘晓海:《试论健全竞争领域的经济法制》,载《法学》1985年第5期。

[2] 魏云、李高楼:《建立开放型金融体制初探》,载《经济问题》1985年第3期。

我国行政性垄断概念具有狭义与广义的区分。[3] 狭义的行政性垄断是指政府、政府所属机构以及法律、法规授权的具有管理公共事务职能的组织滥用行政权力排除、限制竞争的行为。该定义为我国竞争法学界通说。[4] 基于横向比较视野,这一狭义概念可被视为欧盟与德国竞争法学界所采用的“国家限制竞争行为”概念(staatliche Wettbewerbsbeschränkungen)的下位概念,其内涵基本等同于欧盟与德国竞争法学界使用的“政府限制竞争行为”概念。我国广义的行政性垄断是指政府、政府所属机构以及法律、法规授权的具有管理公共事务职能的组织排除、限制竞争的行为。它不仅包括狭义行政性垄断,而且涵盖法定垄断。法定垄断是指因法律授权而形成的垄断,包括专利制度、专营制度与经济一体化前提下的非开放市场等。[5] 该广义定义与德国“行政垄断”概念(das Verwaltungsmonopol)具有内涵一致性。由于法定垄断通常构成反垄断适用除外制度的规制对象,而不属于反垄断豁免机制的规制范畴,该类垄断并非本文主题研讨对象,因而以下涉及域内外行政性垄断的论述均采用我国狭义概念界定。

在市场领域,行政性垄断的支撑力量是行政权力,而传统经济垄断的支撑力量仅仅是企业经济优势。因此,与传统经济垄断相比,行政性垄断的强制性特征更为明显,实际危害性更大。[6] 它本质上是一种滥用行政权力的行政违法行为,[7] 被欧盟以及大多数国家竞争法律严格禁止。但依据竞争法律的例外性条款,为了维护特定的法益,在特殊领域、特殊事项或特殊情形下,形式上符合行政性垄断构成要件的行政行为不构成禁止性法律规定的适用对象,该类行政

---

〔3〕 我国竞争法学界通常将“行政性垄断”、“行政垄断”与“滥用行政权力排除、限制竞争”作为同义概念使用。参见杨紫烜主编:《经济法》,北京大学出版社与高等教育出版社2010年版,第229页;孔祥俊:《反垄断法原理》,中国法制出版社2001年版,第824页。

〔4〕 参见王晓晔:《行政垄断规制的困境与展望》,载《中国物价》2014年第3期。

〔5〕 参见张湘赣:《中国反垄断问题研究》,中国财政经济出版社2004年版,第19页以下。

〔6〕 中国世界贸易组织研究会竞争政策与法律专业委员会编著:《中国竞争法律与政策研究报告(2011年)》,法律出版社2012年版,第228页。

〔7〕 参见杨紫烜主编:《经济法》,北京大学出版社与高等教育出版社2010年版,第229页。

行为不会导致否定性法律后果。这类排除禁止性法律规定适用的例外性条款构成行政性垄断豁免机制的核心内容。

以改革开放肇始为时间界限,我国行政性垄断定性与豁免机制的本土建构可分为大相径庭的两个阶段。

在第一阶段,从20世纪50年代新中国对农业、手工业、资本主义工商业实行社会主义改造开始到改革开放之前,我国长期实行社会主义计划经济体制,政府通过行政性垄断的方式全面与彻底地管控经济生活,从而使经济运行行政性垄断化,形成典型的国家垄断状态。由于当时国家垄断的根本目的是凭借计划调配方式实现经济资源效用最大化,进而实现社会福利最大化,因而该国家垄断具有法理与道义层面的正当性。〔8〕 简言之,当时行政性垄断是国家垄断的后续性影响,而国家垄断是行政性垄断的极端表现形式。基于此,在计划经济体制框架下,国家本不具有规制行政性垄断的法理逻辑基础与现实客观需求,因而建构行政性垄断豁免机制的设想亦成为无本之木,缺乏付诸实施的必要前提。

在第二阶段,从改革开放起始阶段到当前时期,社会主义计划经济体制逐步向社会主义市场经济体制转轨,政府开始消解与废止在地方区域与行业部门存在的行政性垄断状态。在这一阶段,为了确保市场机制在全国资源配置中发挥决定性作用,保障全国市场的统一开放与竞争有序,行政性垄断被普遍界定为违法行为,仅在例外情形下可得反垄断豁免。在国家政策层面,我国国务院在1980年颁行《关于开展和保护社会主义竞争的暂行规定》,首次提出反对行政性垄断任务。〔9〕 2016年,国务院又发布《关于在市场体系建设中建立公平竞争审查制度的意见》,进一步细化与强化了反对行政性垄断的举措。在法律制度层面,我国现行行政性垄断法律规制体系包括多元化与多层次的规范性法律文件。不仅《反垄断法》与反垄断行政法规、规章、其他规范性法律文件包含禁止行政性垄断的条款,而且《招标投标法》《建筑法》等法律也包含若干规制行

〔8〕 李俊峰:《反垄断法的私人实施》,中国法制出版社2009年版,第252页。

〔9〕 该规定第3条提出:“在经济活动中,除国家指定由有关部门和单位专门经营的产品外,其余的不得进行垄断、搞独家经营。”该规定第6条提出:“开展竞争必须打破地区封锁和部门分割。”

政性垄断的条款。[10]

虽然我国竞争法律制度以及公平竞争审查制度被视为规制行政性垄断的“一体两翼”制度，相互契合构成了初具规模的行政性垄断规制体制，但相关豁免机制的建构却成为该体制的短板与软肋。从严格意义上界定，我国当前尚不存在系统化的行政性垄断豁免机制，而只存在若干具有模糊化、低阶化与碎片化特征的关于行政性垄断豁免的规范性条款。

（一）竞争法律制度：豁免条款模糊化

在竞争法律制度框架下，立法机关只是创设了经济垄断行为的豁免机制，确立了关于法定垄断的反垄断除外适用领域，但并未明晰规定行政性垄断的豁免前提、准则与标准。

我国《反垄断法》没有直接使用“行政性垄断”概念，而是采用同义概念“滥用行政权力，实施排除、限制竞争行为”，并对禁止行政性垄断问题做出了基本规定。一方面，该法总则第 8 条为禁止行政性垄断的原则性规定；另一方面，该法分则第五章列举了行政垄断的六种具体表现形式，构成一个具有半封闭性的规制制度体系。[11] 不过，《反垄断法》并未包含涉及行政性垄断豁免的明确条款。而《反垄断法》第 7 条规定是否属于国企垄断与行政性垄断变相豁免条款或适用除外规定，国内学者颇有分歧。[12]

《反垄断法》第 7 条规定：“国有经济占控制地位的关系国民经济命脉和国家安全的行业以及依法实行专营专卖的行业，国家对其经营者的合法经营活动予以保护，并对经营者的经营行为及其商品和服务的价格依法实施监管和调控，维护消费者利益，促进技术进步。前款规定行业的经营者应当依法经营，诚实守信，严格自律，接受社会公众的监督，不得利用其控制地位或者专营专卖地位损害消费者利益。”

一部分学者认为，《反垄断法》第 7 条属于国企垄断及其支撑性力量行政性

---

〔10〕 中国世界贸易组织研究会竞争政策与法律专业委员会编著：《中国竞争法律与政策研究报告（2011 年）》，法律出版社 2012 年版，第 168 页。

〔11〕 同上书，第 229 页以下。

〔12〕 宾雪花：《产业政策法与反垄断法之协调制度研究》，中国社会科学出版社 2013 年版，第 191 页；参见方小敏：《论反垄断法对国有经济的适用性——兼论我国〈反垄断法〉第 7 条的理解和适用》，载《南京大学法律评论》2009 年第 1 期。

垄断的变相豁免条款或反垄断除外适用条款。[13] 这一观点具有明显谬误。从法律解释学角度分析,行政性垄断豁免条款或反垄断除外适用条款属于例外性条款,对该类条款的认定须采用严苛的限缩解释方法,以防止宽泛认定豁免条款导致行政性垄断豁免范围的过度泛化,进而避免普适性的行政性垄断禁止条款形同虚设,丧失实际效力。由于从文本表述、逻辑结构与宗旨解释的视角,均无法从《反垄断法》第7条直接与明确推导出豁免国企垄断及相关行政性垄断或反垄断除外适用的内容,因而该条款不应被认定为国企垄断及行政性垄断变相豁免条款或适用除外规定。

另有部分学者基于法律历史解释的视角认为,《反垄断法》第7条规定的国家对于"国有经济占控制地位的关系国民经济命脉和国家安全的行业"以及"依法实行专营专卖的行业"的保护应属于政府管制行为,而不应归属于反垄断法规制调整的行政性垄断范畴;也就是说,这种政府管制行为应归属于行政性垄断禁止性条款的豁免适用或排除适用对象。其依据是,全国人大法工委在关于该条款的立法理由中曾作如下阐释:"根据我国社会主义市场经济的性质和国民经济健康、有序发展的要求,对关系国民经济命脉和国家安全的行业,如电网、铁路路网、供水、供气、供热管网、长距离输油输气管道等基础设施不宜重复建设和多家经营,具有自然垄断性质,以及一些依法实行专营专卖的行业如烟草业、盐业等,一般由国家设立或者控股的企业经营"。而人大法工委这一阐释恰恰暗示《反垄断法》第7条属于对某些特定行业实施政府管制的条款。[14]

上述历史解释观点具有一定的合理性,但却失之偏颇。持该观点的学者将《反垄断法》第7条视为关于政府管制的授权性条款,他们试图厘清政府管制行为与行政性垄断行为之间的界限,但却忽视了这两种类型行为存在交叉与重合区域。从历史发展脉络分析,现代反垄断与政府管制制度的分立肇始于19世纪末。在20世纪50年代以前,反垄断制度与政府管制制度适用领域存在严格的界限区分;在政府实施管制的产业领域,反垄断法律被排除适用。但从20世纪50年代起,在欧盟(欧共体)、德国等先进法域,反垄断法律制度与政府管制

---

〔13〕 参见张骏:《〈反垄断法〉第7条述评——兼论垄断国企的规制》,载《竞争政策研究》2015年第2期。

〔14〕 邓志松:《论行政性垄断的成因、特点及法律规制》,法律出版社2012年版,第59页。

制度之间出现交融趋势。一方面,司法机关在依据反垄断法律实施审查过程中,逐步将政府管制行为确定为审查对象,认为其可能构成排除、限制竞争的行政性垄断行为;另一方面,政府在实施管制行为过程中,逐步将竞争性目标确立为管制的主要目标。[15]

虽然我国政府管制体系在大多数经济行业已经颇具规模,但我国政府管制尚未实现真正意义上的法治化,因而我国执法与司法机关应当依据《反垄断法》第8条与第五章的规定,并借鉴欧盟、德国关于行政性垄断规制的最新发展趋势,将《反垄断法》第7条规定的政府管制行为确定为反行政性垄断审查对象,而非逾越法律界限直接将此类行为纳入行政性垄断禁止性条款的豁免适用或排除适用范畴。基于依法行政视野,我国经济领域的政府管制行为存在以下三种弊端:第一,管制行为常常缺乏明确的法律授权;第二,具体管制者地位、职能与权限不明晰;第三,管制机关决策缺乏法律程序规范,具有很大程度的任意性。[16] 由于这一原因,我国政府在国有经济占控制地位的关系国民经济命脉和国家安全的行业以及专营专卖行业实施的诸多管制行为虽然具有"合法"管制的形式,但在实质上构成排除、限制竞争的行政性垄断行为。

一言以蔽之,《反垄断法》第7条固然属于政府管制的授权性条款,但它并非符合行政性垄断构成要件的政府管制行为的反垄断豁免条款。在国有经济主导下"关系国民经济命脉和国家安全的行业"以及"依法实行专营专卖的行业",政府管制行为与行政性垄断行为不但在表现形式层面具有相似性,而且两者外延范畴存在重合区域。能够获得反垄断豁免的政府管制行为应是行政机关依据法定授权对市场运行机制进行的适度干预行为,而被禁止的政府管制行为应是行政机关违反法律或逾越合理界限对市场运行机制施行的过度与不当干预行为。如果政府管制制度设计本身存在不合理与不适当之处,那么应当通过完善修订相关政府管制法律法规的方式,矫正这类不合理与不适当的管制制度,而不应通过行政性垄断规制的方式处理解决政府管制问题。[17] 但是,如果

〔15〕 张江莉:《反垄断制度与政府管制》,北京师范大学出版社2011年版,第49页以下。

〔16〕 同上书,第268页。

〔17〕 邓志松:《论行政性垄断的成因、特点及法律规制》,法律出版社2012年版,第25页。

我国政府管制机构在实施管制过程中,违反法律或逾越合理界限而实施了滥用行政权力排除、限制竞争的行为,那么这类行为就构成违反《反垄断法》的行政性垄断行为,不能依据《反垄断法》第 7 条获得豁免。[18]

(二)公平竞争审查制度:豁免条款低阶化

继 2016 年国务院发布《关于在市场体系建设中建立公平竞争审查制度的意见》(以下简称“34 号文件”)后,经国务院同意,国家发展改革委、财政部、商务部、工商总局、国务院法制办在 2017 年联合印发《公平竞争审查制度实施细则(暂行)》,这标志着我国公平竞争审查制度基本建构成型。

依据“34 号文件”的例外规定,在符合公平竞争审查制度前置条件的前提下,以下四种类型的抽象行政性垄断行为可以得到豁免:(1)维护国家经济安全、文化安全或者涉及国防建设的;(2)为实现扶贫开发、救灾救助等社会保障目的的;(3)为实现节约能源资源、保护生态环境等社会公共利益的;(4)法律、行政法规规定的其他情形。

迄今为止,上述“34 号文件”规定是我国最具明晰化与精细化的行政性垄断豁免条款,它廓清了豁免利益的多元化,并试图在我国产业政策、社会保障政策、环保政策与竞争政策之间构建有机衔接机制,缓解各项政策之间的紧张与冲突态势。但从建构行政性垄断豁免机制的宏观视角分析,该豁免条款具有以下两项先天不足与固有缺陷:其一,在竞争法律制度尚未明晰规定行政性垄断豁免前提、准则与标准的前提下,作为行政法规条款的该豁免条款效力层次较低,缺乏与之配套的具有更高效力位阶的基本法律豁免条款,这使该豁免条款处于颇为尴尬的适用处境。举例而言,一项行政性垄断行为即使获得该条款(1)、(2)或(3)项的事先豁免,也并不意味着竞争法律制度涵盖的行政性垄断禁止条款不再事后适用于该行政性垄断行为。其二,在行政性垄断规制层面,现行竞争法律制度审查对象涵盖具体与抽象两类行政性垄断行为,而公平竞争审查制度则强调审查程序前置,其审查与豁免对象主要局限于抽象行政性垄断行为,因而在公平竞争审查制度框架下,前述豁免条款的适用范围过于偏狭,呈现碎片化状态。

除上述行政性垄断规制体制涵盖的豁免条款以外,在我国法律体系框架

---

〔18〕 王先林:《垄断行业的监管及其与反垄断执法的协调》,载顾功耘主编:《市场监管法律制度的改革与完善》,北京大学出版社 2014 年版,第 141 页。

下,国家补贴法、招标投标法等基本法律制度还确立了与行政性垄断行为具有形式相似性的特定类型国家援助措施的合法性,这在实质意义上赋予此类国家援助措施普适性的反垄断豁免效力,这一制度设计与欧盟国家援助豁免制度(核心条款是《欧盟运作条约》第38、42、93、107~109条)类似。[19] 鉴于我国此类基本法律制度与竞争法律制度处于同等法律效力位阶,如果此类基本法律制度的适用导致过度泛化国家援助措施外延的负面后果,赋予以国家援助形式为合法外衣的行政性垄断行为不适当与不合理的豁免效力,因而在事实上违反比例原则,严重影响竞争法律制度的实际施行效果,那么立法机关应在《宪法》与《立法法》制度框架下,对此类基本法律制度予以更新与修订。

二、欧盟、德国模式镜鉴的路径选择:中体西用抑或整体移植

鉴于我国尚不存在系统化的行政性垄断豁免机制,而只设定了若干具有模糊化、低阶化与碎片化特征的涉及行政性垄断豁免的规范性条款,因而我国公权力机关亟须确立与厘清具有高位阶与普适性的行政性垄断豁免标准,补白现行条款适用范围的空缺与漏洞,从而系统建构有机嵌合竞争法律制度、公平竞争审查制度以及其他相关法律制度的新的行政性垄断豁免机制。

由于欧盟、德国与我国均属于大陆法系领域,且我国立法机关在制定反垄断法过程中充分借鉴了欧盟、德国模式,因而三者之间存在竞争法律理念与制度构成的相似性。基于此前提,我国作为后发法治国家,在建构行政性垄断豁免机制的情形下,借鉴欧盟、德国等先进法域的模式与经验为应有之义,但在具体借鉴路径层面,尚存在中体西用与整体移植两种模式的界分。

整体移植路径固然可以减少我国行政性垄断豁免机制的建构成本,并为我国直接借鉴欧盟、德国关于豁免机制的执法与司法标准铺设前提,但该种路径选择忽视了行政性垄断豁免机制建构固有的阶段性与国别性特征。具体而言,在经济垄断规制层面,国家联盟(如欧盟)与各国反垄断豁免机制具有高度同质性,豁免对象一般是具有排除、限制竞争作用的“有利于形成规模

---

〔19〕 翟巍:《欧盟竞争法视野下的国家补助规制机制》,载《竞争政策研究》2015年第3期。

经济,有利于社会公共利益,有利于国家利益”的垄断状态或行为;[20]与之相反,在行政性垄断规制层面,国家联盟与各国反垄断豁免机制的内容具有明显的阶段性与差别性。究其原因,行政性垄断豁免机制所维护的法益无外乎国家(国家联盟)整体利益与社会公共利益,而这两种利益之间亦具有较强的因果联动性。由于一个国家(国家联盟)所处的国际与国内政治环境、经济环境以及社会环境始终处于变动之中,所以国家(国家联盟)整体利益外延范围存在嬗变与外衍的特征,而受到这些环境因素深刻影响的社会公共利益在不同时期亦会侧重于不同方面。[21] 由此可以推知,一个国家联盟或国家的行政性垄断豁免需求的细节内容始终处于动态发展状态,它与该国家联盟或国家的经济体制、法律制度、政策体系、行政权力运行机制、社会发展阶段等要素存在紧密关联。

譬如,在20世纪中叶之前,欧盟(欧共体)、德国的反垄断法规制对象仅仅涵盖经济垄断行为,而不包括行政性垄断行为以及其他类型的国家限制竞争行为,因而也不存在构建行政性垄断豁免机制的客观需要。但从20世纪中叶起,欧盟(欧共体)以及德国通过司法解释或特别立法的方式,逐步明确反垄断法适用于政府、公共团体与国有企业的垄断行为,并进而建构行政性垄断豁免机制,以在普遍经济利益服务领域实现保障社会公共利益的目标。[22]

基于上述,在我国建构行政性垄断豁免机制历程中,应坚持“西学为用,中学为体”的域外借鉴路径,放弃整体移植路径。我国不仅需要有的放矢地采行欧盟、德国模式中与我国现实需求相契合的先进制度设计与实践标准,而且应当依据本国体制与客观需求建构该豁免机制核心内容。在制度设计层面,我国行政性垄断豁免机制的本土生成特征应体现在以下三层面:

(一)彰显经济体制的本土特质

我国《宪法》第6条第1款第1句规定:“中华人民共和国的社会主义经济制度的基础是生产资料的社会主义公有制,即全民所有制和劳动群众集体所有制。”《宪法》第7条规定:“国有经济,即社会主义全民所有制经济,是国民经济

[20] 参见祁欢:《公共服务业反垄断豁免法律制度研究》,知识产权出版社2013年版,第56页。

[21] 同上书,第64页。

[22] 史际春主编:《经济法》,中国人民大学出版社2010年版,第512页。

中的主导力量。国家保障国有经济的巩固和发展。”基于《宪法》第 6 条与第 7 条的规定，在核心经济部门与关键行业的国有经济的主导地位是不可撼动的，政府具有义务采取财政补贴、特许经营、市场准入控制等各种法定措施保障这些部门与行业国有企业的发展。[23] 虽然这类行政措施通常具有排除、限制竞争的效果，符合行政性垄断的形式要件，但我国立法机关在遵循宪法顶层设计的前提下，可经由修订与增补《反垄断法》第 7 条的方式，在新的行政性垄断豁免机制中严格厘定核心经济部门与关键行业的外延界限，赋予前述行政保障措施普适性的豁免效力。鉴于我国国家补贴法、招标投标法等基本法律制度已经赋予若干特殊类型的行政保障措施普适性的豁免效力，因而依据特别法优于一般法的原则，新建构的行政性垄断豁免机制应当在核心经济部门与关键行业发挥对既有特别法律豁免机制的补充与释明功能。

（二）确立产业政策的优先位序

维护自由竞争机制是我国以《反垄断法》为核心的竞争政策基本诉求，而政府主导的产业政策具有或可能具有排除、限制竞争的影响，[24] 因而竞争政策与产业政策之间不可避免地存在一定程度的排斥与冲突。虽然我国《反垄断法》第 4、5、7 条等条款试图对竞争政策与产业政策两者关系进行协调，但现行立法缺乏关于产业政策与竞争政策分工与协作机制的明晰规定。[25]

由于我国是新兴市场经济国家与经济后发展国家，在经济领域面临“市场失灵”与“政府失灵”的双重挑战，因此我国竞争政策的创设不仅应防止“市场失灵”现象，而且应规避“政府失灵”现象。[26] 基于此，一方面，我国竞争政策的制定与完善必须严格遵循社会主义市场经济体制的精神理念，应当与社会主义市场经济体制内的其他国家干预与调节制度实现体系兼容与功能互补；另一方面，我国竞争政策的制定与完善必须能够反映我国所处市场经济发展阶段的背景与特征，竞争政策与产业政策的协调统一模式应当与我国现在所处的社会经

---

〔23〕 参见徐士英：《竞争政策研究——国际比较与中国选择》，法律出版社 2013 年版，第 15 页以下。

〔24〕 王晓晔：《反垄断法》，法律出版社 2011 年版，第 290 页。

〔25〕 叶卫平：《反垄断法价值问题研究》，北京大学出版社 2012 年版，第 206 页。

〔26〕 肖竹：《竞争政策与政府规制——关系、协调及竞争法的制度构建》，中国法制出版社 2009 年版，第 54 页。

济大背景相匹配。[27]

从横向与纵向比较视角分析,“产业政策优先,兼顾竞争政策”是包括德国在内的若干发达国家在“二战”后经济起飞阶段采取的国家经济政策调和模式。而我国迄今仍旧属于发展中国家序列,本国企业在诸多新兴行业领域缺乏核心科学技术,并普遍缺乏国际竞争力。基于此现状,虽然以政府主导为特征的我国产业结构调整政策具有排除、限制竞争的影响,符合行政性垄断的表面特征,但是它却有利于整体国民经济效益的提高,体现了国家与社会整体利益与长远利益。由于这一原因,“产业政策优先,兼顾竞争政策”应当成为我国国家经济政策调和的近期目标,而由政府主导制定与施行的相关产业政策需要被纳入新的行政性垄断豁免对象范畴。与此相对应,政府在制定与施行产业政策时,也需要依据公平竞争审查制度进行自我审查与事先审查,以防止豁免机制的适用出现泛化与异化。

(三)实现豁免对象的本土类型化

随着2017年新版《反不正当竞争法》的颁行生效,该法律已经不再包含规制行政性垄断的条款,而已经废止的1993年旧版《反不正当竞争法》虽然包含行政性垄断禁止条款(第7条与第30条),但也未设置涉及行政性垄断豁免的条款。不过,在我国1993年旧版《反不正当竞争法》起草过程中,有学者认为,以下三种行为类型不应属于滥用行政权力的行政性垄断行为,它们应得到反垄断豁免:(1)国家主管机关为克服在计划经济向市场经济转换过程中出现的问题而采取的行政措施;(2)政府及其所属部门为扶持少数民族地区、贫困地区发展经济而采取的行政措施;(3)在只有很少企业能够生产、销售符合安全、卫生标准的商品时,政府及其所属部门为了保障社会公众的人身、财产安全或者生产安全而采取的限定他人购买其指定企业(即能生产、销售符合安全、卫生标准的商品的企业)的商品的行政措施。[28]

虽然这一立法观点的发表时间较早,但它至今对我国行政性垄断豁免机制的建构具有启示与借鉴意义。在当时维护国家整体利益与社会公共利益宗旨的涵摄下,该观点大致廓清与细分了我国确有必要适用行政性垄断豁免机制的

---

〔27〕 肖竹:《竞争政策与政府规制——关系、协调及竞争法的制度构建》,中国法制出版社2009年版,第54页以下。

〔28〕 孔祥俊:《反垄断法原理》,中国法制出版社2001年版,第826页。

三类行政措施,即:(1)启动或促进经济体制转换的行政措施;(2)为在地理区域实现国民经济与社会的均衡发展而施行的国家援助措施;(3)为维护社会公共利益而采行的保障社会公共服务供给的行政措施。

在新时代背景下,社会主义市场经济体制已建构成型与渐次完善,确保经济体制转换的行政措施逐渐消弭,因而无须建构针对该类转换措施的豁免机制,而是需要因应时变,在核心经济部门与关键行业建构关于行政保障措施的豁免机制,并确立产业政策的优先位序与反垄断豁免性。同时,在我国社会主要矛盾已经转化为人民日益增长的美好生活需要和不平衡不充分发展之间矛盾的背景下,前述观点所提出的国家援助措施与社会公共服务供给保障措施对满足人民日益增长的美好生活需要的重要性日益凸显,亟须建构相应的行政性垄断豁免机制。

三、豁免机制建构视角下域外模式先进因子的植入与嵌合

遵循“西学为用,中学为体”的域外借鉴思路,我国不但需要固化与强化建构行政性垄断豁免机制的本土生成要素,而且需要选择与采行与我国现实需求相契合的欧盟、德国先进制度设计与实践标准。在反垄断立法、执法、司法领域,作为后发法治国家的我国与作为先进法域的欧盟、德国之间长期存在单向借鉴与师从关系,三方在反垄断宗旨理念、法条设计、概念界定层面存在趋同性,这为我国在建构行政性垄断豁免机制层面选择性借鉴欧盟、德国模式厘定基本前提。

与欧盟、德国模式本质共通的是,我国行政性垄断豁免机制建构的法理逻辑也在一定程度上植根于现代国家从传统意义上的“守夜人国家”到“管理与保障型国家”的角色转换。现代政府为了履行管理国家经济与保障社会公益的固有职能,需要制定诸多彰显不同法益与目标的制度、政治规定与经济政策。在经济与社会发展的推动与映射下,这些制度、规定与政策本身亦处于动态演进过程中,它们会在不同范围或不同程度上影响以反垄断法为核心的国家竞争政策的实施。[29] 如果以政府为核心的行政主体在创设与执行上述制度、政治规定与经济政策的过程中产生了排除、限制市场竞争的施行效果,那么这类行政行

〔29〕 王晓晔:《反垄断法》,法律出版社 2011 年版,第 290 页。

为在形式上符合行政性垄断行为的构成要件,但这类由行政主体履职导致的行政性垄断行为体现了政府管制经济、扶持相关产业、保护本国企业、保障社会公共利益等多元化目标,它们产生的社会正效应通常大于排除、限制竞争的社会负效应。基于此,国家需要在竞争法律制度框架下构建行政性垄断豁免机制,建立此类行政主体履职行为的反垄断"避风港",厘定行政性垄断行为的豁免前提与标准,阐明反垄断法律制度在规制行政行为领域的适用界限。

譬如,在外延高度重合的欧盟普遍经济利益服务领域与我国经济属性社会公共服务领域,欧盟成员国与我国政府实施行政性垄断行为都具有双层合理原因。

一方面,由于公共产品(öffentliche Güter)供给受限的原因,社会公众无法通过市场机制的运行获得全面充足的社会公共产品(服务)供给。[30] 公共产品供给受限通常出现在以下情形:"在私营经济条件下,企业从事社会公共产品(服务)全面供给业务所获收益无法抵消成本"。基于此,政府必须对于社会公共产品(服务)供给实施管理与干预,从而使每个社会个体都可以自由、全面与平等地获得社会公共产品(服务)。[31]

另一方面,私人经营者在以自然垄断行业为代表的市场领域生产与供应社会公共服务时,常常无视社会公益,甚至做出违背社会公益,追求企业私益的行为。[32] 自然垄断的主要问题在于,由于自然垄断具有次可加性(Subadditivität),因此如果由一个厂家生产整个自然垄断行业的产品,其成本比两个或两个以上厂家生产整个行业产品的成本低。但在此情形下,自然垄断领域的垄断者可能借助自身市场力量确定可使其获利最大化的产品价格,而其确定的产品价格通常不利于社会福利最大化目标的实现。[33] 基于此,自然垄断领域需要国家公权力主体予以适当干预。

由于上述两层原因,政府为了履行保障社会公共服务供给的职能,需要对

〔30〕 *Pielow*, BeckOK GewO § 1, Rn. 46.

〔31〕 *Mühlenkamp*, Daseinsvorsorge durch staatliche oder private Unternehmen? Wirtschaftsdienst 2007. 11, S. 707, Stand: 29. 03. 2014.

〔32〕 Vgl. *Pielow*, BeckOK GewO § 1, Rn. 46.

〔33〕 *Mühlenkamp*, Daseinsvorsorge durch staatliche oder private Unternehmen? Wirtschaftsdienst 2007. 11, S. 707, Stand: 29. 03. 2014.

社会公共服务生产与分配实施具有排除、限制竞争效果的干预行为。虽然这种行政性干预行为在形式上符合行政性垄断行为的构成要件，但其具有合理性与必要性，应当获得反垄断豁免。

总体而言，为了补白与消弭我国行政性垄断豁免机制的欠缺与不足，促成这一豁免机制的系统化、层级化、精细化，我国公权力机关需要在以下四层面植入与嵌合欧盟、德国模式中先进的立法设计与执法、司法标准。

（一）动态界定经济属性社会公共服务的外延范畴

在自由市场领域，欧盟“普遍经济利益服务”概念与我国“经济属性社会公共服务”概念内涵均是指为了社会公共利益而提供的各种经济性质服务，前者构成欧盟行政性垄断豁免机制的适用领域之一，而后者应当构成我国行政性垄断豁免机制的适用范围，以确保政府履行社会保障职能，化解我国新时代背景下社会主要矛盾。

在欧盟反垄断法框架下，依据《欧盟运作条约》第 106 条第 2 款，作为行政性垄断行为上位概念的国家限制竞争行为的反垄断豁免具有三项基本前提条件，即：(1)存在受委托从事普遍经济利益服务的企业或具有财政垄断性质的企业；(2)欧盟竞争法律条款的适用妨碍此类特定企业承担转嫁给它们的特定任务；(3)在反垄断法豁免适用情形下，贸易的发展不得在违背欧盟利益的程度上受到损害。

尽管普遍经济利益服务概念在欧盟基本法律中得到采用，但欧盟基本法律与次位法律文件均未对该概念作出清晰与详细界定。依据欧盟委员会观点，普遍经济利益服务是指：欧盟成员国或欧盟为了履行特定的社会福利义务，基于社会公共利益而提供的各种经济性质服务。普遍经济利益服务包括具有网络经济性质的各种经济行业所提供的服务，如交通、邮政、能源、通信等服务。[34]

在欧盟法律实践中，欧盟各成员国对于普遍经济利益服务的概念界定与外延划定均具有较大差异。[35] 欧盟委员会与欧洲法院不但对欧盟成员国涉及普

〔34〕 *Uplegger*, Gemeinwohlorientierte Daseinsvorsorge versus Binnenmarkt ohne Wettbewerbsverzerrung, https://www.swp-berlin.org/fileadmin/contents/products/arbeitspapiere/DAI2_KS.pdf, besucht am 01.01.2018, S. 5.

〔35〕 *Europäische Kommission*, Arbeitsunterlage der Kommissionsdienststellen, Brüssel, den 29.04.2013, SWD (2013) 53 final/2, S. 20.

遍经济利益服务的界定方法与标准给予充分尊重,而且确认与明晰了《欧盟运作条约》第106条第2款所论述的普遍经济利益服务概念外延的“动态变迁”性质。[36] 具体而言,社会需求演化、生产技术革命与欧盟自身演进等因素都将对这一概念外延的划定形成显著影响。[37]

譬如,在第C-18/88号判决中,欧洲法院将公共电话网络服务厘定为《欧洲经济共同体条约》第90条第2款(现《欧盟运作条约》第106条第2款)框架下的一项普遍经济利益服务类型,并阐明作出此项厘定的关键参考指标是“欧共体发展的现时情形”。[38] 在系列相关判决中,欧洲法院始终强化普遍经济利益服务的动态概念性质,并因此避免直接作出“一项服务是否构成普遍经济利益服务”的判定。譬如,在第C-242/95号判决中,欧洲法院主张,并非一切交通港运营业务均应被纳入《欧洲经济共同体条约》第90条第2款(现《欧盟运作条约》第106条第2款)框架下的普遍经济利益服务概念范畴,[39] 然而针对“何种类型的交通港运营业务应当被纳入普遍经济利益服务概念范畴”这一疑问,欧洲法院在此判决中未作出明确答复。由欧洲法院的前述判例可推知,该法院始终回避确立一项具有普适性与固定性的普遍经济利益服务概念界定标准。

依据“西学为用,中学为体”的域外借鉴路径,我国公权力机关有必要在尊重本国国情的前提下,适度借鉴欧盟动态界定普遍经济利益服务概念外延的经验,依据我国豁免对象的多元特质将豁免标准相应细分为外衍型与内聚型两种类型。

依照外衍型豁免标准,我国应当借鉴欧盟模式,在立法、执法与司法中动态界定经济属性社会公共服务的外延范畴,进而对发生在经济属性社会公共服务领域的行政性垄断行为的豁免采行较为宽泛、动态变化与定期评估的认定与评判标准,适时调整豁免适用的具体范围。该标准适用于以下两类行政性垄断措

[36] *Dohms*, in: Wiedemann, Kartellrecht, München, 2008, § 35, Rn. 429.

[37] *Sierra*, Exclusive Rights and State Monopolies under EC Law: Article 86 (Formerly Article 90) of the EC Treaty, Oxford, 1999, p. 283.

[38] *EuGH*, U. v. 13.12.1991, Rs. C-18/88, Slg. 1991, I-05941, Rn. 16 - Régie des télégraphes et des téléphones.

[39] *EuGH*, U. v. 17.07.1997, Rs. C-242/95, Slg. 1997, I-04449, Rn. 51 ff. - GT-Link A.

施:(1)国家援助措施;(2)社会公共服务供给保障措施。鉴于国家援助与社会公共服务供给保障措施的适用范围呈现动态变化状态,区域经济发展、自然灾害、技术革新、社会公众需求变迁与国民经济本身的发展均会推动这两项措施适用范围的交叉、调整与拓展,因而对这两类措施须采取较为弹性与宽泛解释的豁免标准,以化解新时代人民日益增长的美好生活需要和不平衡不充分发展之间的矛盾。

依照内聚型豁免标准,我国应当参照本国国情,对特定类型行政性垄断行为的豁免采行严苛、谨慎与恒定的认定与评判标准,严格限定豁免适用的前提条件与具体范围。该标准适用于以下两类行政性垄断措施:(1)在核心经济部门与关键行业施行的行政保障措施;(2)由政府主导制定与施行的产业政策措施。由于这两类行政性垄断措施侵蚀了竞争中立原则适用范围,容易引发破坏全国统一大市场的后果,并且这两类措施与计划经济体制残余影响下的行政性垄断措施之间存在界限模糊性,因而对这两类措施须采取极为严苛与限缩解释的豁免标准,以避免泛化与异化豁免机制产生的负面性后果。

(二)建构禁止与豁免相结合的附属行政性垄断规制机制

在市场竞争领域,如果行政机关具有排除、限制竞争的意愿,而企业并不具有实施经济垄断行为的意图或规划,但行政机关的行政性垄断行为诱使或强制企业实施了垄断协议行为、滥用市场支配地位行为以及具有排除、限制竞争影响的经营者集中行为,那么此种行政性垄断行为被称为附属行政性垄断行为。在这类情形下,行政机关不仅成为附属行政性垄断行为的实施者,而且成为经济垄断行为的幕后促成者与实质主导者。与之相对应,企业在这类情形下实质成为行政机关实施附属行政性垄断行为的被动工具。在此类案例中,企业虽然形式上实施了违法的经济垄断行为,但是不应当承担关于经济垄断行为的民事与行政法律责任。

在我国、德国以及欧盟其他成员国,附属行政性垄断行为并不鲜见。近 50 年来,欧洲法院依据《欧盟运作条约》第 106、101、102 条以及《欧盟条约》第 4 条第 3 款第 3 句,创设与完善了“附属理论”(Akzessorietätsthese),建构了禁止与豁免相结合的附属行政性垄断规制机制。其中,《欧盟运作条约》第 106 条是欧盟禁止与豁免附属行政性垄断行为的核心条款。依据《欧盟运作条约》第 106 条第 1 款与第 101、102 条规定,附属行政性垄断行为被明确禁止。欧盟成员国在涉及公共企业与获授特许权及独占权的企业时,不得采取附属行政性垄断行为强迫前述企业实施经济垄断行为或强化企业实施经济垄断行为的影响。依据《欧盟运作条约》第106条第2款第1句的豁免性规定,对于受欧盟成员国政府委托从事普遍经济利益服务的企业或具有财政垄断性质的企业,如果欧盟竞争法律条款的适用在法律上或事实上妨碍这类企业承担政府委托给它们的特定任务,那么政府的委托行为构成可得豁免的行政性垄断行为。

在若干判决中,欧洲法院将《欧盟运作条约》第106条第2款视为例外豁免条款,并严格限定该条款的适用领域。[40] 从法律功能视角分析,《欧盟运作条约》第106条第2款限定了欧盟反垄断法与欧盟国家补助法在普遍经济利益服务领域的适用范围。欧盟成员国实施的行政性垄断行为可以依据该条款规定得到欧盟反垄断法与欧盟国家补助法等欧盟法律适用豁免。[41] 迄今为止,欧洲法院与欧盟委员会尚未确立基于《欧盟运作条约》第106条第2款的全面化与体系化的行政性垄断豁免标准,但是欧洲法院与欧盟委员会已在多个普遍经济利益服务行业确立了专门化的成员国行政性垄断行为豁免标准。[42]

欧盟通过建构禁止与豁免相结合的附属行政性垄断规制机制,实现了《欧盟条约》第3条第3款规定的"建设一个具有高度竞争性的社会市场经济"的目标,确认了"保护社会公共利益"与"维护市场竞争机制"两大基本价值诉求。一方面,欧盟通过禁止附属行政性垄断行为的方式,维护了欧盟内部市场的公平竞争机制;另一方面,欧盟通过在普遍经济利益服务领域豁免附属行政性垄断行为的方式,体现了欧盟的"社会保障联盟"性质,保障了欧盟领域内的社会公众能够获得全面、持续、充分的具有经济属性的社会公共服务。

在附属行政性垄断规制机制层面,我国与欧盟之间差别迥异。在《反垄断法》框架下,我国不但缺乏统一规制经济垄断行为与附属行政性垄断行为的条款,而且缺乏明确界定与禁止附属行政性垄断行为的条款,更遑论构建附属行政性垄断行为的豁免机制。具体而言,《反垄断法》第五章虽然以专章形式禁止行政性垄断,但其罗列的行政性垄断具体类型主要是地方行政性垄断,缺乏直

---

〔40〕 *EuGH*, U. v. 17.07.1997, Rs. C-242/95, Slg. 1997, I-449, Rn. 50 - GT-Link; vgl. *EuGH*, U. v. 17.05.2001, Rs. C-34/99, Slg. 2001, I-04109, Rn. 56 - TNT Traco SpA.

〔41〕 Vgl. *Schwarze*, Europäisches Wirtschaftsrecht, Baden-Baden, 2007, S. 128.

〔42〕 Vgl. *Dohms*, in: Wiedemann, Kartellrecht, 2. Auflage, München, 2008, § 35, Rn. 428 f.

接针对附属行政性垄断行为进行规制的法律条款。由于在附属行政性垄断行为实施过程中,行政机关没有直接实施垄断活动,而实施垄断行为的企业又不具有行政权力,因此以规制行政性垄断为目标的《反垄断法》第五章能否适用于"规制附属行政性垄断行为"情形,颇有疑问。而行政机关与实施经济垄断行为的特定企业并不是存在竞争关系或者上下游关系的经营者,因此《反垄断法》第二章(规制垄断协议)条款无法适用于规制附属行政性垄断行为;若依据《反垄断法》第三章(规制滥用市场支配地位)条款处罚实施滥用市场支配地位行为的特定企业,而对促成这类经济垄断行为的行政机关却因缺乏法律依据不予处罚,则该结果显失公平。[43] 除此以外,在我国公平竞争审查制度框架下,虽然存在禁止附属行政性垄断行为的个别行政法规条款,但法律效力位阶较低,而且缺乏直接匹配的豁免条款。

由于我国缺乏系统化与精细化的附属行政性垄断规制机制,这导致两方面负面后果。一方面,由于附属行政性垄断行为的隐蔽性以及法律责任的模糊性,诸多损害竞争机制的附属行政性垄断行为难以得到全面与有效禁止,阻碍了市场在资源配置中发挥决定性作用;另一方面,在新时代社会主要矛盾转化背景下,政府应当为了维护社会公共利益而对国有公共企业以及其他类型公共企业采取行政援助措施,而此类行政援助措施具有附属行政性垄断行为的表征,并且缺乏明确的合法判定标准,这直接影响了政府从传统意义上的"守夜人政府"到"管理与保障型政府"的角色转换。

鉴于上述情形,我国应当移植欧盟附属理论,在《反垄断法》第五章禁止行政性垄断制度框架下,经由修法途径明确确立"诱发或强化经济垄断行为的附属行政性垄断行为"的可规制性与相应法律责任,并同时建构附属行政性垄断豁免机制。

在建构附属行政性垄断豁免机制时,我国公权力机关应当仿效欧盟立法设计与欧洲法院司法裁判标准,明确规定附属行政性垄断行为得以豁免的前提是:该附属行政性垄断行为的目标是保障社会公共利益,而由此行政性垄断行为所诱发或强化的企业经济垄断行为仅是达成前述目标的不可或缺的手段。由欧盟法律实践可知,在普遍经济利益服务领域从事经营的企业通常接受政府

---

[43] 胡光、杨奕:《行政合规中的"隐性垄断"问题》,载《"竞争合规和行政性垄断"国际研讨会文集》,2014 年印行。

委托承担多元任务,而并非所有以政府委托为表现形式的附属行政性垄断行为都可得到反垄断豁免。事实上,欧洲法院在适用《欧盟运作条约》第106条第2款第1句豁免条款时,对企业接受政府委托所承担的"特定任务"与"其他任务"进行明晰区分,前者关联的附属行政性垄断行为可得豁免,而后者关联的附属行政性垄断行为应被禁止。依据欧洲法院观点,《欧盟运作条约》第106条第2款第1句意义上的"特定任务"与"保障普遍经济利益服务"之间应是手段与目标的关系。

譬如,在第C-320/91号判决中,欧洲法院将"以实现普遍利益(涵盖普遍经济利益)为目标的任务"确立为《欧盟运作条约》第106条第2款意义上的"特定任务"。[44] 在第C-393/92号判决中,欧洲法院在《欧盟运作条约》第106条第2款框架下将"涉及普遍经济利益服务的委托行为"与"涉及普遍利益任务的委托行为"作为同义概念使用。[45] 在此项判决中,欧洲法院再次将《欧盟运作条约》第106条第2款意义上的"特定任务"视为"以实现普遍利益(涵盖普遍经济利益)为目标的任务"。[46]

欧洲法院上述司法实践对我国附属行政性垄断豁免机制的建构具有启示与借鉴意义,通过厘定与区分企业接受政府委托所承担的"特定任务"与"其他任务",我国可以有效避免行政机关以保障社会公共利益为幌子而实施体现部门与地方本位利益的行政性垄断行为,从而可以防止附属行政性垄断豁免机制的过度泛化与实质异化。在借鉴欧盟模式的前提下,我国国有公共企业以及其他相关企业所承担的一切与"保障经济属性社会公共服务(普遍经济利益服务)"没有直接关联的任务都不应归属于特定任务范畴,因而委托企业执行此类任务的行政机关也不应得到附属行政性垄断豁免机制的保护。

(三)确立关于行政性垄断法律依据的违宪审查与豁免机制

由于德国市场经济高度发达,法治国理念浸淫已久,因而该国行政性垄断

---

〔44〕 *EuGH*, U. v. 19.05.1993, Rs. C-320/91, Slg. 1993, I-02533, Rn. 15 f. - Strafverfahren/Paul Corbeau.

〔45〕 同上。

〔46〕 *EuGH*, U. v. 27.04.1994, Rs. C-393/92, Slg. 1994, I-01477, Rn. 49 f. - Gemeente Almelo.

行为发生的绝对数量较少。基于这一国情,在以《反限制竞争行为法》为核心的德国竞争法律制度框架下,并不存在典型的行政性垄断行为的禁止条款,自然也未建构相应的行政性垄断豁免机制。如果一项德国政府实施的行政行为具有严重排除、限制竞争的影响,符合行政性垄断行为的表征,但该行为的施行却具有国家补贴法、招标投标法等基本法律依据,那么该行政性垄断行为及其所依据的基本法律应当在德国《基本法》框架下接受违宪审查。

依据德国《基本法》第2、3、4、12、14、19条规定,如果一项行政性垄断行为及其所依据的基本法律损害了相关市场主体所享有的自由发展权、平等权、自由权、职业自由权、财产权等基本宪法权利,那么该垄断行为应当予以禁止,而该行为所依据的基本法律应当遵循《基本法》要求予以修订。其例外豁免情形是:行政性垄断行为所依据的基本法律本身具有限制基本宪法权利的属性,而且由该法律所导致的行政性垄断行为没有损害基本宪法权利的实质内容构成。[47]

由于我国尚缺乏协调竞争法律制度与其他基本法律制度适用冲突的成熟宪法机制,因而德国这一违宪审查与豁免机制为我国行政性垄断豁免机制的顶层宪法设计提供了可资借鉴的模式。虽然我国现行国家补贴法、招标投标法等基本法律制度确立了具有行政性垄断行为表征的若干类型国家援助措施的合法性,从而在事实上将这些国家援助措施纳入行政性垄断豁免范畴;但在特定情形下,由于国家补贴法、招标投标法等基本法律制度的内容瑕疵,这类法律的适用可能违反比例原则,使以国家援助为合法表现形式的行政性垄断行为获得不合理与不恰当的豁免效力,从而产生过度拓展国家援助措施外延范畴的负面影响,严重损害我国反垄断法律制度的施行效用。

鉴于上述情形,我国应在现行《宪法》框架下,通过全国人大释法的路径,借鉴德国模式,厘定与完善行政性垄断豁免的宪法审查机制,管控与化解竞争法律制度与其他基本法律制度的相关适用冲突。在审查国家补贴法、招标投标法等基本法律制度是否具有合宪性质时,需要将以下两项前提条件作为合宪认定标准:(1)就立法宗旨而言,此类基本法律应当本来就附带限制平等权、财产权等基本宪法权利的属性;(2)从适用效果分析,此类基本法律所导致的行政性垄断行为应当由没有损害平等权、财产权等基本宪法权利的核心内容构成,也就

---

〔47〕 Grundgesetz, www. bundestag. de, Stand: 13. 07. 2017.

是说,此类基本法律所导致的行政性垄断行为应当符合比例原则,不仅没有侵蚀平等权、财产权等基本宪法权利的核心适用领域,而且没有在显著程度上弱化与消弭这类基本宪法权利的主要表现形式。

(四)厘定关于社会公共利益的弹性诠释机制

"维护社会公共利益"是欧盟以及我国赋予行政性垄断行为豁免效力的主要依据之一。例如,在普遍经济利益服务领域,欧盟对附属行政性垄断行为的豁免本质是为了维护社会公共利益。而依据我国"34号文件"的例外豁免规定,在符合公平竞争审查制度前置条件的前提下,为实现节约能源资源、保护生态环境等社会公共利益而施行的抽象行政性垄断行为可以得到豁免。将社会公共利益的维护作为确立行政性垄断行为合法性的依据,其法理依据可追溯到黑格尔的法哲学传统。按照学者尼古拉斯·加纳姆(Nicholas Garnham)与罗宾·曼塞尔(Robin Mansell)的观点,黑格尔法哲学视角下社会理性和市民社会公共利益的极端表现样态是国家,而市民社会公共利益无疑优于市场范畴内的私主体利益,因而国家可以出于维护市民社会公共利益的需要,对市场领域实施具有排除与限制竞争影响的行政性管控与干预行为。[48]

在行政性垄断豁免机制框架下,欧盟通过学理研究与法律实践逐步确立与优化了关于社会公共利益的弹性诠释机制。参照欧盟理论界主流观点,在《欧盟运作条约》第106、107条等条款规制视角下,欧盟社会公共利益不应被一律宽泛界定为在联盟全部领域内一切公众的利益,这种界定的实际效用价值有限。相反,在一般意义上欧盟社会公共利益应当细分界定为两项子类型,它既可指代"单一成员国境内一切居民的利益",又可构成"欧盟内部市场框架下处于某一地理区域的全体公众的利益"。[49] 在司法裁判层面,欧洲法院明确了社会公共利益的整体性与公共性特征,将所有纯粹意义上的私主体利益排除在社会公共利益外延范畴以外,[50]并强调作为社会公共利益表现形式之一的普遍经

---

〔48〕 *Bruhns*, Dienste von allgemeinem wirtschaftlichem Interesse im europäischen Binnenmarktrecht, Inauguraldissertation, Heidelberg, 2001, S. 32.

〔49〕 Vgl. *Kling/Thomas*, Kartellrecht, München, 2007, S. 261. 参见翟巍:《欧盟反垄断法视阈下的国家保障公共经济利益服务行为》,载《竞争法律与政策评论》2015年第1卷。

〔50〕 *EuGH*, U. v. 27. 03. 1974, Rs. 127 – 73, Slg. 1974, 00313, Rn. 19/22 und 23 – BelgischeRadio En Televisie.

济利益外延范畴不应当包括仅仅归属于特定类型团体抑或群体的利益。[51]

与欧盟关于社会公共利益的弹性诠释机制相比,我国设置关于社会公共利益豁免规定的"34 号文件"存在明显弊端。在"34 号文件"框架下,作为行政法规条款的社会公共利益豁免条款效力层次较低,缺乏与之配套的具有更高效力位阶的基本法律豁免条款,而且其豁免对象主要局限于抽象行政性垄断行为。更为严重的是,"34 号文件"的文本表述导致了社会公共利益外延界定的模糊性。譬如,"34 号文件"第三节(四)项规定的第 2 与 3 小项列举了以下两种关于抽象行政性垄断行为的豁免情形:"为实现扶贫开发、救灾救助等社会保障目的的"与"为实现节约能源资源、保护生态环境等社会公共利益的"。这一表述不恰当区分了具有高度同质性的"基于社会保障目的利益"与"社会公共利益",错误限缩了社会公共利益的外延范畴。

基于上述情况,我国在系统建构行政性垄断豁免机制时,需要植入与嵌合欧盟的制度设计与实践经验,创设普适性的关于社会公共利益豁免的基本法律条款,进而建构关于社会公共利益的弹性诠释机制。在新建构的诠释机制下,我国立法机关应当厘定与强化社会公共利益的宽泛外延范畴,将"34 号文件"所述的基于社会保障目的利益纳入社会公共利益范畴,并通过类型化的方式实现社会公共利益的明晰化与具体化。譬如,我国立法、执法或司法机关可以参照欧盟经验,将社会公共利益确立为纯粹私人利益的对立面,并将社会公共利益细分界定为"全国一切居民或绝大多数居民的利益""全国统一大市场框架下处于某一地理区域的全体公众或绝大多数公众的利益""全国统一大市场框架下处于某一相关产品或服务市场领域的全体消费者或绝大多数消费者的利益"等多元层级。

四、结　语

基于中体西用的视角,我国系统化行政性垄断豁免机制的建构需要依托本国国情,在竞争法律制度与公平竞争审查制度中逐步修订或删除若干具有模糊化、低阶化与碎片化特征的旧有行政性垄断豁免条款,增设具有普适性、高阶化

[51] *EuGH*, U. v. 18.06.1998, Rs. C-266/96, Slg. 1998, I-03949, Rn. 45 - Corsica Ferries France SA.

与系统性特征的多层级行政性垄断豁免条款。在具体制度设计层面,新创设的豁免机制不仅应当内置社会主义市场经济体制的本质要求,而且有必要体现产业政策的阶段性特征。

在固化与强化行政性垄断豁免机制建构的本土生成要素的前提下,我国依旧需要择选和采行与我国现实需求相契合的欧盟、德国的先进制度设计和实践标准,以在行政性垄断豁免领域减少本国立法、执法与司法的盲动性,降低相关试错成本。这种域外借鉴表现在概念界定、机制建构、顶层设计等多层面。不容漠视的是,欧盟、德国司法机关在关于行政性垄断豁免的司法实践中,表现出过于强势的释法姿态,甚至超出法律规定固有的框架对相关条款进行过度解释与随意适用,混淆了司法权力与立法权力之间的界限。

譬如,在行政性垄断豁免司法实践中,欧洲法院经常使用其他不同表述来指代或取代《欧盟运作条约》第 106 条第 2 款第 1 句法律文本固有的"妨碍特定任务执行"这一表述。在以 C－157/94 号判决为代表的系列裁判中,欧洲法院通过使用"危害特定义务履行"标准日益弱化乃至完全取代"妨碍特定任务执行"标准。[52] 又如,德国法院在依据《基本法》裁定行政性垄断行为是否应当得到豁免时,主要考量该项垄断行为及其法律依据是否限制或妨害基本宪法权利的实质内容。[53] 但由于德国立法机关并未精细阐述基本宪法权利的实质内容,这使德国法院在行政性垄断豁免司法实践中获得极大自由裁量权,在实质意义上扮演了法官造法的角色。

欧盟、德国司法机关混淆司法与立法权力界限的行为在一定程度上导致司法自由裁量权的滥用与误用,侵蚀了立法机关的固有禁脔,损害了行政性垄断豁免机制的法律权威性与稳定性。鉴于这一情形,我国在系统建构行政性垄断豁免机制时,需要通过全国立法机关制订与解释法律的方式,详尽确立关于行政性垄断豁免机制适用的概念界定、前提条件、内容构成、实践标准,从而限缩执法与司法机关的自由裁量空间,避免行政性垄断豁免机制在适用过程中的扭曲与异化。

---

〔52〕 *EuGH*, U. v. 23.10.1997, Rs. C－157/94, Slg. 1997, I－05699, Rn. 43－Kommission/Niederlande.

〔53〕 黄卉:《宪法经济制度条款的法律适用——从德国经济宪法之争谈起》,载《中外法学》2009 年第 4 期。

中德法学论坛
第15辑,第83~104页

论通过取得资产的方式取得控制权

——兼论《反垄断法》第20条第2项的解释误区*

金枫梁**

摘　要:《反垄断法》第20条第2项资产取得条款并没有完全借鉴《欧盟并购条例》第3条b)的表述,学说与实务对该条款局限于私法化思维的解释进一步造成了该条款适用上的困惑。解决该困境方案不在于重新立法修正,而在于利用法律解释学方法并结合经营者集中控制的目的得出合理的方案。

关键词:资产取得;控制权取得;私法解释;反垄断法解释

Zusammenfassung: Bei der Gesetzgebungsarbeit des Art. 20 (2) Antimonopolgesetzes der VR China hat der Gesetzgeber den Zusammenschlusstatbestand der Kontrollerwerb durch Vermögenerwerb i. S. v. Art. 3 b) FKVO nicht wörtlich rezeptiert. Ein privatrechtliches Verständnis im Schrifttums und der Praxis verschärft dieses Rezeptionsproblem weiterhin. Die Lösung befindet sich nicht in der Gesetzgebungsänderung, sondern in der richtigen Anwendung der Auslegungstechnik. Insbesondere eine fusionskontrollspezifische Auslegung ist geboten.

Schlüsselwort: Vermögenserwerb, Kontrollerwerb, Privatrechtliches Verständnis, Fusionskontrollspezifische Auslegung

---

* 本文是王先林教授主持的2015年度教育部哲学社会科学研究重大课题攻关项目“经济全球化背景下中国反垄断战略研究”阶段性成果的一部分。

** 金枫梁:上海大学法学院讲师,硕士生导师,德国柏林自由大学法学博士。

一、问题的说明

《反垄断法》第20条第2项规定,“经营者通过取得……资产的方式取得对其他经营者的控制权”(以下简称资产取得条款);该条款基本上继受了《欧盟经营者集中控制条例》[1]第3条第1款b)所规定的“通过资产取得的方式取得对其他经营者全部或者部分的控制”的表述。然而,立法继受完成后,学说与实务无法为资产取得条款的运作提供合理的论证。首先,资产取得条款并没有完全继受欧盟法中“经营者全部或者部分”的表述,而仅仅继受了“其他经营者”,从而导致深受私法尤其是公司法思维影响的学界与实务界无法提供自足的解释方案,[2]甚至认为该条存在“立法表述错误”。[3] 最典型例证便是公司甲取得公司乙部分资产的所有权后,该资产就与公司乙相分离,公司甲因而无法凭借该资产获得对乙的控制权,以至于实务部门认为“经营者取得资产司空见惯,但是通过取得的资产实现对其他经营者的控制则不多见”“在实践中更为鲜见”[4]的困惑。

其次,由于资产取得条款构成要件都能在《物权法》《公司法》等私法体系中找到相应的出处,目前学说继受与实务对其他构成要件的解释也简单地停留在私法化解释的“前见”(Vorurteil)[5]上:如将“资产”的外延与私法上的各种

---

[1] Council Regulation (EC) No. 139/2004 of 20 January 2004 on the control of concentrations between undertakings (the EC Merger Regulation), Official Journal L 24, 29. 01. 2004, pp. 1 – 22.

[2] 商务部条法司编、尚明主编:《反垄断法理论与中外案例评析》,北京大学出版社2008年版,第260页;王晓晔:《反垄断法》,法律出版社2011年版,第264页;时建中:《反垄断法:法典释评与学理探源》,中国人民大学出版社2008年版,第253页。

[3] 参见陈国奇:《作为反垄断法规制对象的营业转让》,载《北方法学》2008年第6期。

[4] 尚明、孔玲、叶军:《界定参与集中的经营者浅析》,载《法律适用》2012年第4期。

[5] Siehe *Gadamer*, Hans-Georg: Wahrheit und Methode, Grundzüge einer philosophischen Hermeneutik. Tübingen 1990, S. 266.

财产或者财产性权利作无差异化的解释[6];将《物权法》规定的设立占有[7]、设立担保物权[8]等形式也纳入"取得"范畴。然而,《反垄断法》与私法是两种不同性质与功能的法律:《反垄断法》以保护竞争为主要目的,资产取得条款的目的就在于承担起筛选有能影响竞争的资产形态的过滤功能,将具有影响市场竞争结构的"资产取得"采取具有行政许可性质的事先申报审查制度,从而具有强烈的国家管制色彩;而私法范畴下的"资产取得"则属于平等主体之间根据私人意思自治[9]所进行的财产或财产权性权利流转,存在国家不可侵犯的天然界限,国家最佳治理方式便是听凭私人自治原则。资产取得条款的私法化解释有可能消解了私法与《反垄断法》的界限,导致国家权力的末梢深入各种原本属于私法生活中的各种形态。

本文将根据《反垄断法》及经营者集中控制的立法目的以及比较法上的学说与实务,在指出学界与实务界对资产取得条款的私法化理解的误区的基础上,对"资产"、"取得"与"取得其对他经营者的控制权"三个构成要件予以重新界定,并为该条款的法律适用提供一个逻辑体系与目的自洽的论证模式,从而实现资产取得条款解释与适用的本土化。

二、"资产"的解释

(一)"资产"私法化解释

1. 同一说

根据通说,[10]《反垄断法》中"资产"概念与私法中的各种"财产形态"一

---

〔6〕 商务部条法司编、尚明主编:《反垄断法理论与中外案例评析》,北京大学出版社2008年版,第260页。

〔7〕 詹昊:《〈反垄断法〉下的企业并购实务》,法律出版社2008年版,第63页。

〔8〕 全国人大常委会法制工作委员会经济法室:《反垄断法的条文说明、立法理由及相关规定》,北京大学出版社2007年版,第171页;胡健:《反垄断法中"经营者集中"的立法解读》,载史建三:《中国并购法报告2008年卷》,法律出版社2008年版,第6页;尚明、孔玲、叶军:《界定参与者集中的经营者浅析》,载《法律适用》2012年第4期。

〔9〕 关于"意思自治"内涵参见朱庆育:《民法总论》,北京大学出版社2013年版,第109页以下。

〔10〕 商务部条法司编、尚明主编:《反垄断法理论与中外案例评析》,北京大学出版社2008年版,第260页。

致,包括了私法上的一切有体物与无体物、各类具有财产价值的商标、专利权、商业机密等具有财产价值的形态。这种对“资产”私法化解释抹杀了“资产”在《反垄断法》中的特殊意义。同样的资产形态在私法视域与反垄断法视域中有着完全不同的意义。从私法视域上看,私法尤其是物权法、合同法、知识产权法等对资产形态的规范目的主要在于明确物与权利的归属与变动,至于如何利用资产听凭私人意思。因此,即便取得者取得资产后但不用于运营,其并不妨碍其私权属性。然而,《反垄断法》视域下的资产强调的是资产所具有的“能量”触及了具有“公共利益”性质的竞争保护问题,从而超出了私人的范畴,因而,当同一具体的资产仅仅具有意思自治意义时,就不能成为《反垄断法》所规制的对象。只有该资产具有可能影响市场竞争时,才能游离出意思自治的范畴而越入《反垄断法》的范畴。

从私法上看,“美汁源”、“汇源”乃至“可口可乐”三个品牌商标权分别属于汇源公司与可口可乐公司,但是这并非竞争法的“法内空间”;竞争法所要关注的是超越私法所调整的私人之间关系范畴进而对市场的影响,即商务部行政裁决文书中所阐述的品牌具有“影响有效竞争的关键因素”以及“对果汁市场控制力”。“三鹿集团部分破产财产”的不同处理上最集中地体现了私法与《反垄断法》的差异:三鹿集团的破产财产分为生产线、奶源基地等实体资产形态与“三鹿”牌及相关保护性商标等无形资产。针对实体资产方面,尽管生产线、奶源基地等实体资产形态处于暂时停止运营,但这些生产线与奶源基地在奶粉的生产与销售品牌上具有不可替代性,可以预见的是三元集团购买该资产后将投入运营,并可能迅速地提高其产能,从而改变市场竞争结构的格局,因此该破产财产仍然具有经营者集中的意义从而依然需要向商务部申报,经过竞争评估后商务部无条件通过了此案件。[11] 尽管“三鹿”牌及相关保护性商标等无形资产,在拍卖程序中以人民币730万元的高价售出,但这些无形资产集聚了“三聚氰胺丑闻”的外观,可以预见该商标的取得者即便投入运营,消费者也不会购买该品牌的奶粉,因而也无法形成新的市场势力,从而不能改变奶粉市场的竞争结构。因此,它与该案中的奶源基地等实体资产相比,已失去影响市场竞争的可能性,而退化成纯粹私法范畴,因而不需要向商务部进行经营者集中的申报。“三鹿”

[11] 2008.8.1~2012.9.30无条件批准经营者集中案件列表,第52号“三元集团收购三鹿集团部分破产财产”。

商标与“可口可乐汇源案”中与“美汁源”和“汇源”同属于私法上的商标品牌，但如果基于这两个都同属于品牌就在《反垄断法》作同一处理，就抹杀了两者对市场结构不同的影响效果。

2. 投资意义说

(1)内容

有观点认为《反垄断法》有意使用“资产”而非私法上的“财产”概念的原因在于“集中交易的目标不是简单的资产的集合，而是企业、业务”，“是具有投资意义的不同财产权利义务的集合”，主要体现在三个标准：“一是交易的数额。交易数额是一个很重要的参考，但不一定完全依赖于交易数额，例如购买一块土地的使用权的花费可能要远大于购买者一个小企业生产线，但前者显然不是经营者集中意义上的资产。二是购买的资产的属性。观察购买的资产本身是否具备生产资料的基本要素，是否可以直接投入生产经营，或者在该资产基础上稍加改造就可以投入生产经营。三是资产与经营能力之间的关系。如果出售资产的企业在出售该资产后，就丧失了某种市场经营能力或者全部的生产经营者能力，一般就认为该资产属于经营者集中意义上的资产”。[12]

(2)评析

该观点试图突破私法化解释的框架的“投资意义说”依然在私法的框架内“打转”，无法承担起筛选有能影响竞争的资产形态的过滤功能。

首先，交易数额反映的仅仅是所涉资产本身市场价值大小，而不能直接反映出对市场竞争的影响，真正能反映资产所产生的销售额标准等要素。因此，《欧盟经营者集中控制条例》第 1 条第 2、3 款与德国《反限制竞争法》第 35 条都没有将交易数额的大小作为申报标准的门槛，而是将销售额作为申报标准；我国《反垄断法》第 22 条并没有直接规定根据交易数额大小，但《国务院关于经营者集中申报标准》中也明确将销售额作为标准。因此，购买依附在土地上的林木、矿藏或者草地的行业中(例如在牛奶行业中养殖奶牛的奶源基地)的土地使用权时，有可能导致产能的集中而影响竞争，显然属于经营集中范畴而必须向商务部申报，但与交易数额大小没有必然关联。而即便“小企业生产线”交易数额很高，但如果销售额很小而不能对竞争产生影响时，显然也不具有经营者集

〔12〕 该标准最初来源于叶军：《外资并购境内企业法律分析》，法律出版社 2004 年版，第 5、8 页。

中的意义而不必申报。片面强调交易数额的重要性有可能使得具有排除与限制市场竞争的经营者集中的参与人为逃脱经营者集中审查故意将交易数额降低为零从而产生法律漏洞。

其次,“所购买的资产属性”以及资产与经营能力之间的关系的标准涉及作为所有权人的经营者与作为客体的资产之间的主客体关系,强调的是所涉资产对维系经营者生存与发展的重要性,这种反映主客体之间关系的经营者内部视角显然无法反映出经营者之间竞争关系。在“希捷三星案”中,三星硬盘业务是否属于希捷基本生产资料,以及是否直接或者稍微改造后直接投入运行,或者三星失去了运营硬盘业务的能力等问题都强调硬盘业务对与希捷的重要性,而不能反映出市场竞争的关系。真正具有经营者集中控制意义的则是由于希捷收购三星硬盘业务的产能后导致市场集中度进一步提高,从而可能影响市场竞争,因而需要向商务部申报。

最后,在“可口可乐收购汇源”一案中,行政裁决书在论及“品牌”这一资产形态时,既没有从作为资产的品牌的交易数额,也没有从“美汁源”和“汇源”两个知名果汁品牌是否属于汇源基本生产资料,以及是否直接或者稍微改造后直接投入运行,更没有从品牌与经营能力之间的关系等三个特征予以论证,而是将“影响有效竞争”与“对果汁市场控制力”作为标准值。因此,商务部实际上放弃了私法化解释的路径。

(二)《反垄断法》体系中的“资产”界定标准

1.“资产”的目的性解释

《反垄断法》并没有对“资产”进行定义,而是将界定标准让渡给法律适用者自行决定。如果考虑到“资产”概念成为《反垄断法》经营者集中控制的对象并不是“毫无目的”的安排,那么探求立法目的进而对“资产”外延进行选择与取舍时便成为唯一的标准,对“资产”的解释也必须依照《反垄断法》的目的,将符合立法目的的具体财产形态涵摄于“资产”概念下。《反垄断法》第1条将“预防和制止垄断行为,保护市场公平竞争”作为立法目的之一,反映在经营集中控制制度上则体现为事先申报与实质审查两个阶段的构造:事先申报制度旨在识别出可能具有影响市场竞争的经营者集中形态;在实质审查阶段则审查是否“具有或者可能具有排除、限制竞争效果的经营者集中”。因而,作为经营者集中申报环节的“资产”概念必须识别出那些具有可能影响市场竞争结构的资产形态,剔除仅仅具有私法意义的资产形态,从而为实质审查阶段提供明确的对象。

2. 目的解释的欧盟与德国的解释模式

在如何确定能影响市场结构的“资产”上，德国与欧盟都遵循了目的性解释，即资产所代表的市场势力，但发展出了两种不同的解释模式。欧盟委员会在其公告中认为，只有当资产在市场上所具有的独自的销售额构成企业的所有或者部分时，才构成经营者集中控制意义上的资产[13]。这符合《欧盟经营者集中控制条例》第1条第2、3款中经营者集中申报中对销售额的规定，[14]因为销售额保证了取得者取得该资产所代表的市场地位。因而，在Delta Air Lines/Pan Am案[15]与Blokker/Toys ‘R’ Us.案[16]中，基于涉及的资产具有具体的销售数额，欧盟委员会将其认定为适格的资产。

这种建立在销售额基础上的资产具有较大的确定性，然而从潜在竞争角度而言会带来这样的问题：当某一资产例如专利权或者著作权并没有进入市场因而没有销售额时，也可能会对市场竞争带来影响。最典型的案件是德国著名的《国家地理》案件。《国家地理》是著名的英文杂志，1999年Gruner + Jahr与西班牙出版社PBA获得了《国家地理》德文版长达10年的著作权与商标权。德国联邦卡特尔局认为，尽管德文版的《国家地理》并没有销售额，因而取得这也无法取得该种地位，但基于《国家地理》英文版积累起来的声誉可以传导到《国家地理》德文版上，可以预见能改变取得者的市场地位，因而需要申报。[17] 然而，杜塞尔多夫法院[18]与德国联邦法院[19]却坚持了欧盟委员会的销售额观点，认定该交易不需要申报。法院的观点遭到了学界的批评，[20]学界认为，根据资

[13] Kommission, Mitteilung zu Zuständigkeitsfragen, Tz. 24.

[14] Siehe *Wessely/Wegner*, in: Bornkamm/Montag/Säcker, Art 3FKVO, Rn. 70.

[15] See Case No IV/M. 130 – Delta Air Lines/Pan Am, Paras 3.

[16] Kommission v. 28. 6. 1997, M. 890, ABl. 1998 L 316/1, Tz. 13 – Blokker/Toys ‘R’ Us.

[17] BKartA. 2. 8. 2004, B6 – 26/04, S. 3 – 11.

[18] OLG Düsseldorf v. 15. 6. 2005, IV Kart 24/4(V), WuW/DE-R 1504, 1507 – National Geographic.

[19] BGH v. 10. 10. 2006, KVR 32/05, BGHZ 170, 130 Tz. 17 – National Geographic I.

[20] *Mestmäcker/Veelken*, in: Immenga/Mestmäcker, GWB, § 37, Rn. 17.

产的竞争性的解释,无论是否取得了销售额,只要对市场结构产生影响都属于资产,因而也包括了暂时还没有销售额但具有潜在竞争性的资产,[21]并提出了资产界定的三个标准:剩余的资产具有可区分性,能传导出售者市场力,能极大地给获得者带来市场优势[22]。与欧盟解释模式相比,德国解释模式不仅仅顾及了具有市场销售额的资产,也涵盖了具有潜在市场势力的资产形态,因而更符合竞争法的目的。

3. 我国的解释模式选择

我国商务部对资产的反垄断法解释最直接地体现在"可口可乐收购汇源"案中。虽然该案件涉及通过取得股权的方式获得控制权的情形,但裁决书在论证品牌的影响力时指出:"品牌是影响饮料市场有效竞争的关键因素,集中完成后,可口可乐公司通过控制'美汁源'和'汇源'两个知名果汁品牌,对果汁市场控制力将明显增强……"[23]从案件事实上看,"美汁源"、"汇源"与"可口可乐"三个品牌各自具有数额庞大的销售额,从而构成市场势力;但从品牌具有的"影响有效竞争的关键因素"以及"对果汁市场控制力"上看,也可能将没有销售额的饮料品牌涵盖进去。商务部公布的两起涉及资产取得条款适用的"希捷三星案"与"微软诺基亚案"行政裁决文书,并没有明确指出资产的销售额标准与市场地位的关系,但都强调了所涉资产具有的市场份额:在希捷收购三星硬盘业务中,2010年三星所拥有的硬盘业务在全球市场上占有10%的份额;在微软收购诺基亚手机业务中,2012年诺基亚智能手机全球和中国市场份额分别为4.85%和3.7%。

然而,2008年通过的《国务院关于经营者集中申报标准的规定》第4条规定,"经营者集中未达到本规定第三条规定的申报标准,但按照规定程序收集的事实和证据表明该经营者集中具有或者可能具有排除、限制竞争效果的,国务院商务主管部门应当依法进行调查"。这说明,即便不存在销售额标准的情形,但具有或者可能具有排除、限制竞争效果的,依然需要申报。因而,商务部实际上在坚持销售额标准的同时,将不具有销售额但能影响竞争的情形也认定为"资产"的范畴。

---

[21] *Carsten F. Albert*, Patente in der Fusionskontrolle, S. 40 f.

[22] Siehe *Bach* in: Bornkamm/Montag/Säcker, § 37 GWB, Rn. 28 ff.

[23] 商务部[2009年]第22号公告。

(三)"资产"形态的相对性及其限度

1. 资产形态界定的相对性

私法视域下的任何资产形式必须根据其本身能否影响竞争进行目的性的解释,甚至完全可以超越私法上的常规形态:将整个具有法人形态的公司整体作为资产,也可以将法人的一部分,尤其是公司营业作为资产。《欧盟经营者集中控制条例》第 3 条第 1 款 b) 与以该条为立法蓝本的德国《反限制竞争法》第 37 条第 1 款第 2 项都将"经营者本身或者经营者的一部分"作为资产纳入资产取得的范围。欧盟委员会在 Mannesmann/Philips 一案中〔24〕也指出,"Mannesmann 通过取得 Philips 在 PCS 与 PAE 持有的重要部分营业业务中的资产的方式,同时获得对该经营者部分资产的控制"。在欧盟委员会否决的 ECS IEH 案〔25〕中,比利时企业 ECS 取得了比利时电力供应公司的客户群;在 Delta Air Lines/Pan Am 案〔26〕中,Pan Am 在美国与欧盟各个城市等主要航线,在法兰克福等机场枢纽的服务与相关利益都属于资产。

2. "资产"相对性的界限

(1)"股权"不得作为"资产"

尽管资产与股权在私法上需严格区分,〔27〕但"资产"概念的相对性决定了如果股权与资产的区分在实现《反垄断法》的目的上具有正当性,那么当然也可以突破私法化解释的框架将股权视为资产。有观点就认为资产取得"分析思路与取得股权并无实质区别",〔28〕商务部在实务中也经常将股权视为资产:在"宁夏银星收购中铝宁夏持有的部分资产案"〔29〕中,收购的客体是中铝宁夏公司下属三个子公司 100% 股权、另外三个子公司的经营性资产以及制造基地的整体资产,但从商务部标题中的"部分资产"上看,其将股权作为资产的下位概念;同

〔24〕 Kommission Fall Nr. IV/M. 1053 Mannesmann/Philips, Rn. 6.

〔25〕 See Case COMP/M. 2857 — ECS/IEH, paras 9.

〔26〕 See Case No IV/M. 130 -Delta Air Lines/Pan Am, Paras 3.

〔27〕 时建中主编:《反垄断法:法典释评与学理探源》,中国人民大学出版社 2008 年版,第 255 页。

〔28〕 尚明、孔玲、叶军:《界定参与集中的经营者浅析》,载《法律适用》2012 年第 4 期。

〔29〕 2014 年第二季度无条件批准经营者集中案件列表之序列 15:宁夏银星能源股权有限公司购买中铝宁夏持有的部分资产案;商反垄审查函[2014]第 55 号《审查决定通知》。

样地,在“西南药业股份有限公司重大资产重组案”[30]中置换的重大资产、转让的股份统一地被视为“资产”。

资产与股权在《反垄断法》上必须予以区分的原因在于两者对市场竞争结构影响的不同。通过取得股权获得控制权的集中形态“从对方经营者的内部”完全控制了对方,属于“斩草除根”地消灭了独立的竞争对手,对市场竞争结构具有最大的破坏性,因而1914年美国《克莱顿法》第7条最早仅仅规定了股权取得[31]作为经营者集中的控制对象。但在取得资产情形下,取得的对象通常仅仅是经营者的部分资产,具有法人形态的经营者的意思表示尽管例如董事会并不因此失去独立性,在特定条件下还可以继续与取得者进行竞争,对竞争的影响并不如股权取得那么直接。美国反托拉斯法颁布的早期,就没有规定资产取得作为经营者集中的形态,这个漏洞直到1950年美国《塞勒-凯弗维尔法》[32]首次明确规定资产取得作为经营者集中形态[33]时才被填补。

这在商务部已经公布的案件中有着清晰的对比。在“可口可乐收购汇源”的案件中,可口可乐通过股权取得的方式获取的不仅仅是汇源“美汁源”和“汇源”两个知名果汁品牌资源,还包括了汇源所有的市场势力,汇源作为一个市场上独立的竞争者不复存在。而在“微软诺基亚案”中,诺基亚将其手机业务出售给微软、退出手机市场后,自身的独立性并没有丧失,其还可以重新回到手机业务市场进行竞争;而微软也并没有取得对诺基亚的控制权。因而,股权与资产在对竞争的影响上有着实质的区别,将股权解释为资产显然会导致对竞争的误判。

---

〔30〕《不实施进一步审查通知》(商反垄初审函2014第186号);2014年第4季度无条件批准经营者集中案件列表序号23号。

〔31〕United States v. Columbia Stell Co.,334 U. S. 495,507 n. 7 (1984); Phila. Nat'l Bank,374 U. S. at 337-338.

〔32〕Celler-Kefauver Antimerger Act of 1950,Pub. L. No.81/899,64 Stat. 1225.

〔33〕*Federal Trade Commission*, Annual Report of the Federal Trade Commission for the fiscal Year Ended June 30,1948,p. 16.

(2)“负债”不得作为“资产”

有观点将“债务”“负债”作为“资产”[34]。首先,从文义与体系解释角度而言,负债与资产在会计法体系中是相对立的概念,它们之间的总和构成了所有者权益,在债法中负债是作为与债权相对的概念,而与物权、知识产权等资产有着完全不同的法律构造;其次,从目的解释上看,单纯取得对方债务将使取得者负上法定或者约定期限内履行给付的义务,超过取得者的清偿能力或者融资能力时,不会增加取得者的竞争力,反而会可能会过多占用取得者的流动资金等资源削弱取得者的竞争力,从而抑制了扩张市场的能力。因此,“三元收购三鹿集团破产财产”案的协商过程中,三元集团始终不愿意接收三鹿集团的巨额债务。对债务的取得只有在特定条件尤其是通过债转股的下才有可能获得,但此时显然属于“通过取得股权获得控制权”。德国法[35]与通说也认为,资产必须具有积极的利用价值,因此负债必然不属于经营者集中意义上的资产。因而,债务与负债无论在私法上还是在《反垄断法》上都无法构成“资产”,因而也无法据此取得资产从而控制其他经营者。

三、“取得”的解释

(一)“取得”的私法化解释的误区

我国《物权法》第四编、第五编分别规定了设立担保物权与设立占有制度。然而,相当部分的学界与实务界的观点[36]认为,设立占有与担保物权同样属于“取得”。我国《物权法》规定担保物权并不是一种以对担保物支配为内容的实

〔34〕 胡健:《〈反垄断法〉中“经营者集中”的立法解读》,载史建三:《中国并购法报告2008年卷》,法律出版社2008年版;吴振国:《〈中华人民共和国反垄断法〉解读》,人民法院出版社2007年版,第404页;吴振国、刘新宇:《企业并购反垄断审查制度之理论与实践》,法律出版社2012年版,第18页。

〔35〕 *Bach* in Bornkamm/Montag/Säcker, § 37 Rn. 8.

〔36〕 商务部条法司编、尚明主编:《反垄断法理论与中外案例评析》,北京大学出版社2008年版,第260页;尚明、孔玲、叶军:《界定参与者集中的经营者浅析》,载《法律适用》2012年第4期。

体权,而是为了担保债权的实现而对担保物交换价值进行支配的一种价值权;〔37〕在债务人届期不清偿债务情形时,债权人有权将标的物通过拍卖、变卖等方式取得交换价值,但并不能自动取得担保物本身的所有权与用益物权,因而无法利用担保物发挥其资产的效用。

在设立以不转移占有为特征的抵押权中,对抵押物的占有、使用与处分仍然归于债务人,而并不归抵押权人,因此抵押权人也无法就抵押物进行占有、适用与处分。以《物权法》第180条规定的浮动抵押制度为例,假设希捷在三星硬盘业务上设立抵押权,希捷无法将三星的硬盘业务归于自己直接经营,因而无法产生相应的市场势力,更无法影响竞争,因而无需向商务部申报;但如果希捷以有偿或无偿方式取得三星的硬盘业务,则具有直接占有、使用与支配的权利,由于产能上的集体中自然能影响竞争,因而需要向商务部申报。在转移占有的留置权与质权中,尽管债务人失去了对担保物的占有,但仍然保留所留置、质押的资产进行运营的权利。担保物权人无法基于自身意愿运营资产的完整的处分权尤其是使用权,从而也无法产生影响资产集中的市场竞争效果。以专利权的质权为例,假设在"微软诺基亚"案中,微软对诺基亚手机业务上的必要标准专利设立权利质权,根据《物权法》第227条的规定,只需要将权利出质书面合同向专利局进行登记;但诺基亚仍然享有对专利的所有权,可以继续生产手机,也可以在与微软协商同意外转让或者许可他人使用。但微软并没有获得使用权与所有权,因而无法对竞争产生影响,因而也无需向商务部申报。只有在微软收购了诺基亚包括必要标准专利在内的手机业务之后,该项集中才有可能影响市场竞争,因此必须向商务部申报。

(二)对"取得"的反垄断法解释

经营者取得资产后,原本分散在不同经营者中的资产被集中在少数的经营者中,并通过对该资产进行处分、收益等实体权的方式,获得能影响市场竞争的能力。立法者选择"取得"一词精准地反映了影响竞争为准的价值期待:只要取得资产影响了市场竞争结构,至于以何种形式,无论是资产信托、资产租赁、资产转让,〔38〕还是

〔37〕 梁慧星、陈华彬:《物权法》(第4版),法律出版社2007年版,第304页。

〔38〕 时建中:《反垄断法:法典释评与学理探源》,中国人民大学出版社2008年版,第253页。

无偿赠与、委托经营、置换[39]等在所不问;至于"取得"形式与动机则属于反垄断法之外的考量因素。因而设立所有权与用益物权毫无争议地属于经营者集中的范畴;德国《反限制竞争法》第37条第2款第b项[40]与《欧盟经营者集中控制例》第3条都没有争议地将取得资产的支配权、使用权作为取得的构成要件;而且根据德国[41]与欧盟通说[42],由于设立担保物权的目的在于担保债权而不是对担保物的利用,因而不属于"取得"。

"取得"的不问形式只问结果的实质结果取向最典型地体现在德国《反限制竞争法》在1973年第二次修正过程中,将原先条款中独立存在的经营者合并条款删除,并将经营者合并作为"取得全部资产"的一种形态。这同样也反映在《反垄断法》第20条第1项与第2项的竞合关系上:在经营者之间通过吸收合并方式进行的集中的形态时,也是一方将另一方的整体变成了该方资产的集中形态,从而同时符合"合并"与"资产取得"的构成要件,从而构成竞合。最典型的案件是在应当申报而未申报的中国联通网通合并案中:一方面,联通吸收合并了网通,网通作为一个品牌和独立企业也随之消失,从而构成了第20条第1项的"经营者合并";另一方面,联通获得了网通的所有资产,从而获得了对网通的控制权,构成了资产取得条款。

(三)"取得"无涉有偿性

尽管2009年《关于外国投资者并购境内企业的规定》的修订是为了与《反垄断法》相一致,[43]但第2条第2分句中仍然坚持了原先的以"有偿性"为标准的"资产收购",而没有采用《反垄断法》第20条第2项更为中性的、无涉有偿与否的"资产取得"的表述方式。商务部反垄断局制作的《经营者集中反垄断审查

---

〔39〕 王晓晔主编:《中华人民共和国反垄断法详解》,知识产权出版社2008年版。

〔40〕 *Bechtold*,37,Rn.4.

〔41〕 *Thomas* in Immenga/Mestmäcker, Wettbewerbsrecht, 5. Auflage 2014, § 37 GWB, Rn. 29.

〔42〕 同上。

〔43〕 商务部令2009年第6号第1条。

申报表》第1页第2项“交易性质”一栏中列明的“资产收购”[44]表明,商务部将“取得”狭义地解释为具有偿性的“收购”,从而有将无偿赠与的取得排除在外之嫌。

用“资产收购”代替“资产取得”显然与立法者的意志相悖。无偿取得的资产显然也可能产生影响市场竞争的能力。在“中国好同学”的媒体报道中,自然人股东郑伟斌将其在福建旷宇建设工程有限公司持有的估值高达8.59亿元95%的股权无偿捐赠给ST博元,如果有可能限制或者排除竞争依然需要申报。尽管这涉及股权取得,但是并不能否认将来可能出现资产的无偿取得问题。用“资产收购”代替“资产取得”,也可能引发经营者集中执法的内资外资区别待遇的争议:以无偿方式取得的“资产”的情况更多地发生在国有企业之间的经营者集中,国务院国资委先后颁布了《企业国有产权无偿划转管理暂行办法》《企业国有产权无偿划转工作指引》以指导国有企业之间的资产取得行为,而有偿性质的“资产收购”法律概念则来自针对外国投资者反垄断审查的《关于外国投资者并购境内企业的规定》。

四、“经营者”取得“对其他经营者的控制权”的解释

(一)目前私法化解释的误区

1.核心要素说

该学说认为“资产不是被控制的任何资产,而是指能够使得被控制者听从他人控制的资产”;[45]“取得另一个企业的全部或者主要部分的财产,进而达到控制该企业的目标”。[46] 有学者详细地论述道:“资产是经营者得以生存和发

[44] 载商务部反垄断局:http://fldj.mofcom.gov.cn/aarticle/xxfb/201206/20120608166903.html,最后访问日期:2015年10月12日;北京市律师协会编:《反垄断法与反不正当竞争法律实务精解》,北京大学出版社2012年版,第153页。

[45] 当资产数量达到“相当数量比例”,在质量“非常重要的”“被控制者经营赖以延续的资产或者是其得以在竞争中领先于其他竞争者的资产”。参见商务部条法司编、尚明主编:《反垄断法理论与中外案例评析》,北京大学出版社2008年版,第260页。

[46] 吴振国:《〈中华人民共和国反垄断法〉解读》,人民法院出版社2007年版,第404页。

展的物质基础,也是经营者能够产生对外影响力的前提保障。经营者的资产状况和资产构成是该经营者市场竞争力的核心要素之一。一旦一个经营者的资产(尤其是核心的经营性资产或整体性资产)被其他经营者所控制,则该经营者的生存及市场运作等就被该其他经营者所控制,其拥有的市场影响力也被该其他经营者所控制从而可能对市场结构与世界竞争产生影响。"[47]

"核心要素说"存在解释力不足的困境。涉及经营者集中的当事人通常是从事多样化的复合经营的、拥有多种不同形态的资产大型经营者,何种"资产"属于"核心的经营者性资产"不仅难以界定,而且也很难有可以决定"经营者的生存及市场运作"的资产。例如在"希捷三星案"中,三星运营硬盘、芯片、手机、家电业务等诸多资产,即便出售三星运营的硬盘业务并不能决定三星整体的生存与市场运作。相反,经营者脱离这些所谓的核心资产后有时反而能利于将发展中心锁定在其他业务上,从而促进其迅速发展。这在商务部附条件通过的"微软诺基亚"一案的后续发展中得到验证:诺基亚将其全部手机业务出售给微软后,而转向发展 Here 地图服务、诺基亚解决方案与网络(NSN)和领先科技三大支柱业务。2015 年诺基亚第二季度营收 32 亿欧元,较前一年同期的 29 亿欧元增长 9%,第二季度营业利润为 5.21 亿欧元,同比增长 51%;相反,微软 2015 年 7 月初的微软财报显示,微软 2015 年第二季度减记了高达 76 亿美元与移动设备部门有关的费用,几乎相当于微软收购诺基亚手机业务的 50 亿美元和收购移动专利组合的 22 亿美元的总和。[48]

2."重大部分财产说"

该观点认为,"企业取得另一个企业全部或者重大部分财产的所有权与取得权。例如一个企业取得另一个企业商标权或者使用权,就可以对被取得的企业施加支配性影响"。[49] 持该论者把重大部分财产的认定标准设置为整体资

---

〔47〕 时建中:《反垄断法:法典释评与学理探源》,中国人民大学出版社 2008 年版,第 253 页。

〔48〕 林永华:《微软诺基亚财报冰火两重天,硬件成过不去的坎?》,载 http://tech.sina.com.cn/it/2015-08-05/doc-ifxfsyiv7390520.shtml? from=wap,最后访问日期:2015 年 12 月 14 日。

〔49〕 王晓晔:《反垄断法》,法律出版社 2011 年版,第 264 页。

产的50%及以上;[50]基于该论者在国内外学界的"中国反垄断法之母"[51]的学术地位与威望,这种观点未经反思便在汉语界[52]与德语界[53]成为通说,并深刻地影响了《反垄断法》第22条中50%的免予申报的标准。

该观点有可商榷之处。首先,该观点将资产取得的主体与客体从"经营者"置换为"企业"、将"资产"置换为"财产"以及将"控制权"直接置换为"支配性影响"的解释方式,已有违"法律解释的起点是文义解释"[54]的解释规则,同时这种置换也影响到了对该条款的解释[55]。其次,这种解释逃脱不了如何通过取得资产的方式取得对另一个经营者的控制权的追问。假设可口可乐公司通过取得资产的方式取得了汇源公司两个知名果汁品牌"美汁源"和"汇源"中的一个,汇源公司的运营与收入还可以建立在其他品牌上,甚至再创立新品牌,因此不能取得对汇源果汁公司本身的控制权。类似地,当一个企业获得某个企业诸多工厂中的一个工厂的使用权时,也不意味着能获得该企业的控制权。最后,经营者转让资产与总资产的比例关系是一种经营者内部视角,无法有效地应对具有超大规模的经营者。因为具有规模庞大、实行多元化经营的大型经营者所转让的资产可能只占该企业总资产的10%,但其销售额、产能则可以占50%,从而无法反映出将该资产转让给其他经营者后对市场竞争格局的影响。

因此,无论是重大财产说还是核心要素说都采用的是经营者的内部视角,即强调资产对于经营者自身的重要性。这种经营者内部视角无法反映出资产对于市场竞争结构的意义。

---

〔50〕 王晓晔:《中国反垄断法经营者集中评析》,载王晓晔主编:《反垄断法立法热点问题研究》,社会文献出版社2007年版,第100页。

〔51〕 朱雨晨:《反垄断法:一个长了"牙齿"的法律》,载http://www.legaldaily.com.cn/zmbm/content/2009-03/26/content_1060286.htm? node=7573,最后访问日期:2015年10月12日。

〔52〕 王先林:《竞争法学》,中国人民大学出版社2009年版,第289页。

〔53〕 *Peter Mery*, Chen Zhaoxia, Fusionskontrolle in der VR China, RIW 2009(5), S.267.

〔54〕 《反垄断法》对经济性垄断实施的主题通篇用的是"经营者"而未出现"企业"字样。

〔55〕 在中国的语境中"企业"通常是与自然人相对应的概念,因而客观上缩小了经营者的外延。

3. 立法表述错误说

该说认为,“取得对其他经营者的控制权,只能通过两种途径来实现:购买其股权,或是签订经营控制合同(如联营合同)”;“取得资产”只能取得对其他营业的控制权,无法取得对其他经营者的控制权。因此,第20条第2项存在“明显的表述错误”,准确的表述应当是:“通过取得资产的方式取得对其他营业的控制权的行为。”[56]基于对立法者的尊重以及法的安定性,对立法中的“表述错误”必须首先尽其充分解释义务方能认定。

首先,就文义解释而言,《反垄断法》第48条“限期处分资产、限期转让营业”中对“资产”与“营业”的并列规定已经表明,“营业”与“资产”的外延似乎并不一致,将“资产”解释为“营业”与该文义相悖。其次,经营者取得作为整体资产的“其他经营者”时,当然就获得了“其他经营者”的控制权。美国麦考美公司就通过收购武汉亚太调味食品有限公司100%的资产[57]取得了整个武汉亚太调味食品公司的控制权。最后,就比较法而言,我国《反垄断法》中经营者集中的概念深受欧盟《经营者集中控制条例》第3条的影响,而欧盟《经营者集中控制条例》第2款指出,取得控制权“尤其可以通过取得经营者的全部或者部分资产的所有权或者使用权”取得,欧盟委员会在适用该条款上并没有遇到困难。因此,立法表述错误说并不恰当。

(二)商务部实务的解释困境

1. 法律适用三段论

我国经营者集中控制制度在设计上采用的是欧盟预防性控制制度,即事先申报(《反垄断法》第20、21条)后续实质审查(《反垄断法》第25条第2款、第28条第1款、第29条)。只有在事先申报阶段查明所涉计划确实属于经营者集中的范畴的前提下,才有可能进入实质审查阶段。从形式上看,资产取得条款的法律适用是建立在“大前提”、“小前提”与“结果”三段论的基础上,因此作为法条的大前提与作为案件事实的小前提之间的涵摄过程的详实性与合理性直接关系着结果的正当性与可接受性,任何实施“依法治国”原则的裁决都对涵摄过程予以充分详实的说明。欧盟委员会在两起案件中的论证与商务部的论证

〔56〕 陈国奇:《作为反垄断法规制对象的营业转让》,载《北方法学》2008年第6期。

〔57〕 2013年第一季度无条件批准经营者集中案件列表,序号26。

形成强烈的反差。欧盟委员会在“希捷三星案”[58]与“微软诺基亚案”[59]的行政裁决书中就分别以2个自然段[60]与4个自然段[61]的篇幅阐述,两起资产取得的集中计划是否属于《欧盟经营者集中条例》第3条第1款b)所规定的“通过资产取得的方式取得对其他经营者全部或者部分的控制”;在确认资产取得形式的集中符合《欧盟经营者集中条例》第3条第1款b)后,再直接进入实质审查。

2.“以果为因”的论证困境

然而,尽管我国立法继受了欧盟模式,但实务继受上却存在相当大的差距。基于“效果原则”导出的平行审查[62]的模式,两起案件的当事方也同样向商务部进行了申报。根据法律适用的三段论,只有在希捷、微软通过资产收购分别取得三星与诺基亚控制权的情形下,集中方才有申报义务,商务部才有可能进入实质审查阶段。因而,两起案件事实符合第20条资产取得条款是根据第28条进行实质论证的前提。然而,在公布的行政裁决文书中,商务部对所涉案件事实是否属于第20条第2项的涵摄环节并没有进行论证:在“希捷三星案”[63]中,仅仅在标题与前言中附带性地阐述了案件事实这一小前提,在“微软诺基亚案”[64]中,仅仅在“案件基本情况”部分相对详细地叙述了集中计划这一小前提。

在对案件事实是否属于第20条第2项的涵摄环节并没有进行论证的情况下,商务部却在行政裁决文书的实质审查部分采用显著篇幅对案件事实是否构成第28条“对竞争可能产生的危害及其排除”进行涵摄论证:在“希捷三星案”中,用了14个自然段落的篇幅论证该项集中将对硬盘市场产生排除、限制竞争的

[58] Case No. COMP/M. 6214 – Seagate/ HDD Business of Samsung.

[59] Case No. COMP/M. 7047 – MICROSOFT/ NOKIA.

[60] 参见 Case No. COMP/M. 6214 – Seagate/ HDD Business of Samsung,第(7)、(8)自然段。

[61] 参见 Case No. COMP/M. 7047 – MICROSOFT/ NOKIA,第(4)、(6)、(7)、(8)自然段。

[62] 参见李俊峰:《全球平行审查背景下的中国经营者集中救济》,载《当代法学》2015年第2期。

[63] 商务部公告2011年第90号《关于附条件批准希捷科技公司收购三星电子有限公司硬盘驱动器业务反垄断审查决定的公告》。

[64] 商务部公告2014年第24号《关于附加限制性条件批准微软收购诺基亚设备和服务业务案经营者集中反垄断审查决定的公告》。

效果;在"微软诺基亚案"中,采用了18个自然段去论证"集中导致诺基亚有可能会改变原有行为模式和动机,凭借其标准必要专利的许可排除、限制中国智能手机市场竞争"。

商务部这两份行政裁决书表明,尽管商务部有着法律适用的三段论的论证,但并不一致:对是否属于第20条资产取得条款的前置性问题,商务部没有进行涵摄;但对根据第28条却进行了较为细致的涵摄论证。这种差异化表明,商务部在资产取得条款的解释上也很可能面临着与学界同样的困境:一方面,通过资产取得的方式取得对其他经营者的控制权更多的是取得其他经营者部分资产或者经营者组成部分的控制权,而取得作为一个法人的经营者的"在实践中发生概率不高";[65]然而另一方面,所涉及的案件却又存在可能限制与排除竞争因而需要商务部介入的必要性。

3. 评析

商务部对将案件事实列举后就直接越过涵摄过程的论证方式具有消极性。首先,这严重地违背了法律适用的逻辑过程,也使得具体案件类型所具有的提供稳定预期功能被严重削弱,有可能为仍然属于私法范畴的资产取得的财产流转带来潜在的法律风险。其次,其背后隐含的"以结果正当性论证前提"瓦解了我国事先防御的经营者集中控制制度:即便第20条第2项的涵摄论证说理不充分,商务部也可以通过所涉案件资产取得具有排除或者限制竞争的后果的方式得到某种程度的正当化。这使得商务部有可能面临《反垄断法》第53条所定的行政复议与行政诉讼的风险,从而使得原本就捉襟见肘的反垄断工作资源更难以应对。

(三)对"其他经营者控制权"的反垄断法解释

1. 问题的由来

学说与实务在如何取得控制权问题上的解释困境是美国立法模式向欧盟立法模式转向的结果。早在2003年颁布的《关于外国投资者并购境内企业的暂行规定》第2条第2分句将资产并购定义为"外国投资者设立外商投资企业,并通过该企业协议购买境内企业资产且运营该资产,或,外国投资者协议购买境内企业资产,并以该资产投资设立外商投资企业运营该资产",该条款为商务部令2009年第6号所保留;该条款与1950年美国《塞勒-凯弗维尔法》[66]的资

[65] 尚明、孔玲、叶军:《界定参与集中的经营者浅析》,载《法律适用》2012年第4期。

[66] Celler-Kefauver Antimerger Act of 1950, Pub. L. No. 81/899, 64 Stat. 1225.

产取得作为经营者集中形态[67]的构成要件大致相似,即资产取得并不以取得对方的控制权作为构成要件。然而,2004年中欧竞争政策对话协议签订后,《反垄断法》草案放弃了具有本土化经验、与美国模式相接近的“资产并购”立法模式,而转向以获得控制权为必要构成要件的欧盟立法蓝本,即《欧盟经营者集中控制条例》第3条第1款b)所规定的“通过资产取得的方式取得对其他经营者全部或者部分的控制”。

将解释困境完全归咎于立法者从美国立法模式转向欧盟立法模式很容易导致对立法者乃至对欧盟竞争法路径的过度依赖,从而忽视法律解释在弥补继受外来竞争法与本土实践之间鸿沟上的本土化功能。尽管《欧盟经营者集中控制条例》第3条第1款b)规定了“经营者通过取得资产的方式取得对其他经营者全部或者部分的控制权”,从而似乎是有效避免了我国学界与实务界所面临的困境。事实上即便将《欧盟经营者集中控制条例》第3条第1款b)中的“其他经营者部分”删除,也并不会影响该条款的运作。因为在长期的行政裁决与判决中,欧盟对其他“经营者”的解释发展出了功能性的解释方法,即经营者是指“每一个从事经济行为的市场主体,而不论其法律形式与资金来源”。[68] 根据该定义,经营者并不以独立的法律人格为前提。因此,可以将经营者解释为“经营者全部或者部分”,即:经营者通过资产取得的方式既可以获得对具有法

---

〔67〕 Federal Trade Commission, Annual Report of the Federal Trade Commission for the fiscal Year Ended June 30 1948, p. 16.

〔68〕 EuGH, C–159/91, Slg. 1993, I–637, 669 Rn. 17 – Poucet und Pistre; EuGH, C–364/92, Slg. 1994, I–43, 61 Rn. 18 – „Eurokontrol“. EuGH, C–244/94, Slg. 1995, I–4013, 4028 Rn. 14 – Fédération française des sociétés d'assurance; EuGH, C–55/96, Slg. 1997, I–7119, 7147 Rn. 21 – Job Centre; EuGH, C–264/01, n. n. v., Rn. 46 – AOK Bundesverband. Urteile des Gerichtshofes Höfner und Elser, zitiert in Rn. 17, Rn. 21, Poucet und Pistre, zitiert in Rn. 14, Rn. 17, Fédération française des sociétés d'assurances u. a., zitiert in Rn. 26, Rn. 14, vom 11. Dezember 1997 in der Rechtssache C–55/96, Job Centre, Slg. 1997, I–7119, Rn. 21, und Albany, zitiert in Rn. 27, Rn. 77; Urteile des Gerichts vom 2. Juli 1992 in der Rechtssache T–61/89, *Dansk Pelsdyravlerforening/Kommission*, Slg. 1992, II–1931, Rn. 50, und vom 30. März 2000 in der Rechtssache T–513/93, Consiglio Nazionale degli Spedizionieri Doganali/Kommission, Slg. 2000, II–1807, Rn. 36.

人资格的主体的控制也可以获得对具有法人资格组成部分的控制权。[69]

2.“经营者”的功能性解释

《反垄断法》第12条第1款规定,“本法所称经营者,是指从事商品生产、经营或者提供服务的自然人、法人和其他组织”。该条款规定了经营者的两个特征:“从事商品生产、经营或者提供服务”与“自然人、法人和其他组织”。前者指出了经营者必须从事经济行为,从而与国家行为、消费者的私人消费行为相区分;而后者的分类则包括了所有能参与经济行为的主体,从而使得行为主体的法律性质并不重要。因而,我国的“经营者”定义条款实际上也吸收了欧盟竞争法中“经营者”的功能性的解释性方法。

从这个角度而言,“经营者”的定义事实上起到一个工具箱的作用,因而“经营者必须具有法律上的独立性,法律上不具有独立性的企业部分如工厂、分厂或者销售网点不能被视为经营者”[70]也过于片面。这典型地体现在《反垄断法》第20条第2项的“经营者通过取得股权或者资产的方式取得对其他经营者的控制权”的解释上。《反垄断法》第20条第2项的“经营者通过取得股权或者资产的方式取得对其他经营者的控制权”的定义为:在股权取得的情形下,作为客体的“其他经营者”必须以具有股权结构为前提的、因而通常具有独立法人人格的经营者,而不包括不具有股权结构的法人、自然人与其他组织;而作为资产取得客体的“其他经营者”则并不以“股权结构”为前提,除了都不包括自然人,它可以包括所有的“法人”与“其他组织”,例如工厂、分厂或者销售网点。因而,资产取得条款解释困境的关键就在于取得资产条款中的“其他经营者”如何解释为“其他经营者全部或者部分”。经营者将“其他经营者”整体作为资产收购时候,显然可以取得对“其他经营者”的控制权。

3.“其他组织”作为“其他经营全部或者部分”的解释

经营者定义中的“其他组织”为“其他经营者全部或者部分”提供了部分入口。汉语文献通说认为最高人民法院《关于适用〈中华人民共和国民事诉讼法〉的解释》(以下简称《民诉法解释》)第52条对“其他组织”的定义就是《反垄断法》第12条“其他组织”的解释。根据《民诉法解释》第52条的规定,其他组织是指“合法成立、有一定的组织机构和财产,但又不具备法人资格的组织”,同时

---

[69] Siehe *Wessely/Wegner*, in: Bornkamm/Montag/Säcker in: FKVO Art. 3, Rn. 69.

[70] 王晓晔:《反垄断法》,法律出版社2011年版,第76页。

列举了8中典型形态。

这种“民事诉讼法化的解释”与“私法化解释”的思维如出一辙。《民事诉讼法》对“其他组织”的规定在于赋予具有一定组织结构但其组织性与独立性仍然不及法人的组织诉讼权利与义务,从而减少诉讼上的不便,这尤其体现在银行分支机构等,其强调的是完整的组织性与相对独立性。然而,《反垄断法》中“从事商品生产、经营或者提供服务”对“其他组织”的限制使得诉讼法上的具体组织形态不再重要;而《反垄断法》第2条域外适用效力使得“其他组织”也需要涵盖境外所有的经济组织的功能。因而将经营者中“其他组织”形态解释为经营者部分,例如车间、生产线、业务、销售渠道与营业等都可以作为“其他组织”;甚至可以将“其他组织”解释为几个独立的法人组成的集团,如德国康采恩集团。因此,在将“其他组织”解释为“其他经营者部分”时,解释上的困境就得以化解:“希捷收购三星案”与“微软诺基亚案”中,希捷与微软分别取得的不是作为“其他经营者”的三星与诺基亚的控制权,而是作为“其他经营者的部分”的三星硬盘业务与诺基亚手机业务的控制权。

综上所述,通过定义条款中的“法人与其他组织”,可以将取得资产条款中的“其他经营者”解释为“其他经营者的全部或者部分”。

五、总　　结

资产取得条款实质上继受了欧盟竞争法的相关条款,但学说与实务总体上仍然深受私法化解释的影响。然而,资产取得条款与传统的私法旨趣毕竟不同,其涉及行政权力对私法主体之间具有影响竞争的资产变动的事先控制,如果不对资产取得条款构成要件的私法化解释保持足够的警惕,将会导致国家对私人经济生活的过度干预。因此,资产取得条款的构成要件必须根据《反垄断法》目的进行不同幅度的解释:“资产”界定必须以投入运营且能影响竞争关系为标准而非无差别地包括私法上所有的资产形态;对“取得”的解释,必须以获得对资产的支配权与使用权为前提,因而占有与担保物权的设立都不能构成“取得”;作为主体的“经营者”与作为客体的“其他经营者”必须根据经营者集中控制的目的作不同解释,从而将“其他经营者”解释为“其他经营者的全部或者部分”,以化解通过资产取得的方式获取对其他经营者控制权的解释困境。

农业领域的法律规制

何塞·马丁内茨著　金健译　农业4.0
——农业数字化的法律框架和挑战

罗兰·诺尔著　周沛远译　农业法特别法理论、功能法理论和农村区域法理论

金健　德国食品安全领域的元规制

中德法学论坛
第15辑，第107～129页

农业4.0
——农业数字化的法律框架和挑战*

何塞·马丁内茨**著　金　健***译

摘　要：农业刻上了数字化的烙印，数字化也给农业法提出了要求。农业数字化需要法律框架，为所有参与人提供法的安定性，在不同主体的冲突利益间达致适当的平衡。农业数字化中的法律工具有合同法、竞争法和知识产权法。本文探讨法律在农业数字化中扮演的两个角色，作为对自由数据交易的限制的法律和保障数据交易经济利益的法律。针对第一种角色，数据保护和知识产权法提供的保护首当其冲。而在第二种角色中，数据上的所有权、合同法、责任法呼之欲出。面对既有制度的法律漏洞，如责任法上的空白和企业数据保护的不足，欧盟层面的立法者应当弥补法律漏洞，不能怠于作为，将责任转嫁给法官造法。另外，合同法上的路径或为问题的解决提供了一条灵活的路径。

关键词：农业4.0；数字化；法律框架；责任

---

* 原文分为两部分，第一部分载于德国法学期刊《农业法与环境法》（Agrar- und Umweltrecht）2016年第11期，第401～407页，第二部分载于该刊2016年第12期，第453～457页。

Martínez, Landwirtschaft 4.0 – Rechtlicher Rahmen und Herausforderungen der Digitalisierung der Landwirtschaft, in: AUR 11/2016, S. 401 – 407; AUR 12/2016, S. 453 – 457.

** 何塞·马丁内茨（Professor Dr. José Martinéz）：德国哥廷根大学法学院副院长、农业法学研究所所长，农业法、公法教授。

*** 金健：德国哥廷根大学农业法学研究所博士生。

Zusammenfassung: Die Digitalisierung wird die Landwirtschaft prägen und das Agrarrecht fordern. Die Digitalisierung der Landwirtschaft bedarf eines rechtlichen Rahmens, um für alle Beteiligten Rechtssicherheit und zugleich einen angemessenen Ausgleich zwischen widerstreitenden Interessen zu erreichen. Dafür stehen als Instrumente das Vertragsrecht, das Wettbewerbsrecht und das Recht des geistigen Eigentums. Die zu behandelnden Themenkomplexe kann man in zwei Kategorien fassen, die den Funktionen des Rechts entsprechen: Das Recht als Schranke des freien Datenverkehrs und das Recht als Instrument zur Ermöglichung eines „ökonomisch interessanten" Datenverkehrs. Im ersten Teil stehen der Datenschutz sowie der Schutz des geistigen Eigentums im Mittelpunkt. Der zweite Teil wendet sich dem Eigentum an Daten sowie dem Vertragsrecht, insbesondere auch dem Haftungsrecht zu. Der europäische Gesetzgeber muss erkennbare Regelungslücken schließen und dieses Gebiet nicht der richterlichen Rechtsfortbildung überlassen. Zu diesen Lücken gehören das Haftungsrecht und der Schutz betriebsbezogener Daten. Im Übrigen sollte den Herausforderungen im Wege einer vertragsrechtlichen Ausgestaltung begegnet werden, um die erforderliche Flexibilität zu ermöglichen.

Schlüsselwort: Landwirtschaft 4.0, Digitalisierung, Rechtlicher Rahmen, Haftung

一、农业4.0——概念与内容上的趋近

农业具有持续性与动态性的特征。几乎没有其他的经济领域如农业般,因无法脱离不可复制的价值——“土地”而要求可持续的、耐久的经营。同时,农业作为以市场经济为导向的制度的一部分,须动态地适应市场的要求。鉴于其保障社会的营养供给、保养风光、维持农村的存续能力等功能,农业具备特殊的公共利益。

从历史的维度审视,农业的调整根据不同时代进行划分。目前我们经历着产业上以关键词“数字化”或者物联网(Internet der Dinge)[1]为标志的新时代

[1] Grünwald/Nüßing, MMR 2015, 378 (378); Bräutigam/Klindt, NJW 2015, 1137.

的开端。如“工业 4.0”、“机器对机器”或“物联网”描摹着当下在工业和生产方法上发生的时代性变迁。与此同时,“农业 4.0”在用语上显示了我们正处于机械化、工业化、自动化向前推进的第四个发展阶段。

数字化为农业提供了新的契机。[2] 第一个效果是,数字化可以降低成本。通过数字化,劳动力得到节省,生产方式的效率得到根本性提高。[3] 尤其在化肥和农药方面,数字化使目标明确、合乎需求的使用成为可能。[4] 数字化同样也在动物养殖方面发挥着作用。饲料或添加剂可以精确地调控,以便节省开支。第二个效果也很明显:数字化使得环境友好型农业成为可能。依每种作物的独特需求计算并施用农药和化肥,可显著减少用量。这以对数值(天气、降水、土壤质量、生长阶段)的全面分析为基础,这些数据以往都是靠经验获取的,如今可以靠机器和数字化来完成。而且,农业数字化还可以在考虑动物福利的情况下从事生产。上述事实使得德国农业获得甚至提升了在欧洲、国际竞争中的竞争力和生产力。[5]

农业 4.0 也可以理解为由人类、机器和耕种的智能网状组织,涵盖了农业行为从采购种子到收割庄稼的所有站点。前提是具备监管、调控、规则功能的嵌入式系统的构建。与此同时,机器、仓储以及生产资料相互联结。在这个网状系统中,机器之间,机器与农业经营者之间,机器、农业经营者及第三人之间的信息自主传播。[6] 此外,法律意义还在于相互的自主调控。这就引出了有待探讨的问题:是否以及如何对机器间相互的旨在执行或修正订单的“意思表示”进行法律上的评价。[7] 网状化的目的是创建交互咬合的智能化生产链。借此,资源和工作进度在时间和空间上结合在一起,产生最佳的合作效果。[8]

大数据(Big Data)概念与农业 4.0 的概念紧密联系,人们又称之为“Mas-

---

[2] S. hierzu DBV Situationsbericht 2015/16, S. 92 ff.

[3] Chancen und Risiken der Digitalisierung, Agra-Europe 45/15, S. 21.

[4] Müller, Wohin geht die Reise?, DLG Mitteilungen 10/2016, 15 (15).

[5] DBV Situationsbericht 2015/2016, S. 92.

[6] Grünwald/Nüßing MMR 2015, 378 (378).

[7] 参见本文第六部分(一)。

[8] Zech, GRUR 2015, 1151 (1152).

sendaten”:[9]“大数据借助于新手段、新科技获取、传播、储存、搜索、分析显示且来源多元的数据群”。[10] 大数据具有裹挟了大规模、多元化数据组的投入原则的特征,数据组富有典型性地由相互联结的机器生成,一般情形下没有具体的、先置的对结果的预期,接受实时分析。[11] 依靠先前手段完全不能获取的或需耗费时间获取的数据和信息凭借此种方法获得。“大数据”意义上的大数据库的创建达成了从数据提供者角度而言的、尔后的优化界值数据分析和建模的基础前提。这就说明了数字化的另一特点。农业数据成为具备重大商业价值的可交易商品。“数据成为生产的新要素,成为一种资产,在有些交易中成为一种通货。”[12]

二、数字化在农业结构上的要求

(一)农村欠缺因特网保障

数字化的核心要求是农村地区范围内的宽带因特网连接。[13] 联邦的宽带地图显示,在农村地区,尤其是在东部地区,存在很多空白。[14] 连接不善的主要原因是对于大多数电信企业来说,在非人口密集地区投资鲜有收益,所以没有吸引力。只有通过乡镇方面的高财政投入才能实现宽带技术的扩建。联邦政府为实现在 2018 年前地区性宽带扩建设立了高目标。[15] 2018 年前至少 50 兆

---

〔9〕 Dorner,CR 2014,617(617).

〔10〕 Wissenschaftlicher Dienst des Deutschen Bundestages,Nr. 37/13,载 https://www.bundestag.de/blob/194790/c44371b1c740987a7f6fa74c06f518c8/big_data-data.pdf。

〔11〕 前引〔9〕。

〔12〕 Commission Staff Working Document SWD(2015)100 final “A Digital Single Market Strategy for Europe-Analysis and Evidence”,S. 59.

〔13〕 DBV Situationsbericht 2015/2016,S. 97.

〔14〕 Siehe Infokarte-Breitbandversorgung des BMEL,载 https://www.bmel.de/DE//Laendliche-Raeume/03_Foerderung/_texte/Breitbandstrategie.html。

〔15〕 Richtlinie,„Förderung zur Unterstützung des Breitbandausbaus in der Bundesrepublik Deutschland?“,https://www.bmvi.de/Shared-Docs/DE/Pressemitteilungen/2015/117 – dobrindt-bundesfoerderprogramm-breitbandausbau.html.

比特/秒的地区性覆盖的目标计划甚至也包括了欧盟境内的目标。鉴于目前农村地区的铺设水平明显滞后于目标计划，这些雄伟目标能否实现，仍拭目以待。

(二)农业的易错性

另一个问题是制度的易错性。关键性基础设施方面的问题已然明朗。[16] 关键性基础设施是指对国家集体来说具有重要意义的机构和设施，一旦其停止运转或受影响，便会出现有持续性影响的供给“瓶颈”。[17] 将未来的农业 4.0 归为同等关键的基础设施至今仍研究不足且存在问题。迄今为止，德国人口的食品给养依赖于高产的农业不在话下。在农业中，工业事先支出的集约化投入(如技术、化肥、农药)的大背景下，潜在的高易受干扰性至今显见。此外，易受干扰性一方面在于日益增长的专业化和企业和供应商之间的劳动分工，另一方面在于技术和生产方式。

《联邦安全与信息局法(BSl Gesetz)关于关键性基础设施规定的条例》第 4 条[18] 因给公众供给食物对国家运行的特殊意义而将其定性为《联邦安全与信息局法》第 10 条第 1 款第 1 句意义上的关键服务。[19] 但是，至今只有营养经济和食品贸易被接受为部门。[20]

已经有能在将来使能容忍停止运转的宽带通信网络的经营成为可能的模式，这种网络才在个别农庄和居民点推广。[21] 同时应当通过企业数据的去中心化(Dezentralisierung)使网络的停止运转能够被修复。这又会对后文将阐述的企业的数据主权产生影响。[22]

---

〔16〕 Spannowsky/Runkel/Goppel (Hrsg.), Raumordnungsgesetz, München 2010, ROG § 2 Rn. 87.

〔17〕 Bundesministerium des Innern: Nationale Strategie zum Schutz Kritischer Infrastrukturen (KRITIS-Strategie), S. 3…, abrufbar unter http://www.bbk.bund.de/.

〔18〕 BSI-Kritisverordnung vom 22.04.2016, BGBl. I 2016, S. 958.

〔19〕 BSI-Gesetz vom 14.08.2009, BGBl. I 2009, S. 2821, zuletzt geändert durch Gesetz vom 17.07.2015, BGBl. I 2025, S. 1324.

〔20〕 https://www.bmi.bund.de/SharedDocs/Downloads/DE/Themen/Sicherheit/BevoelkerungKrisen/Sektoreneinteilung.pdf? __blob = publicationFile.

〔21〕 Schneider, Passen Sie auf Ihre Daten auf, DLG-Mitteilungen 1/2016, S. 72 (72 f.).

〔22〕 参见本文第五部分。

(三)农民额外的技能

数字化也对农民的培训产生了影响,使之在农业技术中日趋自动化的数据、信息的数量和质量面前得心应手。

(四)农业小企业的排除

即便有高效、集约农业的需求,出于费用原因,数字化进程集中于大、中型农业企业。[23] 所以产生了小企业不能采用该项技术的忧虑,这就极大降低了小企业的竞争力和生存能力。小企业的竞争劣势还不仅是因为费用。农业环境法规定了沉重的文件义务,数字化的获取和数据处理的要求也随之提高。又可以预期到,立法者将来在确定备案义务时又会追溯到数字化、自动的数据获取。

三、农业 4.0 的法律调控需求

法律调控需求源自于既有制度的不完善。

(一)农业 4.0 ——法律 1.0

农业 4.0 中的法律关系异常多元、复杂。从不能进行信息交换的 GPS 操控的设备、仅能进行数据存储的云技术,到设备和服务提供者之间为优化农药使用甚至是校准生产设备进行的自主交流,[24] 大数据同时展示了法律关系不能双边地进行理解,传统意义上的归责已无可能。

数字化亟需法律框架,旨在为所有参与人达致法的安定性以及各冲突利益间的适当平衡:

法律面临着这样的任务:“一方面关切数据市场的存在(因追求数据的交换和使用);另一方面,将市场参与人(尤其是消费者)的管控风险维持在最小”。[25] 为此,合同法、竞争法以及通过分配可转让的权利来形成非有体性商品市场的智慧财产法充任工具。

法律试图为这种生活事实提供一种完善的管控,但与此同时,也能发觉法律本身进退维谷。通常,法律作出反应,但是不能预先行动。这是我们自由的

〔23〕 Vgl. DBV Situationsbericht (Fn. 9), S. 90.

〔24〕 Müller DLG Mitteilungen 10/2016, 15… (15 f.).

〔25〕 Zech, GRUR 2015, 1151 (1153).

市场经济秩序的镜像,让经济参与人自行确定游戏规则。只有在不健全的个案中,应当且可以由法律根据经济秩序管控式地进行干预,调控自由的市场参与力量。足见法律必然会在技术发展的后方跛行。因此,它无法预见到问题,当然也就不能提前准备好相应的方案。

同时,也可以认识到,法律只能提供逐个提供答案。法律无法为这一法律领域提供全部规则,如前所述,鉴于经济秩序,法律也不允许如此作为。所以,规则的漏洞必然由合同方或市场参与人通过合同的约定自行规制,也可以通过一般交易条款进行规制。

一个限制农业4.0背景下的调控能力的重要方面是对作为国家手段的法律的过度要求。[26] 当下的贸易和经济关系已经全面欧洲化,甚至国际化。国家的经济规制可能因为有限的地域适用范围而不能发挥调控功效,还面临着欧盟法的优先性问题。数字化农业有关的国内法关涉欧盟的基本自由,尤其是货物流通自由(譬如机械)、服务提供自由(与数字化有联系的服务)。这种对欧盟自由的作用会产生一种后果:国家的自主行动只有在高度受限的范围内才有可能。

对数字农业的规制缺位还会导致农业的特殊性不被纳入考量。其中之一便是农业机械的使用寿命。根据联邦财税部的数据,平均使用寿命是十年。[27] 农民长期与企业联结在一起,也和企业的数字服务联结在一起。

另一方面是经济参与人之间的均势。尤其是来自农业机械领域的较大服务提供商站在全德农业结构规则中描述的中、小农业企业的对立面。[28] 仅仅出于这个原因,立法者在市场内部规则的自由表现之外,也应当为将来的发展提供一个充分保护小的市场参与者的法律框架。

---

〔26〕 Zur Parallelentwicklung im Industriesektor siehe: BDI/Noerr LLP, Industrie 4.0 – Rechtliche Herausforderungen der Digitalisierung, S. 9,载 https://www.noerr.com/~/media/Noerr/PressAndPublications/Brochures/studien/Rechtliche-Herausforderungen-Digitalisierung-Industrie-40.pdf。

〔27〕 Bundesministerium der Finanzen, AfA-Tabelle für den Wirtschaftszweig „Landwirtschaft und Tierzucht", Fassung vom: 19.11.1996, BStBl I 1996, S. 1416.

〔28〕 Übersicht bei Müller DLG Mitteilungen 10/2016, S. 15… (16 f.).

(二)有限的接受度:法的不安定性的标志

由前三阶段可知,德国的农业迄今为止乐于创新,不抵触技术。[29] 纵观过去几十年内的产量提高,可以确定,农业和其他经济部门相比,在产量方面展现出最强增长力。[30] 农业的乐于创新和农业数字化在德国的有限接受度南辕北辙。这种关系根植于一种根本性的不信任。[31]

不信任有不同的缘由[32]:首先是经济上的原因。农业经营者注意到了危险:种子公司基于通过数据搜集获得的知识提高特定种子的价格,而农业经营者因为土地、气候条件特别依赖该类种子。一些农民还顾虑到竞争者窃取数据的行为。其次,农业经营者对技术的可能性和效果欠缺智识。最后——对于法律咨询从业者来说很关键——不清晰的法律制度带来了不确定性。

从农业经营者的角度来看,要求生产者或服务提供者以可用的形式给出生产经营的相关信息。出于自己的目的,生产者或服务提供者应在农业经营者同意后才能使用数据。此外,农业经营者还要求统一的数据形式和接口,以达致花费最低、最高效的使用。没有标准化的数据管理,无冲突的个体聚合唯有通过高昂的技术开销才能实现。这就要求覆盖生产者的路径。

(三)目前的核心问题

本文探讨的问题可以分为符合法律功能的两种类型:法律作为自由的数据交易的限制;法律作为使符合经济利益的数据交易成为可能的工具。第一部分的核心是数据保护或智慧财产的保护。第二部分则转向数据财产、合同法尤其是责任法。

---

〔29〕 BMEL, Ausgewählte Daten und Fakten der Agrarwirtschaft 2014, abrufbar unter: http://www.bmel.de/SharedDocs/Downloads/Broschueren/Daten-Fakten-Agrarwirtschaft-2014.pdf? __blob=publicationFile.

〔30〕 Statistisches Bundesamt, Landwirtschaft auf einen Blick-Ausgabe 2011.

〔31〕 Vgl. Müller DLG Mitteilungen 10/2016, S. 15…(16 f.) vgl. hingegen DBV, „Bauern als Vorreiter der Digitalisierung“, in Agra-Europe v. 2.11.2016.

〔32〕 Vgl. Schneider, Passen Sie auf Ihre Daten auf, DLG-Mitteilungen 1/2016, S. 72 (72 f.).

四、数据保护

(一)形成紧张状态的领域

数字化触发了一个介于数据获得的必要性和数据保护之间的紧张领域。总结如下:数据收集越多,系统就能越高效越好地为一定行为、做出反应。也能确定:获得的信息价值越高,系统就更安全地为一定行为、做出反应。物联网依赖于尽可能广泛的数据集合。构建物联网的基础的感应器持久地收集大量信息。实际上存在一个问题:农业经营者是否有能力在交流方式联网的情形下对他的数据进行控制。

数据保护法的依据是数据保护上的基本权利。基本权利的部分不仅局限于对非法数据加工的预防,还有对数据加工自决权的保护。自决权总结了未成文的权利:相关人对自己的数据自行销售、应用。所以,自愿或足够具体的同意基本上排除了对基本权利的侵害。

此外,在德国,部门法对数据保护基本权利的架构大体基于《联邦数据保护法》(BDSG)。《联邦数据保护法》对《欧盟数据保护方针》的规定进行了调整。[33] 自 2016 年 5 月起,数据保护基本权利在欧洲范围内通过《欧盟数据保护基本条例》(DSGVO)得到确立,而这一条例可直接适用于各成员国。[34]

(二)与个人相关、与经营相关的数据的保护标准(通过德国《联邦数据保护法》和《欧盟数据保护基本条例》进行的保护)

保护标准方面首先要确定的是在数字化的农业框架内需要处理各式各样的数据。从企业主的个人数据到与企业、经营、农作物产量、气候甚至是土壤质量有关的数据。

---

〔33〕 Richtlinie 95/46/EG des Europäischen Parlaments und des Rates v. 24. 10. 1995 zum Schutz natürlicher Personen bei der Verarbeitung personenbezogener Daten und zum freien Datenverkehr, ABl. EU L 281, S. 31 – die Richtlinie tritt am 24. 05. 2018 außer Kraft.

〔34〕 Verordnung (EU) 2016/679 des Europäischen Parlaments und des Rates vom 27. 04. 2016 zum Schutz natürlicher Personen bei der Verarbeitung personenbezogener Daten, zum freien Datenverkehr und zur Aufhebung der Richtlinie 95/46/EG (Datenschutz-Grundverordnung) ABl. EU L 119, S. 1.

德国的立法者有别于其他模式,[35]将法人和团体从《联邦数据保护法》排除。根本上,《联邦数据保护法》的规定实现了数据保护规定的基本权利化,因为作为人格尊严的体现以自然人的人格权为前提。[36]

因此,联邦和《欧盟数据保护基本条例》的数据保护规定只能适用于和个人有关的数据。和企业有关的数据层面,人们可以区分为事实数据(Sachdaten)和地理数据(Geodaten)。事实数据可以理解为与某一事实或外界的事件有关、但不直接指向自然人的数据。[37] 地理数据指证实在地表上的空间位置的数字化信息(定位数据,如GPS坐标)或和空间有关的描述或描摹信息。[38] 还包括了建造房屋、使用、气候、地形、公共设施的服务、人口构成数据、社会经济系数、空中摄影、街景(地理专业信息)。与空间相关的信息在与人群的纷繁关系中也可见。

当事实数据或地理数据不与识别个人的数据发生关联而进行加工时,原则上不视为与个人有关的数据。原因在于事实数据极为典型地不宜归为个人(信息自决权设定了前提)。事实与许多人发生联系,随着时间流逝而改变。这一保护体系在完全纳入《联邦数据保护法》方面便不再合乎实际,因为考虑到若干或多数权利人的权利。单独加工的事实数据便不是和个人有关的数据。[39]

地理数据,即地表,能被公众所获知的外观、特定领域物理学上或社会经济学上的参数,是典型的社会事实,因此不能被划分为与个人有关的数据。但是,当地理数据在特定的个人事务语境下被处理的时候,它也可以包含个人的相关性。

当对从个人处获得的数据只能间接性的回溯其来源,对其进行界分就较为困难。《联邦数据保护法》和先前的《欧盟数据保护方针》(Richtlinie 95/46/

---

〔35〕 S. Stancke, BB 2013, 1418, (1419).

〔36〕 Vgl. BVerfG, Urteil v. 15. 12. 1983 – BvR 209/83, 1 BvR 484/83, 1 BvR 440/83, 1 BvR 420/83, 1 BvR 362/83, 1 BvR 269/83 = BVerfGE 65, 1 – Volkszählung.

〔37〕 Die Bundesbeauftragte für den Datenschutz und die Informationsfreiheit, Datenschutz-Wiki, Kommentare und Erläuterungen zu § 3 Abs. 1; https://www.bfdi.bund.de/bfdi_wiki/.

〔38〕 同上。

〔39〕 Schild in: Wolff/Brink, Datenschutzrecht in Bund und Ländern, München 2013, BDSG, § 3 Rn. 23.

EG)并未专注于这一界分问题。文献与实践中有不同观点。

以下情形已经构成“绝对的”数据概念:当其客观上可能借助于数据去确定某个特定的人时,以及当使用数据的个人或企业为此需要第三人的信息时。[40]不论此种协作(是否)每次都能发生。

“相对数据概念”将数据的类型化(与个人相关或与企业相关)和具体的数据加工机构和特定人员的联系的可能性相联结。外部的信息与此无关。[41]

在数字化的农业中需要考虑在服务提供者数据库中收集的并非单一数据,而是大宗数据。

机动车、全部车辆和库存产生和农业相联系的数据。这些数据提供关于农业经营者的经营形式、经过的距离和设备使用人的操作行为。[42]

当服务提供者通过个人和事实有关的数据能确定一个具体的特定人时,根据两种理论都具备了与人的相关性,便产生了一个后果:需要遵守数据保护法上的要求。基本上可以得出,数据库运行者的数据疑似和个人数据有关。仅当在数据继续加工前可证明具有匿名性时,才能“只”认定其为与企业有关的数据。

(三)与个人有关的农业数据保护标准

数据保护权利基于与人的相关性而存在,获知信息后的同意原则影响着数据的继续使用。(《联邦数据保护法》第4、4a条)有关个人信息的加工只能在相关人同意的情形下进行。在自动的交互影响的情形下也适用,正如其对数字化的农业的影响。根据《联邦数据保护法》第4a条,同意仅在相关人自由决定的基础上才有效。此外,需指明生成、加工或使用的既定目的,当根据个案情形具备必要性或依请求,需指明拒绝同意的后果。同意需以书面形式进行,只要不因其他特别原因以其他形式也合适。如同意需和其他表示一起以书面形式进行,则需特别强调。

根据《联邦数据保护法》的规定,以下构成要件满足时,同意才视作生效:

表示必须自愿作出。当相关人作出真实的选择的可能性存在,即不是在已

---

〔40〕 Schild in: Wolff/Brink (Fn. 46), BDSG, § 3 Rn. 17 ff.; Dammann in: Simitis, BDSG, 7. Auflage, Baden-Baden 2011, § 3 Rn. 20 ff.

〔41〕 同上。

〔42〕 http://www.cr-online.de/blog/2016/02/17/acht-thesen-zum-dateneigentum/.

完成的事实前取得同意、具备现实的可能性以撤回同意,而不必承受不利益时,可认定为自愿。[43] 一般交易条款的框架内,《联邦数据保护法》第 4a 条第 1 款第 4 句明确了同意须被特别强调。事前同意以之前关于发出信息、负责的机构、数据的种类、目的的信息以及其余与决定的作出相关且确定的信息为前提。全部信息必须易于辨识,尤其是当同意和其他表示一起发出时。[44]

同意需在数据的提出或使用前发出。溯及既往的确认合法是不可能的。[45]

同意原则上需以书面形式,为了对相对人起到足够的警示作用,而对责任机构则起到证明作用。[46]

最后,发出的同意必须是可撤销的,个人便不是无可挽回地被剥夺了信息自决权。[47]

《欧盟数据保护基本条例》的许多条款中重新确立了规则。在某些方面比《联邦数据保护法》的规定更为详细,在其他利益方面只做了梗概规定。

《欧盟数据保护基本条例》第 7 条的特色是:当数据的处理以同意为基础时,责任人必须能证明,相关人已同意与其个人相关数据的处理。这就涉及数据处理机构的举证责任。[48]

实践经常是农业经营者在数字化设备的买卖合同中“一揽子”同意数据处理。这种情形之下,数据处理机构可以依托于《联邦数据保护法》第 28 条第 1 款的规定。[49] 生成、存储、变更或传输与个人有关的信息,或将数据的使用作为满足自我的经营目的之手段,在其对和相关人的法律行为或类法律行为的债务关系的成立、履行或消灭来说有必要时可被准许。

农业经营者需要学会变通,尤其是起草足够清晰的规制数据使用的合同。

---

〔43〕 Krohm, Abschied vom Schriftformgebot der Einwilligung, ZD 2016, 368 (369 f.).

〔44〕 Gola/Schomerus (Hrsg.), BDSG, 12. Auflage, München 2015, § 4a Rn. 31.

〔45〕 Kühling in: Wolff/Brink (Fn. 46), BDSG, § 4a Rn. 32.

〔46〕 Kühling/Seidel/Sivridis, Datenschutzrecht, 3. Auflage, Heidelberg 2015, S. 152 Rn. 326.

〔47〕 Kühling/Seidel/Sivridis, (Fn. 53), S. 154 Rn. 329.

〔48〕 https://www. datenschutz-grundverordnung. eu/inhalte-der-eu-datenschutz-grundverordnung/art – 7 – ds-gvo-bedingungen-fuer-die-einwilligung/.

〔49〕 Grünwald/Nüßing MMR 2015, 378 (382).

已缔结的合同有法定撤销权。但是，完全撤销对有兴趣使用其数据的农业经营者并不公平。鉴于此，须审核既有的合同或进行变更。

当数据在欧盟以外的国家处理或传输时，这种变通具有重要意义。基于属地原则，法律的标准产生变化。[50] 大数据的应用涉及欧盟合同一般条款。关系到由欧盟委员会通过的基于《数据保护方针》第 25 条第 6 款及第 26 条第 4 款的类型合同条款，这些条款在欧洲经济区内的数据出口和不在欧洲经济区内的数据进口之间缔结，在这些条款中，进口商原则上有义务遵守出口的数据所涉的欧洲数据保护标准，包括——作为合同第三方——相关人的权利，在违反标准时自行向进口商追责。[51] 欧盟委员会通过了三个版本的标准合同条款，相应地包含了足够的保障。[52]

与此同时，“安全港”规则在此不再涉及。[53] 它曾是一项自我义务，基于美国和欧盟间的双边协议和美国联邦贸易委员会的监管，使涉及从欧盟获得的数据时遵守欧盟数据保护原则成为可能。

直到欧洲法院的判决下达前，基于安全港规则向美国的企业进行数据让与的行为合法。欧洲法院于 2015 年[54]判定欧盟委员会的安全港决定无效。

欧洲法院的判决理由指出，欧盟委员会不具备如此宽泛的权限。此外，和美国关于安全港的条约没有排除国家机关(如美国国家安全局)的进路。而且对于对公民权利的侵害没有救济途径。欧洲法院的判决使得企业遵守欧盟数据保护规则的预期落空。[55] 向美国的数据让与不能再仅仅依托于安全港证书。

---

〔50〕 Gusy in：Wolff/Brink（Fn. 46），BDSG，§ 1 Rn. 112 ff.

〔51〕 Fuchs，BB 2015，3074（3074 f.）.

〔52〕 Standardvertragsklauseln für die Übermittlung personenbezogener Daten in Drittländer（15. 6. 2001 – Standardvertrag I），ABl. EG 2001 L 181 S. 19；Alternative Standardvertragsklauseln für die Übermittlung personenbezogener Daten in Drittländer（27. 12. 2004 – Standardvertrag II），ABl. EU 2004 L 385 S. 74；Standardvertragsklauseln für die Übermittlung personenbezogener Daten an Auftragsverarbeiter in Drittländer（5. 2. 2010），ABl. EU 2010 L 39 S. 5.

〔53〕 Domke，BB 2015，2804（2804）.

〔54〕 EuGH-Urteil vom 6. 10. 2015，Az. C – 362/14，ECLI：EU：C：2015：650.

〔55〕 EuGH-Urteil vom 6. 10. 2015，Az. C – 362/14，ECLI：EU：C：2015：650，Rn. 63；vgl. Bergt，BB 2015，1（1）.

安全港证书被欧盟——美国隐私护盾协议(EU-US-Datenschutzschild)取代,涉及欧美间一个基于美国联邦政府的一系列承诺和一个欧洲委员会的决议的协议。伴随着2016年7月12日的判决,委员会开启了协议的适用之门。[56]

1.与个人有关的数据的用途限定

数据保护法上的用途限定原则指数据只能基于生成时的特定用途进行处理。相关人应当在其信息生成时获得数据生成、处理和使用的用途限定信息。当数据用于满足自己的商业目的(例如,和合同的进展、维护客户联系等相关联)而被使用时,准许进行用途变更。除此之外,存在数据处理者、第三人或公众的合法利益时也可进行用途变更。不允许普遍的、无目的之保留数据,这对数字化农业的框架内数据的收集来说有特别的意义。数据处理机构负有明确保留数据的限定用途之义务。

向第三人尤其是向行政机关传输数据的问题也值得注意。在数字化农业的框架内,当企业数据生成、被收集时,不仅引发了企业的贪婪,也触发了行政机关和行业协会的欲望。在化肥使用数据的分析上有直接的公共利益。当农业经营者不充分明晰目的限定和使用权时,行政机关可就这些信息的访问和数据库运营商达成协议。当此种行为被禁止时,环境部门的抽象访问权——和财税领域相比——只能在法定授权下才被允许。

2.自动的个别决定

农业4.0以广泛的数据分析为基础。原则上,《联邦数据保护法》第6a条规定了对相关人来说有法律后果或对其有重大妨害的决定不得以与个人相关的、服务于对个别人格特征进行判断的自动化数据处理作为唯一的支持理由。例外情形是:当决定在合同或其他法律关系框架内作出,且有利于相关人时,或相关人的利益可以得到保障时,可作出自动决定。(《联邦数据保护法》第6a条第2款)

在农业4.0的框架下,只要与个人有关的数据被处理,就会纳入《联邦数据保护法》和《欧盟数据保护基本条例》适用范围中。两个法定框架为了维持作为

---

[56] Durchführungsbeschluss (EU) 2016/1250 der Kommission vom 12.07.2016 gemäß der Richtlinie 95/46/EG des Europäischen Parlaments und des Rates über die Angemessenheit des vom EU-US-Datenschutzschild gebotenen Schutzes, ABl. EU L 207, S. 1; Weiß, RDV 2016, 135 (135 ff.).

经济利益的信息的可交易性,提供了合同变更的可能。这就仰赖于经济参与者通过适当的合同条款达致妥适的利益平衡。尤其是接下来的自动决定程序也如此。

（四）农业中与企业相关数据的保护标准

而与企业相关的数据（事实数据、地理数据）不属于传统数据保护的适用范围。经济交易中,与企业相关的数据的保护呈现点状分布[57],欠缺一部统一的法典化的企业数据保护法。[58] 只有当数据中包含企业或经营秘密时,法律才开启保护框架。与秘密保护的联结也导致了一些问题:一般来说,有若干农业企业参与,它们各自的秘密难以界定。农业经营者会在主观上将在其处的数据整个认作是企业秘密。从装置机器的生产者的视角看,他们也许是因结构设计的缘故,将使用者排除出数据的进路,宁愿当作其秘密。

当许多机器共同运作或联网时,对其所交换的秘密进行归纳就会更难,而这一情况却往往是常态。经营范围在空间上的延伸,即地理上进行界分的不可能性是数字化不可避免的后果。当为了使数据的经济使用继续可能时,企业秘密保护力度越强,其界分就必须越精确。

1. 刑法和竞争法上的企业秘密保护

秘密的数字化交联带来了特殊的风险,《刑法典》第202条以下的专门构成要件保护着秘密,2015年就《刑法典》第202d条中的“数据窝赃”进行了补充。这些规定部分上也保护了企业数据。特别强调的一点是《刑法典》第202a条将超越进路安全措施、把未经授权的窥探置于刑罚之下。在这一刑法问题上下文不再深究。

刑法之外,当将企业数据安全视作企业秘密时,也关涉《反不正当竞争法》第17条、第18条上的所谓竞争法上的企业数据安全,[59] 这一受刑法影响的保护条款可以作为保护法通过《反不正当竞争法》第3a条或在民法上通过《民法典》第823条第2款落实。[60] 此外,也可以考虑《民法典》第826条基于违反善

---

[57] Stancke, BB 2013, 1418 (1418 f.).

[58] Stancke, BB 2013, 1418 (1419).

[59] Stancke, BB 2013, 1418 (1421).

[60] Ohly in: Ohly/Sosnitza (Hrsg.), Gesetz gegen den unlauteren Wettbewerb, 6. Aufl. 2014, § 17 Rn. 2.

良风俗的故意损害的损害赔偿请求权。[61] 当数据或秘密以和刑法有关的方式被窝藏或泄露时,也会产生《民法典》第 823 条第 2 款的损害赔偿请求权(《刑法典》第 202a 条、第 203 条)。[62] 基于文献和判例的理解,企业秘密、商业秘密是:

· 与商业经营相联系(不仅是企业经济信息,也有技术信息)的;

· 仅对小范围人群可知,不显而易见的;

· 根据企业主明示或默示的意思需保密的;

· 在企业主的秘密守护上有合法的经济利益。[63]

《反不正当竞争法》第 17 条规定了由职员或类职员从事的商业间谍行为,即特定方式窝藏行为和秘密使用行为——非法获得数据和知识的商业使用。根据《反不正当竞争法》第 18 条,对掌握的经营秘密未经许可的使用具有可罚性。

受到限制的人员从数量上来说是不可估量的,只能认为相关人有沉默义务。行为包括了有保守秘密义务的职员将其保守的经营或企业秘密泄露给企业之外的第三人,以自用、他用或使企业主遭受损害。行为须发生在职务关系存续期间。

《反不正当竞争法》第 18 条规定,以竞争为目的,或出于私利,擅自将在商业交易中掌握的样品或技术规程,如图样、模型、模板、截面图、配方等,加以利用或泄露给第三人的,处两年以下自由刑或罚金。任何人都可成为行为人,而不仅仅是从业人员。这一规定尤其关涉合同谈判前期,信息会进行交换,而信息中往往就包含秘密的成分。

人们可以发现,与企业相关的信息的保护呈现散状分布的态势。在数字化的应用领域只有和刑法相关的,非法获取、使用数据的情形才被关照。在农业

---

〔61〕 Ohly in: Ohly/Sosnitza (Fn. 62), § 17 Rn. 2.

〔62〕 Ohly in: Ohly/Sosnitza (Fn. 62), § 17 Rn. 4.

〔63〕 BGH, GRUR 55, 424 (425); BGH, GRUR 61, 40 (43); BGH, GRUR 03, 356 (358); BGH, GRUR 06, 1044 (1046); BGH, GRUR 09, 603 (604); Ann, GRUR 07, 39 (40); Köhler/Bornkamm (Hrsg.), Gesetz gegen den unlauteren Wettbewerb, 34. Auflage, München 2016, § 17 Rn 4; Brammsen in: Heermann/Schlingloff (Hrsg.), Münchener Kommentar zum Lauterkeitsrecht Bd. 2, 2. Auflage, München 2014, § 17 Rn. 8; Ohly in: Ohly/Sosnitza (Fn. 62), § 17 Rn. 5.

实践中,这样的事实构成要件未免过窄。数字化的问题更确切地说,是合法获得草率同意的商业信息。这样的数据未经保护,因为鉴于农业经营者的责任分配并无必要。

2. 欧盟《商业秘密指令》

2016 年 6 月 8 日发布的欧盟《商业秘密指令》对与企业相关的数据没有提供其他保护。[64] 到 2018 年 7 月 5 日为止,成员国有两年的转化期限。

商业秘密的定义在与欧盟规范的兼容过程中有着核心意义,加强了企业主的责任。只有满足以下三个核心要件时,欧盟《商业秘密指令》意义上的商业秘密才存在:

①信息必须是秘密的;

②具有商业价值;

③通过权利人的妥适保密手段防止公开。

《商业秘密指令》也首先与企业的自我责任相联系。因侵害商业秘密而产生的请求权以为保守机密信息妥适的措施在过去已被采取为前提。这就要探究设立了哪些具体的最低标准。

在法律后果层面,《商业秘密指令》加强了对秘密拥有人的保护,它在既有的不作为请求权、排除妨害请求权和损害赔偿请求权之外,考虑到侵权产品,还为通知、召回、销毁请求权提供了保障。最后,信息的秘密性在使请求权生效的程序中也应得到保障,秘密持有人的地位继续得到加强。指令甚至规定了听证和文书的访问限制。

当农业经营者想阻止与企业有关的数据的使用和传输时,建议其按照指令规定的最低标准调整生产实践。他们尤其要检查保密措施或请人检查保密措施,使之具备可证明性。唯有如此,欧盟和国内的保护框架才能发挥作用。特别推荐和合同相对方签订保密协议和保密条款。

---

[64] Richtlinie (EU) 2016/943 des Europäischen Parlaments und des Rates vom 08. 06. 2016 über den Schutz vertraulichen Know-hows und vertraulicher Geschäftsinformationen (Geschäftsgeheimnisse) vor rechtswidrigem Erwerb sowie rechtswidriger Nutzung und Offenlegung.

五、数据的所有权、使用权

除却基本法上为农业数字化框架内的数据使用厘定边界的数据保护视角，同样也有民法上的关照。它将目光转向作为可交易商品的数据，抑或一项农业所需求的服务。有两个核心问题：谁有权利得到在数据上的经济价值？谁为有误数据或数据处理负责？

对于农业企业主来说，无论是从经济上还是从情感上，为了保证他们创造价值、在竞争中生存，对总的经营数据拥有主权显得尤为重要。令人生疑的是，当农场主除了数据主权还丧失了对数据控管的权利时，无论数据是否在施肥、农药或收割措施实施时被机器储存或者是否能被第三人阅览且最终被其使用，他们仍然在大规模地利用云存储技术进行与经营相关的数据的交换。

因此，也有可能存在收割数量、化肥、农药使用以及其他类似的数据被获取或在云设备中被第三人使用，造成农业经营者的不利益之危险。

由于缺乏法律规定，农业机械生产商已经对机械进行了设置，这样一来，委托、记录数据只存储在一台云设备上。如果农业经营者有自己的机械，也可以选择购买没有云链接的设备。人们可以从外部将经营数据计算出来，而有关经营措施的总数据将只保留在经营者手中。当服务提供企业在没有考虑客户的数据主权的情形下，调整和云设备相连的机械时，农业经营者便丧失了这样的机会。[65]

(一)数据上不存在民法上的所有权、禁止类推

数据的所有权归属不成问题，只要其和有体对象相关联。数据载体的所有权人同时也是存在于数据载体内的数据的所有权人。[66] 也就是说，当数据在汽车内存储时，数据属于汽车的所有权人。在数字化的框架内，“机械数据”却不总存于每种机械中，而是通过网络传输到其他机器和计算机中。

尚未澄清的问题：非有体性的数据财产权在何种程度上能够证成，委托

〔65〕 https://www. netzwerk-laendlicher-raum. de/service/veranstaltungen/dvs-archiv/2015/datenhoheit/.

〔66〕 http://www. cr-online. de/blog/2016/02/17/acht-thesen-zum-dateneigentum/.

人在此情形下能否向受托人请求数据。[67] 第一个讨论点已然明晰：通说总体认为数据欠缺有体性；所有权只能在数据存在的数据载体上成立。[68] 其他人又在类推适用《民法典》第 903 条时将数据的所有权和数据的技术产生过程相联系。[69] 因此，输入或使用软件自己生成的数据的人才有这样的权利。

一个深化性问题：在既有的法律框架下是否有必要存在一项自主的数据所有权，尚不可知。对于这个抛出的问题来说至关重要的是，在当前的法律实践中关于在农业中获得的数据的归类缺失所有权的可用性。

（二）《联邦数据保护法》的无关性

《联邦数据保护法》没有为数据的所有权或类似的绝对使用权提供依据。数据保护法不宜为信息的排他性权利提供依据。联邦最高法院强调，信息自决权与"类所有权"无关。[70]

排他性权利不能赋予与个人相关的数据，因为数据始终也还是一张"社会真实的写照"，处于相关人的人格权和第三人的信息权的紧张关系中，所以必须可权衡地进行架构。[71]

（三）《著作权法》有限的适用范围

著作权法为数据创设了颇有功效的财产权，但只作为个人智力创作的成果。《著作权法》第 1 条规定，文学、科学、艺术著作的著作人对其著作享有受到

---

[67] Bräutigam/Klindt, NJW 2015, 1137, (1139).

[68] Jänich, Geistiges Eigentum: eine Komplementärerscheinung zum Sacheigentum?, 2002, S. 3 ff., 187 ff.; Ohly JZ 2003, 545 (545 ff.); BeckOK BGB/Fritzsche, BGB § 903 Rn. 10.

[69] Abdallah/Gercke/Reiner ZUM 2004, 31 (37 f.); Hilgendorf JuS 1996, 890 (892); vgl. OLG Nürnberg, Beschl. v. 23. 01. 2013 – 1 Ws 445/12, ZD 2013, 282 (282); Welp IuR 1988, 434 (447).

[70] BGH, Urt. v. 23. 6. 2009 – VI ZR 196/08, BGHZ 181, 328 (338): „Allerdings hat der Einzelne keine absolute, uneingeschränkte Herrschaft über "seine' Daten; denn er entfaltet seine Persönlichkeit innerhalb der sozialen Gemeinschaft. In dieser stellt die Information, auch soweit sie personenbezogen ist, einen Teil der sozialen Realität dar, der nicht ausschließlich dem Betroffenen allein zugeordnet werden kann." mit Hinweis auf BVerfGE 65, 1, 43 ff.; 78, 77 85ff.

[71] Zech, GRUR 2015, 1151 (1154).

保护的权利。数据本身不能是机械或地理数据;必须有智力创作行为。[72] 有疑问的是数据库。单个的信息或数据与著作权无关,因此也不受著作权限制。但是,数据的集合可以著作权或数据库的形式进行保护。《著作权法》第87b条规定了数据库保护。当一项创作是《著作权法》第87a条意义上的数据库时,就可以在著作权法上受保护。

"【……】作品、数据或其他系统地或按一定方法排列、借助于电子方式或其他方法可个别获取的,其建成、验证或合成需要一个在种类或范围上的重要投资的独立元素的集合。一个在内容上根据种类或范围发生重大变更的数据库,视为新的数据库,只要此种变更根据种类或范围需要大规模投资。"

根据《著作权法》第87b条,数据库的建立者有权复制、传播、向公众复述数据库。[73] 禁止他人对数据库的整体或重要部分进行使用。此外,根据《著作权法》第87b条第1款第2句,不得进行次要部分的重复或系统的使用,只要这和数据库的正常运用相悖或不合理地妨害到数据库建立者的合法利益。[74]

从法律文本中可以清楚地发现此种保护的目的:要保护的并非一项成果的创造力,而是在成果背后隐藏的成本(所谓的"重要投资")。法律所考虑的是时间成本、劳动以及创建数据库背后隐藏的精力。但这并非生成数据所必要的投资,而是对已经生成和获得的数据进行收集、整理且使之能被找到的投资。这样一来就很清楚:成本本身不导致著作权法上的保护,只要数据库的建立者不考虑自己的思量和收入。[75] 欧洲法院对此提到了数据的"选择或安排时的独创性"。当整个集合或数据库(或其重要的部分)被采用时,又适用上述的著作权限制。

数据库的运营商得不到保护——与初衷相反[76]——只要仅是数据库的次要部分被使用。无论如何,获取个别数据或信息单元并不体现重大的使用,所以也不受著作权保护,在经济上也不可用。同样地,获取一定数量的、彼此无直

---

〔72〕 BeckOK UrhR/Ahlberg, UrhG § 1 Rn. 2.

〔73〕 Wiebe CR 2014, 1 (1).

〔74〕 Harte-Bavendamm in: Kilian/Heussen (Hrsg.), Computerrechts-Handbuch, Rechtsschutz von Datenbanken, 28. Ergänzungslieferung 2010, Rn. 74; Wiebe CR 2014, 1 (6).

〔75〕 Wiebe CR 2014, 1, (6).

〔76〕 Wiebe CR 2014, 1, (2).

接关联的数据也是如此。[77]

(四)作为必要补充的合同使用限制

作为小结,可以确认的是,法律适用的归类既不包含农用机械或数字设备的所有权,也不包含著作权,只要农业经营者同意使用或在与企业相关的数据中无涉企业秘密。当提供的数据在数据库中被处理且新的知识产生时,这种新的数据就受到著作权的保护。此外,数据库运营者的著作权局限于数据库的重要部分。农业经营者因此有权继续使用、访问“未加工”的数据。当农业经营者试图通过数据库运营者阻止数据的应用或享有被应有的数据的访问权时,应用限制条款或使用规则必须在合同中明确约定。产生自自动程序的结果亦如此。

因此,在使用权上,农业经营者也被要求首先在合同上应对数字化的挑战。因为私人自治的构架为满足农业经营者处分数据、获取作为数据使用结果的服务提供上的经济利益的愿望开辟了自由空间。此种私人自治的构架标准化地以模板合同或一般交易条款进行,与此不相违背。

六、归责与责任

亟需规则的一个领域是机械的自主行为和决定的归责,随之而来的是责任问题。农业 4.0 中机械自主地进行交流。当交流在不同自然人或法人所有或占有的机械中进行时,交流行为的归责就成为了问题。需要指出的是,自我学习或自我优化的机械进行交流的具体内容、流程、时间节点很少能被机械的操纵者所预见,尤其是在自我优化的产品链或产品网中。[78] 如若参与的机械的交流停止或不完善,则会引起经济上的不利益。

(一)意思表示的归责

在我们的法律体系中,权利和义务的行为人和归责人总是自然人或法人。表示首先归于表示发出人,在不同前提下归于其他自然人或法人的代理。数字化原则上没有改变什么。

[77] Harte-Bavendamm in: Kilian/Heussen (Fn. 76),Rn. 77 – 78.

[78] https://www. bitkom. org/Publikationen/2016/Leitfaden/Rechtliche-Aspekte-von-Industrie – 40/Bitkom-Leitfaden-Rechtliche-Aspekte-von-Industrie – 4 – 0. pdf.

当缔结一桩网上交易的动因全自动进行时,即机械自行以使用人的身份完成了订购,该当如何?这里就出现一个问题,即具体法律行为的责任如何配置。类似的问题也出现在自动系统的表示行为中,例如自主进行下一次订购。

目前有不同的解释。部分认为机械是信使,部分认为是代理或软件代理人。[79]

民法目前的结构下,自主系统的表示行为被视作信使表示,责任当归于操作自主系统的人。

"机械表示"的内容归于发出表示的机械操作人,即便其没有进一步预见到此种内容。

但当表示接收人明知有误的表示内容被传达时,情形便发生了变更。表示内容和拘束力取决于接收人层面。在智能系统独立的原有责任主体意义上似乎不宜再引入新的法律形象——软件代理人。[80] 在代理规则的规范下欠缺机器的担保财产,且经济风险只分配给一方,故不应将表示归于机器。

(二)责任

在责任证立方面,依民法的理解,仅是自然人或法人的应归责行为。在相互交流的机械、自动化的程序运行中,几乎不可能将机械故障时引起损害的行为归咎于自然人或法人。由于自动化程序有意识地降低甚至是排除人类的干预这一特性,情形变得更为困难。

在大数据分析中这个问题更严重。个别机械的无关数据对分析产生了消极影响。数据的再建经常不再可能。倘使起因是不妥适或有误的分析方法,就会缺少测算既定的预测,例如预期的天气的评估参数。使用有关联的数据也可能产生谬误,例如,化肥、农药使用时的错误的优化值造成经济损失。[81]

最后,损害也可能由计算机间的连通取消引起。需要注意的是,电信提供商给每位终端用户的财产损害责任上限是12,500欧元,每起损害事件给所有相关终端用户的总额是1000万欧元。(《电信法》第44a条)[82]

---

〔79〕 Bräutigam/Klindt NJW 2015,1137 (1137).

〔80〕 http://bdi.eu/media/presse/publikationen/information-und-telekommunikation/201511_Industrie-40_Rechtliche-Herausforderungen-der-Digitalisierung.pdf.

〔81〕 同上。

〔82〕 Grünwald/Nüßing MMR 2015,378 (382).

鉴于这样的困难,责任人的责任的确定触发了巨大的责任漏洞。笔者建议加强设置独立于归责的危害或运营责任。然而,这取决于立法者的作为,例如根据《责任义务法》确定的、有清晰责任最高上限的危害责任的立法扩张。此种危害责任将使路途变得平坦,以妥适地降低由数字化带来的新生社会风险。[83]

此刻须考虑的是既确定了责任成立因素、又厘清了责任范围的个别合同式方案。另外,尚需注意一般交易条款的路径也受到了限制。合同上的允许确定的责任边界、排除间接损害和纯财产损害(即损失的利润、间接损害)的风险限制,按照当前的规范状况,在一般交易条款中无效。虽然有可能去界定在合同类型的可预见性损失上的赔偿义务,但是还没有合同类型的可预见损失的定义。由于欠缺经验、联结的系统的自主性,几乎不可能对这些情形下定义。

七、展　　望

农业将在接下来的数年间刻上数字化的烙印,数字化也对农业法提出了要求。欧盟的立法者必须修复可见的法律漏洞,而不是将这一领域留给法官造法。尤其是责任法上的漏洞。与企业相关的数据在适应带有中小企业特色的农业的保护需求方面也被证实是片面的、不完善的。此外,为使必要的灵活性的成为可能,也遇到了合同法架构方面的挑战。这对于不把目前尚放开的数据化发展置于过紧的法律框架中来说,确有必要。这一法律领域的合同的形式要通过法律实践进行合同类型化。同时,为加强农业中的接受度,有必要深化服务提供商透明、可信的交易。

(周沛远　校)

〔83〕 前引〔80〕。

中德法学论坛
第 15 辑,第 130 ~149 页

农业法特别法理论、功能法理论和农村区域法理论*

罗兰·诺尔**著　周沛远***译

摘　要:德语世界关于农业法基础理论的讨论主要集中于特别法还是功能法的路径设想上。其区分和明确工作澄清了所涉及的规范的构成。农村区域法理论超越了传统农业法的领域,并部分居于农业法的概念之上(也包括功能性农业法概念)。它已经不仅仅关注农业经济,而且更加关注农村地区的存在基础。一个摆脱了农业方面关系桎梏的且由此得到加强的农业法,必能在农村区域法内,与在其之下所包含的其他法律领域的合作和探讨中获得更高的意义。

关键词:农业法;特别法理论;功能法理论;农村区域法理论

---

* 本文核心观点曾于2016年11月4日第7届哥廷根农业法会议上作为专题报告公开,该次会议主题为"农业法的范围与边界",旨在追思已故知名农业法学者 Wolfgang Winkler 博士。本文初次发表于《农业法年刊 2017》,第 169 ~ 184 页。

Roland Norer, Agrarrechtliche Sonderrechtstheorie, funktionale Theorie und das Recht des ländlichen Raums, in: ders/Holz Gottfried (Hrsg), Agrarrecht Jahrbuch 2017, Perspektiven des Agrarrechts, Festgabe für Manfried Welan, Wien/Graz 2017, S. 169 – 184.

** 罗兰·诺尔(Professor Dr. Roland Norer):瑞士卢塞恩大学公法和农业法教授、法律和可持续性中心主任。

*** 周沛远:南京大学中德法学研究所2015级硕士研究生、德国哥廷根大学法学硕士研究生(LL. M.)。

Zusammenfassung: Für den deutschsprachigen Raum konzentriert sich die Diskussion im Wesentlichen auf die Ansätze Sonderrecht oder funktionales Recht. Ausdifferenzierungen und Klarstellungen klären den zu behandelnden Normenbestand. Eine Theorie vom Recht des ländlichen Raums geht darüber hinaus und ist dem (auch funktionalen) Agrarrechtsbegriff teilweise übergeordnet. Einem von agrarfernen Bezügen entlasteten und damit gestärkten Agrarrecht muss innerhalb des Rechts des ländlichen Raums eine herausgehobene Bedeutung zukommen, im Dialog und in Zusammenarbeit mit anderen Rechtsgebieten unter dem großen Dach des Rechts des ländlichen Raums.

Schlüsselwort: Agrarrecht, Sonderrechtstheorie, funktionale Theorie, das Recht des ländlichen Raums

一、导　论

在重新掀起的关于农业法理论架构的讨论中,其关注的焦点除必然会落在特别法和功能法理论以外,还会落在其他关于农业法理论的设想之上。在保障农业生存必备物质条件理论[1]和加强食品经济理论[2]都未能从德语语境之下的农业法中争得一席之地的情况下,本文将探讨在德语环境下正茁壮成长的"农村区域法"设想。这一概念作者在 15 年之前就已提出讨论,[3]然而需要指出的是,这一概念并不是特别法理论和功能法理论的反论,而是"类似却又有差别"的、扩展的,以农业法为主题又包含更多内容的设想。

本文首先在总论部分(第二部分)阐述一些关于农业法理论架构的观点,之后将在特别法理论和功能法理论的比较讨论中介绍二者的现状(第三部分),并且在最后与之相对地提出正遭受现今观念批判性检视的农村区域法理论(第四

---

[1] Vgl. *Modell* der Agrarietà insb bei *Carrozza*, Problemi generali e profili di qualificazione del diritto agrario (1975).

[2] Vgl. insb Ballarin Marcial, Del Derecho Agrario al Derecho Agroalimentario: Un intento de definición, Revista de derecho agrario y alimentario 1990, 1 ff.

[3] *Norer*, Vom Agrarrecht zum Recht des ländlichen Raumes-alte und neue Begrifflichkeiten, ZfV 2001, 2 ff.

部分)。在结尾中(第五部分)本文将对上述讨论成果做一个总结。

二、农业法理论架构

与农业法理论架构相关的问题可能是令人感到惊讶的,农业法在很大程度上就是由这些问题支撑起来的,但在实务之中几乎从未有人遇到过这些问题。然而仅仅在科学的象牙塔中对这些问题予以证明是错误的。只有对农业法内涵和边界的澄清才能保障对相关规则内容的一个总括性阐述,并且以此促进相关法律的应用。[4]

所以那一次又一次地将农业法建构为一个法学领域,对所讨论的条文范围和分类进行定义,甚至是在理想状态下将其带入一个体系之中,自始与现代法学发展相伴的种种尝试也就不再令人感到奇怪了。在第二次世界大战后的德语环境下,Kroeschell[5]于1965年在一篇关于新建立的德国农业法协会(DGAR)[6]的工作领域的报告中提出了一个农业法学上的棘手问题。为了将其丰富的主题内涵传播开来,Kroeschell系统性地提出了“什么是农业法”这一问题。Winkler在1980年更将这一主题上升为所有致力于研究农业领域特殊法律构成的法律学者的“基本问题”。[7]

(一)动机

判断这些延续至今的讨论的推动力源于何处,一直是件较为困难的事。这些动力可能是现实的需求、法政治上的考量、对法律科学领域的兴趣或者是希望建立在更为清晰的理论基础之上的农业法可以据此与那些业已获得认可的法学部门等量齐观的愿景。这些关于动机的看法会因人而异并且往往会存在

---

〔4〕 Zur praktischen Relevanz juristischer Systembildung Vgl nur*Canaris*, Systemdenken und Systembegriff in der Jurisprudenz: entwickelt am Beispiel des deutschen Privatrechts2 (1983),86 ff.

〔5〕 Kroeschell, Zum Arbeitsgebiet der Deutschen Gesellschaft für Agrarrecht: Was ist Agrarrecht?, RdL 1965,277 ff.

〔6〕 http://www.dgar.de/.

〔7〕 *Winkler*, Das Agrarrecht, sein Gegenstand und seine Stellung in der Rechtsordnung, AgrarR 1980,214.

一种难以区分的动机的混合。

如今在这个法学领域的理论概念意识也似乎被部分腐蚀的时代，这种对农业法理论的追寻就更令人惊奇。在这个基于技术发展和随之而来的标准化进程而不断出现新兴法学领域的今天，人们已经习惯于经常性地不进行关于理论基础的大量思考就开始运用这些法学领域。现在所流行的是市场，是现实决定一切。

如今在这种观念之下重新掀起的关于农业法的讨论就令人备感惊讶，因为正如 Richli 在 2003 年所提到的那样，在德语国家农业法是“仅仅处于胚胎发展阶段的法学部门”。[8] 而也正是因为如此，我们就更应该对其进行讨论。德国和奥地利在 20 世纪 70 年代曾经将农业法从法学考试体系中剔除出去，而在瑞士农业法可能从未成为其考试体系的一部分。关于农业法地位的下降在别处[9]已经有了详细的讨论并且大致勾勒出了农业领域国民经济意义的下降，农业法文化兴趣群体较小，法律的极度专业化，特别活跃的法学发展（“持续不停的建筑工地”），实务领域的意义变大以及随之而来的对教义学兴趣的下降，高校和行政资金短缺以及形象问题等方面的原因。然而近几年来所发生的事告诉我们，这些原因尚无法妨碍近年来农业法的复兴，[10]更何谈阻止农业法的发展了。如今即使是在最著名的出版社，农业法的出版物数量也都到达了一个可观的高度，而这在几年前是不可想象的。

对理论性质的讨论一般都是由学术界进行，而且范围受限于那一部分作者。但值得注意的是实务界也经常会提出这些基础性的问题，典型的例子就可以在慕尼黑律师手册上找到。[11] 如此说来近些年重新提出的关于特别法与功

[8] *Richli*, Entwicklungen im schweizerischen und europäischen Agrarrecht-ein KMU-Rechts-Thema par excellence, in：Girsberger/Schmid（Hrsg），Rechtsfragen rund um die KMU（2003），2.

[9] Vgl. *Norer*, Agrarrecht und Recht des ländlichen Raums：Orchideenfach oder Zukunftstrend?, ZSR 2009, 237 f.

[10] Vgl. *Busse*, Boom der Agrarrechtshandbücher-Gedanken zur Systematik des Agrarrechts, AUR 2013, 285 f.

[11] *Dombert*, § 1 Agrarrecht als Querschnittsrecht-Versuch einer Systematisierung, in：*ders/Witt*（Hrsg），Münchener Anwalts Handbuch Agrarrecht^2（2016），1 ff.

能法的经典问题也就不足为奇了。

(二)多法域的融合

一般的法律科学受到系统化清晰划分私法、公法、刑法这样的“大”法律部门的经典法教义学的约束。从一般法律科学的角度来看,农业法看起来可能至多是一个受到容忍的越界者。然而农业法多法域融合[12]的特性不能单独为其边缘化的地位提供合理的依据。

农业法正处于一个较好的社会环境。Baur早在1954年就做出了如下判断,“我们这个时代的标志之一就是某些特殊的事物将从那些历史上流传下来的法的共同构造上剥离出来并涌向私人生活领域”,[13]如今人们只关注能源法或是信息网络法。这里就又出现了一个问题,即这些法学领域是否能够获得一个符合现行法律形式,或是法律体系上定义的基准点的支撑,又或者说其是否能找到一个普适性的目的论的标准,来为其统一性提供充分的论证。[14]但无论如何这些法的领域的一部分是没有争议的,正在被应用的,在文献中被予以讨论以及被教授的。显而易见的是那种经典严密的法学体系结构正遭受与日俱增的法律之间区别的瓦解的印象。尤其是在市场决定什么能够被出版以及什么应该被教授的今日。也许在今天,对于必要性的关注和追问不再是绝对的。我们是否能够,或者说是否应该放宽这方面的要求?但无论如何我们都不能因此为自己设限而止步不前。

另一方面,其他像经济法或环境法这样多法域交织的法律部门已经向我们证明了,[15]除了因为现实的需要,通过理论研究工作如何使一个法律部门从具有内部联系的实在法的单纯叠加成长为一个拥有精细法学理论并受到承认的

〔12〕 Vgl. nur *Grimm*, Agrarrecht (1995), V und 159; *Dombert* 前引〔11〕,1。

〔13〕 *Baur*, Der landwirtschaftliche Betrieb als juristische Einheit nach deutschem Recht, Atti del Primo Convegno Internazionale di Diritto Agrario 1954, Bd II, 143.

〔14〕 Dazu *Norer*, Lebendiges Agrarrecht. Entwicklungslinien und Perspektiven des Rechts im ländlichen Raum (2005), 118.

〔15〕 Siehe exemplarisch für das Wirtschaftsrecht Raschauer, Allgemeiner Teil, in: ders (Hrsg), Wirtschaftsrecht3 (2010), 8; für das Umweltrecht *Kloepfer*, Umweltrecht3 (2004), 52 ff. Vgl. im Gegensatz dazu etwa das Medizinrecht bei *Spickhoff*, Medizinrecht2 (2014), 1 ff.

法学领域。考虑到农业法产生的时间,[16]关于概念和体系的研究工作不是一个单纯具有思维上吸引力的智力挑战,而是为了一个严肃法律部门的建立而早就该补上的必要功课。

作为法律概念的农业,其内部和外部的体系结构,法律原则以及其在法律体系中的地位在过去就已经被多次探讨过了,然而得出的是一部分相当开放的结论。[17] Winkler 就致力于这些问题,当他在合目的性的考量下提出农业法的体系架构时,得出了革命性的结论。简言之,从中显现出来的只是农业法的相对独立性,一种相对于其他法领域的"原则上的非封闭性"(grundsätzliche Unabgeschlossenheit)。[18] 时至今日,这种系统性的探讨在本质上并没有增添新的内容,所留存下来的只是"证明一个在法学典范中应该被认证对待的学科"的逆来顺受的努力。

而从现今的观点出发,再一次启动这项工作,且在 35 年后的今天,将当时的结论置于新的探讨之下就显得极具魅力。

但是对这项理论研究计划来说,其前提条件始终是研究对象的定义,而在这个问题上,人们又会倒退回到前述农业法的问题上。只有当被研究的规则材料受到限定并且必须形成体系,才能如上文所说的那样,开始奠定其理论基石。如此一来,对于德语语境下的农业法,就又退回了 Winkler 式的关于农业法本质的基础问题,并且由此引出了特别法和功能法设想。

一句被改编了的 Forsthoff[19]的名言在这里可以令人略感欣慰。由于涉及与行政法相类似的问题(如今农业法有相当大的一部分属于行政法),我们可以将他的话作如下改写,放在农业法的语境中:农业法的特质在于,它可以被描述,却不可被定义。而且虽然如此,行政法依然发展为了一门具有巨大影响力的法律学科。

---

〔16〕 Vgl. den kurzen Überblick bei *Norer* 前引〔9〕,238 ff。

〔17〕 Vgl. *Winkler* 前引〔7〕,214 ff; ders, Agrarrecht, in: Götz/Kroeschell/ders (Hrsg), Handwörterbuch des Agrarrechts (HAR), Bd I (1981), 49 ff; *Holzer*, Zum Begriff und Standort des Agrarrechts in der österreichischen Rechtsordnung, JBl 1982, 300 ff。

〔18〕 *Winkler* 前引〔7〕,218 ders 前引〔86〕,以及 *Holzer* 前引〔17〕,310。

〔19〕 *Forsthoff*, Lehrbuch des Verwaltungsrechts I^{10} (1973), 1.

三、特别法——功能法

第二次世界大战后的现代农业法的发展在本质上刻上了个别特别法的发展和扩大、公法领域的大规模渗入以及茁壮成长的欧洲和国际农业法影响的印记。伴随着“农业法”术语出现的是有意限缩概念的“农业经济法”以及带有政治意义的“农民法”。[20] 在此之上所产生的大量建设性理论和路径,依据语言区和国家的不同也有着各种各样的区别。[21] 在德语区域其中心区别就是特别法和功能法理论。关于这个问题的讨论也仅仅限于德国和奥地利。

(一)发展阶段

这里对两种理论构想不作详述。简言之,特别法路径立足于依据其内涵仅仅适用于农业法领域的法律规则,而功能性路径除此之外还会将所有对农业领域具有特殊作用的条款考虑进来。其形成过程可以被归纳为三个阶段:

第一阶段:第一阶段最为重要的贡献集中于1980年前后。在特别法理论方面有 Winkler 在1979年[22]的 Alfred Pikalo 诞辰70周年纪念文集上(《农业法年刊1980》[23]二次刊载),在1982年《简明农业法手册》[24]上,以及在《农业法年刊1985》[25]上发表的文章。与此同时,1982年 Holzer[26]奠定了功能性路

---

〔20〕 Vgl *Norer* (FN 9),239 ff mwN.

〔21〕 *Norer* (FN 14),120 ff.

〔22〕 *Winkler*,Das Agrarrecht,sein Gegenstand und seine Stellung in der Rechtsordnung,in: FS Pikalo (1979),363 ff.

〔23〕 *Winkler* 前引〔7〕,214 ff。

〔24〕 *Winkler* 前引〔17〕,49 ff。

〔25〕 *Winkler*,Landwirtschaftsrecht: Ausnahmerecht oder besonderes Rechtsgebiet? -Dargestellt am Beispiel des Verhältnisses zwischen Bürgerlichem Recht und Landwirtschaftsrecht, AgrarR 1985,33 ff.

〔26〕 *Holzer* 前引〔17〕,300 ff。

径的基础。而在 Kroeschell[27]、Pikalo[28]，以及 Kühne[29]和 Eichler[30]的早期作品中也许就已经能窥见其半壁江山。

第二阶段：在第二阶段，两种路径都得到了加强，在特别法方面是 Grimm 从 1995 年[31]开始所出版的不同版本的教科书，在功能性路径上是笔者在 2001 年《行政法》[32]上发表的文章以及在 2005 年[33]发表的教授资格论文。值得一提的是，近年来功能性理论被认为与欧洲农业法是一致的。[34]

第三阶段：在第三阶段，随着哥廷根大学在 2010 年[35]设立农业法基金教席以及德国在 2009 年[36]引入农业法专门律师制度，其与上文中已经提到农业法学文化明显好转的局面共同将农业法理论问题再一次扔上了桌面。出于《专业律师条例》可能的修订情况，Busse 于 2013 年[37]依据现行的律师手册开始了其

---

〔27〕 *Kroeschell* 前引〔5〕，277 ff。

〔28〕 *Pikalo*，Die Funktion des Landwirtschaftsrechts als Sonderrecht mit dem Ziel des Ausgleichs widerstreitender Interessen und dem Bestreben zur Überwindung gegensätzlicher Ideologien durch die rechtliche Ordnung der Wirtschaft，in：Dölle（Hrsg），Deutsche Landesreferate zum VI. Internationalen Kongress für Rechtsvergleichung in Hamburg 1962（1962），207 ff.

〔29〕 *Kühne*，Agrarstrukturentwicklung und Raumordnung in Österreich，AgrarR 1973，354 ff.

〔30〕 *Eichler*，Dimensionen des Agrarrechts. Landeskultur，Marktordnung und Ernährungssicherung（1987），21.

〔31〕 *Grimm* 前引〔12〕，14 f. 也参见下一版次。

〔32〕 *Norer* 前引〔3〕，2 ff。

〔33〕 *Norer* 前引〔14〕，120 ff。

〔34〕 *Norer* 前引〔14〕，169 ff。

〔35〕 Siehe https://www.uni-goettingen.de/de/133131.html.

〔36〕 https://www.anwalt.de/fachanwalt/agrarrecht.php. Siehe auch *Witt*，§ 2 Der Anwalt im Agrarrecht als Begleiter landwirtschaftlicher Unternehmen，in：Dombert/ders（Hrsg），Münchener Anwalts Handbuch Agrarrecht^2（2016），8 ff.

〔37〕 *Busse* 前引〔10〕，285 ff。

系统化的思考。随之而来的是 Holzer〔38〕对该文章的回答,以及 Busse〔39〕在2014年所提出的新的观点和2016年〔40〕出版的一本小专著,据此在2016年〔41〕召开了哥廷根农业法会议。事实上,第三阶段完全只是为了区分和澄清代表性观点,但是在既存的理论中并没有产生新的路径。

(二)区别与重合

当人们研读上述所提到的著述,尤其是当今的作品,就可以发现其争议核心在于特别法理论的代表们所宣称的功能法路径的"无结构性"。〔42〕当 Holzer 在1982年提出这种被改写的农业法概念能在多大程度上维持与被普遍接受的法律部门之间的界限的问题时,他就注意到了功能法理论的这一"阿喀琉斯之踵"。〔43〕对于 Holzer 而言,划清界限的关键在于限定那些将农业和林业容纳在其"特殊存在结构"之内的规则的范围,也就是"发挥了这样一种规则效力,即在这种规则形式下,无论依据明确的法律规定或者依据生活事实,其仅仅涉及农业或是林业领域"。〔44〕这种早期的基础理论就已经使我们联想到 Winkler 的(ius commune)一般法路径并指出了本身既已存在的(如今的)特别法立场与功

〔38〕 *Holzer*, Boom der Agrarrechtshandbücher-Gedanken zur Systematik des Agrarrechts-eine Erwiderung, AUR 2014, 7.

〔39〕 *Busse*, Überlegungen zum funktionalen Agrarrechtsbegriff-Zugleich Replik auf die Erwiderung von Holzer, AUR 2014, 138 ff.

〔40〕 *Busse*, Sonderrechtlicher und funktionalrechtlicher Ansatz im agrarrechtlichen Widerstreit. Ein Beitrag zur agrarrechtlichen Systembildung (2016).

〔41〕 https://www.uni-goettingen.de/de/veranstaltungen/448061.html.

〔42〕 *Winkler*, Agrarrecht-Umweltrecht: Gegensatz oder Ergänzung? -Begrifflichkeiten, Stellung im Rechtssystem, Verbindungslinien, AgrRS 3/2002, 8; *Grimm*, Auswirkungen des Strukturwandels in den ländlichen Räumen auf das Agrarrecht, AgrarR 2002, 75, für den der Agrarrechtsbegriff so zu diffus, zu beliebig und allmählich überflüssig wird; *ders*, Agrarrecht^3 (2010), 16; zuletzt *Busse* (前引〔10〕), 293.

〔43〕 *Holzer* 前引〔17〕, 306。

〔44〕 *Holzer* 前引〔17〕, 306; *Holzer*, Agrarrecht heute. Versuch einer Gegenstands- und Standortbestimmung, AgrRS 1/1982, 19。

能法路径之间的紧密关系。[45]

关于“特殊存在结构”的理论工作伴随着许多直观的例子而得以继续进行，此外，界限的厘定也很精细。[46] 在单独的法律文本之中所涉及的农业关系的强度有着相当的不同，由此对于其特殊的存在结构的理解程度也不尽相同。在切断了农业与林业间(几乎是)唯一的关联性的情况下 Holzer 多次要求人们自问，[47]一个微弱的但可以进一步表明与农业相关的特殊关系的强度，是否已不足以支撑一个单独的法律部门。[48] 在最近的文章中，Holzer 以一种较为宽松的评价标准来评判条文对农业和林业所起的“特殊作用”，并依此将一些条文添加进农业法中。[49]

Busse 在特别法的路径之下将特别法理解为一般法的特殊情况[例如农业继承法(das Anerbenrecht)之于一般继承法]以及被他称为特有法(Eigenrecht)的，那些完全或是至少在关键之处表述农业法的法律(例如农业市场法)。[50] 可以认为，他在措辞上将例外法(das ius singulare)称为特别法，将特别法(das ius proprium)称为特有法，[51]如此就能与传统的特别法路径相吻合了。这一针对功能性路径而提出的决定性的概念扩展，其基础却在于一般法(普遍适用的

---

〔45〕 *Norer* 前引〔14〕，131 f。

〔46〕 *Norer* 前引〔14〕，138 f。

〔47〕 *Holzer* 前引〔17〕，306。

〔48〕 *Norer* 前引〔14〕，140。*Busse*（前引〔39〕），139 f，scheint hier zu übersehen（allerdings mit Bezug darauf 141），dass die sog Abschwächung in „nahezu ausschließlich“ bereits *Holzer* 前引〔17〕，306，selbst vorgenommen hat. Es erscheint *Holzer* dort zulässig，auch solche Normen dem Agrarrecht zuzurechnen，die zwar ihrem Wortlaut nach allgemein gelten，aber aus sachlichen Gegebenheiten „（fast）ausschließlich“ im Bereich der Landwirtschaft Anwendung finden。

〔49〕 *Holzer*，Agrarrecht^3（2014），61 f.

〔50〕 *Busse* 前引〔10〕，292。

〔51〕 参见 *Winkler* 前引〔17〕，58 f，wonach allerdings-im Gegensatz zu *Busse*-das Anerbenrecht als ius proprium verstanden wird. *Grimm*，Agrarrecht^3（2010），15，nennt das ius proprium „Spezialnormen“. Seiner Diktion nach umfasst der Oberbegriff „Sondernormen“ Ausnahmenormen（ius singulare）und Spezialnormen（ius proprium）。

法律规则,其优先或者仅仅适用于农业领域)。然而与目前为止已经被介绍到的观点相反,这些都被Busse认为是特别法并且都被归入其中。[52] 所以他不得不如此总结:“关于这两种农业法概念的结论,一般来说相差不大。”然而,他代表了一种如此宽泛的特别法理论路径,即至少从功能法理论的观点出发,农业法只能被描述为功能性的。

最后回忆起Winkler,他也曾最终建议将两种路径结合起来。据此,对于作为特别法的农业法的观点应该作为对相关条文进行科学分析的起点,而有鉴于导致农业领域的法律概念日趋模糊的最新法律发展,功能性的观点可以作为必要的补充。据Winkler所言,[53]这样的一种结合可以使得农业领域所涉及的法律文本更加合理。

乍一看,这种组合可以将特别法理论清晰的界限和功能法理论对横向紧密交织的法律材料的通盘考量结合到一起,同时发挥两者的优势,然而,其结果终究是功能性路径包含一个由特别法理论所定义的农业法领域。如此这种组合与功能性观点(实际上)并无二致。[54]

(三)理论上的否定

与德国和奥地利不同,在瑞士,Pfenninger[55]从1988年开始就有了内容丰富的著作,其中列举了所有可能的路径(包括特别法和功能法理论)并以一个含混的结论结尾,从中并不能看出一个清晰的理论立场:“结论:农业法的定义存在不止一个可能性。选择的偏好取决于问题是什么。这种定义其实是一个价值判断。”[56]在这

〔52〕 *Busse* 前引〔39〕, 141, geht davon aus, dass Normen, die die Land- oder Forstwirtschaft ausschließlich oder weitgehend ausschließlich im Sinne des funktionalen Ansatzes betreffen, im Allgemeinen zugleich als spezifisches land- oder forstwirtschaftliches Recht und mithin als Sonderrecht gedacht sind。

〔53〕 *Winkler* 前引〔42〕,8。

〔54〕 *Norer* 前引〔14〕,140 f。

〔55〕 *Pfenninger*, Schweizerisches Agrarrecht: Begriff, Gliederung und Stellung in der Rechtsordnung, BlAR 1988, 80 ff.

〔56〕 *Pfenninger* 前引〔55〕,94。

方面较为明确的观点是 Richlis〔57〕在 2005 年所表述的:“与法国和德国不同,在瑞士迄今为止没有进行过相关的概念构建。”他进一步指出:“农业经济法和农业法在这里主要还是作为同义词而使用的。”虽然瑞士农业法可以勉强说是以功能性农业法概念为基础的,〔58〕但是其在对这一教义学上问题的回答上却显示出了浓厚的实用主义色彩。

四、农村区域法

从特别法理论和功能性路径以及其所涉及的重点问题出发,笔者于 2001 年〔59〕在年青一代并不关心的领域提出了一个新的设想,即“农村区域法”,“农村法”(droit rural)。鉴于现今的有关讨论,笔者认为,使这一构想在十五年之后从农业法理论经受中年危机的角度出发再一次接受批判性的检视,是适宜的。

(一)思考出发点

关于该路径的构想在当时是从两方面的考量出发的。〔60〕 一方面是日益增强的农业领域与其他国民经济和社会领域的融合。农业在现代社会中的角色也再一次反射在了由此而来的农业法在法学研究和教育中的边缘化之中。农业特别法观点在压力之下受到质疑,特别法规则被废止或是成了这种讨论的既成对象。〔61〕 另一方面与之具有关联性的需求却又不断上升。环境法、食品法、经济法以及社会法、土地规划法、基因技术法等也表明,越来越多的与农业相关联的法律规定从经典农业法领域之外的地方出现并且仅仅能显示出农业某一领域的视界。这里就有了一个问题,对于一个令人满意的法学讨论来说,一个一直以来都被定义为“农业法”的法律领域是否能被充分考虑到。

---

〔57〕 *Richli*, Agrarrecht, in: ders (Hrsg), Wirtschaftsstrukturrecht unter besonderer Berücksichtigung des Agrar- und Filmwirtschaftsrechts (2005), 155.

〔58〕 *Norer* 前引〔14〕,134。

〔59〕 *Norer* 前引〔3〕,insb 10 ff。

〔60〕 *Norer* 前引〔9〕,247 f。

〔61〕 例如在德国:2000 年产品责任法中农业特权的废除,2002 年家畜担保法的撤销;奥地利:2005 年讨论将农业归入新企业法;在两国都讨论了农民继承法和田亩重划法。参见 *Norer* 前引〔9〕,247 mwN。

(二)理论根源

作为灵感来源并且不仅止于此的是从德国农业法学和法国“农村法”(droit rural)中得来的一个旧有的设想。

在这方便显而易见的是 Scheyhing[62] 首次为德语世界带来了农村区域法的概念,并且也是他第一次用文献表明了农村区域的特征从农业占统治地位转向包含多元价值评判的进程。农业法将农业置于其考量的中心,以此作为对这一经济分支领域日益减少的价值的直接回应。据此农业经济尽管也规制了这一领域,但是并不(再)需要其承载经济又或者只需要其具有经济方面的决定性特征。[63] 适用农村区域法的可能性必须关注其特性以及对待其特性的合理的方式,并在此之后将经济和社会的后果在具有明确法律保障的情况下归于这些行为。[64]

“农村法”这一术语表述了从“农村经济法”(droit agraire),越过“农业法”(droit agraire),最终到达“农村空间法”的跨国家的发展过程。[65] 在这一方面所涉及的不仅仅是一种语言现象。[66] 在法国以 Hudault[67] 和 Mégret[68] 为代表的“农村法”是一个宽泛的概念。[69] 最近的一次概念自身界定发生在 1969 年,为此使用了三个共同中心的范围。据此“农村法”作为最内部的领域被配置

---

〔62〕 *Scheyhing*, „Ländlicher Raum“ und „Recht des ländlichen Raums“. Vorüberlegungen zu einer Theorie dieser Begriffe, AgrarR 1975, 1 ff. Scheyhing 曾经是民法、德国法律史和商法教授,他起初在基尔大学,之后在图宾根大学任教。关于他的农业法作品请参见 *Laufs*, Nachruf auf Robert Scheyhing, ZRG Germ. Abt. 109, 1992, 592。

〔63〕 *Scheyhing* 前引〔62〕,2。

〔64〕 Das Gründen auf die Natur bedürfe entsprechender Kenntnisse, nachdem die instinktive Sicherheit des Verhaltens in der traditionellen Bauernwirtschaft heute weitgehend geschwunden sei; *Scheyhing* 前引〔62〕,4。

〔65〕 *Norer* 前引〔9〕,249。

〔66〕 在此之上存在一个历史的曲线,从最初的描绘整体农民法律关系的“村镇法”到收缩为特别法的“农业经济法”以及从 18 世纪末开始的现代“农业法”扩张,直到 21 世纪的“农村区域法”就已经证明了这种反复过程; *Norer* 前引〔14〕,572 f; *Norer* 前引〔9〕,249。

〔67〕 Insb *Hudault*, Droit rural. Droit de l'exploitation agricole (1987).

〔68〕 Insb *Mégret*, Le droit rural (1969).

〔69〕 *Mégret* 前引〔68〕,5 f. Siehe auch *Pfenninger* 前引〔55〕,87 前引〔12〕。

在“中心区域”(zone centrale),其仅仅涉及农业经济法律的规制。紧随其后的是“中间区域”(zone intermédiaire),也就是一块中等范围的领域,其包括了所有与农业有关的,但不是仅仅涉及农业的条款。还有作为外层领域被使用的“外侧区域”(zone périphérique),其中仅仅包括次要性的涉及农业经济方面的法律。[70]

关于“农村法”的翻译,过去和当下都一直飘忽不定,在这方面“农业法”和“农村空间法”之间的区别并不是一直存在的。[71] 值得注意的是欧洲国家农业协会总会的情况。“欧洲农村法委员会”[Comité Européen de Droit Rural(C. E. D. R.)][72]在英语中被称为“European Council for Rural Law”,在德语中却会被称为“欧洲农业法和农村区域法协会”。协会的工作领域表述如下:“覆盖所有联系到农业世界的领域:农业的,环境的,食品,能源,商业的和经济的。”[73]

如此至少可以清晰地看出,由 Scheyhing 和其后继者们所发展出来的概念内涵远远超过了“农村法”,而后者尽管有所扩大但仍未失去农业经济的特征。从这方面看来,农业法显示出了功能性的意义,并且相比起从农业法中分离出来的“农村区域法”,更加接近具有法国(同时也是国际的)特征的“农村法”。

(三)概念

“农村区域”的核心概念已经被多次提及了。[74] 它漫长的、法律以外的历史开始于1987/1988年[75]的一次欧洲委员会运动,在这次运动中产生了现代农业经济和区域规划方面无数的定义。例如,作为概念核心的人口密度小于每平方公里150人的区域就被接受了。在欧洲总共大约1/4的人口生活在占据欧洲总面积80%的这样一片土地上。[76] 这一农村区域的概念也许并不是最终

---

〔70〕 Vgl. auch die sog Zwiebeltheorie bei *Grimm* 前引〔50〕,8 f。

〔71〕 Vgl. bei *Richli* 前引〔57〕,154 f; *Pfenninger* 前引〔55〕,87 前引〔12〕。

〔72〕 http://www.cedr.org/.

〔73〕 http://www.cedr.org/ > About C. E. D. R.

〔74〕 *Norer* 前引〔9〕,248。

〔75〕 *Jeschke*, Die Europäische Charta für den ländlichen Raum und neue Strategien für die ländlich geprägten Räume Österreichs, Der Förderungsdienst 3/2000,94 ff.

〔76〕 *Norer* 前引〔9〕,248 mwN。

的,但至少有了充分的定义。

在法律领域值得注意的是,在欧盟2000年行动议程[77]中记载的共同农业政策的两大支柱。这些为了发展农村区域的政策包括广泛的目标设定和措施,当然也有农业经济方面的远期目标和措施。现行欧盟条例1305/2013号[78]已经简要指出,这里所包括的条约不仅仅含有联盟农业领域的发展,还包括农村地区的发展(第3条)。据此农业经济和农业团体的区域协调发展,包括创造和获得就业岗位也可以被表述为其所要达到的目标(第4条C项)。优先级(第5条)和措施(第13条以下)也总是包含了超越农业经济的内容。

(四)理论批判

以上就是所有对农村区域法设想的简述。对于该设想的反应,不是直接拒绝就是呈完全的保留态度。作为对Scheyhing将农村区域引入为法学概念以及将农业法理解为农村区域法的观点的回应,Winkler[79]在1982年就表示了拒绝。他的观点是,对于将农村区域应用为法学概念这一观点只能找到少量的支撑,而这一论调在今天看来是有局限性的。[80] Winkler的过于固化地将农村区域仅仅理解为区域规划法上术语的观点指出,农村区域不能从区域规划中界定其清晰的界限并且其内涵过于狭窄。然而这里所讨论的恰恰不是将农业法理解为农村区域法,而是一个全新的法学领域。

在笔者的观点出版之后,Winkler[81]曾经在2002年再一次对这一题目予以论述并且加强了他的基础批判。即这样的一个法律领域缺乏清晰的轮廓,农业法不能溶解在一个全新的农村区域法领域之中,而只能说明它们之间具有区域

〔77〕 VO (EG) Nr 1257/1999 über die Förderung der Entwicklung des ländlichen Raums durch den Europäischen Ausrichtungs- und Garantiefonds für die Landwirtschaft (EAGFL), ABl L 160/80.

〔78〕 VO (EU) Nr 1305/2013 über die Förderung der ländlichen Entwicklung durch den Europäischen Landwirtschaftsfonds für die Entwicklung des ländlichen Raums (ELER), ABl L 347/487.

〔79〕 *Winkler* 前引〔17〕,63 f und 85 f。

〔80〕 Vgl. neben dem Rechtsregime der 2. Säule der GAP etwa *Norer* 前引〔9〕,248 前引〔65〕。

〔81〕 *Winkler* 前引〔42〕,9。

上的联系。[82]

尽管 Grimm 从 2004 年[83]他的第二版农业法教科书出版后就在《行政法》杂志上发表了论文,然而其中所援引的仍然是典型的功能法路径的立场,即对农村区域法表示了拒绝。然而鉴于农业法领域的日渐融合,他在 2002 年[84]就已经提出了这一趋势如何影响农业法的疑问。在其中,他也提到了农业法与农村区域法的关系问题并把它称为"我们必须从基础上澄清的问题"。[85]

为了将目前为止关于农业领域的概念理解中的法学领域扩展至农村区域的生存基础,Steding[86] 在 2008 年提到了对于迄今为止仍然有效的将农业法包括其间的界限的突破。他表现出了一种在具有决定性意义的法律体系化观点之下的思考。

Busse 在最近的 2016 年[87]也对农村区域法表示了怀疑。他注意到,共同农业政策的两大支柱将会改变,并且在那时欧盟条例 1698/2005 号[88]的题目"推动农村区域的发展"就会被如今现行的欧盟条例 1305/2013 号[89]的"推动农村发展"所替代。如此农村区域的概念就仅仅存在于欧洲推动农村区域发展的农业基金会(ELER)的名称中了。然而反对这种观点的人认为,农村区域措辞的消失仅仅是一种德语翻译上的修正,欧盟条例 1698/2005 号无论是在其英语版本("support for rural development")还是在其法语版本("soutien au devel-

---

〔82〕 关注农业所有权和农业经营的法律规则,与自然保护法和其他保护农村区域自然资源的法律条款一样,可以描述农村区域法的次级体系。而关于农业市场的法律组织和食品经济的法律却属于农业法的范畴,这些规则不属于农村区域法的领域。Winkler 前引〔42〕,9。

〔83〕 *Grimm*, Agrarrecht^2 (2004), 19 f.

〔84〕 *Grimm* 前引〔42〕,75。

〔85〕 *Grimm* 前引〔42〕,75。

〔86〕 *Steding*, Das Agrarrecht und dessen Vernetzung im Rechtssystem, NL-BzAR 2008, 61.

〔87〕 *Busse* 前引〔10〕,293; *ders* 前引〔40〕,8 f。

〔88〕 VO (EG) Nr 1698/2005 über die Förderung der Entwicklung des ländlichen Raums durch den Europäischen Landwirtschaftsfonds für die Entwicklung des ländlichen Raums (ELER), ABl L 277/1.

〔89〕 前引〔78〕。

loppement rural")的语言组织中都早已不再出现农村区域的措辞了。[90] 与此相对的现行的欧盟条例1305/2013号再一次证明了措辞上的不统一。导言2中德语版本提到了"农村区域",英语和法语版本使用的是"农村发展";而在导言3中则正好相反,德语的表述是"农村发展"而英语和法语则使用"农村区域"。这种措辞上的分配不能被过度解读,更多的只能看作是不同语言组织上的问题。无论是否明确提到这一措辞,这里的对象毫无疑问是指向农村区域的。

Busse[91]尽管也看到了"一个尽可能地与农村区域的所有因素和领域相协调联系的政策并最终以此驱动整个社会"的必要性,但他认为由此就要突破所有传统农业法的概念却是不必要的。但是这里所涉及的理论路径却完全没有这方面的设想,也不像Busse所说的:"其意欲发展出一个组合其他法学领域的全新法学领域。"[92]

Busse主张,为了优先将这些不同的方面彼此联系起来,应该关注所有与农业和农村区域相关的问题并且在这些问题交织的领域也应该变得更加积极。"然而农业法作为一个法律学科不应该受到歪曲"。[93] 也就是说农业法不需要补充更多的东西了。

最后Holzer[94]也在2014年,也就是在他的手册的第三版中提出了这个问题。与笔者的观点不同,他认为Busse正确地理解了作为农村空间法的农业法,并且农村空间法远远超越了农业法的领域。在结论部分,他并没有表明清晰的立场,然而他承认,欧盟法律在农村发展的形式上超越了原来的农业法,而向着农村区域的方向发展。[95]

(五)理论的强化

自农村区域法公布开始,在过去的15年间,Scheyhing的构想得到了长足的发展并且也被欧盟农业法中的支持农村发展部分所采纳,但作者一直坚持

〔90〕 ZB in Erwägungsgrund 3 VO 1698/2005.

〔91〕 *Busse* 前引〔10〕,293。

〔92〕 *Busse* 前引〔10〕,293。

〔93〕 *Busse* 前引〔10〕,293。

〔94〕 *Holzer* 前引〔49〕,68 f。

〔95〕 *Holzer* 前引〔49〕,68 f。

认为,[96]该构想在本质上并没有大的进步。法律在这段时间里持续发展,尽管农村区域作为一个政治概念被制度化地固定在了官方或是某些行政单位以及一个正飞速发展的行业协会的称呼中,但是其法律概念形成的步伐相对迟缓。

如此可以提出一个合理的问题,即考虑到如今关于农业法理论基础的讨论,这一设想是否还具有合理性。

笔者认为,新的农业共同政策改革恰恰开启了一个新的、同时也使这一理论得到强化的角度。这一发生在2013年[97]的改革通过以下认识证明了我的观点。[98]

新农业共同政策的法律制度包括了700页法律文本,被分为基础性法律行为、委任性法律行为和执行性法律行为。对法律所涉及内容的完整的定位和掌控,显示出其仍然保留了农业法的特殊性。

对于这一法律制度的进一步简化,即越过一个单纯的法律编纂,经过过去多次的尝试已经被证明是明显不可能的。

新农业共同政策显示出了大量的变化,区别化和差异性以及由此所能看出的国家立法者决策的极为灵活化。无论人们是否将这种发展称为区分化、联邦化或再国家化,这都将促使欧盟和成员国之间责任的再分配。批评者长期以来就在指责共同农业政策丧失了"共同"二字,尤其是在两大支柱方面。

但是两大支柱之间的区别一直在减少。其主要区别在于发散性的构想中

---

〔96〕 *Norer*, Skizzen aus der agrarrechtlichen Zukunft: ein Recht des ländlichen Raums?, AUR 2008, 157 ff; *ders*, Künftige Herausforderungen europäischer Agrarrechtswissenschaft, in: Martínez (Hrsg), Die Gemeinsame Agrarpolitik vor neuen Herausforderungen. 50 Jahre Institut für Landwirtschaftsrecht (2012), 78 f.

〔97〕 Vgl. nur die vier Grundverordnungen VO 1305/2013 前引〔78〕; VO (EU) Nr 1306/2013 über die Finanzierung, die Verwaltung und das Kontrollsystem der Gemeinsamen Agrarpolitik, ABl 347/549; VO (EU) Nr 1307/2013 mit Vorschriften über Direktzahlungen an Inhaber landwirtschaftlicher Betriebe im Rahmen von Stützungsregelungen der Gemeinsamen Agrarpolitik, ABl L 347/608; VO (EU) Nr 1308/2013 über eine gemeinsame Marktorganisation für landwirtschaftliche Erzeugnisse, ABl L 347/671。

〔98〕 Vgl. *Norer*, Synthesis Report-European Congress on Rural Law: 9 – 12 September 2015 in Potsdam (Germany), CEDR-JRL 2/2015, 11 ff.

对于两大支柱分工的理论规划,即支柱一“自上而下”式的统一义务和约束,以及支柱二“自下而上”式的区别和一定程度上的自治。基于如今的发展,针对这种区分一直在提出越来越多的问题。

基于此番发展,将与农村区域相关的法律放入一个总体法律框架内就显得更为合理。这一点可由2015年第28届波茨坦欧洲农业法大会上提出的议案来证明。[99]

假如能将最为广义上的区域相关的政策与法律捆绑在一个框架里,那么也许就不再有农业政策这一名称,而是采用诸如区域政策或是结构政策甚至农村区域发展政策。

假如我们进一步利用刚刚提到的两大支柱间的趋同性,并且将第二支柱中的那些确实具有特殊性的农业相关措施在第一支柱中依据不同国家的差异性进行转化,那么我们就能得到一个单一的、强大的且有着一个统一的系统化的法律制度的支柱。迄今为止,基于共同财政政策,对于其他的结构性政策的措施国家财政无需支付费用,在这一情况下,这一共同的支柱政策也将继续由欧盟完全给予财政支持。如此,就解决了对于将第一支柱的措施重组于第二支柱所存仅有的问题。其结果将是对结构性措施的价值的再评估。农业将从一系列生产方面的目标设定中解放出来,也就是说,将关注于原材料生产并且由此减弱多功能性生产计划的病态增殖。最终,就不会有人从法律的角度依据《欧盟运行条约》(AEUV)第43条对此提出权限问题了。

如此,在欧洲共同农业政策层面,农业法和农村区域法就有了一个明确的分工。一方面,有关农业经济或是食品经济方面的法律关系将留在农业法中,有关其明确的界限或者说法律关系紧密程度的问题将继续依据特别法或是功能法理论来予以解答;另一方面,则是超越农业法范围的,并包括所有在体系上有别于农业法的法规的法律综合体。

五、总　　结

尽管对其必要性的追问日益增加,但农业法理论构建从一开始就是一个现代农业法的主题。

---

〔99〕 *Norer* 前引〔98〕,15 f。

德语世界的讨论主要集中在特别法还是功能性法的路径设想上。其区分和明确工作澄清了所涉及的规范的构成。

农村区域法理论超越了传统农业法的领域,并部分居于农业法的概念之上(也包括功能性农业法概念)。[100] 它不仅以农业经济为方向,而且以农村地区的存在基础为方向。如此,它将相应的经济的、生态的、社会的以及文化的面向整合到一起,并且使其所包括的相互联系的各种问题相协调。一个摆脱了农业产业方面关系桎梏的且由此得到加强的农业法,必将在农村区域法内,与在其之下所包含的其他法律领域的合作和探讨中,获得突出的意义。[101]

(金　健　校)

〔100〕 *Norer* 前引〔14〕,571 f。

〔101〕 *Norer* 前引〔9〕,249 f。

中德法学论坛
第 15 辑,第 150 ~170 页

德国食品安全领域的元规制*

金　健**

摘　要:元规制理论发端于英美,德国将其引入社会性规制中,发展出了一套独特的理论体系,在发达的法教义学体系的映射下,其特色有别于他国的规制理论。元规制体现为双层套嵌结构,社会自我规制和政府后设规制的冲突与协调弥彰,先设的规范框架为整个规制结构筑起一张兜底大网,既能激发社会自我规制的活力,又能以政府规制的力量保证社会自我规制的效果。德国食品安全领域的元规制自有其殊相,与食品行业的特殊性、食品信息的敏感性、消费者权益的受保护程度有关,责任划分理论为食品安全治理责任的划分和公共任务的分野提供了智识工具,欧盟和德国国内法层面关于食品安全的规范为食品规制设置了规制基础,HACCP 等质量管理体系作为自我规制的典型已深植于食品企业内部。但元规制由于结构上的局限,也存在不少问题,同时与其他规制现象相联结,更多时候表现为复合形态,所以变得尤为复杂,需要学界给予更多关注。

关键词:元规制;自我规制;政府规制;责任分配;保障国家

Abstract: Originated in Anglo-America, Germany introduced meta-regulation into social regulation and developed a unique theoretical system, which is diverse from other countries' regulatory systems under its sound dogmatics of law. The meta-regulation embodies a double-layer nested structure, the conflict between the

---

* 本文受国家建设高水平大学公派研究生项目(留金发[2014]3026 号)资助。

** 金健:德国哥廷根大学农业法学研究所博士生。

self-regulation of the society and the post-government regulation, and the first-set normative framework to create a net for the entire regulatory structure. It not only stimulates the vitality of social self- regulation, but also ensures the effectiveness of social self-regulation with the power of government regulation. Meta-regulation in the field of food safety in Germany has its own unique phase, which is related to the particularity of the food industry, the sensitivity of food information and the degree of protection of consumers' rights and interests. The basic theory of responsibility division offers division of responsibility for food safety governance and the division of public tasks intellectual tools, and the regulations on food safety at the EU and German domestic law levels set the regulatory basis for food regulation. Quality control systems such as HACCP system, as a model of self-regulation, have been well rooted in food enterprises. However, due to the structural limitations of meta-regulation, there are equally many problems. At the same time, meta-regulation is linked with added regulatory phenomena, and more often it appears as a complex state. Therefore, meta-regulation becomes more complicated and needs more attention from the academia.

Key Words: meta-regulation, self-regulation, government regulation, division of responsibility, ensuring state

引　言

早在20世纪,国家的内部和外部行为能力就随着全球化进程的加深和社会子系统自主性的加强而日益式微,国家调控能力的弱化归因于多方面:首先,在众多子系统各自的行为理性仍存在公共福祉的协调性问题时,社会因其功能性特征而格外突出;其次,国家任务中,凭借相应的生长过程将公民纳入所有的社会子系统中;再次,关于国家干预的前提和后果的知识原理尚不完善;最后,国家的预防措施日益增多,即将国家和社会的行为后果归于国家名下。[1] 学界

[1] Vgl. *Grimm*, Der Wandel der Staatsaufgaben und die Krise des Rechtsstaats, in: ders. (Hrsg.), Wachsende Staatsaufgaben-Sinkende Steuerungsfähigkeit des Rechts, 1990, S. 291, 297.

对国家的行为形式、合作性调控形式所关涉的利益、国家调控的程序性问题、通过私人化减轻国家负荷,甚至是对行政、行政法改革的讨论,都可以理解为对国家行为条件之变化的应激性反应。[2]

国家与私人间,或者说,国家和社会子系统间的任务分野和责任分配,投射到行政法视阈中,也可认为是就社会自我规制和国家调控之间的关系对行政学和行政法学科的一记响亮叩问。对公共领域给付深度(Leistungstiefe)的调整旨在改变纯粹依赖行政任务履行的格局,同时也呈现了国家对社会性任务履行的调控和监管的角色微调,管窥德国学者特鲁特的理论,私人自我规制的秩序原则才见端倪,对信息、评估、监管功能的倚重便已露尖角,规制行政法借势一解纯靠国家单方面履行公共任务的困境——“社会自我规制的国家规制和监督”。[3] 德国法上的这一称谓,也时常被称为“受国家规制的社会自我规制”(staatlich Regulierte Selbstregulierung),德国联邦宪法法院法官沃尔夫冈・霍夫曼 - 里姆受英美法系的“规制国”(Regulatory State)[4]语境下的“元规制”(Meta-Regulation)意涵的启迪,最早将这一概念引入德国行政法学界,[5]而我国学者将其译介为“后设规制”。[6] 一窥德国学界对元规制的认知,需从元规制的理论梳理开始。

一、元规制理论框架

(一)元规制的概念

元规制是指对自我规制过程予以规制的过程。与元规制密不可分的一个概念是“社会自我规制”(gesellschaftliche Selbstregulierung),即便社会自我规制

---

〔2〕 Vgl. *Benz*, Privatisierung und Deregulierung-Abbau von Staatsaufgaben, DV 28 (1995),337 ff.

〔3〕 Vgl. *Hans-Heinrich Trute*, Die Verwaltung und das Verwaltungsrecht zwischen gesellschaftlicher Selbstregulierung und staatlicher Steuerung,DVBl 1996,950 (954).

〔4〕 Vgl. *Bressman/Rubin/Stack*, The regulatory state,Wolters Kluwer 2011,p. 1.

〔5〕 Vgl. W*olfgang Hoffmann-Riem*, Multimedia-Politik vor neuen Herausforderungen,in: Rundfunk und Fernsehen 1995,S. 125 -138.

〔6〕 参见高秦伟:《社会自我规制与行政法的任务》,载《中国法学》2015 年第 5 期。

从来不孤立于国家而存在，但并不必然意味着社会自我规制仅仅存在于对所有公民都生效的法律规范之下，更确切地说，是在国家对社会自我规制的调控之下，只有如此，才算作社会自我规制的合理语境。[7]

追溯到元规制理论发端的普通法系，茱莉娅·布莱克的理论认为，若要精准地理解元规制的概念，还需和其他近似概念进行区分，例如自愿的自我规制（voluntary self-regulation）和受公法影响的自我规制，她的谱系中对受公法影响的自我规制进一步的分类衍生出了“元规制”的意蕴，具体表现为委任型自我规制（mandated self-regulation）、批准型自我规制（sanctioned self-regulation）和强制型自我规制（coerced-regulation）。[8]

虽然，大陆法系的规制学界，尤其是德国规制学界对英美法系的研究成果有所吸收，但本质上大多是建立在调控理论（Steuerungstheorie）[9]的智识成果之上。元规制意味着国家角色从自上而下的调控到社会性过程的转变。[10] 除此之外，德国法社会学界发展出一套“反身法”（reflexives Recht）系统论，[11] 自我规制理论与之有千丝万缕的联系，甚至一度被视为法律多元主义的复兴（Revitalisierung des Rechtspluralismus），然而，德国学界并未继续沿袭此脉络开展探索，正所谓“墙内开花墙外香”，在普通法系国家，托依布纳的理论反而备受推崇。毋庸置疑，规制学界不仅身处在一个“后规制”（Post regulatory）时代，也踟

---

〔7〕 Vgl. *Peter Collin*, „Gesellschaftliche Selbstregulierung“ und „regulierte Selbstregulierung“ – ertragversprechende Analysekategorien für eine (rechts –) historische Perspektive?, in: *Peter Collin/Gerd Bender/Stefan Ruppert/Margrit Seckelmann/Michael Stolleis* (*Hrsg.*), Selbstregulierung im 19. Jahrhundert-zwischen Autonomie und staatlichen Steuerungsansprüchen, Frankfurt am Main 2011, S. 3 – 31.

〔8〕 See *Julia Black*, Constitutionalising Self-Regulation, 59 mod. L. Rev. p. 27, 2007.

〔9〕 Vgl. Eberhard*Schmidt-Aßmann*, Das allgemeine Verwaltungsrecht als Ordnungsidee, Heidelberg 2006, S. 19 ff.

〔10〕 Vgl. *Wolfgang Schulz*, Regulierte Selbstregulierung im Telekommunikationsrecht, Die Verwaltung, Sonderheft „Regulierte Selbstregulierung“ 2001, Beiheft 4, S. 101 ff.

〔11〕 Vgl. *Gunther Teubner/Helmut Willke*, Kontext und Autonomie. Gesellschaftliche Selbststeuerung durch reflexives Recht, in: Zeitschrift für Rechtssoziologie 5 (1984), S. 5 – 35.

踯在一段熏染着“去中心化”（Dezentralisierung der Regulierung）[12]色彩的发展进程中。

（二）元规制的动因

1. 国家的知识、信息不足

信息时代的大幕早已拉开，信息与知识在公众生活的方方面面具有极其重要的意义，随着经济、社会的日益复杂，国家对信息、知识的诉求也越发旺盛。但是，不得不承认的是，国家欠缺必要的调控知识、信息，因此给私人提供了空间填充这些缺漏的信息，以加持国家在信息收集、整合、加工、处理方面的补强。譬如在食品安全规制中，食品、餐饮服务、食品风险信息或其他专有术语对于国家来说，都是亟须关切的对象，尤其是与浩如烟海的因特网信息关联后，国家因信息的短缺，甚至无法知悉由哪一主体何时提供何种产品、服务，即便获取了这些相关信息，在判断特定事实的过程中，国家也欠缺必备的专业知识，以判定食品行业的产品、服务是否安全。申言之，国家对特定的市场、社会子系统的行为模式、运作条件欠缺必要的理解力，自然无法预见对其应当采取何种干预手段，甚至对特定的公权力干预将产生何种结果都无从得知。[13]

2. 科技进步

国家的信息、知识不足主要归因于日新月异的技术进步，不得不提及信息与通讯技术的革新，导致传统规制手段在技术密集型产业内无所适从。新产品、新技术的高速发展为信息社会带来了巨大的机遇，也让整个社会承载了不可忽视的风险，譬如在转基因食品、新型药品等领域，判定产品安全、运作机理、风险时需要大量的专业和经验智识，这就对食品安全法、环境保护法或产品质量安全法提出了全新的挑战。

3. 全球化进程

全球化和国际化趋势下，人员、产品、资本自由流动，自然人、法人等个体相较于内国法而言，在国际环境下受到的制约略少，不仅是刑事追诉，也包括环境保护方面的法定要求，可以通过在境外进行产品仓储来规避高规格的规范，在某些经

[12] See *Julia Black*, Decentring regulation: The role of regulation and self-regulation in a post regulatory world, in: Current Legal Problems 54 (2005), pp. 103 – 146.

[13] Vgl. *Anselm Christian Thoma*, Regulierte Selbstregulierung im Ordnungsverwaltungsrecht, Duncker & Humblot Berlin 2008, S. 67.

济领域有广阔的操作空间,产品和服务,尤其涉及非人身性的对象时,例如,信息因其无形性,在全球化浪潮下极易规避严苛的边境控制和高密度的执法。“看得见的手”在大潮中日渐力不从心,急需新手段的补充,甚至是替代措施。

4. 国家财政负荷过重

社会使国家承担层出不穷的任务,甚至对国家在财政方面提出了过高的要求(finanzielle Überforderung),长久以来,国家财政被迫提出新的方式、方法去应对源于社会的要求,疲态自现。国家的资源、公务员的数量、物质手段将不足以资助完成这些社会任务。同时,由于调控智识的欠缺,反过来又提高了国家完成公共任务的成本,甚至因为错误的调控造成市场损失,最终难免通过国家赔偿来填补,[14]无疑再度加重了财政上的负担,出路或是减少自然归于国家的任务种类、数量,或是找到一条消耗更低成本就能完成公共任务的路径,譬如灵活运用社会自我规制手段。

5. 国家行为的边界

过度的政府规制在政治上并不受推崇,执政者更希望依靠市场来进行资源配置,尽量减少国家干预的广度和力度,国家自我形象的预设意味着在国家干预问题上的退避三舍,也给社会自我规制提供了适当的契机,进一步加强与市场经济中相关产业的协作。国家在决定哪些领域如何进行规制时,会进一步考虑采取何种规制策略,[15]更确切地说,会考虑如何更好地运用社会自我规制以及在考量社会自我规制的射程、程序、结构等因素,传统政府规制手段与社会自我规制如何协同运作,例如以元规制的模式进行运转,由此,社会自我规制具备充分的可荐性。

(三)元规制的意义

1. 实现社会共治

元规制是合作规制的典型形态,调动了规制结构中的规制对象,国家借助

---

〔14〕 Vgl. *Helge Rossen-Stadtfeld*, Die Konzeption Regulierter Selbstregulation und ihre Ausprägung im Jugendmedienschutz, AfP 2004, 1 ff.

〔15〕 Vgl. *Gunnar Folke Schuppert*, Das Konzept der regulierten Selbstregulierung als Bestandteil einer als Regelungswissenschaft verstandenen Rechtswissenschaft, in Regulierte Selbstregulierung als Steuerungskonzept des Gewährleistungsstaates, Ergebnisse des Symposiums aus Anlaß des 60. Geburtstages von Wolfgang Hoffmann-Riem, Duncker & Humblot Berlin, 2001, S. 250.

专门的信息储备、规制内部逻辑、动力,有的放矢地在传统规制效果薄弱的领域引入元规制手段。元规制促进行政机关和其余规制参与方的合作,督促透明程序的贯彻,在元规制的规制结构中,并非遵从自上而下的等级式决策模式,更为普遍的是同一水平线上的决策流程,在部分规制责任转移给私人后,决策变得更有效,摆脱了高成本、低效率的传统决策模式。因此,元规制使国家与社会得以灵敏地回应调控局势的变化,特别是在食品安全领域食品安全的高位保护和食品经济的基本利益间维持平衡,确保食品市场的良性运转。

2. 减轻国家负担

国家面临纷繁复杂的任务,无法实现所有的既定目标,社会进步飞快、技术发展迅猛,一方面,调控的需求在信息时代不断提高,另一方面,庞大的国家机器难以与社会、技术发展的步调保持一致,对国家而言,无疑处于超负荷运转的状态。巨大的财政赤字、无力承担的调控任务都意味着国家亟须减负,具言之,监管职能和行政事务视必要性酌情缩减,提高效率的同时,将私人纳入治理结构中,以协助国家优化调控。自我规制的优势在于充足的财力和人力,也能以更少的支出完成相同的公共任务,对于这些沉眠的资源,国家应当加以激发,尤其是将耗费过巨的任务交给私人完成,以达致经济效益的最大化。

3. 维护企业利益

自我规制往往和间接调控联系在一起,而间接调控着眼于激励作用,经济本身能从自我规制中汲取养分,易言之,参与履行公共任务的自我规制能够带来经济刺激。事实上,食品行业确因自我规制获益,与自我规制相随的是不可小觑的广告效应,质量检验、品质审核等信息给消费者带来直观的信息刺激,自我规制因此给食品企业赢得了良好的商誉,也在一定程度上改善了食品企业与合作伙伴(投资方、信贷方、供货商等)的实质关系。对企业自身来说,质量管理等自我规制手段也能让企业主加深对自我产品的认知,生产过程中的薄弱环节、食品安全风险等可能导致生产经营者责任的一些要素可以通过自我规制或专业鉴定人的协助得到最大限度的遏制或有效排除,尽可能防止违法行为,避免政处罚或刑罚的发生。对企业来说,更深远的影响在于建立现代企业质量控制体系,使企业内部组织获益,专业人员的能力得到提高,使食品企业的创新力、决定力、责任感得到加强。食品企业主作为食品经济参加人,倡导建立的质量保障、管理体系反过来又促进了自我规制,最终更有力地保障了食品安全。

4. 行业专家的纳入

信息社会中对调控知识的需求量日益增长，决策和行政过程中，对专业知识和经验的需要也与日俱增，自我规制被激发的同时，也使私人专家的专业知识的获取变得便捷，甚至使社会组织对特定问题的研究也因此更为深化。行业专家的专业经验和实务操作也极大地提升了自我规制的独立性。

5. 优化立法、改善司法

法律的特征使得立法不仅具有滞后性，还存在局限性等问题，因为在复杂度高的领域，立法者无法在合理时间内进行合理的法律创设，而动员社会力量参与立法有助于窥得行业全貌，提高立法活动的科学性，既可以降低立法活动的困难度和繁复度，减轻司法负担，又可以加快危机应对中的调整性立法、修法。社会自我规制的经验和政府规制的合作有机地提供了行业治理领域的宝贵素材，因与所在产业紧密契合，尤其能对技术型立法产生不可替代的催化作用，也有利于降低立法成本，提高立法质量，避免所立之法因适用度低下从而成为“屠龙之术”、空中楼阁。

6. 对文化多元主义的回应

立法者在现代社会的开放性影响下，面对多元价值观的洪流，难以确立和贯彻可供统一适用的价值和观点，例如“共同福祉”和“公共秩序”便不再如从前一般可被轻易定义并为公众所接受，虽作为重要的法益，但并不必然能作为对自由限制的豁免条件。工业4.0背景下，信息、传媒手段得到广泛应用，社会的价值标准也随之发生了剧变，传统的公权力对价值内容施加的影响也未必合乎时宜。通过元规制将社会纳入到整个体系之中，对形态各异的多元价值能有更深的理解与思量。[16]

（四）元规制的基本结构

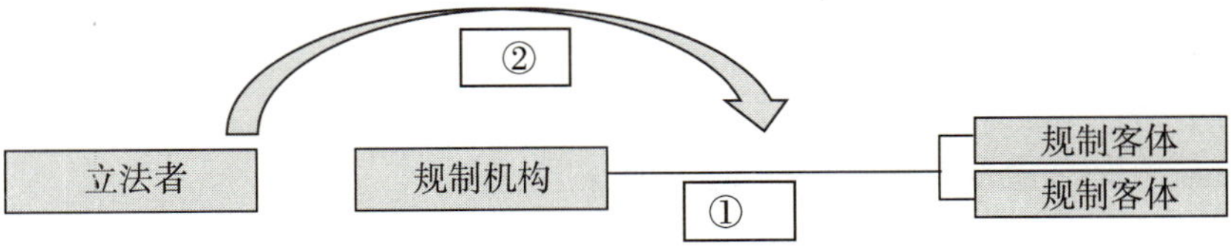

图1

〔16〕 Vgl. *Anselm Christian Thoma*, Regulierte Selbstregulierung im Ordnungsverwaltungsrecht, Duncker & Humblot Berlin 2008, S. 74.

如图1所示,[17]元规制的基本结构显现为一种具备双重层次的套嵌关系。具言之,国家为社会自我规制提供一种特别的规制框架,为尔后的各种选择预先提供外围的架构,给选择的可能性和具体化留下空间。理解元规制的意涵,必须首先从整体着眼,唯有将其置入完整的规制框架才能精准析出其内在。外围法律框架的存在作为先设条件,在此种大前提之下,社会自我规制机构方可发挥功用。行政机关的监管层面是双层套嵌中的关键,国家扮演着社会自我规制者的规制者角色,后设规制和社会自我规制的关系在结构上已通过法定条款确定下来。

作为复合体的元规制结构,可以全面收集新的信息,权衡不同主体之间的利益关系和各方的不同看法,且不局限于某个点的政府干预,而是放眼于完整的规制过程,对整个过程进行规制:具言之,第一层由法定框架界定规制的基本特性,第二层则呈现了嗣后监督的面貌。对元规制的内涵而言,第二层才是区别于纯社会自我规制的核心部分,因其为本不进行后设规制的纯自我规制增添了一环"保险阀",运行的过程因此变得更为稳健,得以在自我规制不足或自我规制目的落空的情形下,保证法定目标仍能实现。从规制实施的维度看,仍要注意组织法上以适当的国家行为——财政或其他配置来提供保障,元规制的双层套嵌结构还被比作"铰链"(Scharnier),因其将命令式的调控和私人进行的规制领域联结起来,在两个系统之间构建了一种规范化、结构化的关系。[18] 元规制又好似在国家和私人的体系间铺设了一条管道进路(Zugangskanal),既使公权力向自我规制体系输送外在压力成为可能,又为自我规制体系向规制层级反馈信息提供便利,促成了两套体系间双向、互动的信息交换,[19]可达致更佳的规制效果。

自我规制力量作为元规制双层结构中的内部装置,结构的层级意味着不再

[17] Vgl. *Wolfgang Schulz/Thorsten Held*, Regulierte Selbstregulierung als Form modernen Regierens, Hans-Bredow-Institut, Hamburg 2002, A – 11.

[18] Vgl. *Wolfgang Schulz/Thorsten Held*, Regulierte Selbstregulierung als Form modernen Regierens, Hans-Bredow-Institut, Hamburg 2002, D – 1.

[19] Vgl. *Gerrit Maaß*, Das gemeinschaftliche und deutsche Lebensmittelrecht im Spannungsfeld von Regulierung und Deregulierung, dissertation. de-Verlag im Internet GmbH, Berlin 2004, S. 185.

由政府规制即刻、直接干预市场上的商品交换,取而代之的是第一层级中的社会自我规制,在一定程度上让经济参与人有机会在第一层级上解决与自身相关的问题,只有当第一层级失灵时才寻求其他规制途径,但是取决于不同社会力量的功效。秩序法的保障角色酷似一张绵密的兜底网,充当对社会自我规制的安全绳索,也有学者称其为国家的兜底责任(Auffangverantwortung)。[20] 第一层级更倾向于构建一种自由的、实验性模型,可以说,第二层级的政府规制越牢固,第一层级的社会自我规制空间越宽广。[21] 元规制的双层套嵌结构唤醒了社会自我规制的力量,合理运用市场机能,同时也不放弃传统秩序法上的安全保障和风险规避。

二、元规制在德国食品安全领域内的殊相——以责任分配为例

(一)元规制与责任分配

德国《基本法》通过区分公民自由和国家权能确定了公民、国家之间的不对称(asymmetrisch)关系,即公民享有自由权利,而国家机关则负有法定权能,对于行政法体系来说,这种不对称具有决定性作用,在行政责任的划分方面尤甚。行政责任划分的理念涉及国家任务层面对给付深度的调控,通常来说,由于在同一领域的国家、半国家和私人参与对履行公共任务承担各自的份额,所以更多是从参与人的视角管窥责任划分,诚然,国家和私人参与各自的特性、行为导向和行为理性不尽相同,但却可以致力于公共福祉的同一目标的达成。[22]

扬弃传统的强制性目的实现手段、借助于国家与私人分工合作的共同福祉

---

〔20〕 Vgl. *Hoffmann-Riem*, Tendenzen in der Verwaltungsrechtsentwicklung, Die Öffentliche Verwaltung 11/1997, 433 (442).

〔21〕 Vgl. *Hoffmann-Riem/Eifert*, Regelungskonzepte des Telekommunikationsrechts, in: *Hoffmann-Riem* (*Hrsg.*), Innovation und Telekommunikation, S. 9 (22).

〔22〕 Vgl. *Hans-Heinrich Trute*, Verantwortungsteilung als Schlüsselbegriff eines sich verändernden Verhältnisses von öffentlichem und privatem Sektor, in. *G. F. Schuppert* (*Hrsg.*), Jenseits von Privatisierung und "schlankem" Staat. Verantwortungsteilung als Schlüsselbegriff eines sich verändernden Verhältnisses von öffentlichem und privatem Sektor, Baden-Baden 1999, S. 13 – 45.

具体化以及积极运用社会自我规制理论可谓现代行政的标志。国家在分配任务时,将目光首先投向立法程序中合作原则的具体化和可转化性,公共任务不仅会在公共领域内履行,也可以在第三领域或以公私合作的方式完成,公共任务履行方式的交叠啮合现象频增,对于规制来说,首当其冲的问题浮出水面:在哪一领域使用何种工具进行规制。

德国作为历史悠久的法治国,以法律的形式履行治理任务、承担规制责任,规制法的功能随着现代行政任务的变化而发生变化,法律的功能主义转向使规制呈现更多技术性,规制工具选择理论甚至提供了一份验证清单:问题能否在私领域得到解决?能否归属于社会自我规制?公私能否合作?接受国家分配的任务后,自我规制能否高效完成?公权力应否干预等。

国家在部分任务上的履行责任向社会移转,好比将传统的国家强制手段的螺丝回拧,一缓命令、惩罚、强制等手段的紧张,虽然替代性手段同样能实现原先既定的目标,但也要防止矫枉过正,避免滥用社会自我规制手段。当人们试图扩张自我规制的外围时,也要保障各种规制类型的功能性,考量规制动因的多样性,霍夫曼 – 里姆为此绘制了规制的简易光谱。[23] 处于光谱一极的政府规制通过命令、禁令等进行强制规制,如具有高权性特征的干预型行政;随着政府影响力的减弱和合作性的加强,规制的紧度和压强降低,逐渐过渡为合作规制,在合作规制中较为常见的是受政府规制的自我规制,即元规制;光谱另一端的纯社会自我规制指向的是除一般适用的法律规范如民法规范之外没有其他规制性干预的规制可能(见图 2)。

公共领域的政府规制←——→合作规制，尤其是元规制←——→纯社会自我规制

图 2

法定框架预先构建了选择范围的结构,一个重要的基点在于私人参与人自治的行为框架结构,即权力不平等风险、私人自治在权力补充甚至是权力加强中的角色。政府规制试图抑制目前的权力不对称,借此在双边或多边关系中协调不同利益主体间利益,保护合法私人利益时,也要顾及公共利益的权重。责

〔23〕 Vgl. *Wolfgang Hoffmann-Riem*, Modernisierung von Recht und Justiz, Suhrkamp Verlag Frankfurt am Main 2000, S. 29.

任划分则是从参与人的角度，以国家、半国家、私人参与人合作的形式来实现共同福祉的具体化。公共福祉责任（Gemeinwohlverantwortung）在如今的语境下不再被认为是国家专有的责任，公共福祉具有可分性，食品安全领域的公共福祉参与人呈现出多元性的特征，但是不同参与人如何进行协作，尚需根据其实际贡献来界定。

（二）元规制在德国食品安全领域的殊相

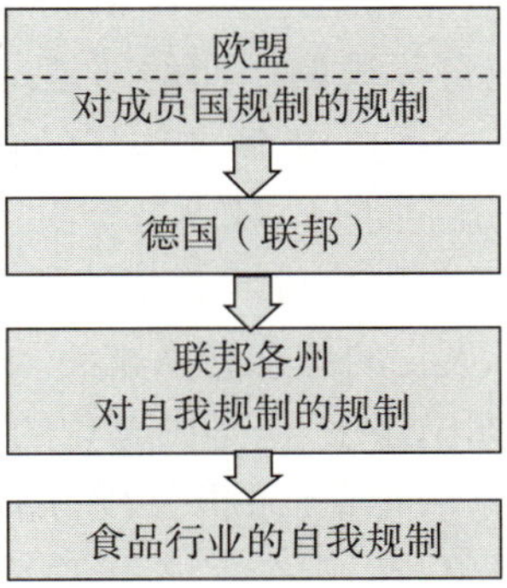

图 3

谈及德国食品安全领域的元规制，必不能脱离欧盟的规制政策和规制构架。如图 3 所示，[24] 宏观的规制结构呈现纵向的走势，处于顶层的是欧盟对成员国规制行为的规制，落实到德国的国内规制层面，作为联邦国家，由联邦实行对联邦各州的规制，联邦各州作为地方，是对自我规制的后设规制者，施行对自我规制的规制，纵向结构的底层是食品行业的自我规制。自下往上，食品行业的食品企业主有责任保障食品的无损害性、降低食品风险，对自身的合规情况进行先行的自我监督；位处中间层级的德国国内主管部门对食品企业遵守监管规定的情况进行监督；顶端的欧盟机构对各成员国的监管体系的实效进行评估。欧盟分层规制的理念根植于对责任分配的理解，从纵向维度，自上而下地落实到食品安全治理的每一参与主体，旨在达致理性、高效、合作的“更优规制”

〔24〕 Vgl. *Gerrit Maaß*, Das gemeinschaftliche und deutsche Lebensmittelrecht im Spannungsfeld von Regulierung und Deregulierung, dissertation. de-Verlag im Internet GmbH, Berlin 2004, S. 206 ff.

(better regulation)。基于对欧盟纵向规制结构的分析,可以更深入理解横向上德国的国内食品规制结构。《欧盟食品基本条例》[25](以下简称《基本条例》)是欧盟目前在食品安全领域内的基础性规范,因其规范形式为条例,可直接在作为欧盟成员国的德国境内适用。

1. 食品行业的自我规制责任

国家将部分监管职能移转到私人领域,社会自我规制在许多经济领域得以发展,提高了规制路径的灵活性和适应性,在私人规制关系中开拓了一条介于基于高权的纯政府规制和纯自我规制之间的通道。食品经济中对首要责任的理解是明晰任务划分的前提,不同的市场主体间的角色理解有助于重塑传统行政法学对责任的定位。自我规制主体,可以是个人、企业、行业协会或者非政府组织,它们的共同利益是确保它们构成的系统能够持续运转。基于此种"利益说",自我规制和行政任务私人化的理念息息相关。

行政任务的私人化,又称民营化,但是民营化的概念过于狭窄,极易引起误解,因此更宽泛地援用私人化的称谓,系指公权力部门将原本由自身处理的事务移转由私人处理的各种现象,换言之,私人化关涉行政机关与私人之间任务重新分配的过程,亦即"朝向私部门推移"的任务重分配过程,在私人化实施阶段的法框架秩序,国家应依私人化的类型之不同,对于行政任务履行承担不同程度的责任,此部分法框架秩序的重要性通常高于决策阶段的法框架秩序,尤其是"程序控制机制"的建立。[26] 任务私人化,又作"实质私人化"(materielle Privatisierung),系指特定行政事务虽然仍然属于国家任务,但是国家不再负责履行,而是将该任务交由私部门履行,通常的做法是移转到竞争条件下于市场中活动的私经济主体。虽然,国家在任务私人化时,已经蜕下其履行责任,不再执行任务,但这并不意味着国家完全从相关任务领域中撤出,更为恰当的理解是国家的责任由原本的履行责任转变为确保由私人替代国家履行任务的担保

---

〔25〕 欧洲议会和欧盟理事会2002年1月28日第178/2002(EG)号有关食品法基本原则和基本要求、建立欧洲食品安全局以及确立与食品安全相关程序的条例(简称《欧盟食品基本条例》)。

〔26〕 参见[德]*Bauer Hartmut*:《民营化时代的行政法新趋势》,李建良译,载《台湾法学杂志》第203期。

责任。[27]

德国食品行业的纯自我规制的规范基础随着食品安全危机的锤炼而变得越来越完善,《欧盟食品安全白皮书》强调欧盟食品安全政策必须基于全面、统一的理念,将涵盖生产者到消费者的整个食品生产链和所有参与人都纳入,明确了食品链上不同参与人的责任。《基本条例》第 17 条第 1 款规定,食品和饲料企业主在生产、加工、流通各阶段在处于其监管之下的企业中负责使食品或饲料满足食品法关于其活动的要求,并核查这些要求的遵守情况。对生产、加工、流通各阶段的强调突出了该种责任为"链式责任"(Kettenverantwortung),但在流通过程中的责任可以而且必须根据食品流通中的参与人加以区分,亦即所谓的"分段责任"(Stufenverantwortung)。《基本条例》第 30 条立法理由认为,因为食品企业主是建立安全的食品供应体系、保证其供应的食品安全的最适合主体,所以食品企业主应当承担保障食品安全的首要责任(die primäre Verantwortung)。

随着生产者、加工者和流通者之间的相互联动日益频繁,譬如满足特定的质量或安全要求合同义务,这就要求欧盟立法者将更多注意力置于食品链的整个流程,而不仅仅局限于某一分段,立法者设计的责任的共同性、搭接性、跨越分段性更值得重视,否则便无法达成条例所预期的目标,即第 17 条第 1 款所强调的链式责任。所以,对这种责任更确切的理解在于不能割裂每一环节的联系性,食品链上的每一企业主不仅必须在各自的范围内满足法定的食品法条款,而且面临着更高的实质性要求,还需要跨越分段以确保每一先前的食品链环节也符合食品法的要求,这一更高目标可通过相应的合同关系来达致。[28]

《基本条例》第 3 条清晰地对食品企业主(Lebensmittelunternehmer)下了定义:在其监督之下的食品企业中满足食品法的规定的自然人或法人。实质上,这就明确了食品企业主在欧盟食品安全责任体系内的首当其冲的地位,食品企业主负有保障食品安全的勤勉义务(Sorgfaltspflicht),是食品安全的首要责任人。申言之,《基本条例》第 17 条要求食品企业分两步走,第一步是建立企业在食品法上的规则,第二步则是在企业内部进行关于这些规则是否被遵守的情况

〔27〕 参见陈信安:《论德国行政法上之纳用私人》,载《月旦法学杂志》第 237 期。

〔28〕 Vgl. *Meyer*, *in*: *Meyer/Streinz*, LFGB, Art. 17 Basis VO, Verlag C. H. Beck München 2012, 2 Aufl., Rn. 9.

的监督。[29]

食品企业主的勤勉义务的核心组成部分包括保障食品市场上的食品安全、食品企业主的责任、食品的可追溯性、透明、立即采取措施、预防措施及协作义务。《基本条例》第14条第1款明确了对食品企业主的食品安全要求:不安全的食品不得投入流通,换言之,食品企业主必须生产安全的食品。第14条第2款中,欧盟对食品安全的定义用了否定式表达方式,食品被认定为不安全,当其有害健康、不适合人类食用时。《基本条例》第18条第2款规定了食品的可追溯性原则:食品、饲料企业主应当确认其获得食品、饲料、食源性动物、可确定或期待用以食品、饲料加工的原料的来源人,建立一套体系和流程,依主管机关要求向主管机关提供信息。《基本条例》第19条既明确了食品安全领域的透明原则,即食品企业如果认为其食品不安全,应当及时向主管部门报告;同时也在食品不安全的情形下对食品企业主课以食品召回义务。食品企业主的预防措施主要体现在对HACCP(Hazard Analysis and Critical Control Points,危害分析关键控制点)原则的贯彻上。在生产、经营过程中,食品企业往往遵循HACCP原则进行自我监督,目的是通过食品、饲料企业的自我负责行为减轻政府的食品监管的负担。《基本条例》第19条第4款强调了食品企业主的协作义务,其应当配合主管部门,及时采取行动防止或减少食品所导致的风险。

2. 食品经济的政府规制责任(对自我规制的规制)

图3第一层次中,欧盟对成员国规制的规制,具体由《基本条例》第17条第2款进行规定:"成员国执行食品法,监督并且核查在生产、加工和流通各阶段食品和饲料企业主遵守食品法的相应规定。为此,成员国建立政府监督体系,采取合乎情形的措施,就食品、饲料安全和风险、食品、饲料安全的监管和生产、加工、流通各环节的其他监管措施发布公共信息。此外,成员国制定违反食品、饲料法时的措施和罚则。措施和罚则需具备有效性、合比例性和震慑性。"由此可见,欧盟的核心任务在于通过对成员国的监督确定职权部门是否有能力建立并运行上述监督和控制体系。第17条第2款的政策性、抽象性、总括性极强,必要地具体化于《欧盟关于保障食品、饲料法和有关动物健康、动物保护、植物健

[29] Vgl. *D. Gorny*, Art. 17 Basis VO 178/2002, in: *G. Donnecker/D. Gorny/I. Höhn/Th. Mettke/ A. Preuß*, LFGB, Kommentar zum Lebensmittel- und Futtermittelgesetzbuch, Behr's Verlag, C 2 Kapitel II: Allgemeines Lebensmittelrecht, S. 166.

康和农药规定实施的政府监管和其他政府行为的条例》(2017/625)(以下简称《欧盟监管条例》)和《欧盟关于供人类食用的动物来源产品的政府监管特别程序规定》(854/2004)。

至于成员国如何履行欧盟法规定的任务,欧盟将任务移转给成员国自身,属于成员国内部主管部门的事务。《欧盟监管条例》第15条立法理由释明了成员国的责任:"成员国致力于欧盟食品链的条款的实施,成员国的职权机关通过政府监管核查欧盟的相关要求是否被真正遵守、有效实施。"立法理由第27条中,"成员国需成立职权部门处理公共利益,利用适当的资源,妥适地进行配备,并提供无偏私、专业性的保障。职权部门须保证政府规制的质量、协同性和有效性"。立法理由第28条强调,"正确地适用和实施《欧盟监管条例》以妥适的文义理解为前提,执行政府监管和其他政府行为的公务人员须定期接受关于其职能范围内的生效条款或由条款产生的义务的培训"。

相应地,德国食品安全领域的元规制亦框定在秩序法的桁架内,"对自我规制的规制"主要表现为"对监督的监督"(Kontrolle der Kontrolle),尤其是对食品企业自我监督进行的政府监督行为和事后的处罚行为。欧盟法关于对成员国规制的规制在德国法上的镜像呈现于保障联邦食品安全的核心法典——《食品、日用品、饲料法典》(LFGB)(以下简称《食品法典》)。德国《食品法典》于2005年生效,结束了《食品、烟草制品、化妆品和其他日用品流通法》(LMBG)对德国国内食品市场长达31年的规制历史,吸收了欧盟与食品相关的75项法律文件的转化,并囊括了一系列强制性规范,具体包括以健康保护为目的的禁止、对食品添加材料的禁止、辐射禁止、植物保护方法、有药物作用的材料规定、对欺诈的禁止、与疾病相关的食品广告、政府监管工具和罚则等,因其涉及面极广而被学界称作食品行业的"母本法"(Dachgesetz)。为贯彻《基本条例》的梗概性规定,德国《食品法典》第38条到第49a条详细规定了政府监管手段(die amtliche Lebensmittelüberwachung),《执行食品法和葡萄酒法政府监管原则的一般行政规定》对监管手段进行了详细规定。

《欧盟监管条例》第14条列举了政府监管的方式、方法:"对食品企业执行的监督行为和预计目标完成情况的核查;对食品企业设施、运输设备、企业厂房、关涉责任的其他地点的检查、对动物、货物、半成品、原材料、添加剂、加工辅助材料等的检查;对清洁、护理手段和过程的检查;对可追溯性、标识、装潢、广告及食品接触材料的核查;食品企业经营厂房的卫生监管;对食品企业实施良好生产实践、良好卫生实践、良好农业实践以及HACCP过程的评价;对食品企业相关文件、材料的查阅;约谈食品企业主及其他人员;对食品企业主进行的测量或测试结果的核查;抽样检验、分析、诊断和测试;对食品企业主的审计;为确定违法行为所必需的其他措施。"

德国立法者不遗余力地使本国规范和欧盟层面的规范兼容。例如,德国《食品法典》第39条第2款授予主管部门采取必要措施、发布必要命令的权限,以确定或清除违反食品法的行为、预防将来的违法行为。当有理由认为食品企业主的产品不符合食品法规定时,主管机关可命其自行检查或接受检查,其有义务通知主管机关检查的结果;也可针对产品流通发布临时的禁令,直到针对该产品的抽样检查结果证实产品无违法情形;甚至可禁止或限制产品的生产、加工或流通。由此可知,立法者将元规制的理念精巧地注入食品法的规范中,于细微处透出政府对食品安全的保障性责任,同时也始终让食品企业主先行履行义务,承担自我规制的责任。

此种元规制的精神在食品企业主的召回义务上尤其明显。《基本条例》第19条规定,食品企业主发现或有理由认为,当由其引入、生产、加工、流通的食品不符合食品安全要求时,应及时将该食品从市场上撤回,当该食品不再处于该企业主的直接控制时,需通知主管部门。德国《食品法典》第39条第2款第8项也明确了此义务,主管机关可发布命令,落实食品企业主就不安全食品通知消费者的义务。《食品法典》就食品企业主的此种责任做了精细的制度安排,立法者认为由食品企业主进行食品撤回(Rücknahme)(当食品还在其控制之下)或食品召回(Rückruf)(当食品已至消费者)较为适宜,因食品企业主会考虑自身的企业商誉和经济利益,对产品的生产、加工、流通的流程信息的掌握最为周延。但是,当食品企业主不履行或不及时履行召回义务时,不安全食品继续充斥于市场,主管机关有权发布食品安全公共警告,但是作为后设规制的政府规制仅作为补充手段,也称为"最后手段"(Ultima Ratio),[30]与食品行业的自我规制,尤其是食品企业主的自我规制织成了合作规制的大网,共同维护德国食品市场的秩序,保障食品安全和消费者权益。

德国《食品法典》第58条到第62条确定了罚则,国家对消费者肩负宪法上

---

〔30〕 Vgl. *Markus Weck*, Lebensmittelrecht, Kohlhammer Verlag, 2. Aufl., Ergänzung des Buchinhaltes, S. 56, Rn. 148.

的保护义务，致力于保障食品安全，而食品法上的罚则及其贯彻实施是元规制的有力后设。考虑到自我规制欠缺有力的惩戒措施，所以在元规制的结构中，国家的干预和惩罚机制具有震慑作用，不仅仅具备理论上的惩罚机能，而且需具备可实现性。自我规制的确需要一定的自由空间，食品行业可以建立内部规则，积累规制经验，但当自我规制失灵时，层次分明、强制性、可执行的罚则是自我规制强有力的后盾。

三、元规制在德国食品安全领域面临的挑战

德国食品安全领域内的元规制也存在某些不足。食品链中所谓的食品安全"责任共同体"只是广义上的概念，实际上也不是一个法律概念，每一个食品经济参与人都各自承担着不同的责任。食品行业自行制定的规则可能会有"禁止不足"之嫌，由于自我规制的手段过多依赖于自愿的服从，缺乏外在的监管和惩罚机制，食品行业标准在可执行性上偏弱。而自我规制的相关人的权益如果受损，权利救济的可能性较行政法上的措施而言非常低。对于相关人而言，可能的弊端还在于自我规制的设置的隔绝度，存在垄断的高风险，也造成了只有某些特定食品企业能参与自我规制，而抗拒市场在资源配置中的基础性作用。

自我规制手段及其标准、措施的民主性及合法性也时常受到质疑，自我规制的程序也受到透明度不足的诟病，与其说自我规制是社会自由的表达，不如说在某种程度上是一种对自由的危害。有时，自我规制过于关注自我利益，而不是之前宣称的和国家共同追求的共同福祉。抑或是虽有既定目标，但是自我规制会因权威性、可信赖性和受认可性的疏离而与既定目标背道而驰，使得消费者和外国规制机构难以信赖其规制力。因此，当吸引力低下时，规制参与度过窄，自我规制难以完成自身任务，更不能替代政府规制。

学界的另一种批判是对元规制中作为后设角色的政府的质疑。无论是元规制还是合作规制，都是国家对社会体系施加影响的政治手段，国家仿佛在规制的会议桌旁放置了一把椅子，[31]但绝不甘于旁听，国家在规制中同样拥有决

---

〔31〕 Vgl. *Gerrit Maaß*, Das gemeinschaftliche und deutsche Lebensmittelrecht im Spannungsfeld von Regulierung und Deregulierung, dissertation. de-Verlag im Internet GmbH, Berlin 2004, S. 209.

策权,试图通过投票表达赞成或反对意见,究其根源,国家对社会自我规制的不信任从未削减。不充分检验传统的行政手段的承受力就贸然以新手段替代之,势必会遇到各式各样的挑战,食品安全领域的元规制亦是如此,对待传统规制结构的态度是用尽政府的监管措施,而非盲目断言某种可替代工具的相对优势,抑或在根本没有确定食品安全领域的法律的缺陷或执行不足的情形下,就已向可选择的新手段倒戈。[32]

欧盟近年来推崇的企业自我控制体系HACCP和企业的整体质量管理联系在一起。对于整个生产和经营过程来说,食品企业主延请社会上的专家或依靠企业内部团队来保证质量安全体系的构建,在一定意义上分担了政府监管的任务,基于对自我规制的规制,纯政府规制的费用有望因此得到降低,但是为了进一步的检查,执行机关承担了新的任务,以确认自我监管系统的功能性,譬如对HACCP监督系统的核查的费用就高于以往食品法规定的传统手段。[33]

中立性、绝对的独立性(absolute Unabhängigkeit)和身处利益冲突之外是纯政府规制的优势,在任务私人化之后,这些特质能否在自我规制中得到保证值得深思。例如,专业鉴定人一般来说不仅仅接受高权性监管任务的委托,同时也扮演着私人服务提供者的角色,受食品企业的委托提供建议和鉴定服务。企业"俘获"的高度盖然性使此种质疑几乎否定了自我规制的优长。[34]

最后,自我规制的初衷是弥补国家在知识和信息方面的劣势,但是过度依赖自我规制,有违克服这方面的缺陷的初衷,极易与这一宗旨南辕北辙,因为对于监管机关来说,收集专业信息、增长专业能力几乎成了自我规制的独有事务,而监管机关有关事务和专业知识的积累则持续衰减,国家从规制格局中的让位只会让政府规制日益式微,经验的积累和信息的收集就此停滞,更为紧要的事实是自我规制从来不能允诺国家在相关行业需要越来越少的知识或信息。规制中发生的变化毋宁是知识性质的变化,即从行业专业领域有关的干预知识到

---

〔32〕 Vgl. *Korinek*, Veröffentlichungen der Vereinigung der Deutschen Staatsrechtslehrer, Heft 56, Walter de Gruyter Berlin New York 1997, S. 290.

〔33〕 Vgl. *Hanke Hey*, Die Struktur der deutschen Lebensmittelüberwachung, ZLR 2/1998, 193 (203).

〔34〕 Vgl. *Marcus Girnau*, Das neue Lebensmittelrecht-Kompetenzen und Verfahren: Die Sicht der Lebensmittelwirtschaft, ZLR 3/2007, 309 (322).

手段相关的调控知识的偏转。[35]

四、总结与展望

宪法对国家与社会进行了界分,宪法的规管(Regelung)结构正是基于这一基础性界分——对于国家来说,原则上是约束,对于社会来说,却是自由。纷繁的社会性因素交织成网,元规制身处其中,面对社会国(Sozialstaat)的现实危机、传统干预手段的窘境,甚至是新自由主义的影响力,不得不承认,学界对自我规制的探索失去了确定的发展方向,或者说,本就不存在所谓的既定方向。但无可否认,国家与社会的混合体随着元规制的调控模型的逐渐成熟而日益壮大,其必然性在于结构性原因,另一方面也让公法学界面临新的挑战。[36]

极权国家到合作国家的转向,伴随着从履行责任到保障责任的移转,与之平行的还有命令——控制型治理模式的变革,国家通过对公共福祉的保障、国家结构的搭建、法律法规的储备倾向于从直接的行为调控过渡到间接的结构调控。规制缓和的趋势下,食品行业的自我义务能否被称为一项合适政策?当食品产业有自我实现国家规制目标的意愿时,立法者可减少使用直接的调控手段,如适当减少不必要的立法活动。规制领域内不协调的、强制性的纯政府规制对于经济发展来说或为非理性选择,自我规制机构因此能使经济的自我行为自由最大化,也能充分考虑可能的公益需求。

近年来,德国学界关注将原先在政府监管框架内的任务移转给私部门的界限应位于何处,德国的部分联邦州已经进行了部分私人化。不问民营化达到何种程度,纵然是处于光谱终端的"任务民营化",国家也并非完全退出任务领域,基于德国宪法上的社会国家原则、国家对基本权利的保护义务,与新兴的"担保国家"的指导理念,国家必须维持公民基本权利行使的基本条件,尤其是对民生

---

〔35〕 Vgl. *Eifert*, Regulierte Selbstregulierung und die lernende Verwaltung, Beiheft 4 DV 2001, 137 ff.

〔36〕 Vgl. *Dieter Grimm*, Regulierte Selbstregulierung in der Tradition des Verfassungsstaates, in Regulierte Selbstregulierung als Steuerungskonzept des Gewährleistungsstaates, Ergebnisse des Symposiums aus Anlass des 60. Geburtstages von Wolfgang Hoffmann-Riem, Duncker & Humblot Berlin, 2001, S. 19.

重要需求的提供,国家负有不可推卸的担保责任,必须确保人民持续获得平价且品质稳定的服务。此外,国家也必须应用管制工具,建立公平的市场机制与竞争秩序,确保行政任务的有效履行。[37] 与此同时,对私人化在元规制体系中的争论,如私人化究竟是作为国家调控手段的替代(Ersatz)还是补充(Ergänzung),似乎从未停止过。

---

〔37〕 参见李建良:《民营化时代的行政法新思维》,载李建良主编:《2011 行政管制与行政争讼:民营化时代的行政法新趋势》,新学林出版股份有限公司 2012 年版。

维尔纳·豪恩教授纪念专栏

中德法学论坛
第 15 辑,第 173 ~175 页

悼念维尔纳·豪恩(1953 ~2017)

亚历山大·蒂勒[*] 著 徐凌波[**] 译

“德文、数学和历史的高中毕业成绩决定了一个人是否具有从事法学研究的天分”。维尔纳·豪恩在其三次担任哥廷根大学法学院院长期间在新生开学典礼致辞中如是说道。毫无疑问,他自己便具有这一天分,并对历史尤为感兴趣,这促使他最终选择了从事法学研究。在洛桑和维尔茨堡学习期间,比起法学课程他更偏爱历史政治方面的课程。在维尔茨堡大学乔治·布伦纳(Georg Brunner)教授指导下完成的博士论文《民主制度中的多数原则》(Das Mehrheitsprinzip in der Demokratie)也同样有着史学方面的渊源。

文中历史沿革部分只有 40 页,乍看之下很少,但这个印象是错误的。在这第一部资格论文中,豪恩就展现了他以精练的语言阐述深刻复杂命题的能力。他无意于进行冗长重复的论述,而总是致力于创新。他总是能用精练的语句表述比其他人更为复杂的思想。他科研助手的一项核心工作就是将他精练的论述进行拓展,并补充更为详细的内容。豪恩对于他的读者总是提出很高的要求——因为他总是在全面阅读资料之后再提出自己的观点(总是手写的)。他认为自己的读者也应当具有同样全面的知识。因此他说自己论文的参考文献只是“精选文献”而已。列出他所使用的全部文献不仅工程庞大而且也没有多少帮助。只要看过他的论文人们便不得不承认他这么说是正确的。

1983 年在他完成《多数原则的正当性、结构与边界》这部国家理论为核心

---

* 亚历山大·蒂勒(Dr. Alexander Thiele):哥廷根大学法学院讲师。

** 徐凌波:南京大学法学院副研究员。

的著作前,他搬到了波恩——从1980年到1989年他在波恩大学克劳斯·施莱赫教授处担任助手。在这里他开始深入地接触宪政程序法,并着手撰写他那部著名教科书的第一版。在接下来的数年时间里他始终关注宪法的可诉性问题,并撰写了一系列的文章——除了他2001年在国家法教师年会上的报告,还有他关于规范控制、宪法法院判决的政治效应以及上诉至联邦宪法法院的途径等论述(豪恩的观点随后由他指导教授资格论文的学生皮亚·朗格(Pia Lange)进一步拓展)。他的论文——2014年集中编纂在备受好评的文集中——不仅从历史以及法比较(他与法学院同事克里斯蒂安·史塔克一起出版了诸多法比较方面的文集)的角度展开,同时也始终考虑到了宪法可诉性问题的政治与实践条件。从2013年开始担任下萨克森州法院法官起,他渊博的学识又带入了实践领域。

他的创新意识体现在他的教授资格论文选题上,这一选题完全超出了施莱赫的研究领域。这一选题涉及的是联邦国民经济问题,并从根本上探讨国家与经济的关系。到华盛顿访学(在此期间的成果结集出版)再次体现了豪恩对于比较法研究的兴趣。国家经济活动的整体构成了他的核心研究领域之一,这不仅体现在关于金融危机和欧元危机的讨论,也体现他参与编写的霍斯特·德赖尔(Horst Dreier)教授主编的基本法评注。他的研究在经济学上也占据一席之地。除部分论文发表在经济学刊物上以外,他还参与了由著名经济学专家组成的国家债务工作小组。

他在担任国家一般理论与政治学研究所主任的25年间,始终在拓展自己的研究领域。除了宪法法院,还有国际知名的英文版德国宪法教科书、关于平等原则的法条评注、关于联邦总统的论文以及全方位论述"自由与平等"之间关系的论著。2008年因为他对德国法学的杰出贡献,罗兰大学授予他荣誉博士学位。

维尔纳·豪恩总是直来直往,在与同事甚至学术权威的争论中总是不留情面。但了解他的人都知道,他其实只是就事论事而已。他只是热衷于在学术上与他人争论,他本人是一个十分平易近人的人,研究所的日常氛围就非常能说明这一点。他总是鼓励自己的助手们来反驳自己的观点。他并不希望让年轻人拥戴他,而更热衷于坦诚地进行讨论。如果他在指导的论文中看到诸如"豪恩是错误的"之类的说法,他就会开心地大笑。这种率真的性情时而会引起误会。助手们的另一项工作就是将他文章中所使用的某些过激言辞改得委婉一些,而豪恩在意识到这些举措时也会会心一笑。

2017年9月20日维尔纳·豪恩因重病离世。他是一位精力旺盛又值得信赖的同事,他的离世不仅是哥廷根大学法学院的巨大损失,也使国家法学这一领域失去了一位有趣而富有争议的学者。他前瞻性的著作未来仍将进一步丰富学术界的争论。对此他会感到非常高兴。

中德法学论坛
第 15 辑,第 176 ~184 页

从法律视角看金融市场监管的新发展

维尔纳·豪恩*著　刘文丽**译

摘　要:起源于美国的金融危机引发了全球经济的动荡,欧盟也不可避免地受到了冲击。为了防止金融危机,欧盟采取了一系列金融监管改革措施。在此背景下,本文分析了金融危机的成因、欧洲金融监管体系改革举措以及改革的不足。

关键词:欧洲金融监管体系;欧洲系统性风险管理委员会;欧洲金融监管局;银行业联盟

Zusammenfassung:Die Finanzkrise aus den USA hat Turbulenzen an den internationalen Finanzmärkten ausgelöst,davon ist EU auch unvermeindlich betroffen. Um die Finanzkrise zu verhindern,EU hat eine Serie von Maßnahmen im Bereich des Finanzaufsichtssystemes ergriffen. Vor diesem Hintergrund analysiert die vorliegende Arbeit die Ursachen der Finanzkrise,Reformansätze und Reformdefizite.

Schlüsselwort:Finanzaufsichtssystem,ESRB,ESA,Bankenunion

一、金融体系的基本变化和金融危机的成因

2008 年以来,金融危机的爆发扭转了全球金融体系,为了避免此类严重的

---

* 维尔纳·豪恩(Prof. Dr. Dr. h.c. Werner Heun):德国哥廷根大学法学院教授。

** 刘文丽:南京大学中德法学研究所 2015 级硕士研究生。

金融畸形现象的重演，各国一方面寻找危机产生的原因，另一方面探索可能的变革方案。金融危机的产生，是众多因素复杂作用的结果，对这些因素本文仅作简述，[1]在此划分为四个主要方面。

第一，是反国家干预的深入发展和金融领域赌博的合法化。19世纪中期普遍禁止金融产品的赌博，但20世纪末期这一禁令大部分都被废除，特别是2000年的《商品期货现代化法案》完全废除了对场外（OTC）衍生品的既有管制。[2]这次解除管制以对金融市场自治稳定性的普遍信任和对高效资本市场的设想为背景。美国的房地产危机在全球蔓延的一个重要原因是，在作为资产抵押债券（ABS）子类的住房抵押贷款证券（MBS）中，不同偿付能力的债权被证券化。被跌价和高收益所吸引的私人银行、投资银行以及无数对冲基金购得住房抵押贷款支持证券，继而又在一个不受管控的"证券化阶梯式瀑布"[3]上继续卖出，由此掩饰了它的高风险。即便投资银行所受的管制极大地减少，银行还是始终处在一定管控之下，与此同时，完全不受控制、不被管制的对冲基金和影子银行的数量呈指数型增长，以至于充其量只有该金融体系的一部分仍受国家有限的监管。

第二，世界金融体系的全球化也是这次金融危机由美国迅速、势不可当地蔓延全球的重要原因。作为住房信贷被各种证券化的后果，次贷危机席卷全球。劳动分工、社会福利和效益的增长以及其他积极影响作为全球化的好处毋庸置疑，但它同样也附带了巨大的阴影，很大程度上引发了金融危机。随着经济关系的大规模国际化和全球化，各国在法律秩序和管理方面继续要求独立的决策权。因此，全球化的经济秩序下并没有统一的全球化监管存在。我们现在缺少一个全球的"最终贷款人"（lender of last resort），而世界货币基金组织也不会确保其实现。同样，我们也缺少一个全球的监督和管控体系。在所有这些领

---

〔1〕 参见 den Überblick Werner Heun, Der Staat und die Finanzkrise, JZ 2010, S. 53 ff., mit zahlreichen Nachweisen; Viral V. Acharya/Matthew Richardson (ed.), Restoring Financial Stability, 2009。

〔2〕 参见 Ross Buckley, A Stable and Resilient Global Financial System: What would it take?, Conference Paper, Nov. 2014, Centre for International Finance and Regulation (CIFR), II, A。

〔3〕 Hans-Werner Sinn, Kasino-Kapitalismus, 2. Aufl. 2009, S. 135.

域,虽然都有非正式协定存在,比如在巴塞尔委员会中,但国家仍是唯一权威的决策者。

第三,银行界发生了重大变化。总体来说,当今的银行体系在很大程度上受量化和数学金融方法的影响。算法交易、高频交易[4]以及所谓的暗池交易[5]占了很大比重。它们使得流动性增加,却也提高了易变性。因此,对银行来说重要的不再是其媒介功能,而是金融投机产生的高收益。为盈利而设的银行员工分红制度即体现了这一点。

第四,体现为风险评价和控制。美国三大信用评级机构穆迪、标普和惠誉几乎占据了垄断地位。他们既对有价证券发行人,也针对资产抵押证券和担保债务凭证本身进行评级。此外,20世纪70年代来,评级机构开始让发行公司承担发行评估费用,这导致了评级机构从业人员数量的爆炸式增长,人数增长到原来的5倍。另外,评级机构也开始参与证券化方案的准备阶段,[6]这也是导致系统性风险被低估的重要原因,特别是继续听凭银行基于自己的利益来做风险评估。随着目前主导经济学模式下风险评估方法的应用,这个问题会变得更加严重,因为这种评估方法实际上完全不考虑更大的系统性风险和经济形势风险。当盈利达到极大值时,鉴于低额自有资本和高杠杆比率,银行只能预计到很低的责任风险。[7] 这个风险很大程度上可能会转嫁给了第三人,首当其冲的就是国家和普通民众。

---

〔4〕 Terrence Hendershott/Charles M. Jones/Albert J. Menkveld, Does Algorithmic Trading Improve Liquidity?, Journal of Finance 66 (2011), S. 1 ff.

〔5〕 Eric Banks, Dark Pools: The Structure and Future of Off-Exchange Trading and Liquidity, 2010.

〔6〕 参见 T. M. J. Möllers, Regulierung von Rating Agenturen. Das neue europäische und amerikanische Recht-wichtige Schritte oder viel Lärm um Nichts?, JZ 2009, S. 861 ff.; Matthew Richardson/Lawrence J. White, The Rating Agencies: Is Regulation the Answer?, in: Acharya/Richardson, Stability (Fn. 1), S. 101 ff。

〔7〕 参见 *Heun*, Staat (Fn. 1), S. 56: 34 % der Gewinne in den USA zwischen 2001 und 2005 entfielen auf diesem Bereich。

二、改革举措

迄今为止,欧洲范围内的改革虽然对少数几个问题和错误做出了反应,但对其他领域仍然没有涉及,大多数措施都是针对国家财政的危机,而很少针对金融危机的成因。改革措施的重点更多的在于对金融市场的监督,而不是中央监管领域。这样做是基于一个至少部分正确的看法,即在防范金融危机方面,目前的监督系统已经很大程度上失灵了。当然从这方面进行改革会比对金融市场和其参与者进行严格管制所遇到的阻拦要少。新规则的现行结构也说明了这一点。[8]

新成立的欧洲金融监管体系建立在三大支柱基础之上,欧洲系统性风险管理委员会(ESRB),欧洲三大监管局(ESA)以及早已成立的成员国监管机构,成员国监管机构根据《欧洲联盟条约》第4条第3款(Art. 4 III EU)应当和欧盟的各个机构通力协作。此外建立起单一监管机制(SSM)和单一解决机制(SRM)的银行业联盟也是重要组成部分。

(一)欧洲系统性风险管理委员会

欧洲系统性风险管理委员会是根据2010年第1092号条例[9]针对当前监管忽视系统性风险的问题而设立。目前的监管委员会实际上仅仅负责对个别机构的微观审慎监管,以致系统性风险不被重视。对于以《欧洲联盟运行条约》第114条为基础设立的欧洲系统性风险管理委员会而言,这一不足正是其通过专注于宏观审慎风险而应当消除的。[10] 欧洲系统性风险管理委员会设在欧洲中央银行之下,它的权威机关是管理委员会,根据条例第6条第1款由欧洲央行的主席和副主席,成员国国家中央银行的主席,三大金融监管局的主席以及

---

〔8〕 参见 Anat Admati/Martin Hellwig, The banker's new clothes: what's wrong with banking and what to do about it, 2014, S. XI f.; Alexander Thiele, Haben wir gelernt? Finanzaufsichts- und Finanzmarktregulierungsstrukturen nach der Krise, 2015。

〔9〕 参见 Verordnung (EU) Nr. 1092/2010 vom 24. November 2010 über die Finanzaufsicht der Europäischen Union auf Makroebene und zur Errichtung eines Europäischen Ausschusses für Systemrisiken, ABl. L 331 vom 15. 12. 2010, S. 1。

〔10〕 参见 Alexander Thiele, Finanzaufsicht, 2014, S. 501 ff。

一系列其他欧洲机构的代表组成。

欧洲系统性风险管理委员会的主要任务是"金融系统的宏观监管"[11]。不过,它的权限还是十分有限。欧洲系统性风险管理委员会首先要调查信息,必要的时候可以发出正式但没有约束力的警告和提供建议,但是没有有效的决策权,这一权限还是保留在成员国联盟,主要是国家监管机构手中。

(二)欧洲三大金融监管局(ESA)

三个不同的欧洲级别的监管机构一开始就是完全根据不同领域的传统监管分工而设立。与欧洲系统性风险管理委员会不同,三大监管局的任务主要是微观审慎监管,当然也仅仅表现为"对国家监管的监管"。这个体系由银行监管、证券和市场监管以及保险监管组成,其义务机构分别为位于伦敦的欧洲银行监管局(EBA),位于巴黎的欧洲证券与市场监管局(ESMA)和位于法兰克福的欧洲保险和职业养老金监管局(EIOPA)。三大监管局的任务和职权基本一致。[12]

在每个监管局中,决策机构是监管者委员会(board of supervisors)。最主要的成员由相关成员国监管机构的负责人组成,他们只有表决权。此外,还有仅提供咨询意见的欧盟委员会、欧洲央行、欧洲系统性风险管理委员会以及两个其他监管机构的代表。三大监管局的作用模式同欧洲系统性风险管理委员会一样。从根本上讲,各个机构的任务并不在于做出有约束力的决策或者掌握规制权,而是完善指导方针和建议、进行同行审查(peer reviews)以及监督和评价市场发展。仅在特别的危机状况中,监管局的权限才会扩大,因而可以在特殊情况下做出决议,要求国家监管机构采取特定措施。当然,只有监管者委员会才可以断定危机出现,而非监管局本身,因而它的权限在危机中也始终有限。[13]

因此,总的来说,成员国的国家监管机构仍是金融危机中的最终决策者,特别是一旦有必要,只有国家才有能力承担起紧急的财政负担。

---

〔11〕 参见 Ann-Katrin Kaufhold, Systemaufsicht, Die Verwaltung 46 (2013), S. 21 ff. (36 ff.)。

〔12〕 参见注 10, Thiele, Finanzaufsicht (Fn. 10), S. 504 ff。

〔13〕 同上文, S. 510 ff。

(三)银行业联盟——单一监管机制(SSM)

2010 年、2011 年的国家债务危机促使了欧洲银行业联盟的建立,旨在使其承担欧元区的银行业监管职能。该联盟最重要的法律基础《单一监管机制条例》(SSM-VO)[14]和《单一监管机制框架条例》(SSM-Rahmen-VO)[15]源自《欧洲联盟运行条约》第 127 条第 6 款,该条在此的适用并非毫无争议。[16]

这一单一监管机制的核心就是把欧洲中央银行作为新的主要监管机构。[17]为了完成这一新任务,在欧洲央行内部成立了监管委员会(Supervisory Board)作为新的委员会。委员会由主席及其代表、4 位欧洲央行的其他成员和成员国国家相关机构的代表组成。最终的决策由欧洲央行委员会做出。

欧洲央行最重要的职能是信用机构准入(2013 年第 1024 号条例第 14 条)、监督银行的规则遵守情况、包括压力测试(stress tests)在内的调查研究以及宏观审慎监管。欧洲央行在执行上述任务时拥有信息权、调查权、行政处罚公布前的审查权。当然,让欧洲央行全面监督所有的国家信用机构——目前大概是 6200 家银行,未免过于苛求,因此,它的监管义务被缩小至监管 123 家最大的银行。

之所以把重要监管职能转移到欧洲央行身上,主要是因为在缺少一个独立的、从欧洲央行脱离出来的监管体系作为替代方案时,亟须建立欧洲一体化的监管体系。当然,这个体系也没有把所有的问题都解决,特别是把银行监管的

---

〔14〕 参见 Verordnung (EU) Nr. 1024/2013 vom 15. Oktober 2013 zur Übertragung besonderer Aufgaben im Zusammenhang mit der Aufsicht der Kreditinstitute auf die Europäische Zentralbank, Abl. 287 vom 29. 10. 2013, S. 63。

〔15〕 参见 Verordnung (EU) Nr 468/2014 vom 16. April 2014 zur Einrichtung eines Rahmenwerks für die Zusammenarbeit zwischen der EZB und den nationalen zuständigen Behörden und den nationalen benannten Behörden innerhalb des einheitlichen Aufsichtsmechanismus, EZB/2014/17, ABl. 141 vom 14. 5. 2014, S. 1。

〔16〕 参见 Christoph Ohler, Bankenaufsicht und Geldpolitik in der Währungsunion, 2015, S. 145 ff。

〔17〕 参见 Ohler, Bankenaufsicht (Fn. 16) S. 151 ff.; Alexander Thiele, Krise der europäischen Integration? Die Bankenunion als Beleg für die Handlungsfähigkeit der EU, Gewerbe Archiv 61 (2015), S. 111 ff., 157 ff。

核心部分全部转移到欧洲央行这一点是有争议的。根据经验,因中央银行具备信息优势,其参与到银行监管中来是必要的,但是监管权和干预权的集中会与央行的货币政策产生矛盾。同时,监管所负的民主责任和货币政策的独立性之间的矛盾是无法调和的。[18] 此外,其他薄弱环节也会凸显出来。监管只针对最大的银行,不包括较小却重要的银行以及保险和证券公司。同样,银行的解散也很少由欧洲央行控制。总之,成员国国家监管机构仍然掌握着最终决定权,即便事关主要银行,欧洲央行也要依赖国家监管机构提供信息和配合。

(四)银行破产清算(SRM)作为银行业联盟的一部分

国家在银行危机中所犯的一个主要错误是,认为救援陷入困难的银行十分必要。为了避免银行业崩溃和大规模银行危机在欧元区出现,欧盟建立了欧洲稳定机制(ESM),其合法性在事后通过对《欧盟运行条约》第 136 条第 3 款(Art. 136 III AEUV)的解释始才明确。此外,还应当建立针对个别银行的破产清算机制,一个首先要使股东(shareholders)和债权人(creditors)承担起责任的机制(bail-in mechanism)。清算机制的法律基础,一是源自关于同意单一清算基金运转的国际条约,二是源自以《欧盟运行条约》第 114 条为基础的一项欧盟条例。[19] 这一条例只约束接受欧洲央行统一银行监管的信用机构。

清算权由一个欧盟办事处——统一清算委员会行使。[20] 条例的其他重要内容是创建一个统一的清算基金,资金由成员国境内的机构提供,即自 2016 年 1 月 1 日起在 8 年内创建一笔 550 亿欧元清算资金。在此期间,欧洲稳定机制的责任是发挥补充作用。此外,这一机制会得到国家的存款保险制度的补充,存款保险制度保障存款在遭遇危机时可达 10 万欧元,这样一来最终的亏损会由存款保险承担。这种国家存款保险只能由成员国组织和管理,但欧盟方针却

---

〔18〕 德意志联邦银行履行银行监管职能时遇到同样问题,参见 Werner Heun, Finanzaufsicht im Wandel, JZ 2012, S. 235 ff. (240)。

〔19〕 参见 Verordnung (EU) Nr. 806/2014 vom 15. Juli 2014 zur Festlegung einheitlicher Vorschriften und eines einheitlichen Verfahrens für die Abwicklung von Kreditinstituten und bestimmten Wertpapierfirmen im Rahmen eines einheitlichen Abwicklungsmechanismus und eines einheitlichen Abwicklungsfonds, ABl. 225 vom 30. 7. 2014, S. 1。

〔20〕 参见 Karl-Philipp Wojcik/Jan Ceyssens, Der einheitliche EU-Bankenabwicklungsmechanismus: Vollendung der Bankenunion, Schutz des Steuerzahlers, EuZW 2014, S. 893 ff。

要求高度的一致性。[21]

三、其他改革和改革的缺陷

欧盟的改革取得实质性进展的主要是银行监管方面，这一方面产生了关于欧洲系统性风险管理委员会、欧洲金融监管局、单一监管机制以及单一解决机制的诸多规定，但银行监管问题不是造成金融危机爆发的最主要原因。与之相反，缺乏规制这一核心问题却几乎没有或很少涉及。因此，《巴塞尔协议Ⅲ》对自有资金的要求得到绝对提高，但令人怀疑的是，继续提高自有资金是否必要。[22] 对对冲基金的规制仅由信息规则进行而过于匮乏。[23] 对做空和信用违约互换（CDS）[24]以及衍生品的规制也同样有限。[25] 对评级机构的额外规制也几乎没有动摇他们的地位，特别是没有动摇美国的三大巨头公司的地位。[26] 银行的顶级职业经理人的过度分红规则被砍掉了一些，却也没有带来重大

〔21〕 参见 Richtlinie （EU） 2014/49/EU vom 16. April 2014 über Einlagensicherungssysteme, ABl. L 173 vom 12. 6. 2014, S. 149。

〔22〕《巴塞尔协议Ⅲ》协议签署国银行的最低资本限额为银行风险资产的8%。参见 Verordnung （EU） Nr. 575/2013 vom 26. Juni 2013 über Aufsichtsanforderungen an Kreditinstitute und Wertpapierfirmen （Art. 92）, ABl. L 176 vom 27. 6. 2013, S. 1; vgl. a. Deutsche Bundesbank, Die Umsetzung von Basel III in europäisches und nationales Recht, Monatsbericht Juni 2013, S. 57 ff.; vgl. kritisch Admati/Hellwig, Clothes （Fn. 8）, S. 176 ff。

〔23〕 参见 Richtlinie 2011/61/EU vom 8. Juni 2011 über die Verwalter alternativer Investmentfonds, Abl. L 174 vom 1. 7. 2011, S. 1。

〔24〕 参见 Verordnung （EU） Nr. 236/2012 vom 14. März 2012 über Leerverkäufe und bestimmte Aspekte von Credit Default Swaps, ABl. L 86 vom 24. 3. 2012, S. 1。

〔25〕 参见 Verordnung （EU） Nr. 648/2012 vom 24. Juli 2012 über OTC-Derivate zentrale Gegenparteien und Transaktionsregister, ABl. L 201 vom 27. 7. 2012, S. 1。

〔26〕 参见 Verordnung （EG） Nr. 1060/2009 vom 16. September 2009, ABl. L 302 vom 17. 11. 2009, S. 1; Denis A. Bauer, Strengere Anforderungen für Ratingagenturen nach der neuen ÄnderungsVO, BB 2013, S. 363 ff。

变化。[27] 积极的一点是,2004年欧盟通过《金融工具市场法规》(MiFID II)对暗池交易进行限制,尽管也没有引起重大变化。[28] 最主要的缺陷是,尝试确立一个500毫秒的最短持有期的计划失败了。

在风险评估方面,几乎没有任何改革。国债仍然被评估为零风险。未来风险评估仍然掌握在银行手中,不能也不会由监管部门独立控制。[29] 最终,对国家银行破产的规制方法还是悬而未决。随着所谓“集体行动条款”(collective action clauses)的扩张,允许在债务减记时进行一定程度的减免,但仅有集体行动条款可能并不够。《美国破产法》的第9章和第11章为公众开启了减债的可能性,[30]这可能会是种合适的手段,但它的国际可操作性看起来却不大。总之,面对金融危机的可怕后果,银行监管在不断变迁,而规制体系却对改变十分保守,这种不同步令人惊讶,对其的调和显然很大程度上因为金融业颇具影响力的游说集团而落空了。

(尚连杰 校)

---

〔27〕 参见 Richtlinie 2013/36/EU vom 26. Juni 2013 über den Zugang zu Tätigkeiten vonKreditinstituten und die Beaufsichtigung von Kreditinstituten und Wertpapier-firmen, ABl. L 176 vom 27.6.2013, S. 338。

〔28〕 参见 Richtlinie 2014/65/EU vom 15. Mai 2014 über Märkte für Finanzinstrumente, ABl. L 173 vom 12.6.2014, S. 349。

〔29〕 风险评估问题参见 Alexander Thiele, Divergierende Risikomodelle und der Gesetzgeber, Zeitschrift für Gesetzgebung 25 (2010), S. 127 ff。

〔30〕 United States Bankruptcy Code 11 USC § § 101 – 1532 (2013); vgl. zu diesem Problem auch Buckley, System (Fn.), II, A.

专　　论

中德法学论坛
第15辑,第187～204页

《联合国海洋法公约》法庭的“属物管辖权”限制

亚历山大·普鲁尔斯*著　张　华　张　馨　李嘉辉**译

摘　要:《联合国海洋法公约》(下称《公约》或UNCLOS)第288条第1款意义上之管辖权的法律依据而言,国家同意极为重要。这一观点尤其适用于“混合争端”,这类争端的特征是:它们不限于《公约》的解释和适用问题,而是必然要求司法机关裁决不受公约直接规制的领土主权问题。在这种情况下,UNCLOS法庭必须先确定争端的相对权重。如果争端的重点明显不在于《公约》的解释和适用上,那么法庭必须拒绝实施管辖权。《公约》第287条第1款意义上的所有争端解决程序都应该就管辖权的限制发展出一套统一的方法,并遵循之,以实现必要的法律确定性。

关键词:《联合国海洋法公约》;管辖权;混合争端

Abstract: In light of the crucial importance of State consent regarding the legal basis of jurisdiction in terms of Art. 288 (1) UNCLOS, adjudicating bodies called upon to settle an inter-State dispute under the Convention are generally obliged to carefully observe and respect the limits of their powers in relation to the States par-

---

* 亚历山大·普鲁尔斯(Prof. Dr. Alexander Proelss):德国特里尔大学(Trier University)国际法和欧盟法教授;特里尔大学环境法研究所(IUTR)和法律政策研究所(IPR)主任。

** 张华:南京大学法学院副教授;张馨:南京大学中德法学研究所硕士研究生;李嘉辉:南京大学法学院国际法硕士研究生。

ties as the masters of the treaty. This is particularly true with regard to "mixed disputes", which are characterized by the fact that they are not limited to matters regarding the interpretation and application of the Convention, but rather necessarily require the adjudicating body to render a decision on territorial sovereignty matters not directly covered by the Convention. If the clear emphasis of the dispute is not on the interpretation and application of the Convention, the tribunal must decline its jurisdiction. All means of dispute settlement in terms of Art. 287 (1) UNCLOS should develop and follow a uniform approach as to the limits of their jurisdiction in order to provide for the necessary legal certainty.

Key Words: UNCLOS, jurisdiction, mixed disputes

一、引　　言

当国际司法机构解决争端时,"管辖权"和"可受理性"这两个概念仍然存在较大程度的争议。有人认为:"许多有关国际司法裁决的论著和一些判例法都未能以一种理论上圆满,且能准确表达它们在国际司法机构运行中之作用的方式来界定管辖权"。[1] 虽然管辖权这一概念通常被认为是法院或法庭通过作出具有拘束力的裁决,以解决两个或者两个以上国家之间争端的权能,但鉴于"缺乏管辖权或者可受理性都可能导致同样的后果,即法庭拒绝审理案件"这一事实,[2]要识别出一项能够精确区分管辖权和可受理性的标准,并非易事。同时,有人指出"这种拒绝存在根本性的区别",[3]理由是:"缺乏严格意义上的管辖权意味着诉讼根本无法提交给司法机构,而缺乏可受理性则意味着该主张不适合或不足以提交司法裁决。"[4]国际法院(ICJ)亦持这种观点。在"关于巴

---

〔1〕 *Yuval Shany*, Jurisdiction and Admissibility, in: Cesare P. R. Romano, Karen J. Alter and Chrisanthi Avgerou (eds.), Oxford Handbook of International Adjudication, 2013, pp. 779 – 805, at 780.

〔2〕 ICSID Case No. ARB/07/5, *Abaclat and others v. Argentina*, Decision on Jurisdiction and Admissibility, 4 Aug. 2011, para. 247.

〔3〕 同上。

〔4〕 同上。

勒斯坦被占领土上修建隔离墙之法律后果"的咨询意见中,国际法院指出:

规约第65条第1款规定"法院可以发表咨询意见……"(作者强调部分),这应当理解为法院享有拒绝发表咨询意见自由裁量权——即使管辖权的条件已经满足。[5]

因此,尽管管辖权这一概念"涉及受案法院或者法庭能否审理案件并作出对各方都具有约束力的裁决之类的问题",可受理性是指"根据所有相关情况,法院或者法庭是否应当审理案件"的问题。[6] 换言之,管辖权是一个严格的法律概念,与权能之类的概念密不可分;而可受理性的特点在于,被请求裁决案件的法院或法庭享有一定程度的自由裁量权。这种区别意味着,较之于评估其是否享有管辖权,相关争端解决机构在处理当事方诉讼请求的可受理性时,拥有更大的回旋空间。[7] 的确,就国家间的争端而言,管辖权特有的法律依据在于国家的正式同意(因而与国家主权相关),[8] 考虑到国际法院或法庭的任务在于评判是否享有裁决案件的管辖权,有观点主张:国际法院或法庭通常被要求以一种谨慎的方式解释和适用产生管辖权的各项要素。[9]

本文的目的既非一般性地检验前述概念的基本假设、发展状况和后果,亦非提出一个关于管辖权的普遍理论,或研究管辖权的概念框架。鉴于近期海洋法领域国际司法裁判的发展,本文试图分析由《联合国海洋法公约》[10](下称《公约》或UNCLOS)*第15部分确立法律权威的那些法院或法庭的管辖权限

[5] ICJ, *Legal Consequences of the Construction of a Wall in the Occupied Palestinian Territory*, Advisory Opinion of 9 July 2004, ICJ Rep. 2004, p. 136, para. 44 (italics added).

[6] *Shabtai Rosenne*, International Courts and Tribunals, Jurisdiction and Admissibility of Inter-State Applications, in: Rüdiger Wolfrum (ed.), Max Planck Encyclopedia of Public International Law, online version, March 2006, para. 2 (italics added).

[7] *Shany* (注1), at 788.

[8] *Rosenne* (注6), para. 3.

[9] 较宽松的观点,参见如Shany(注1), at 798-800。

[10] 《联合国海洋法公约》,1982年12月10日在第三次联合国海洋法会议最后会议上通过。

* 作者在文章中经常交替使用"UNCLOS"和"Convention",以指称1982年的《联合国海洋法公约》。在作者使用"UNCLOS"的场合,译者沿用该简称;在使用"Convention"的场合,译者使用"《公约》"这一简称。

制。为此,本文只关注属物管辖权,即针对争议事项的管辖权。根据这一管辖原则,国际法院或法庭只能裁决那些"产生了组织章程文件所规定的,并且/或者一方或多方当事国同意提交裁决的事实和法律问题"的案件。〔11〕

二、UNCLOS 第 15 部分中的强制争端解决机制

就这里所提到的"UNCLOS 法庭"* 的管辖权而言,对争端解决机构管辖权的正式同意,表现为当事方批准或遵守《公约》的行为。有人认为,UNCLOS 第 15 部分建立起一个和平解决有关《公约》解释和适用之争端的强制性机制〔12〕,这是将公约与从前的多边协定区分开来的核心特征之一。〔13〕 根据《公约》第 287 条第 1 款,在签署、批准或加入《公约》时,或之后的任何时候,国家都可以通过书面声明的方式,自由选择一种或多种方式,以解决有关《公约》解释或适用的争端。这些方式包括国际法院,国际海洋法法庭(ITLOS)和按照《公约》附件 VII 组成的仲裁庭(以下简称《公约》附件 7 仲裁庭)。如果某一个缔约国未提交这种声明,那么《公约》第 287 条第 3 款则授予仲裁庭管辖权。但是,ITLOS 的管辖权受到特殊规则的制约,因为:第一,《公约》第 287 条第 2 款规定了"按照第 11 部分第 5 节规定的范围和方式,接受 ITLOS 海底争端分庭管辖的义务";第二,《公约》第 290 条第 5 款赋予了 ITLOS 发布、修改或撤销临时措施的权能,前提是满足该条款中所提及的要求;第三,第 292 条规定了 ITLOS 对船只和船员迅速释放案件的附带管辖权。

《公约》第 288 条第 1 款的表述是,"第 287 条所指的法院或法庭,对于按照

---

〔11〕 *Shany* (注 1),at 791.

* 作者在标题和正文中使用"UNCLOS tribunals"一词,用以统称 UNCLOS 第 287 条中列举国际法院、国际海洋法法庭、公约附件 7 仲裁庭和公约附件 8 仲裁庭。为确保译文简明通畅,同时也是与作者的使用习惯保持一致,译者从字面上将之译为"UNCLOS 法庭"。

〔12〕 《公约》第 286 条显示出 UNCLOS 争端解决制度的强制性,该条规定:"在第三节限制下,有关本公约的解释或适用的任何争端,如已诉诸第一节而仍未得到解决,经争端任何一方请求,应提交根据本节具有管辖权的法院或法庭。"

〔13〕 *Rainer Lagoni*, Preamble, in Alexander Proelss (ed.), United Nations Convention on the Law of the Sea-A Commentary, 2017, pp. 1 – 16, at para. 25.

本部分向其提出的有关本公约的解释或适用的任何争端,应具有管辖权”。通过这样的表述,《公约》第 288 条第 1 款规定了属物管辖的法律依据。此外,该条第 4 款确认了一项基本原则,即“对于法院或法庭是否具有管辖权如果发生争端,这一问题应由该法院或法庭以裁定解决”。因此,通过批准或加入《公约》,〔14〕缔约方不仅赋予第 287 条第 1 款中的司法机构以解决有关《公约》解释或适用问题的一般权能,也同意了其拥有裁决个案的管辖权。因此,在决定受这些条款约束之后,假设 UNCLOS 争端解决机制的强制性在法律上的限制(《公约》第 297 条)和任择性例外(《公约》第 298 条)不适用于相关争端时,缔约方的决定自由仅限于选择适格的诉讼机构。在这方面,公约 168 个成员国中仅有 60 个成员国根据第 287 条第 1 款提交了声明,其中 30 个成员国选择了一种以上的手段来解决有关《公约》解释或适用的争端。并且有 37 个国家声明优先选择 ITLOS 解决争端,而有 20 个国家则选择了国际法院,有 8 个国家选择按照附件 7 进行仲裁。〔15〕 不过,这些数字并不足以反映《公约》附件 7 仲裁程序的重要性,当争端当事国没有接受同一争端解决程序(参见《公约》第 287 条第 5 款),或者并未按照《公约》第 287 条第 1 款提交书面声明(参见《公约》第 287 条第 3 款)时,公约附件 7 仲裁庭有权处理所有此类国家之间的争端。

三、UNCLOS 法庭的管辖权限制

《公约》第 288 条第 1 款将 UNCLOS 法庭的管辖权限于“有关公约解释或适用问题的争端”。这使《公约》规定的这些司法机构显然无法裁决其他国际条约背景下产生的问题(或者那些只是违反国际习惯法的问题)——除非这些条约与《公约》的目的相关,并且根据这些条约,潜在的争端被提交给 UNCLOS 第

---

〔14〕 只有在《公约》第 305 条第 2 款规定的时限内签署公约的国家才有可能依据第 306 条批准公约。因此,在 1984 年 12 月 9 日之前尚未签署公约的国家或政治实体只有根据第 307 条的规定通过加入的方式成为公约的缔约方。参见 See Alexander Proelss, Article 306, in: id. (note 13), pp. 1979 - 1983, at para. 4。

〔15〕 有关《公约》第 287 条第 1 款实践的概述,参见 < http://www. un. org/depts/los/settlement_of_disputes/choice_procedure. htm > 。

287 条第 1 款中的机构裁决。(参见《公约》第 288 条第 2 款)[16]在“次区域渔业委员会(SRFC)咨询意见”中,ITLOS 认为,《公约》第 288 条第 2 款规定的例外,应当辅之于《ITLOS 规约》(《公约》附件 6)第 21 条来理解,[17]这就是为什么在特定情况下,该条款也会产生 ITLOS 咨询管辖权的原因。[18]

当一项有关公约解释或适用的现存争端(例如,有关《公约》第 56 条第 1 款下沿岸国之专属经济区的权利范围的争端),必然或潜在地要求法院或法庭裁决其他非为《公约》所规制的先决问题,亦即争端涉及的事项不仅仅是关于公约的解释或适用问题时,问题就出现了。[19] 最相关的例子就是(陆地或岛屿)领土争端,尽管《公约》规定了沿岸国的主权向海洋延伸的程度,以及其针对特定海洋区域有权行使的主权权利和管辖权,但公约本身不包括任何确立领土权原的规则和原则。[20] 确立领土权原的法律依据毋宁是由习惯国际法所规定的,尤其是先占、时效和割让这些概念。[21] 在“查戈斯海洋保护区仲裁案”中,附件 7

---

〔16〕 详细观点参见 Alan E. Boyle, Dispute Settlement and the Law of the Sea Convention: Problems of Fragmentation and Jurisdiction, International and Comparative Law Quarterly 46 (1997), pp. 37 – 54, at 49, and P. Chandrasekhara Rao, Delimitation Disputes under the United Nations Convention on the Law of the Sea: Settlement Procedures, in: Tafsir M. Ndiaye/Rüdiger Wolfrum (eds.), Law of the Sea, Environmental Law and Settlement of Disputes, Liber Amicorum Judge Thomas A. Mensah, 2007, pp. 877 – 898, at 892。

〔17〕 《联合国海洋法公约》附件 6 第 21 条:“法庭的管辖权包括按照本公约向其提交的一切争端和申请,和将管辖权授予法庭的任何其他国际协定中具体规定的一切申请。”

〔18〕 ITLOS, *Request for an Advisory Opinion Submitted by the Sub-Regional Fisheries Commission (SRFC)*, Advisory Opinion of 2 April 2015, ITLOS Rep. 2015, p. 4, para. 52.

〔19〕 对此问题的深入分析,具体涉及海洋划界问题,参见 *Irina Buga*, Territorial Sovereignty Issues in Maritime Disputes: A Jurisdictional Dilemma for Law of the Sea Tribunals, International Journal of Marine and Coastal Law 27 (2012), pp. 59 – 95。

〔20〕 关于岛屿问题,参见 *Stefan Talmon*, Article 121, in: Proelss (note 13), pp. 858 – 880, at para. 1。

〔21〕 “历史性权利”这一概念能否产生领土所有权,或作为对水域主张主权的依据,而不仅仅是用以指称排他性的使用权,仍然存在争论。在“南海仲裁案”中,《公约》附件 7 仲裁庭接受了历史性权利可能包含主权的一般可能性;参见 PCA, *South China Sea Arbitration* (Philippines *v.* China), Award of 12 July 2016, para. 225。

仲裁庭认为,如果海岸前沿的领土主权存在争议,那么“识别《公约》意义上的沿海国将是一种通过适用国际海洋法规则以外的国际法规则来确定的事项”。[22] 但是,存在《公约》未涉及的关于领土主权的附带事项,是否就会阻碍 UNCLOS 法庭裁决一件至少部分影响《公约》解释或适用的案件呢?为分析这一问题,文章接下来将首先阐释相关国际判例法,然后参照 UNCLOS 第 15 部分所规定的强制争端解决机制的目的和宗旨、国际法院或法庭的作用,以及作为管辖权基础的国家同意原则,对相关判例法进行评价。

(一)UNCLOS 法庭相关的判例法

在三个国际判例中,UNCLOS 法庭不得不处理这样一个问题——其管辖权是否会因为所提交的争端涉及领土主权这一事实而被排除。[23] 其中必须参考的第一个案例是“查戈斯海洋保护区仲裁案”(以下简称“查戈斯案”)。查戈斯群岛位于印度洋,由大约 60 个岛屿组成。1980 年以来,毛里求斯和英国都声称对这些岛屿享有领土主权。2010 年,英国单方面在群岛周围建立海洋保护区,毛里求斯认为这一行为侵犯了其作为一个沿岸国依据《公约》第 2 条、第 55 条、第 56 条和第 76 条所应享有的权利。当毛里求斯将案件提交《公约》第 15 部分的强制争端解决机制时,附件 7 仲裁法庭首先必须证实其依据《公约》第 288 条第 1 款对案件享有管辖权。在此方面,仲裁庭认为自己有义务“评估争端的相对权重所在”。[24] 仲裁庭就毛里求斯的相关仲裁请求是否享有裁决案件的管辖权,这取决于“当事国间的争端是否主要是‘沿岸国’这一术语的解释和适用问题,而主权问题仅仅构成大问题的一个方面……”,或者“当事国之间的争议是否主要涉及主权,而英国作为‘沿岸国’的行为只不过是反映了争端的一个方面……”[25] 为此,仲裁庭进行了一项权衡工作,以确定争端的核心所在。仲裁庭承认,不能一概排除“在某些情形下,一个次要的领土问题可能确实附属于有

〔22〕 PCA, *Chagos Marine Protected Area Arbitration* (Mauritius *v.* United Kingdom), Award of 18 March 2015, para. 203.

〔23〕 参见 *Peter Tzeng*, Ukraine v. Russia and Philippines v. China: Jurisdiction and Legitimacy, Denver Journal of International Law and Policy 46 (2017), pp. 3-9。

〔24〕 PCA, *Chagos Marine Protected Area Arbitration* (Mauritius *v.* United Kingdom), Award of 18 March 2015, para. 211.

〔25〕 同上。

关《公约》解释或适用的争端”,[26]但考虑到该案件主要涉及查戈斯群岛的主权问题,因此仲裁庭最终裁决它缺乏裁决相关仲裁请求的管辖权。

在“南海仲裁案”中,仲裁庭采取了不同的路径。为了确立其在《公约》第288条第1款下的管辖权,仲裁庭必须判断,针对以中国“九段线”为基础的某些海洋权利主张,以及相关海域内的某些争议海洋地物被定性为《公约》第121条第3款意义上的“岛屿”或“岩礁”做出裁决,是否要求仲裁庭裁决主权问题。仲裁庭认为,这种主权裁决只有在两种情形下才是必要的,即:

“如果仲裁庭确信:(1)处理菲律宾的仲裁请求需要仲裁庭首先明确或隐含地对主权问题做出裁决;(2)菲律宾仲裁请求的实际目的是增强其在双方主权争端中的立场。”[27]

仲裁庭认为,这两项条件中的要求均未得到满足,因此仲裁庭有权处理菲律宾的仲裁请求。[28] 与“查戈斯案”不同,“南海仲裁案”的仲裁庭没有为了确定争端或相关仲裁请求的焦点,而进行任何形式的权衡工作。

第三起案件目前仍然悬而未决,即“黑海,亚速海和刻赤海峡沿岸国权利仲裁案”,由乌克兰在2016年9月依照《公约》第15部分向俄罗斯发起。[29] 乌克兰主张俄罗斯侵害了其作为公约意义上的沿岸国的权利,涉及在克里米亚邻近海域的权利。这也是为什么附件7仲裁庭必须证明,此案实体问题的裁决是否以及在多大程度上,需要解决克里米亚的主权问题。此案是在俄罗斯吞并克里米亚的背景下,乌克兰依据包括人权条约和投资条约在内的国际协定,针对俄罗斯所提起的众多案件中的一个,因此具有明显的政治性。即便如此,有学者经过分析后认为,虽然此案面临着比“南海仲裁案”更大的管辖权障碍,“但至少

---

〔26〕 PCA, *Chagos Marine Protected Area Arbitration* (Mauritius *v.* United Kingdom), Award of 18 March 2015, para. 211.

〔27〕 PCA, *South China Sea Arbitration* (Philippines *v.* China), Award on Jurisdiction and Admissibility of 29 Oct. 2015, para. 153.

〔28〕 同上。

〔29〕 乌克兰外交部根据《联合国海洋法公约》针对俄罗斯发起的仲裁声明,参见 < *http://mfa.gov.ua/en/press-center/news/50813 - zajava-mzs-ukrajini-shhodo-porushennya-arbitrazhnogo-provadzhennya-proti-rosijsykoji-federaciji-vidpovidno-do-konvenciji-oon-z-morsykogo-prava* >。

有三项理由说明为什么仲裁庭仍然有可能裁决其具有管辖权"。[30]

(二)评价

如果某人批判性地评价 UNCLOS 法庭所做出的有限判例,以试图从中推导出有关《公约》第 15 部分强制争端解决机制之管辖权限制的一般结论,分析的出发点是这样一项原则:《公约》解释和适用的争端所提交的法庭必须考虑有关实体问题的裁决是否要求它作出有关领土主权的裁决。问题是,国际条约通常并没有规定任何具体的标准来指导相关国际司法机构审查其管辖权的范围。正如国际法院近来所提醒的那样,"法院本身必须客观地判定争端的主题事项。在如此行事时,法院会审查争端双方的立场,同时特别关注原告方对争端的表述"。[31] 因此,尽管上述意见认为,国际法院和法庭通常要以谨慎的方式来解释和适用那些产生管辖权的个别要素,但是,被要求确认自身享有裁决案件之管辖权的国际司法机构在相关管辖权条款的要素方面,享有相当大的解释空间。基于此背景,关于 UNCLOS 法庭的管辖权限制是否获得了尊重这一问题,在不同场合下产生完全不同的意见也就不足为奇了。

一个特别值得注意的例子是卡特卡(Kateka)法官和沃尔夫鲁姆(Wolfrum)法官在"查戈斯案"中提出的反对意见,他们认为《公约》附件 7 仲裁庭所采取的方法"缩小了管辖权问题,并且阻碍了仲裁庭从一个更广泛的角度来考虑这一问题——正如《公约》第 288 条第 1 款所要求的那样"。[32] Kateka 法官和 Wolfrum 法官提及《公约》第 298 条第 1 款 a(1)项,[33] 该条款规定了强制争端解决

---

〔30〕 参见 *Tzeng* (注 23), at 7。For an analysis of these potential basis of jurisdiction see ibid., at 7 – 9.

〔31〕 ICJ, *Obligation to Negotiate Access to the Pacific Ocean* (Bolivia v. Peru), Preliminary Objection, Judgment of 24 Sept. 2015, ICJ Rep. 2015, p. 592, para. 26.

〔32〕 PCA, *Chagos Marine Protected Area Arbitration* (Mauritius v. United Kingdom), Diss. and Conc. Op. Kateka and Wolfrum, para. 25.

〔33〕 Wolfrum 法官在担任 ITLOS 庭长期间已经提到这项规定;参见外交部法律顾问非正式会议声明,2006 年 10 月 23 日,第 6 页,载 <https://www.itlos.org/fileadmin/itlos/documents/statements_of_president/wolfrum/legal_advisors_231006_eng.pdf>。详细评论,参见 Buga (note 19), at 69 – 73; Andrew Serdy, Article 298, in: Proelss (note 13), pp. 1918 – 1932, at paras. 14 – 22。

机制的任择性例外,涉及“大陆或岛屿陆地领土的主权或其他权利有关的任何尚未解决的争端”。他们认为,除了该条款所包含的管辖权限制,没有理由再设置另外的限制,这就是为什么《公约》第288条第1款仅仅要求“相关案件与《公约》之间必须存在联系”的原因。[34]与这种关于管辖权限制的极度自由的立场形成鲜明对比的是中国在“南海仲裁案”中向附件7仲裁庭提交的立场文件——尽管中国声明根据附件7第9条的规定不参加仲裁程序。该文件表达了这样一种观点:既然《公约》对领土主权问题保持沉默,那么UNCLOS法庭在《公约》第288条第4款下裁决管辖权争端的权能同样也不会涵盖这些问题。[35]

有观点认为,上述两种(“激进的”)路径有待商榷。就《公约》第298条第1款a(i)项而言,应当注意到相关的段落(“此外,任何争端如果必然涉及同时审议与大陆或岛屿陆地领土的主权或其他权利有关的任何尚未解决的争端,则不应提交这一程序”)只提及海洋划界和历史性所有权,以及作出第298条第1款a项书面声明的缔约国,有义务将该事项提交按照《公约》附件5第2节所规定的调解。正如仲裁庭在“查戈斯案”中所言,很难看出为什么在理解一个提及具体情形的条款时必须对《公约》第298条第1款a(i)项进行反向(a contrario)解读,照此理解,领土主权通常属于UNCLOS法庭管辖权的范畴。[36] 即使根据《维也纳条约法公约》(VCLT)第32条,谈判历史在条约解释过程中存在有限的相关性,但仅凭“使这种(或类似)例外成为《公约》第297条之一般性例外的倡议未能胜出”[37]这一事实,尚不足以得出结论,认为《公约》的谈判历史肯定了对领土主权的管辖权。基于上下文解释和目的解释,《公约》第298条第1款a(i)项实际上是强调(而非修改)了这样一条一般性规则:即某一国际协定未规

---

〔34〕 PCA, *Chagos Marine Protected Area Arbitration* (Mauritius v. United Kingdom), Diss. and Conc. Op. Kateka and Wolfrum, para. 45.

〔35〕 中华人民共和国政府关于菲律宾发起的南海仲裁案法庭管辖权问题的立场文件,2014年12月7日,第83段。

〔36〕 PCA, *Chagos Marine Protected Area Arbitration* (Mauritius *v.* United Kingdom), Award of 18 March 2015, paras. 214 – 219.

〔37〕 PCA, *Chagos Marine Protected Area Arbitration* (Mauritius v. United Kingdom), Diss. and Conc. Op. Kateka and Wolfrum, para. 37.

制的问题,通常不属于基于该协定所建立的司法机构之管辖权的涵盖范围——如果其权能没有明确地扩展至这些问题的话。鉴于国家同意与管辖权之间的密切关联,《公约》第298条第1款a(i)项应当被解释为,确保将争议提交强制调解的义务不至于被用以规避一般规则——涉及(领土或岛屿)领土主权的事项不受本《公约》规制。[38] 关于其规范上的关联性,"此外……"这一句话应当理解为是提供一种澄清,而不是规定一项实体性的规则。因此,主张"如果《公约》第15部分的法院或法庭的管辖权存在这样一种内在的限制,就不必将其列入第298条第1款a项"的观点,[39]并没有充分考虑这一条款有限的规范性范畴。

同样,就广义角度而言,主张有关案件与《公约》之间仅仅存在联系就足以确立UNCLOS法庭的管辖权这一观点,忽略了国家同意管辖的关键要素,这体现在《公约》第279条和第288条第1款当中。与国际法院相反,UNCLOS法庭的管辖权仅限于《公约》本身的解释和适用,而理论上国际法院的管辖权范围非常广泛——考虑到它"包括各当事国提交之一切案件,及联合国宪章或现行条约及协约中所特定之一切事件"(《国际法院规约》第36条第1款)。如上所述,这意味着要对《公约》第288条第1款进行狭义解读,即预设争端至少必须主要涉及《公约》的解释和适用。不能通过诉诸隐含权能理论来克服《公约》第288条第1款中的管辖权限制,因为只有在对有效解决有关《公约》解释和适用的争端所必需时,才能够使用这类权能,其本身不能创设新的管辖权权能。[40]

赋予原告精心设计的仲裁请求以决定性的权重,同样难以令人信服——因为这等于将确立《公约》第288条第1款中的管辖权的决定权交到原告手中。同时,预设《公约》第288条第4款不能适用于涉及领土主权的争端,将使被告国只要主张相关争端需要裁决领土问题,就能够阻碍法庭行使管辖权。

有鉴于此,针对UNCLOS法庭的管辖权问题,本文提出以下观点:

(1)可以认为,缔约国批准或加入公约的行为隐含表达了对《公约》强制争端解决机制的同意,其中包含了对该机制能够有效解决缔约国间争端

---

〔38〕 *Boyle*(注16),at 49.

〔39〕 PCA, *Chagos Marine Protected Area Arbitration* (Mauritius v. United Kingdom), Diss. and Conc. Op. Kateka and Wolfrum, para. 40.

〔40〕 详细参见 *Buga*(注19),*at* 77 – 78; *but see Rao* (*note* 16), *at* 886 – 891。

的期待。[41] 因此,只要争端主要涉及《公约》的解释或适用,与该争端相关的领土问题并不会构成 UNCLOS 法庭行使管辖权的障碍。

(2)被请求裁决案件的 UNCLOS 法庭接下来需要考虑,对实体问题的裁决是否必然要求它裁决不受《公约》规制的领土主权的问题。如果《公约》的解释和适用问题与领土问题之间不存在密不可分的联系,那么后者就不属于法庭管辖权的范畴。这一要求同样体现在《公约》第 298 条第 1 款 a(i)项的措辞中。该条款要求这类争端“必然涉及同时审议与大陆或岛屿陆地领土的主权或其他权利有关的任何尚未解决的争端”。* 正如在“南海仲裁案”中,如果一个争端被定性为“涉及海域权利存在与否的争端”,[42] 根据海域权利基于《公约》制度的“陆地统治海洋”原则,[43] 很难看出,裁决此类争端如何会无需事先就“海岸线或岛屿是否在原告或被告的领土主权范围内”这一问题做出裁决——这一事实需要法庭确定争议的相对权重(见下文第三步)。因此,虽然有可能将“一个海洋地物是否应当被界定为《公约》第 121 条第 3 款意义上的‘岛屿’或‘岩礁’

---

[41] 参见 Wolfrum 庭长在 2006 年 10 月 23 日在外交部非正式法律顾问会议上发表的声明,第 6 页;同时参见 *Buga* (注 19), at 65 – 66; *Valentin J. Schatz/Dmytro Koval*, Ukraine v. Russia: Passage through Kerch Strait and the Sea of Azov, Part III: The Jurisdiction of the Arbitral Tribunal, January 2018, available at: <http://voelkerrechtsblog.org/>。

* 作者强调部分。

[42] PCA, *South China Sea Arbitration* (Philippines v. China), Award on Jurisdiction and Admissibility of 29 Oct. 2015, para. 156.

[43] 例如,参见 ICJ, *North Sea Continental Shelf* (Germany *v.* Denmark; Germany *v.* Netherlands), Judgment of 20 Feb. 1969, ICJ Rep. 1969, p. 3, para. 96; *Continental Shelf* (Tunisia *v.* Libya), Application for Permission to Intervene, Judgment of 24 Feb. 1982, ICJ Rep. 1982, p. 18, para. 73; *Maritime Delimitation in the Black Sea* (Romania *v.* Ukraine), Judgment of 3 Feb. 2009, ICJ Rep. 2009, p. 61, para. 77; *Territorial and Maritime Dispute* (Nicaragua *v.* Colombia), Judgment of 19 Nov. 2012, ICJ Rep. 2012, 624, para. 140; ITLOS, *Delimitation of the Maritime Boundary Between Bangladesh and Myanmar in the Bay of Bengal* (Bangladesh *v.* Myanmar), Judgment of 14 March 2012, ITLOS Rep. 2012, 4, para. 185。相关评价,参见 *Bing Bing Jia*, The Principle of the Domination of the Land over the Sea: A Historical Perspective on the Adaptability of the Law of the Sea to New Challenges, German Yearbook of International Law 57 (2014), pp. 63 – 94。

这一问题”(即使在这种情形下,如果争端仅限于海洋地物的资格认定,那么是否存在足以产生出诉权的充分的法律利益,也会遭受质疑),或将海峡的通行权利问题,从领土争端中分割出来,但如果相关海岸线或海洋地物的领土地位存在争议,那么这种分割也并不适用于海域权利问题。

(3)如果争端属于严格意义上的“混合”争端,亦即其涉及《公约》的部分和领土争端的部分是不可分割的,以至于不同时裁决领土主权问题,就无法对《公约》的解释和适用问题作出裁决,那么 UNCLOS 法庭除确定争端的相对权重外,将别无选择。在这一点上,法庭可以考虑案件的历史情况,特定事实和背景,领土争端的“性质”和范围,以及“领土争端部分”演变的时间点。[44] 否则的话,在有关《公约》解释和适用的争端产生之后,《公约》的缔约国有可能因为“发起”一个涉及陆地或岛屿领土主权的争端而损害 UNCLOS 法庭的管辖权。尽管这些因素给法庭提供了一定的自由裁量权,但本文开头部分所阐明的一般规则要求争端的重点必须是《公约》的解释和适用,从而以《公约》第 288 条第 1 款为基础确立 UNCLOS 法庭的管辖权。

四、可适用的法律和管辖权

彼得·曾(Peter Tzeng)近来指出,UNCLOS 法庭偶尔会依据第 293 条第 1 款的规定来扩张其有限的管辖权,这一行为方式应当被视为不符合国际法。[45]《公约》第 293 条第 1 款要求相关的法院或法庭“适用本《公约》以及其他与本公约不相抵触的国际法规则”。事实上,在“塞加号(Saiga)案Ⅱ”中,ITLOS 提

〔44〕 参见 *Tullio Treves*,What Have the United Nations Convention and the International Tribunal for the Law of the Sea to Offer as Regards Maritime Delimitation Disputes?,in:Rainer Lagoni/Daniel Vignes (eds.),Maritime Delimitation,2006,pp. 63 – 78,at 77。关于时间点的问题,参见 *Schatz/Koval* (note 41)。

〔45〕 *Peter Tzeng*,Jurisdiction and Applicable Law under UNCLOS,Yale Law Journal 126 (2016),pp. 242 – 260.——本文以下部分基于 *Alexander Proelss*,The Contribution of the ITLOS to Strengthening the Regime for the Protection of the Marine Environment,in:Roberto Virzo (ed.),International Tribunals and the Interpretation of the UNCLOS / Les Tribunaux internationaus et l' interprétation de la CNUDM,2018,in press。

及逮捕船只时的使用武力规则,尽管《公约》中并没有关于这个问题的明确规定。[46] 法庭认为,"……基于《公约》第293条而可以适用的国际法规则要求使用武力应尽可能避免,如果不可避免,则不得超越具体情形中合理且必要的限度"。[47] 这一表述表面上似乎只涉及使用武力规则的适用,但法庭最终对此行使了管辖权,[48]裁决"几内亚在停止和逮捕'塞加号'时过度使用武力,违反了国际法……"[49]在2007年的"圭亚那诉苏里南案"中,附件7仲裁庭也采取了类似的做法,认为:

ITLOS对《公约》第293条的解释,不仅赋予了其适用《公约》的权能,还包括适用习惯国际法规范的权能(当然包括与使用武力相关的规则)。[50]

因此,依托UNCLOS第293条的规定,上述案件中的法庭将其基于第288条第1款的管辖权扩张至其他国际法规则。然而,应当注意,第293条第2款的表述("根据本节享有管辖权的法院或法庭……")明确预设了法院或法庭已经具备管辖权。[51] 正如《公约》附件7仲裁庭在"MOX工厂案"中所言:"《公约》第288条第1款中的管辖权范围……与第293条中法庭所适用的法律……之间存在根本的差别。"[52]在"查戈斯案"中,法庭最终拒绝对毛里求斯有关解释和适用《公约》中"沿岸国"这一术语的仲裁请求行使管辖权。就争端的性质而言,法庭认为该仲裁请求实际涉及查戈斯群岛的领土主权问题——如上所述,

---

〔46〕 注意到《公约》第301条只要求"缔约国避免对任何国家的领土完整或政治独立进行任何武力威胁或使用武力,或以任何其他与《联合国宪章》所载国际法原则不符的方式进行武力威胁或使用武力"。(作者强调部分)

〔47〕 ITLOS, *M/V "Saiga"* (St. Vincent and the Grenadines *v.* Guinea), Judgment of 1 July 1999, para. 155, italics added; see also ITLOS, *M/V "Virginia G"* (Panama *v.* Guinea-Bissau), Judgment of 14 April 2014, paras. 359 – 362.

〔48〕 *Tzeng* (注46), at 249.

〔49〕 ITLOS, *M/V "Saiga"* (St. Vincent and the Grenadines *v.* Guinea), Judgment of 1 July 1999, para. 183(9), original italics.

〔50〕 PCA, Guyana *v.* Suriname, Award of 17 Sep. 2007, para. 405(作者强调部分).

〔51〕 *Tzeng* (注46), at 247.

〔52〕 PCA, *MOX Plant* (Ireland *v.* United Kingdom), Order No. 3 of 24 June 2003, para. 19.

这一问题并不涉及《公约》的解释或适用。[53] 在"北极日出号案"中,附件7仲裁庭进一步阐释了可适用的法律与管辖权之间的区别。它指出:

《公约》第293条第1款并不扩大法庭的管辖权。相反,它确保法庭在行使《公约》下的管辖权时,能够使《公约》的规定充分发挥效力。为此,《公约》中的某些规定直接纳入了其他国际法规则。……然而,第293条并不是确定《公约》之外的其他条约被违反的工具,除非该条约是管辖权的来源,或者根据《公约》该条约直接适用。[54]

正如笔者在其他地方所论证的,[55] 对于国际法的首要主体,即国家而言,管辖权的目的和宗旨在于界定或限制《公约》第287条中的司法机构的权能。考虑到加入《公约》意味着对《公约》第15部分争端解决机制之强制性的积极决定,一旦加入《公约》的决定有可能导致有关UNCLOS以外的国际条约或一般国际法的解释和适用的争端亦将受制于UNCLOS争端解决机制的话,那么该机制在国际社会中的可接受度将遭受质疑。应该牢记:国际法院或法庭解决有关一般国际法或国际协定之争端的权能,取决于争端双方是否已经做出接受国际法院和/或法庭之管辖权的主权决定,无论是通过特别协定的方式,或者是通过愿意提交裁决之一般性声明的方式,又或者是通过国际协定——争端双方就此协定形成争端——本身的方式。

此外,争端裁决机构参照一般国际法的规则或原则,或其他国际协定的规定,可能最终导致这样一种情形,即确立法院或法庭管辖权的原始条约条款,被其他国际法渊源的适用所取代。在此方面,《公约》第293条第1款为法院或法庭确立了一项法律义务,其对可适用之法律的限制不同于有关动态解释的《维也纳条约法公约》第31条第3款。在"印度河流域基申甘加大坝案"中,仲裁庭令人信服地指出:

---

[53] PCA, *Chagos Marine Protected Area* (Mauritius *v.* United Kingdom), Award of 18 March 2015, para. 221. But see *ibid.*, Diss. and Conc. Op. *Kateka* and *Wolfrum*, paras. 29 - 45, 73.

[54] PCA, *Arctic Sunrise* (Netherlands *v.* Russia), Award on the Merits of 14 Aug. 2015, paras. 188, 192. See the discussion of cases rejecting jurisdiction provided by *Tzeng* (note 46), at 251 - 258.

[55] *Proelss* (注46).

仲裁庭认为,自己并不适合,当然也没“必要”奉行预防性的路径,来承担决策者的角色,决定可接受的环境变化和其他优先利益之间的平衡点,或者允许环境因素的考量否定本条约明确规定的其他权利和义务的平衡——尤其是印度使杰赫勒姆河一条支流改道的权利。仲裁庭的权限更多地受到限制,只有为了减轻重大损害时才得以扩张。除此之外,仲裁庭的指示(prescription)不仅不必要,也为本条约所禁止。如果习惯国际法的适用并不是为了限制,而是为了否定本条约中明确授予的权利,这将不再是有关本条约的“解释或适用”问题,而是以习惯国际法代替本条约。[56]

因此,ITLOS 和附件 7 仲裁庭在近年来的判例法中追求的一体化路径,尽管从促使国际环境法更加有效的角度来看值得欢迎,但同时也受到可适用的环境协定和一般国际法的法律限制。因此,不能援引《公约》第 293 条第 1 款以支持扩张《公约》所预设的争端解决机制的管辖权限制,并且必须明确区分管辖权类型和可适用的法律。

当然这里所讨论的问题并不局限于国际海洋法领域。比如,根据《国际刑事法院罗马规约》(ICC Statute,以下简称《罗马规约》)第 21 条第 1 款下的 a 项和 b 项,[57]法院不仅有义务适用包含《犯罪要件》《程序和证据规则》在内的《罗马规约》本身,还应当在适当的情况下,适用“可予适用的条约及国际法原则和规则,包括武装冲突国际法规确定的原则”。另外,《罗马规约》第 21 条第 3 款规定“依照本条适用和解释法律,必须符合国际承认的人权”——这一规定同样为国际刑事法院尝试扩张《罗马规约》第 5 条第 1 款所预定的管辖权提供了潜在的基础,从而有可能间接损害到国际人权机构的权能。[58] 在这种背景下,一位评论员正确地指出,“尽管这一段规定的原意可能是限制法院适用和解释相关法律的权能,但它可能会产生相反的效果,导致法院在这些事项

---

[56] PCA, *Indus Waters Kishenganga Arbitration* (Pakistan *v.* India), Final Award of 20 Dec. 2013, para. 112 (裁决原文强调部分).

[57] 《国际刑事法院罗马规约》,1998 年 7 月 17 日通过,2187 UNTS 3。

[58] 《国际刑事法院规约》第 5 条第 1 款规定:“法院的管辖权限于整个国际社会关注的最严重犯罪。法院根据本规约,对下列犯罪具有管辖权:(a)灭绝种族罪;(b)危害人类罪;(c)战争罪;(d)侵略罪”。

上的权能扩张"。[59]

因此，为了充分发挥对管辖权的限制作用，只能认为诸如 UNCLOS 第 293 条第 1 款和《罗马规约》第 21 条之类的法律适用条款，使得法院或法庭有权适用其他国际法规则和原则——如果这种适用对于具化或丰富作为争端解决机构管辖权来源之国际条约的措辞含义是必需的话。[60] 例如，在"塞加号"案中，ITLOS 援引了 1989 年《禁止在南太平洋使用长流网捕鱼公约》的规定，以解释"渔船补给燃料"一词的含义。[61] 在"南海仲裁案"中，附件 7 仲裁庭也采取的类似的做法：仲裁庭小心翼翼地避免对违反《濒危野生动植物种国际贸易公约》(CITES)[62] 的行为行使管辖权，只是为了揭示 UNCLOS 某些条款中模糊术语的含义而适用了该条约。[63] 至于《国际刑事法院规约》第 21 条第 1 款下的 b 项，有观点主张："当法律解释尚未被一个更高层次的内部规范预先确定时，外部的法律渊源通常只能被用作解释的辅助手段"。[64] 相反，通过引用其他国际条约所规定的规则或原则，将规定法院或法庭管辖权的条约规定晾在一边，这将是一个很大的问题。《公约》第 293 条第 1 款意义上的"其他与本《公约》不相抵触的国际法规则"的主要例子是《维也纳条约法公约》第 31 条至第 33 条所

---

〔59〕 *Mahnoush H. Arsanjani*, The Rome Statute of the International Criminal Court, *American Journal of International Law* 93 (1999), pp. 22 – 43, at 29 (作者强调部分).

〔60〕 相反观点见 *Boyle* (注 16), at 49："此外，即使是在强制管辖案件中，法庭也可能不得不对裁决国际海洋法范畴之外的一般国际法事项，而公约第 293 条第 1 款对此加以允许"(作者强调部分)。

〔61〕 ITLOS, *M/V "Saiga"* (St. Vincent and the Grenadines *v.* Guinea), Judgment of 4 Dec. 1997, para. 57.

〔62〕 《濒危野生动植物种国际贸易公约》，1973 年 3 月 3 日通过，993 UNTS 243。

〔63〕 *South China Sea Arbitration* (Philippines *v.* China), Final Award of 12 July 2016, paras. 956, 959.

〔64〕 *Mikaela Heikkilä*, Commentary on Article 21 (1) (b), in: Commentary on the Law of the International Criminal Court (CLICC), available at: < https://www.casematrixnetwork.org/cmn-knowledge-hub/icc-commentary-clicc/commentary-rome-statute/commentary-rome-statute-part – 2 – articles – 11 – 21/ >.

编撰的条约解释规则,[65]这些规则反映的是适用于所有国际条约在解释方法上的普遍共识,与UNCLOS(或相关条约中的其他可适用的法律条款)之间不要求存在具体的实质性的联系。

五、结　　语

由上文所述可见,关于《公约》第288条第1款所规定的UNCLOS法庭的管辖权的范围及其界限,仍然存在极大的争论,尤其是附带性的主权问题。本文认为,就《公约》第288条第1款意义上之管辖权的法律依据而言,国家同意极为重要。有鉴于此,被请求解决《公约》缔约国争端的司法机关,通常有义务认真遵守并且尊重其相对于作为条约主人之缔约国的权能限制。这一观点尤其适用于"混合争端",这类争端的特征是:它们不限于《公约》的解释和适用问题,而是必然要求司法机关裁决不受公约直接规制的领土主权问题。本文主张,在这种情况下,UNCLOS法庭必须先确定争端的相对权重。如果争端的重点明显不在于《公约》的解释和适用上,那么法庭必须拒绝实施管辖权。这种谨慎的做法不仅考虑到国际法院或法庭无权创制国际法,其裁决也并不是国际法的渊源之一,而且还考虑到只有UNCLOS法庭尊重其管辖权的功能性限制,缔约国才会愿意继续接受《公约》第15部分规定的强制争端解决机制。从这个角度来看,有足够理由怀疑仲裁庭在"南海仲裁案"中采取的前瞻性方法是否应当成为未来案件的模板。与此同时,《公约》第15部分强制争端解决机制的可靠性和有效性要求,并非每一个附带性的主权问题都会限制《公约》第287条第1款司法机构的管辖权。国家主权原则和争端解决机制的实效性和可靠性之间的潜在冲突涉及艰难的权衡活动,其结果并不总是那么容易预测。更重要的是,《公约》第287条第1款意义上的所有争端解决程序都应该就管辖权的限制发展出一套统一的方法,并遵循之,以实现必要的法律确定性。

---

〔65〕 参见ITLOS, *Responsibilities and Obligations of States with Respect to Activities in the Area*, Advisory Opinion of 1 Feb. 2011, para. 57。

中德法学论坛
第 15 辑，第 205～235 页

移民与劳动法

奥拉夫·戴纳特*著　方丽氚**译

摘　要：移民的涌入给德国的劳动市场政策带来了挑战。非德国籍人士能否获得劳动市场准入，取决于有利于德国籍、欧盟成员国国籍者的优先审查与等价性审查，同时还要符合德国这一经济体的利益。外来劳工往往面临更为恶劣的工作条件，其原因主要在于执行力的缺失以及往往处于更为劣势的谈判地位。《德国普遍平等对待法》第 12 条要求雇主必须采取措施保护劳动者免受同事及第三人歧视。此外工会在外来劳工的融入方面也发挥着重要的作用。

关键词：移民；劳动市场准入；劳动法；平等对待

Zusammenfassung：Die Migration stellt eine Herausforderung für den Arbeitsmarkt dar. Der Arbeitsmarktzugang für Menschen ohne deutsche Staatsangehörigkeit ist von einer Vorrangprüfung zugunsten deutscher und EU-ausländischer Arbeitnehmer und einer Gleichwertigkeitsprüfung abhängig und soll den Interessen des Wirtschaftsstandortes Deutschland entsprechen. Die Beschäftigung von Ausländern ist oftmals eine Beschäftigung zu schlechteren Bedingungen. Die Ursache solcher schlechteren Behandlung kann in Vollzugsdefiziten ebenso gesucht werden wie in einer oftmals schlechteren Verhandlungsposition. Der Arbeitgeber ist gemäß § 12

* 奥拉夫·戴纳特（Prof. Dr. Olaf Deinert）：德国哥廷根大学法学院民法、劳动法与社会法教席教授。

** 方丽氚：南京大学法学院中德法学研究所硕士研究生。

AGG verpflichtet, Maßnahmen zum Schutz der Beschäftigten vor Diskriminierungen durch Arbeitskollegen und Dritte zu ergreifen. Daneben leistet der Betreibsrat einen großen Beitrag zur Intergration der Migration in den Arbeitsmarkt.

Schlüsselwort: Migration, Arbeitsrecht, Arbeitsmarktszugang, Gleichbehandlung

一、移民与劳动市场

在蔑视人类的纳粹暴政结束后,“二战”结束之期宪法制定者在基本法中规定了一项强大的避难基本权(《德国基本法》第 16 条第 2 款第 2 句旧版),以便使受政治迫害者可以借此在其他国家寻找到庇护,总的来说,当其成功离开迫害国,使其可以生存下来。积极及消极的经验与其他国家的收容政策,导致避难基本权很大范围上无限地受到保障。

但是在这个年轻的联邦共和国,移民很快成为一个问题而不是必需。首先初期来自东部的难民导致了一场劳动力滞销,实现充分就业仍然需要几年时间。[1] 在所谓的经济奇迹后,已经迅速呈现出劳动力短缺,尤其是在较低专业性与报酬较低的劳动岗位,以及无吸引力的特点,甚至体现在工作条件危险的岗位上。招募外籍劳工的阶段开始了。[2] 自 20 世纪 50 年代中期至 60 年代晚期,德国与意大利、希腊、西班牙、土耳其、摩洛哥、葡萄牙、突尼斯以及南斯拉夫签订了招募协议。战后劳工移民的第一波浪潮由此开始。1970 年净移民以 547, 000 人次达到顶峰。[3] 除此之外,劳动市场同样接纳东德难民以及曾经德意志东部地区的移民。

20 世纪 70 年代的衰退宣示一场持续数十年的劳动市场危机,这场危机直到近几年才以失业数量的缓慢下降终结。随之而来的是劳动市场准入管理的改变。直到那时外籍劳动力仍受欢迎,但德国劳动市场被不断地分隔开来。这

〔1〕 *Däubler*, Das Arbeitsrecht 2, Reinbek 2009, Rn. 1659.

〔2〕 *Kamalak/Altun*, Arbeitsmigration in der Bundesrepublik Deutschland und die Gewerkschaften, Borsdorf 2012, S. 51 ff.

〔3〕 *Geis/Klös*, SozF 2013, 2, 3.

场分隔以 1973 年的招募停止为开端。这当然导致了融合的确实:[4]招募认为，外来劳工只是暂时在德国工作,然后回到各自的国家。但是实际上他们之中许多人长久地居留在德国。回乡资助[5]被 1993 年 6 月 28 日[6]的基本法第 16a 条修正案取消。从此以后避难所不再收留自欧盟成员国或者通过安全第三国入境者,设置安全来源国列表从一定程度上倒置了政治迫害的举证责任。因为德国被安全第三国环绕,所以难民人数大幅下降,现在唯一可行的是空路,这对逃难而言非常不合适。

2010 年开始欧洲内部的人员自由流动引发了一场大规模的移民运动。除受金融与经济危机危害最大的南欧国家外,中东欧国家[7]也因为国民自由迁徙的过渡期限结束,而开始移民迁徙。[8]

全新的挑战始于 2014/2015 年的难民危机。都柏林体系拒绝承认德国是少数非严肃抵制难民涌入的国家之一。这也导致了一个内部政治的严峻考验，并反映在上次联邦议院选举的结果中。若不修改宪法,重新激活欧洲难民体系的唯一道路是相应的负担分配。因为这条道路未成功,德国最终与土耳其达成了一笔成问题的交易,土耳其——加上巴尔干通道的关闭——明显地减少了难民的涌入,由此产生的费用现在由德国承担。

难民潮于 2015 年在达到顶点时便被暂停。但是截至那时已有大量的难民成功进入德国。一方面出生率的降低导致人口的缩水,从长远的眼光看,这也不可以通过移民完全地抵消。[9] 人口不仅在减少,而且趋于老龄化,尤其是专

---

[4] Vgl. *Eichenhofer*, in: Barwig/Beichel-Benedetti/Brinkmann (Hrsg.), Solidarität: Hohenheimer Tage zum Ausländerrecht 2012, S. 26, 30.

[5] Gesetz zur Förderung der Rückkehrbereitschaft von Ausländern v. 28. 11. 1983, BGBl. I 1377.

[6] BGBl. I 1002; zur Verfassungsmäßigkeit im Wesentlichen BVerfG 14. 5. 1996 – 2 BvR 1938 und 2315/93 – NVwZ 1996, 700; BVerfG 2 BvR 1507 und 1508/93 – NVwZ 1996, 691.

[7] 关于过渡时期的非典型工作移民 vgl. *Wagner/Hassel*, WSI-Mitt. 2017, 409 ff。

[8] *Geis/Klös*, SozF 2013, 2, 3.

[9] Statistisches Bundesamt, Bevölkerung Deutschlands bis 2016, 13. koordinierte Bevölkerungsvorausberechnung, Wiesbaden 2015, S. 6.

业劳动力会明显地受限。[10] 另一方面难民如何融入劳动市场以及社会也是一个现实的挑战。他们在多大程度上能够成功融入非常稳定的劳动市场,不仅取决于经济发展,还取决于多大程度上能够通过正确的劳动市场政策,尽可能地避免所谓的错误配置。在一些人担心持续增长的失业数量,另一些人则指明,移民的长期驻留为将来预见的专业劳动力短缺的解决做出了贡献,[11]因为这正是移民管理政策的目标。如果能够为难民们准备一些劳动市场政策的框架条件,并使其具备相应的适应能力,[12]那么这场难民潮就会走向一个双赢的局面。这些适应能力尤其包括语言能力,工作认可以及适应资格。[13]

现在这在很大程度上仍然是一项未来的工作。难民慢慢地才会在出现在劳动市场上被发现并促进劳动力供给增加。这首先来自难民的工作许可权[见下二(三)]。因此实际的数字乍看起来非常奇怪,在来自战争或危机国家的人群中,就业率与失业率一同上升或下降,这是由于难民群体及其进入劳动市场的数量增加了。[14] 劳动市场融合在多大程度上成功主要取决于能多快消除语言能力及职业技能上的不足。但是对已在德国生活较久的移民而言,他们的失业率也是全体人口的两倍,因而劳动市场融合的任务也十分艰巨。[15]

"德国不是移民国家"——这一口号不仅彻底地偏离了现实,而且也早已不再符合政治定位。移民是一个在经济上和社会上都现实的因素。事实上德国早已成为一个移民国家。几年来移民大约400,000~500,000人的数量虽然不

---

〔10〕 Bundesministerium für Arbeit und Soziales, Arbeitsmarktprognose 2030, Eine strategische Vorausschau auf die Entwicklung von Angebot und Nachfrage in Deutschland, Bonn 2013, S. 8, 12; vgl. *Langenfeld/Waibel*, FS Hailbronner, 2013, S. 169, 170.

〔11〕 这当然不是唯一的路径,此外还可以考虑采取策略避免专业人才的外流,促进外流人才的回流。

〔12〕 *Geis/Klös*, SozF 2013, 2 ff. Vgl. auch *Gürtzgen/Kubis/Rebien*, IAB-Kurzbericht 14/2017.

〔13〕 Vgl. *Bülow/Trübswetter*, Arbeitsmarktintegration von Asylbewerbern, IAB-Forum 2/2015, 84 ff.

〔14〕 Vgl. insg. IAB Zuwanderungsmonitor 9/2017.

〔15〕 *Höhne/Schulze Buschhoff*, WSI-Mitt. 2015, 345 ff.

能与美国相比,但是可以与例如加拿大和澳大利亚这些国家比肩。[16] 2015 年 17,100,000 人有移民背景约占总人口 21%,其中大概 2/3 自身就是移民,而剩下的 1/3 在德国出生。[17] 独立的"移民"委员会(即 Süssmuth-Kommission)在其总结报告中强调,在人口统计学中有条件人口减少情况下,承认移民对于保障社会富裕的必要性,以及有必要将德国定位为移民国家,并且指出移民与融合之间的必然关联。[18]

目前欢迎文化这个词更为恰当,尽管这并不是一个完全的社会共识。与劳动法一样,移民法(参见本文第二部分)也会存在疑问(参见本文第三部分)。鉴于难民危机高潮时哥廷根的法律学者们有过紧张辩论,我确信要将这份兴趣与受庆贺者——我受人尊敬的研究中心同事汉斯约尔克·奥托(Hansjörg Otto)分享。

二、"一站式"政府框架下的移民与劳动市场管理

与许多国家一样,德国原则上将劳动市场局限在国内,只允许本国人进入劳动市场。这是一种贸易保护主义,如果在一个有吸引力的劳动市场中,人们不愿意以本国人的失业为代价的话,这种保护主义在出发点上是别无选择的。这项原则体现在《德国居留许可法》第 39 条第 2 款第 1 项中,该条规定在审查工作居留许可时,本国国民与部分有特权的外国人优先。

以《德国基本法》第 116 条为基础的《国籍法》规定了谁是德国人,入籍由《德国国籍法》第 8 条及以下各条规定。因为入籍总是以事先在国内合法居留为前提,所以劳动移民的条件仅仅是间接地取决于《国籍法》的规定。关键在于是否有权在德国合法居留及工作,因此这再次取决于《居留许可法》第 18 条第 2 款规定

〔16〕 *Kufer*, ZAR 2015, 262.

〔17〕 11. Bericht der Beauftragten der Bundesregierung für Migration, Flüchtlinge und Integration über die Lage der Ausländerinnen und Ausländer in Deutschland, S. 18 f. Vgl. auch Bundesministerium für Arbeit und Soziales, Fortschrittsbericht 2014 zum Fachkräftekonzept der Bundesregierung, Berlin 2015, S. 6 f.

〔18〕 Dazu: Zuwanderung gestalten, Integration fördern, Bericht der Unabhängigen Kommission „Zuwanderung" v. 4. 7. 20011, abrufbar unter http://www.bmi.bund.de/SharedDocs/Downloads/DE/Themen/MigrationIntegration/AsylZuwanderung/Zuwanderungsbericht_pdf.html.

的工作居留许可。这最终形成了三条移居德国的路径。除了在欧洲内部人员自由流动框架下的教育与工作移民,还存在人道主义移民(寻求避难者与其他难民)以及家庭团聚移民。管理针对的是包含在家庭团聚移民[19]内的劳动与教育移民,而自由迁徙与难民身份则以不受单一立法者支配的主观权利为基础。[20]

(一)历史发展

在外来劳工引发了一场持久的劳动移民之后,这些年里持续增长的失业率凸显出来,通过外来劳工的涌出而实现的自我调节并不会出现。与之相应,政策上首先要努力限制外来劳工的继续移入。根据《劳动就业促进法》第18条旧版的规定,当时的联邦劳动部(Bundesanstalt für Arbeit)保留了从海外招募劳工和提供中介的权力。1973年11月23日联邦劳动部长安伦特(Anrendt)下令停止从国外招募劳动。不过这一招募禁令现在已经失效了。因为依据《德国社会法典》第292条第3款的规定,只有在联邦劳动署存在相应规章规定时,联邦劳动部才保留了海外劳工中介的权力。这种保留只规定在《劳动条例》第38条针对特定国家人员从事健康与护理方面职业中。除此之外,对于劳动移民的控制就仅仅是通过居留法上的规定来限制进入德国劳动市场的可能性。[21]

早在本世纪初,政治决策者们便已经认识到,德国已经成为一个移民国家。与之相应地,一开始[22]在形式上被宣称违反宪法[23]之后,德国的《居留法》与《劳动移民法》已经通过《移民法》[24]深刻地改革。当然只有一部分建议被考虑。2005年1月1日生效的《外国人在联邦德国合法居留法》与此前由《社会

---

〔19〕 Zur Migrationssteuerung durch Regulierung des Familiennachzuges *Barwig*, ZAR 2014,42 ff.

〔20〕 Vgl. *Kufer*, ZAR 2015,262,265.

〔21〕 Vgl. *Fuchs*, in: Gagel, SGB II / SGB III, § 292 SGB III Rn. 1.

〔22〕 Gesetz zur Steuerung und Begrenzung der Zuwanderung und zur Regelung des Aufenthalts und der Integration von Unionsbürgern und Ausländern (Zuwanderungsgesetz), v. 20.6.2002, BGBl. I 1946.

〔23〕 BVerfG 18.12.2002 – 2 BvF 1/02, NJW 2003,339.

〔24〕 Gesetz zur Steuerung und Begrenzung der Zuwanderung und zur Regelung des Aufenthalts und der Integration von Unionsbürgern und Ausländern (Zuwanderungsgesetz), v. 30.7.2004, BGBl. I 1950.

法典》所规定的工作许可权被整合在一起。《移民法》致力于控制移民，拥有从普通到较低职业技能的劳动者只有获得联邦劳动局条件极其苛刻的许可之后才能获得居留权，而高等人才则显然更容易获得工作居留权。融合期望第一次被写入德国的《外国人法》。

从那之后，《居留许可法》经历了多次修正。这往往是由于欧盟层面的法律规定。因为居留许可法是欧洲一体化的重要部分。在《居留许可法》生效之前，关于家庭团聚的欧共体指令第 2003/86/EG 号[25]已经生效，并于 2005 年 10 月 3 日转化为内国法。此外欧盟蓝卡项目[26]已经内化为《居留许可法》中第 19a 条关于欧盟蓝卡的规定。与此同时，此前高等人才通过《劳动移民管理法》[27]第 18a 条享有一定的特权，《居留许可法》第 18b 条与第 18c 条则进一步改善了外国留学生的永久居留许可和工作机会。[28] 德国立法者为满足专业劳动力的需求而超越《高等人才就业指令》[29]的规定，进一步放宽了标准。[30] 它不仅规定了移民本身，而且规定了长期的居留条件。欧盟指令第 2014/36/EU 号[31]规

---

〔25〕 Richtlinie 2003/86/EG des Rates vom 22. September 2003 betreffend das Recht auf Familienzusammenführung, ABl. L 251/12.

〔26〕 Richtlinie 2009/50/EG des Rates vom 25. 5. 2009 über die Bedingungen für die Einreise und den Aufenthalt von Drittstaatsangehörigen zur Ausübung einer hochqualifizierten Beschäftigung, ABl. L 155/17.

〔27〕 Gesetz zur arbeitsmarktadäquaten Steuerung der Zuwanderung Hochqualifizierter und zur Änderung weiterer aufenthaltsrechtlicher Regelungen (Arbeitsmigrationssteuerungsgesetz) vom 20. 12. 2008, BGBl. I 2846.

〔28〕 Gesetz zur Umsetzung der Hochqualifizierten-Richtlinie der Europäischen Union vom 1. 6. 2012, BGBl. I 1224. Dazu *Herzog-Schmidt*, Zuwanderung Hochqualifizierter, Die Blue-Card-Richtlinie 2009/50/EG und ihre Umsetzung in Deutschland, Baden-Baden 2014 (zugl. Konstanz, Univ., Diss. 2012/13); *Langenfeld/Waibel*, FS Hailbronner, 2013, S. 169, 174 ff.; *Steller*, ZAR 2013, 1 ff.; *Kolb/Fellmer*, ZAR 2015, 105 ff.

〔29〕 S. Fn. 25.

〔30〕 *Strunden/Schubert*, ZAR 2012, 270 ff.; insg. krit. *Aumann*, ZESAR 2014, 467, 472.

〔31〕 Richtlinie 2014/36/EU des Europäischen Parlaments und des Rates vom 26. Februar 2014 über die Bedingungen für die Einreise und den Aufenthalt von Drittstaatsangehörigen zwecks Beschäftigung als Saisonarbeitnehmer, ABl. L 94/375.

定了季节性劳动者的劳动市场准入。在企业内部人员流动中,短期居留的条件是由欧盟“公司内部人员流动”(ICT:Intra-Cooperate-Transfer)指令第2014/66/EU号[32]规定的。[33] 两项指都迅速地转化为内国法,尤其是《德国居留许可法》第19b条及以下各条与第39条。[34]

基于欧共体指令第2009/52/EG号[35],德国在2011年规定了对于非法务工的惩罚。[36] 由于难民的急剧增多,《德国居留权与居留终结法案》[37]在《德国居留许可法》第17a条规定了18个月的短期居留,以便获得教育培训以及其后参加国外执业资格认证考试。除此之外为使难民更容易融入劳动市场,德国立法者还规定了大量的巩固措施。例如,《德国避难程序加速法》[38]规定难民可以参加培训以提升与其工作相关的语言能力。

由于担心迁徙自由被滥用,2014年随着《欧盟自由迁徙法》的修正,拥有迁徙自由的欧盟公民的居留权也发生了改变,如果他们不继续求职而且不存在获得工作的希望,则首次求职居留的期限为半年。[39]

(二)欧盟内的迁徙自由

自1957年欧洲经济共同体建立起开始,构建欧盟的支柱之一就是劳工享

---

[32] Richtlinie 2014/66/EU des Europäischen Parlaments und des Rates vom 15. Mai 2014 über die Bedingungen für die Einreise und den Aufenthalt von Drittstaatsangehörigen im Rahmen eines unternehmensinternen Transfers, ABl. L 157/1. Dazu *Klaus*, ZAR 2015, 1 ff.

[33] Zu beiden Vorschlägen *Beschorner*, ZESAR 2011, 209 ff.; zum Vorschlag der ICT-Richtlinie ferner *Bayreuther*, ZESAR 2012, 405 ff.

[34] Gesetz zur Umsetzung aufenthaltsrechtlicher Richtlinien der Europäischen Union zur Arbeitsmigration v. 12. 5. 2017 (BGBl. I 1106).

[35] Richtlinie 2009/52/EG des Europäischen Parlaments und des Rates vom 18. Juni 2009 über Mindeststandards für Sanktionen und Maßnahmen gegen Arbeitgeber, die Drittstaatsangehörige ohne rechtmäßigen Aufenthalt beschäftigen, ABl. L 168/24.

[36] Die arbeits- und sozialrechtlichen Folgen illegaler Beschäftigung darzustellen, würden diesen Rahmen sprengen. S. dazu *Deinert*, NZA 2017 nnn.

[37] V. 27. 5. 2015, BGBl. I 1386.

[38] V. 20. 10. 2015, BGBl. I 1722.

[39] Gesetz zur Änderung des Freizügigkeitsgesetzes/EU und weiterer Vorschriften v. 2. 12. 2014, BGBl I 1922.

有自由迁徙的基本权利。《欧盟自由迁徙条例》[40]对自由迁徙权作出了具体规定。这一规定是欧洲共同劳动市场的保障,从而使实现欧盟共同市场乃至其后的欧盟内部市场(Binnenmarkt)成为可能。大约有3/4的移民在欧盟内实现迁徙自由的过程中来到德国的。[41] 尽管如此迁徙自由仅仅很少被用到。原因是多种多样的,主要是由于人们并不仅仅是从经济方面进行考虑的。欧盟委员会希望增强自由迁徙的吸引力,使欧盟公民更愿意使用这一自由。这被规定在欧盟关于迁徙自由的第2014/54/EU号指令中。[42] 其中是否解决了自由迁徙的真正障碍,暂且不论。

自由迁徙使所有成员国公民可以进入其他成员国的劳动市场。对联邦德国而言,这意味着即使劳动市场不能容纳所有人,所有欧盟成员国的公民都有可能进入德国的劳动市场。德国劳动市场的需求量并没有进行过调查,也正是出于这个原因,《居留许可法》第39条第2款所规定的优先权也适用于对德国以外的其他欧盟公民。他们与德国公民受到同等对待。如果(一国的)劳动市场不需要这个劳动力,那么他就流向需要他的其他劳动市场。这当然是理想的设想,但在《欧盟运行条约》看来这种设想是不完全现实的。因为《欧盟运行条约》第45条第4款对持续的自由迁徙进行了规制,这种迁徙自由在完全市场机制中必然影响到退休人员。

德国立法者在《自由迁徙法/欧盟》中对欧盟公民(以及欧共体公民)的迁徙自由进行具体规定。第2条第1款规定有自由迁徙权的欧盟公民以及其家庭成员享有入境及居留权。其中尤其包括了作为劳动者的居留权,和因接受职业培训而获得的居留权,另外寻找工作机会可以获得6个月的居留权,如果求职者能够证明自己还要继续求职,并且有希望获得职位,则可以要求中断计算居留期限(第2条第2款第1项与第1a项)。持续合法居留至多5年便可获得《自由迁徙法/欧盟》第4a条第1款规定的长期居留权。

---

[40] Verordnung (EU) Nr. 492/2011 des Europäischen Parlaments und des Rates vom 5. April 2011 über die Freizügigkeit der Arbeitnehmer innerhalb der Union, ABl. L 141/1.

[41] *Kufer*, ZAR 2015, 262, 265.

[42] Richtlinie 2014/54/EU des Europäischen Parlaments und des Rates vom 16. April 2014 über Maßnahmen zur Erleichterung der Ausübung der Rechte, die Arbeitnehmern im Rahmen der Freizügigkeit zustehen, ABl. L 128/8.

针对土耳其公民适用特别法规。[43] 土耳其国民不享有迁徙自由,而必须像其他第三国国民一样依据基本原则进入劳动市场。但是,依据联合委员会决议1/80第6条,在合法劳动一年后,他们可以要求更新在同一雇主下的劳动许可。三年后获得该职业的劳动市场准入,四年后则可以获得完全自由的劳动市场准入。不过,决议第14条第1款规定,基于公共安全及秩序的理由可以拒绝授予这些权利。

(三)难民准入

根据《德国难民法》第55条的规定,提交难民申请的外国人自签发《德国难民法》第63a条意义上的到达证明之日起,获得居留许可。《德国难民法》第47条第1款规定,难民有义务居住在收容机构,期限为6周至6个月,但根据《德国难民法》第61条第1款的规定,他们不可以从事任何工作。除此之外,依据《德国难民法》第61条第2款的规定,在联邦领域内居留3个月后,在劳动局许可下或者基于法律规定,他们可以允许从事工作。不过,《德国难民法》第61条第2款第4句将来自安全国家的外国人排除在外。因为他们没有避难的意愿,所以其居留必须很快被终止。基于《德国劳动条例》第32条第1款第2句的规定,结合《德国居留许可法》第39条第2款规定的优先审查[参见二(四)],可以签发工作许可。依据《德国劳动条例》第32条第5款第2项,在15个月居留后无需进行优先审查。但是仍需执行等值审查[参见二(四)]。此外根据实践的反映,除非存在具体的工作机会,居留许可便常常被混淆为"未许可工作"的附属许可。[44] 最终难民们显然常常由于对于相关法律规定的不知情而没有工作许可。只有在居留48个月后,避难申请人才能获得《德国劳动条例》第32条第2款第5项规定的完全无限制的劳动市场准入。

作为难民,首先是《德国基本法》第16a条第1款意义上的受政治迫害者,通过保障居留权而受到保护。然而其现实意义十分微弱,因为德国周边都是安全的第三国。获得认可的避难者可以进入劳动市场。依据《德国居留许可法》第25条第1款的规定,授予其工作居留许可。但是《德国难民法》第3条意义上有权享有国际保护者(international Schutzberechtigte)也是受惠的。他们是《日内瓦难民公约》意义上的由于种族、宗教、国籍、政治确信或者属于其国籍国外某一特定社会

---

〔43〕 Vgl. etwa *Heuschmid/Hlava*, in: Kittner/Zwanziger/Deinert/Heuschmid (Hrsg.), 9. Aufl., Arbeitsrecht, München 2017, § 107 Rn. 24 ff.

〔44〕 *V. Planta*, NJW 2016, 18, 20.

团体而畏惧受到个人迫害的难民。根据《德国居留许可法》第25条授予这些人以居留许可。若获得庇护资格或者难民资格的条件不复存在,则承认会被撤销,保护也会被取消。于第一次获得居留许可3年后,难民在一定条件下有权请求获得《德国居留许可法》第26条第3款规定的永久居留许可。此许可允许从事工作。

依据《德国难民法》第4条的规定,在国外受到死刑、刑讯或者非人道对待而受到重大伤害以及生命或者身体完整性受到重大威胁的外国人有权获得补充性的保护。其中尤其包括所谓的内战难民。《德国居留许可法》第26条第1款第3句规定,他们可以获得一年的居留许可,并可以延长两年。根据《德国劳动条例》第31条的规定,他们的居留许可无需联邦劳动局的许可就能从事工作。依据该条例第26条第4款与《德国居留许可法》第9条规定,他们可以在五年后获得永久居留许可。

所谓的经济难民在联邦境内无法获得难民地位。这包括了所有未成功通过避难程序,依据《德国居留许可法》第50条必须出境的,因为他们没有(不再有)居留权。出境义务依照《德国居留许可法》第57条及以下规定进行遣返或者驱逐。如果存在《德国居留许可法》第60条意义上的生命或自由危险,则不执行驱逐。除此之外,根据《德国居留许可法》第60a条规定,如果由于现实或法律的原因无法执行驱逐的,可以暂缓驱逐,即容忍。

(四)基于劳动市场政策的准入

原则上,外国人需要获得《德国居留许可法》第4条第1款意义上的居留权利才能入境并居留。然而从事工作则取决于该法第4条第3款规定的资格,这一资格来自于该法第2条规定的法律或者居留许可。由于缺少法律规定,是否授予工作居留权取决于联邦劳动局的许可。虽然许可是内部事务,但是居留权利是由移民局授予的。这种"一站式"政府现在也是欧洲法律标准,因为欧盟指令第2011/98/EU号于第4、6条要求设立统一程序来签发合并的许可。[45] 其

---

[45] Richtlinie 2011/98/EU des Europäischen Parlaments und des Rates vom 13. Dezember 2011 über ein einheitliches Verfahren zur Beantragung einer kombinierten Erlaubnis für Drittstaatsangehörige, sich im Hoheitsgebiet eines Mitgliedstaats aufzuhalten und zu arbeiten, sowie über ein gemeinsames Bündel von Rechten für Drittstaatsarbeitnehmer, die sich rechtmäßig in einem Mitgliedstaat aufhalten, ABl. L 343/1; umgesetzt im Gesetz zur Verbesserung der Rechte von international Schutzberechtigten und ausländischen Arbeitnehmern v. 29. 8. 2013, BGBl. I 3484.

中移民局与劳动局是分别从移民以及劳动市场的角度来进行裁量的。[46]

《德国居留许可法》第 18 条及第 39 条是规制劳动移民的核心条款,其适用于所有除难民和享有迁徙自由者之外的、已经进入德国的人。该法第 18 条第 1 款规定,应当在考虑劳动市场与有效抵制失业必需性的关系的前提下,依据德国经济位置的需要,有针对性地签发许可。该法第 18 条第 2 款规定,工作居留权利需要根据本法第 39 条第 2 款获得劳动局的许可。但是对于缺少资质的工作,只有当国家间协定或者该法第 42 条所规定的行政法规允许时,才能签发后一种许可。在以合格的职业培训为前提的职业类型中的工作,也需要依该法第 18 条第 4 款,通过第 42 条所规定的行政法规获得与之相关的许可。然而现实中有可能出现从某种公共利益出发,即使不满足这种前提,也可以授予附有劳动局许可的居留权利的情况。

上述所有居留权利都以获得《德国居留许可法》第 39 条规定的劳动局的许可为前提。只要工作不对劳动市场产生消极影响(《德国居留许可法》第 39 条第 5 款),《德国居留许可法》第 19 条规定的高端人才就可以获得永久居留许可。而在其他情形下,《德国居留许可法》第 39 条第 2 款则要求,在前述条件外,还需满足不存在德国人或依欧盟法律有优先权的外国人(优先审查),以及工作条件不劣于可比的德国人(等价性审查)的条件。《德国居留许可法》第 39 条第 2 款第 1 句第 2 项规定,如果已经对某些职业类型或者经济行业进行审查,并且得出以外国申请者从事开放职业对劳动市场及融合政策具有合理性的结果时,就不必满足这两项条件。

在居留许可的等价性审查中已明确要求存在具体的工作机会。这在《德国居留许可法》第 18 条第 5 款中已经十分明确,除此之外仍需存在或者允诺可能必要的工作许可。此外雇主有义务按照《德国居留许可法》第 39 条第 2 款,为实现等价性审查提供与之相关的信息。

即便满足了签发许可的条件,也可以依据《德国居留许可法》第 40 条规定拒绝签发许可。本法第 40 条第 1 款第 2 项规定,劳务派遣的情形被排除在许可范围之外。此外经过非法中介或招聘而成立的劳动关系,也会被拒绝签发许可(《德国居留许可法》第 40 条第 1 款第 1 项)。如果雇主或劳动者此前曾经违反过特定劳动市场规范,许可也会被拒绝。最后许可会由于外国人本人的某些重

---

[46] *Aumann*, ZESAR 2014, 421, 424 ff.

要原因被拒绝(《德国居留许可法》第 40 条第 2 款第 2 项)。

前文所提到的监管不适用于对《德国居留许可法》第 19 条规定的高端人才获得永久居留权,以及高端人才的欧盟蓝卡(《德国居留许可法》第 19a 条)中的居留权。后者规定了《德国居留许可法》第 19a 条第 2 款中学者的最低收入。依据《德国劳动条例》第 2 条的规定,最低收入应当达到一般养老保险金额的 2/3,这项数额在 2017 年达到 4233.33 欧元(西部),3800.00 欧元(东部)。[47]《德国居留许可法》第 51 条第 10 款规定,持有欧盟蓝卡可在欧盟外停留 12 个月而不影响其居留身份。在工作 33 个月后,依《德国居留许可法》第 19a 条第 6 款可获得永久居留许可。

另一个值得一提的特别规定,是《德国劳动条例》第 26 条第 2 款中针对来自西巴尔干国家的移民。在 2020 年以前,这些国家的移民即便职业技能水平较低也可以允许工作。

(五)其他入境移民

此外还存在大量的关于居留许可的规定,以及至少间接地服务于劳动市场政策的关于工作许可的规定。

《德国居留许可法》第 18c 条规定,可以授予高端人才以求职工作许可,这有助于控制劳动市场的准入。类似的还有为将欧盟 ICT 指令转化为内国法而设置的相关规定,其中规定了因欧盟成员国企业内部的人员流动,第三国国民有权获得短期的居留许可。[见二(一)]

为适应 2015 年难民潮,《德国居留许可法》增设了第 17a 条,该条规定为了能够接受一定的教育培训以获得相关的职业资格,可以允许一定限度地从事工作,尤其当该工作与将来工作的专业知识相关时。

(六)结论

非德国籍人士能否获得劳动市场准入,取决于有利于德国籍、欧盟成员国国籍者的优先审查与等价性审查,同时还要符合德国这一经济体的利益。除此之外,许多外国人拥有一条不受劳动市场政策控制的劳动市场准入路径,即享有迁徙自由的欧盟公民。而难民还拥有另一条市场准入路径,即出于人道原因进入德国领土并且基于社会整体因素同样必须进入劳动市场。

---

〔47〕 在欧洲层面进行比较较为容易,*Kolb/Fellmer*,ZAR 2015,105,107。

三、劳动法的影响

(一)可适用的法律

与在其他国家一样,外国人的工作条件往往较为恶劣。外来劳工史表明,外来劳动者与德国劳动者享有不同的待遇与工作条件。[48] 最近联邦政府在回答左翼政党质询时也承认,外国劳动者与德国劳动者的报酬(但并没有涉及移民的报酬,而是得出结论)相比明显更低。[49] 2015年外国全职劳动者报酬均值达到2465.00欧元,大约下降700.00欧元(相比3141.00欧元)。仅有大约20%的全职德国劳动者的工资低于最低工资标准的2056.00欧元。而在外国全职劳动者中这一比例达到36%。在不同教育程度的低收入劳动者中,两组劳动者的分布区别不大。只是外国劳动者相较德国劳动者占比明显更高(未经过职业培训的为45%:34%;有职业培训的为11%:4%)。

造成外来劳工待遇更为恶劣的原因同样在于执行力的缺失以及往往处于更为劣势的谈判地位。例如,相关人员往往完全不知道自己享有何种权利,因此不会行使,他们也——可能由于语言障碍——而在谈判中执行能力较为缺乏。当失业将导致失去居留权时,无疑权利便无法有效地行使。[50] 尤其是在国内非法务工的移民,他们行使权利显然更加困难,尤其是考虑到《德国居留许可法》第87条第2款规定的申报义务。[51] 最后,移民可能因为无法展现出教育优势或缺少职业技能,而面对更为恶劣的工作条件。显而易见,目前对这个问题尚未有科学研究。虽然可能或极其可能这些差别待遇是不正当的,且存在法律意义上的歧视,但这些目前都没有明显的证据。毕竟各种研究表明,移民相较同等条件下非移民在求职中往往机会更少。[52]

相反,外来劳工待遇恶劣的原因并不是来自所适用的法律。从冲突法的角

---

〔48〕 对此 *Eichenhofer* (Fn. 4), S. 26, 29, 中的论述尤其值得注意。

〔49〕 BT-Drs. 18/10603.

〔50〕 ILO, International Labour Conference 2016, Promoting fair migration, S. 147.

〔51〕 Dazu *Deinert*, NZA 2017, nnn.

〔52〕 Vgl. *Zschirnt/Ruedin*, Ethnic discrimination in hiring decisions: a meta-analysis of-correspondence tests 1990 - 2015, Journal of Ethnic and Migration Studies 2016, 1115 ff.

度看，虽然《罗马第一条例》[53]第3条与第8条允许选择所适用的法律，但是依据该条例第8条第1款第2句的规定，选择适用的法律不可以偏离客观合同规程的强制规定而损害劳动者的利益。该条例第8条第2款规定，这些强制规定以工作或者经常工作地（*lex loci laboris*）法律规定为准。该条例第8条第3款规定，居留地法律（*lex filiae*）这一连接点仅仅补充性地[54]适用。如果从整体情况来看，合同与另一个国家具有更紧密的关系，工作地法律与居留地法就可以根据规避条款而被排除适用。相应地，便可基于《罗马第一条例》第8条第4款的规定，适用该他国的法律规定。在通常情况下，在德国工作的移民的客观合同规程根据前述规定适用德国法，因为无论工作地还是居留地均在德国国内。即使外国劳动者的合同适用外国法，也可以依据《罗马第一条例》第9条第2款的规定同时适用作为所谓干涉规定（Eingriffsnormen）的德国法。虽然干涉规定的适用需要足够的国内因素，[55]但是通常情况下在国内工作这一点就足以肯定国内因素的存在。尤其是《德国劳务派遣法》第2条中所列举的一系列硬性工作条件（派遣劳工的最低工资、最低休假、工作时间、借工条件、劳动保障以及反歧视法）包含了对于以这种方式使用的各种法律。此外，《德国劳务派遣法》第3条、第4条、第7条与第7a条规还规定了有约束力的劳资协定及法律规章。

（二）原则上不存在针对外国劳工的特殊规定

所有合法进入德国劳动市场，并且其劳动关系受到德国法规制的劳动者，与其他在国内工作的受德国法规制的劳动者一样适用所有劳动法的相关规定。“在德国劳动法面前，德国与外国劳动者原则上平等。”[56]例如应遵守所有的劳动保障法。迄今，几乎不存在针对所有外国人或者专门地针对难民

---

〔53〕 Verordnung（EG）Nr. 593/2008 des Europäischen Parlaments und des Rates vom 17. 6. 2008 über das auf vertragliche Schuldverhältnisse anzuwendende Recht（Rom Ⅰ），ABI. L 177/6.

〔54〕 *Martiny*, in：Säcker/Rixecker/Oetker（Hrsg.），Münchener Kommentar zum BGB（MünchKomm），Bd. 10, Internationales Privatrecht I, 6. Aufl.，München 2015, Art. 8 Rom I-VO Rn. 69.

〔55〕 MünchKomm-*Martiny*, Art. 9 Rom I-VO Rn. 122；BeckOGK-*Knöfel*, Art. 8 Rom I-VO Rn. 83.

〔56〕 *Hanau*, FS 25 Jahre Bundesarbeitsgericht, 1979, S. 169, 170.

的特殊规定。[57] 然而值得注意的是《德国劳动岗位保障法》第 16 条第 6 款规定,当在国内工作的拥有合法居留权的劳动者拥有《欧洲社会宪章》国家国籍时,在征召入伍时与德国人一样享受工作岗位保护。[58] 这是关于外国人的特别法,是针对原本仅适用于德国人的法律作出的反应。[59] 然而联邦劳动法院在土耳其缩短兵役案中认为,在无劳动报酬请求权的情况下存在履行抗辩权。因为依据新的规定,现在对于土耳其籍的劳动者也适用劳动岗位保护。对于不享有《德国劳动岗位保障法》第 16 条第 6 款规定的劳动岗位保护的劳动者,司法解释的原则也继续适用。[60] 此外需要指明的是《德国劳务转让法》第 11 条第 2 款第 2 句规定,基于外国籍派遣劳工的请求,雇主必须以其母语当面交付许可机关关于该法主要内容的说明。最后在《德国选举条例》第 2 条第 5 款中提到,在出现语言障碍时应在企业组织内保障选举权[参见下文(三)5]。

然而移民的状况常常出现特殊的法律问题,这些问题对于本国人而言通常并不存在,但对于外国人来说,却没有相关的规定。这些特殊问题不能面面俱到地探讨。重要的并非国籍本身,而是移民常常陷入其他的困境,比如语言障碍或者能力问题,宗教也是[61]——这些问题并非偶然,要克服它们对于劳动市场准入而言已经成为一个很大的挑战(参见上文第一部分)。

(三)外国劳动者在德国实体法中的地位

1. 雇佣与缔结合同

判例已经明确,劳动合同的效力并不取决于是否存在外国人法或者劳动许可法意义上的劳动许可。[62] 立法者也已经通过《德国居留许可法》第 98a 条明

---

[57] Vgl. auch *Schubert*, AuR 2015, 430, 437.

[58] Dazu *Gutmann*, NZA 2017, 889.

[59] BAG 22. 12. 1982 – 2 AZR 282/82 – AP Nr. 23 zu § 123 BGB; BAG 7. 9. 1983 – 7 AZR 433/82 – AP Nr. 7 zu § 1 KSchG 1969 Verhaltensbedingte Kündigung.

[60] *Vogelsang*, in: Schaub, Arbeitsrechtshandbuch, 17. Aufl., München 2017, § 177 Rn. 1.

[61] Dazu in vergleichender Perspektive *Vickers*, in: Costello/Freedman, (Hrsg.) Migrants at Work, Immigration and Vulnerability in Labour Law, Oxford 2014, S. 324 ff.

[62] BAG 19. 1. 1977 – 3 AZR 66/75 – AP Nr. 3 zu § 19 AFG; BAG 13. 1. 1977 – 2 AZR 423/75 – AP Nr. 2 zu § 19 AFG, m. zust. Anm. *Engels*; BAG 16. 12. 1976 – 3 AZR 716/75 – AP Nr. 4 zu § 19 AFG; anders noch BAG 30. 5. 1969 – 5 AZR 256/68 – AP Nr. 4 zu § 35 AVAVG.

确了这一点。[63] 据此，在违法用工的情况下，雇主也有义务向劳动者支付约定报酬。

因为公法上禁止雇主雇用无工作许可的外国人，所以雇主有权询问劳工是否拥有外国人法上所规定的务工资格。[64] 在虚假答复的情况下，雇主可以基于《德国民法典》第123条的恶意欺诈行使撤销权。[65] 然而当撤销原因在提交撤销声明时，已经失去其对劳动关系的意义，则基于诚实信用原则不再享有撤销权。[66] 例如，非法工作的外国人在此期间获得工作许可并且基于该许可长期工作。[67]

与相关问题相独立，应当认为，缔约过程中存在一个附随义务，即便未经询问也应当说明欠缺履行能力或缺少务工资格，所以如果隐瞒则雇主拥有撤销权。[68] 然而雇主根据《德国社会法典》Ⅲ第404条第2款第3项以及《德国居留许可法》第4条第3款第4句负有公法上的义务，询问是否存在相应的居留许可。哈瑙（Hanau）正确指出，如果求职者能够认为雇主可以预见到自己缺少务工资格，则其不负有说明义务。[69]

此外一开始缺少居留许可时，允许订立附条件的合同，约定获得务工资格。[70]

若雇主不知道劳动者是外国人，则合同由于性质错误不可撤销，否则就会与在缺少工作居留许可时仍然肯定劳动合同效力这一原则发生价值冲突。[71]

---

〔63〕 BR-Drs. 201/11, S. 75; *Huber*, NZA 2012, 477, 478; *Schubert*, AuR 2015, 430, 434 f.

〔64〕 *Hanau*, FS 25 Jahre BAG, 1979, S. 169, 181; *Asgari*, DB 2017, 1325, 1326.

〔65〕 *Schubert*, AuR 2015, 430, 436.

〔66〕 BAG 28. 3. 1974 – 2 AZR 92/73 – AP Nr. 3 zu § 119 BGB; BAG 12. 2. 1970 – 2 AZR 184/69 – AP Nr. 17 zu § 123 BGB; BAG 5. 10. 1995 – 2 AZR 923/94 – AP Nr. 40 zu § 123 BGB.

〔67〕 Großzügiger *Wollenschläger*, RdA 1994, 193, 205: im Falle der Erteilung der Erlaubnis oder deren Entbehrlichwerden.

〔68〕 *Hanau*, FS 25 Jahre BAG, 1979, S. 169, 181 f.

〔69〕 *Hanau*, FS 25 Jahre BAG, 1979, S. 169, 182.

〔70〕 *Hanau*, FS 25 Jahre BAG, 1979, S. 169, 180.

〔71〕 Vgl. *Hanau*, FS 25 Jahre BAG, 1979, S. 169, 183.

依据《德国企业组织法》第99条第2款第1项的规定,企业工会在缺少劳动许可的情况下享有独立的雇佣同意抗辩权。[72] 这是关于反对雇佣劳动者本身的规定,因为此劳动者不被允许在企业中工作。

2. 平等对待与语言风险

德国实体法原来不包含关于劳动移民工作的条文。雇用外国劳动者的雇主理应受到劳动法上平等原则的约束。[73] 此外,《德国普遍平等对待法》也禁止由于种族歧视。《德国普遍平等对待法》第12条要求雇主必须采取措施保护劳动者免受同事及第三人歧视。

平等对待原则与禁止歧视并不意味着外国人在各个方面都享受与德国劳动者同样的待遇。在雇主承诺为劳工提供能够从事工作的条件的范围内,《德国居留许可法》第39条第2款的等价性审查也只能起到反射性的保护作用,但该规定并没有创设私法性质的请求权。[74]

有时平等对待问题也可能产生在外国劳动者之间。原则上外国劳动者不能由于回国所需时间更久而要求比德国劳动者更长的假期。[75] 但是若雇主自愿保障外国劳动者的额外假期,则其不能将其他外国劳动者排除在外。[76] 此外不可忽视《德国企业组织法》第87条第1款第5项规定的共同决策权。但是反之对于德国劳动者而言,并不存在要求平等对待的请求权。

法院已经在多起案件中处理关于工作岗位中是否佩戴头巾的问题。[77] 这原本不是某种特殊的劳工移民问题。但佩戴穆斯林头巾的问题恰好常常涉及移民劳动力。关于宗教信仰的平等对待也与这一话题有关。根据欧共体第

---

〔72〕 BAG 22. 1. 1991 – 1 ABR 18/90 – AP Nr. 86 zu § 99 BetrVG 1972; *Schubert*, AuR 2015, 430, 436.

〔73〕 Vgl. *Wollenschläger*, RdA 1994, 193, 200, 201.

〔74〕 *Deinert*, Internationales Arbeitsrecht, § 10 Rn. 187; *ders.*, Beschäftigung ausländischer Arbeitnehmer in Inlandsbetrieben, S. 51.

〔75〕 Zur Problematik der Erkrankung während des Urlaubs im Heimatland s. Kittner/Zwanziger/Deinert/Heuschmid-*Heuschmid*/*Hlava*, § 107 Rn. 51 ff.

〔76〕 *Woltereck*, in: Ansay/Gessner (Hrsg.), Gastarbeiter in Gesellschaft und Recht, S. 102, 116; *Blank*, AuR 1994, 286, 291.

〔77〕 S. u. Fn. 86.

2000/78/EG 号平等对待框架指令,欧洲人权法院最近界定了其框架。[78] 由于顾客拒绝佩戴头巾而解雇被视作由于宗教的直接歧视,因为顾客偏好不能成为职业要求的本质及决定性理由。[79] 与此相对的欧洲法院认为,一般性地禁止每个在工作岗位明显佩戴政治、哲学或宗教标识仅是一种间接的不平等对待,而这种不平等对待可以通过企业的中立政策得以正当化。[80] 当然这并不是无懈可击的,因为毕竟每个想佩戴宗教标识的人都因此受到阻碍。[81] 除此之外还涉及其他宗教信仰者,这并未改变其直接与宗教相关的状况。[82]

平等对待当然不意味着不加区别地同样对待。因此例如因受教育程度较低而获得较少的报酬,是正当的。区别对待还有可能是意思自治的结果,这种意思自治无需雇主依据平等对待原则意义上的普遍原则采取行动,或者依据《普遍平等对待法》第 1 条中条件之一而不同对待。只要在未违反平等对待原则情况下,外国劳动者与相应的德国劳动者相比享有更差的劳动条件,雇主仍然受到劳动者保护法强制规定的约束。比如其必须保障所有在国内工作的劳动者享有法定最低工资。[83] 《德国最低工资法》第 20 条明确规定了这一点。《德国劳务派遣法》第 2 条第 1 款所规定的则是干涉权(Eingriffsrecht)。政策上所讨论的难民最低工资例外并未成为法律。这不仅是针对种族的歧视,也可能导致《德国最低工资法》对于人格尊严的保护被相对化。[84]

语言上的风险也很重要。原则上每一方都面临语言风险。不论谁在合同上通过“是”或者默示行为接受合同,不论其是否已经理解“是”的含义,都受到《德国民法典》第 133、157 条的约束。判决认为,当一名语言不通的葡萄牙人签

---

〔78〕 Umfassende Analysen bei *Berka*, DRdA 2017, 247 ff.; *Sagan*, EuZW 2017, 457 ff.

〔79〕 EuGH 14. 3. 2017 – C – 188/15 – NZA 2017, 375 – Bougnaoui.

〔80〕 EuGH 14. 3. 2017 – C – 157/15 – NZA 2017, 373 – Achbita.

〔81〕 *Sagan*, EuZW 2017, 457, 459 f.

〔82〕 Zutr. *Preis/Morgenbrodt*, ZESAR 2017, 309, 312.

〔83〕 Zu möglichen Ausnahmen bei Berufsorientierungspraktika *Schubert*, AuR 2015, 430, 435.

〔84〕 *Sagan*, EuZW 2017, 457, 459 f.

署了与其订立的劳动合同,则合同有效成立,这在结论上是正确的。[85] 他也不可因为错误而享有撤销权,因为宣称不了解内容并非错误。[86] 然而在这一问题上,有观点认为,在明显不懂语言的外国人中,采用这些原则将导致种族歧视,因此明显存在不理解或者误解时雇主应当作出进一步的解释甚至提供翻译,若雇主违背这项义务,则依据《德国民法典》第311条第2款第1项负有赔偿义务。[87] 依据《德国民法典》第249条这可能导致不利交易,例如合同变更的解决方案。在其他情况下可能是以损害赔偿形式的经济补偿。

真正的问题是,从禁止歧视的规定中能否推导出争取结果平等的义务。我认为答案是否定的。虽然当禁止为了祈祷而中断工作时,人们可以质疑劳动者是否被平等对待。但这仅仅使得在宗教预定的确定时间实施宗教活动变得困难,而其他人在工作时间外仍可以祷告。因而所有人在形式上仍然受到了平等的对待。从欧共同体第2000/43/EG[88]、2000/78/EG以及2006/54/EG[89]号指令的规定来看,禁止歧视首要目的在于实现形式平等。因为指令仅部分规定了内容广泛的义务,即欧盟第2000/78/EG号指令第5条规定的为残疾人设置适当的防护措施的义务。德国立法者更加保守,他们虽然允许采取积极措施,

---

[85] BAG 19. 3. 2014 – 5 AZR 252/12 (B) – AP Nr. 26 zu § 130 BGB m. krit. Anm. *Mankowski* (= NZA 2014, 1076 = DB 2014, 1623); ebenso *Rieble*, FS Löwisch, 2007, S. 229, 232 ff.; krit. dazu *Bepler*, FS Höland, 2015, S. 452 ff. Für eine großzügigere Herangehensweise bei völlig rechtsunkundigen Menschen aus Arabien und Südost-Europa *Schubert/Räder*, Flüchtlinge in Arbeit und Ausbildung, S. 67; *Schubert*, AuR 2015, 430, 435.

[86] BAG 19. 3. 2014 – 5 AZR 252/12 (B) – AP Nr. 26 zu § 130 BGB, Rn. 53, m. Anm. *Mankowski*. 当劳动者对于内容事实上有不同的理解时,这似乎是不正确的。

[87] *Däubler*, Das Arbeitsrecht 2, Rn. 1681 f.; im Anschluss an Erwägungen zur vertraglichen Pflichtenstellung bei*Jancke*, Das Sprachrisiko des ausländischen Arbeitnehmers im Arbeitsrecht, München 1987 (zugl. Bremen, Univ., Diss. 1987), S. 125 ff., 170 ff. Ähnlich etwa Kittner/Zwanziger/Deinert/Heuschmid-*Heuschmid/Hlava*, § 107 Rn. 44 ff.

[88] Richtlinie 2000/43/EG des Rates vom 29. Juni 2000 zur Anwendung des Gleichbehandlungsgrundsatzes ohne Unterschied der Rasse oder der ethnischen Herkunft, ABl. L 180/22.

[89] Richtlinie 2006/54/EG des Europäischen Parlaments und des Rates vom 5. Juli 2006 zur Verwirklichung des Grundsatzes der Chancengleichheit und Gleichbehandlung von Männern und Frauen in Arbeits- und Beschäftigungsfragen (Neufassung), ABl. L 204/23.

比如在平等对待框架指令中的第7条中也如此规定，但并没有规定采取适当防护措施的义务（此外见《德国社会法典》第4卷第81条第4款规定的标准）[90]。这可以反面推论出，虽然歧视性的不公平对待是禁止的，但是即使有不同出发条件，平等对待也是不能普遍化的。[91] 除所提到的标准之外，雇主无平衡外国劳动者较差歧视条件的义务。这适用于人种方面的差异，也适用于宗教和世界观方面的差异相同。欧洲法院在头巾案判决中采取相反的立场，现在当然是被反对的：从禁止歧视原则中根本无法得出，雇主必须允许雇员戴头巾，歧视的问题因而根本不会出现。当然人们也可以从另一种角度看，只要佩戴头巾（或者十字或者其他宗教符号）并非宗教活动，而仅仅是识别信仰的问题。

这当然仅仅涉及禁止歧视方面。因为保护义务学说认为，在基本权对第三人产生间接效力的范围内，雇主可能在特定自由权意义下，负有实现基本权所保护行为的义务。[92] 在此意义上判例要求，雇主在行使其领导权时应当考虑到，穆斯林信仰禁止雇员处在有酒精的环境中。[93] 同样地也应当顾及雇员的良心冲突。[94] 这当然只是在企业内部具有可能性，而且并未限制雇主的本身企业决策自由。德国判例在其头巾判决中强调自由权而不是平等权，这一结论也是正确的。[95] 出于宗教动机佩戴头巾据此无论如何不是解雇售货员的一般理由，因为佩戴头巾绝对不会必然导致经营的紊乱或者经济上的损失，而且雇主在行使其命令权时已经考虑到。[96] 雇主也可能在利益衡量的框架下有义务作出安

---

[90] MünchKomm-*Thüsing*, § 1 AGG Rn. 11.

[91] *Hanau*, ZIP 2006, 2189, 2191; iE ebenso *Hey*, in: Hey/Forst (Hrsg.), AGG, 2. Aufl., Frankfurt/M. 2015, § 3 Rn. 53; wohl auch MünchKomm-*Thüsing*, § 1 AGG Rn. 11.

[92] Vgl. aus arbeitsrechtlicher Sicht: Kittner/Zwanziger/Deinert-*Deinert*, § 1 Rn. 13 ff. m. w. N.

[93] BAG 24. 2. 2011 – 2 AZR 636/09 – NZA 2011, 1087.

[94] BAG 24. 5. 1989 – 2 AZR 285/88 – AP Nr. 1 zu § 611 BGB Gewissensfreiheit.

[95] BAG 10. 10. 2002 – 2 AZR 472/01 – NZA 2003, 483, 486; BVerfG 30. 7. 2003 – 1 BvR 792/03 – NZA 2003, 959, 960; BVerfG 27. 1. 2015 – 1 BvR 471/10, 1 BvR 1181/10 – NJW 2015, 1359.

[96] BAG 10. 10. 2002 – 2 AZR 472/01 – NZA 2003, 483.

排使劳动者在工作时间也可以祈祷。[97] 同样在不损害企业利益情况下,也可以基于宗教自由而请求不在周六工作。[98]

针对这种追求结果平等的形式上的不平等,那些无法从中获益的人不能用歧视这个理由来批评它。因为欧共体第 2000/78/EG 号指令第 7 条、第 2000/43/EG 号指令第 5 条以及与之相应的本国法《德国普遍平等对待法》第 5 条明确指出,这种积极措施并不是被禁止的歧视。该条允许私法主体除了通过基本权对第三人的间接影响这一途径外,还可以采取其他积极保障完全平等的措施。

从中得出,宽泛的不平等对待关系的差异不是太大。因为联邦劳动法院关于语言风险的判决并不是以基本法上的立场为出发点的。曼科夫斯基(Mankowski)这样评论该判决"人们不安地感觉到意思自治的冷风在吹。19 世纪危机四伏。即便不理解内容,只要签字,签字者也对此负责。劳动者可以自卫。但是他真的可以吗?他真的可以有效地自卫吗?"[99] 这与联邦宪法法院以保护义务学说在给民事法庭的留念册中写到的,通过这样给无约束地以意思自治的名义设定界限的逻辑并无不同。[100] 只要最终决定合同内容的雇主,在国外招聘劳工并用外语进行合同谈判。合同是以劳动者未掌握的语言,而且其未完全反映出先前以其他语言谈判的结果,则被迫使用外语订立合同的劳动者即便作出了形式上的同意,也无论如何不能以这种形式上的同意作为判断根据。毕竟如何以教义学的方法考虑到保护义务是第二位的可以根据权力滥用排除期限的异议进行反对。对于未以劳动者掌握的语言进行协商的附加条款,也被联邦劳

[97] LAG Hamm 18. 1. 2002 – 5 Sa 1782/01 – NZA 2002, 675; LAG Hamm 26. 2. 2002 – 5 Sa 1582/01 – NZA 2002, 1090. Für einen freiheitsrechtlichen Ansatz wohl auch MünchKomm-*Thüsing*, § 3 AGG Rn. 50; *Brors*, in: Däubler/Bertzbach (Hrsg.), AGG, 3. Aufl., Baden-Baden 2013, § 8 Rn. 43; *Däubler*, ebd., Einl. Rn. 55.

[98] LAG Schleswig-Holstein 22. 6. 2005 – 4 Sa 120/05 – AuR 2005, 382.

[99] *Mankowski*, Anm. zu BAG 19. 3. 2014 – 5 AZR 252/12 (B) – AP Nr. 26 zu § 130 BGB.

[100] BVerfG 7. 2. 1990 – 1 BvR 26/84 – BVerfGE 81, 242 – Handelsvertreter; BVerfG 19. 10. 1993 – 1 BvR 567 und 1044/89 – BVerfGE 89, 214 – Bürgschaften.

动法院[101]认为是意外的。[102] 从《德国民法典》第 241 条第 2 款的规定中也可以推论,在个案中雇主有义务用劳动者能够理解的语言证明工作条件[《德国证明法》(NachwG)与《德国民法典》第 242 条相结合更佳]。[103] 如果劳动者无法对于合同的优劣作出切实的判断,那么《德国民法典》第 307 条第 1 款第 2 句所要求的缔约透明性(Abschlusstransparenz)也有可能受到质疑。[104] 也可能存在其他的方案。不过,有疑问的是,对于不懂语言的雇员是否负有作为特殊照管义务的法律教育义务,比如《德国解雇保护法》第 4、7 条关于在解雇后由于威胁的效力假定而未遵守诉讼时效的规定。[105] 多数人认同,每一方都应自行承担自身利益的实现。因此为了自身利益,当一项人们不理解的解释说明被传达时,要求他迅速地去了解其含义。

但是这项自由权上的规则,在到达时间点问题上却得出了另外的结论。到达的时间点不能被混同为之后理解文件的时间点。[106] 因为到达是客观的。这取决于,解释说明这样成功到达受领者的支配范围,在通常情况下存在获悉这项说明的可能性。[107] 立法者依据的是受领,而非获悉;因此缺少语言知识并不

---

[101] BAG 19. 3. 2014 – 5 AZR 252/12 (B) – AP Nr. 26 zu § 130 BGB, Rn. 58 ff., m. Anm. *Mankowski*.

[102] Ähnlich *Woltereck*, in: Ansay/Gessner (Hrsg.), Gastarbeiter in Gesellschaft und Recht, S. 102, 110: völlig überraschende und unübliche Bedingungen von der Zustimmung nicht gedeckt und insoweit Dissens.

[103] *Bepler*, FS Höland, 2015, S. 452, 471 ff.; a. A. *Herbert/Oberrath*, DB 2009, 2434, 2438.

[104] Zum Gebot der Abschlusstransparenz etwa BAG 15. 12. 2016 – 6 AZR 478/15 – NZA 2017, 305.

[105] So *Woltereck*, in: Ansay/Gessner (Hrsg.), Gastarbeiter in Gesellschaft und Recht, S. 102, 112 ff.

[106] So *Däubler*, Das Arbeitsrecht 2, Rn. 1682a, unter Bezugnahme auf öffentlich-rechtliche Rechtsprechung, die m. E. nicht ohne Weiteres auf den privatrechtlichen Bereich übertragbar ist; ebenso Kittner/Zwanziger/Deinert/Heuschmid-*Heuschmid/Hlava*, § 107 Rn. 55.

[107] BGH 3. 11. 1976 – VIII ZR 140/75 – BGHZ 67, 271, 275.

影响到达。[108] 判例倾向于认为,如果雇主知道劳动者语言能力欠缺就否认到达,判例上这一观点便是错误的。[109] 如果雇主违背诚实信用原则利用了这一情况而使得劳动者错过期限的,则可以根据《德国民法典》第161、242条中的思想进行修正。

除此之外判例对假期中的解雇也给出同样的结果,这对移民而言正好涉及回国假期期间。在这里联邦劳动法院依据的也仅仅是受领而不是知悉。[110] 反歧视法也并未得出相反的判断。

在这些案例中,语言问题表现为在利益冲突情况下克服未知悉的责任。这涉及信息义务的范围。当雇主对雇员也负有使其理解雇主解释内容的义务时,则他可能负有特定的义务。[111] 比如《德国劳动保障法》第12条在劳动者提出要求时应当以劳动者的母语对劳动保护进行说明。[112]

3. 合同终止

在解雇方面,语言问题在判例上也已经得到重视。因为缺乏工作必需的语言知识而不能工作时,一般不会被聘用。若伪装成具有相应的知识,则可以依据《德国民法典》第123条撤销合同。只要语言要求可以基于工作内容而被正当化,这就不是一种间接的种族歧视。这与因劳动者不能履行工作而终止合同时一样的。其中判例认为,从企业决定自主原则出发,雇主可以自由地设定岗位要求而不受限制。但是如果事后调整岗位要求决定相当于解雇决定时,判例并不承认这种将导致劳动者被解雇的事后调整,因为这样雇主就有可能滥用性

---

[108] *Benedict/Singer*, in: Staudinger, BGB, Neubearbeitung 2017, § 130 Rn. 72; a. A. *Jancke*, S. 270 ff.

[109] Vgl. dazu etwa BAG 9. 8. 1984 – 2 AZR 400/83 – NJW 1985, 823, 824; i. E. wie hier *Herbert/Oberrath*, DB 2010, 391, 394.

[110] BAG 16. 3. 1988 – 7 AZR 587/87 – AP Nr. 16 zu § 130 BGB; BAG 24. 6. 2004 – 2 AZR 461/03 – NZA 2004, 1330, 1331.

[111] Zu pauschal daher *Rieble*, FS Löwisch, 2007, S. 229, 242 f.; Insoweit für eine grundsätzliche Zuweisung des Sprachrisikos im laufenden Arbeitsverhältnis an den Arbeitgeber *Herbert/Oberrath*, DB 2010, 391, 392 f.

[112] *Feldhoff*, in: Kohte/Faber/Feldhoff (Hrsg.), Gesamtes Arbeitsschutzrecht, § 12 ArbSchG Rn. 9.

地规避劳工解雇保护规定。[113] 在对岗位要求进行事后调整时，雇主必须证明，这种要求不仅是一项值得期待的任职资格，而且也是一项可理解的、与工作岗位本身有关的标准。这尤其要求必须与岗位工作任务相关。即使当雇主应当克服这一障碍，当劳动者从现在起不具备必需的语言知识时，解雇也并不当然就是正当的。如果雇员在接受继续培训之后能够胜任工作，那么依据最后手段原则，这种因变更岗位要求而进行的解雇也不能正当化。[114] 他必须给予劳动者获取必要的语言知识的机会。若雇主在未改变企业组织情况下提出新的要求，则不是因企业原因，而是因个人原因而导致的解雇。对于这种情况，判例从《德国基本法》第 12 条所保护的职业自由出发认为雇主也享有企业决策自由。但判例要求企业对于语言的要求不应具有歧视的性质。[115] 除此之外为避免价值冲突，对企业条件的解雇必须适用统一的规则。[116]

类似地，当雇员面临企业原因所导致的解雇，并且工作在另一个岗位上被检验，会以相同的方式出现岗位要求和语言要求的问题。在企业自由决策的范围内，雇主可以决定岗位要求的具体内容。[117] 这与由于岗位要求改变的企业原因解雇适用相同的标准。[118] 这里也要求，临时工作岗位的要求必须与正在实施的工作有合理的相关性。[119]

依据《德国解雇保护法》第 1 条第 3 款，劳动者是外国人的情况因企业原因导致的解雇中不能使社会选择中的歧视正当化。这与先前的法律规定不符，[120]

---

[113] BAG 10. 7. 2008 – 2 AZR 1111/06 – NZA 2009, 312; BAG 2. 3. 2017 – 2 AZR 546/16 – NZA 2017, 905; großzügiger wohl *Herbert/Oberrath*, DB 2010, 391.

[114] v. Hoyningen-Huene/Linck-*Krause*, § 1 Rn. 830.

[115] BAG 28. 1. 2010 – 2 AZR 764/08 – DB 2010, 1071, Rn. 11 ff.

[116] DDZ-*Deinert*, § 1 KSchG Rn. 186.

[117] BAG 29. 8. 2013 – 2 AZR 721/12 – AP Nr. 37 zu § 1 KSchG 1969 Personenbedingte Kündigung.

[118] DDZ-*Deinert*, § 1 KSchG Rn. 394.

[119] BAG 24. 5. 2012 – 2 AZR 124/11 – AP Nr. 191 zu § 1 KSchG 1969 Betriebsbedingte Kündigung.

[120] Dazu *Woltereck*, in: Ansay/Gessner (Hrsg.), Gastarbeiter in Gesellschaft und Recht, S. 102, 121 f.

但与现行法的规定则是一致的,联邦劳动法院已认为社会选择标准是决定性的。[121]

一方面,虽然缺少工作许可但劳动合同有效(参见上文1.),另一方面,劳动者在缺少工作许可的情况下则禁止从事工作,从这两点可以得出结论,在具体情况下,缺少工作许可可以成为解雇的正当理由。然而只要可能,雇主就必须寻求官方的同意。[122] 反之雇主可以在持续有效地拒绝授予居留权利时,基于个人原因进行解雇。[123] 在利益衡量的框架下通常没有给予特殊解雇正当理由,因为解雇雇员的雇主,未陷入受领迟延,否则也不负有支付报酬的义务(《德国民法典》第326条)。[124]

考虑到有期限的居留权利的期限,劳动合同的期限取决于可以预见到何时丧失工作的可能性。因此判例仅承认在无法预见到有期限的居留许可可以被延长时,才能基于《半职与期限工作法》第14条第1款第6项所规定的,劳动者自身的理由界定合同期限。[125] 他们并不考虑放宽这一条件。[126] 在无期限的居留许可中,不存在丧失工作可能性的预期,[127] 而在有期限的居留权利中事件的到来(其停止)不是不确定的。

4. 工资协议法

在职业技能较弱的领域中,外国劳动者缺少足够的谈判技能来获得高于最

---

〔121〕 BAG 31.5.2007 – 2 AZR 276/06 – NZA 2008,33.

〔122〕 *Däubler*, Das Arbeitsrecht 2, Rn. 1676.

〔123〕 v. Hoyningen-Huene/Linck-*Krause*, § 1 Rn. 334.

〔124〕 Vgl. *Hanau*, FS 25 Jahre BAG, 1979, S. 169, 189.

〔125〕 BAG 12.1.2000 – 7 AZR 863/98 – NZA 2000, 722; i. E. a. A. *Woltereck*, in: Ansay/Gessner (Hrsg.), Gastarbeiter in Gesellschaft und Recht, S. 102, 120.

〔126〕 LAG Köln 18.4.1997 – 11 (8) Sa 1268/96 – NZA-RR 1997, 476; *Hanau*, FS 25 Jahre BAG, 1979, S. 169, 180; *Lipke*, in: Etzel u. a. (Hrsg.), Gemeinschaftskommentar zum Kündigungsschutzgesetz und zu sonstigen kündigungsschutzrechtlichen Vorschriften, 11. Aufl., Köln 2016, § 14 TzBfG Rn. 413; a. A. *Mestwerdt*, in: Fiebig u. a. (Hrsg.), Kündigungsschutzrecht, 5. Aufl., Baden-Baden 2015, § 14 TzBfG Rn. 147.

〔127〕 Vgl. *Backhaus*, in: Ascheid/Preis/Schmidt (Hrsg.), Kündigungsrecht, 5. Aufl., München 2017, § 14 TzBfG Rn. 137.

低标准的劳动条件。因此集体保护问题更加紧迫。[128]

外国人也被赋予基本法上的结社自由,因此可以加入国内工会。[129] 来自建筑农业环境工会(IG BAU)报道,人们认识到,通过受压迫者的工会组织可以预防剥削性的劳动条件,甚至连非法工作的移民劳动者也努力组织工会。[130] 此外即便无工会成员身份,外国劳动者也可以了解其权利。[131]

原则上外国劳动者也可以通过劳资协定获得保护。但是前提是劳资协定的可适用性。这主要是法律适用的问题,而非因规定劳资协定适用领域而可能造成歧视的问题。当一个德国劳动合同规章是有效的,则劳资协定作为可适用德国法的一部分加以适用。[132] 否则当劳资协定依据上述原则只能作为干预法的特殊连接点才得以适用时,劳动者就只能以其他国家的合同章程为基础订立劳资协定约定劳动条件。通过集体劳资协议进行的实体法保护中,不得包含违反《德国普遍平等对待法》第1、7条规定的歧视内容,尤其是种族歧视。只要这种差别对待很明显就构成歧视,而无须已经被认识到。在德国合同规章下,劳资协定的适用还以(缺少普遍约束性)《德国劳资协定法》第3条规定的劳资约束力为前提。这种约束力以具备工会成员身份为必要,但对于只在德国短期从事工作的劳动者而言这往往是欠缺的。与此相对,有移民背景的劳动者的组织程度为13.4%,虽然少于无移民背景者的15.4%,但是也不是可以忽略的。[133]

然而劳资政策的挑战涉及这个问题,即劳资协定的双方在外国人的融入方面能够产生何种作用。在这方面可以考虑设置例如职业继续培训的特殊规则或者制定规则以协调企业工作与宗教需求。这可能超越基本法所要求的限度,

---

[128] *Bogg/Novitz*, in: Costello/Freedland (Hrsg.), Migrants at Work, S. 361 ff.

[129] *Däubler*, Das Arbeitsrecht 2, Rn. 1677; in völkerrechtlicher Dimension: *Trebilcock*, in: Frowein/Stein (Hrsg.), Die Rechtsstellung von Ausländern nach staatlichem Recht und Völkerrecht, S. 1827, 1837 ff.

[130] *Schmidt-Hullmann*, in: Fischer-Lescano/Kocher/Nassibi (Hrsg.), Arbeit in der Illegalität, S. 199 ff.

[131] *Schmidt-Hullmann*, in: Fischer-Lescano/Kocher/Nassibi (Hrsg.), Arbeit in der Illegalität, S. 199, 204.

[132] Ausf. *Deinert*, Internationales Arbeitsrecht, § 15 Rn. 50 ff.

[133] *Behrens/Brehmer/Zimmer*, WSI-Mitt. 2017, 142, 145.

因为《德国普遍平等对待法》第5条要求所采取的积极措施不能导致对于其他未从中获益的劳动者受到歧视(参见上文2.)。但是这样一个劳资政策迄今未被承认。关于工会与移民之间关系的关注集中在一般劳动市场政策、组织问题、成员照管、企业工会选举以及因为恶劣工作条件而引起的罢工行动,而对特殊劳资内容则没有报道。[134]

5. 企业组织法

无论采取何种教义学论证和术语,在结论上都应当从企业工会的地位出发考察企业组织法。[135] 劳动移民通常都会加入工会,因此工会(应当)对在国内企业工作的外国劳动者负责。例如,企业工会也应当参与招聘过程。[136] 只要不存在效力范围的限制,在其进入企业之前工会与企业缔结的协定也适用于外国劳动者。即使劳动合同例外适用其他国家的法律,也是如此。[137] 此外《德国企业组织法》第80条第1款第1项赋予企业工会的监督权也可用于监督外国劳动者是否以不被允许的方式受到了不平等的对待。

因此当外国劳动者有工龄时,其与德国劳动者同样被工会代表。他们的选举权(选举与被选举)也未受限制。[138] 《德国选举条例》第2条第5款规定,选举委员会有义务以恰当的方式告知不懂语言的劳动者选举程序、选民与候选人名单的制定、选举步骤与表决方式等相关事项。判例认为该条规定对于选举程序具有根本性,违反该条规定将根据《德国企业组织法》第19条第1款的规定导致选举程序无效(Wahlanfechtung),因为这条规定服务于保障选举平等原则。[139] 至少对于大量德语知识受到质疑的外国劳动中,联邦劳动法院似乎认为,不管《德国选举条例》第2条第5款的字面意思("应当"),选举委员会也负

---

〔134〕 *Behrens/Brehmer/Zimmer*, WSI-Mitt. 2017, 142 ff.; *Goeke*, in: Küpper/Goeke (Hrsg.), Migrationsland Deutschland, Frankfurt/M., 2017, S. 26 ff.

〔135〕 *Deinert*, Internationales Arbeitsrecht, § 17 Rn. 19; *ders.*, Beschäftigung ausländischer Arbeitnehmer in Inlandsbetrieben, Frankfurt/M. 2016, S. 68 f., je m. w. N.

〔136〕 *Deinert*, DB 2016, 349.

〔137〕 Ausf. *Deinert*, Beschäftigung ausländischer Arbeitnehmer in Inlandsbetrieben, Frankfurt/M. 2016, S. 74 f.

〔138〕 BAG 13. 10. 2004 – 7 ABR 5/04 – DB 2005, 675, 676.

〔139〕 BAG 13. 10. 2004 – 7 ABR 5/04 – DB 2005, 675.

有积极义务。[140] 本文认为,这并不是防止种族歧视的问题,[141] 而是如何保障选举权的问题。在企业组织法的框架内,选举权的保障虽然不以基本权威基础,但也可以通过对企业组织法相关规定进行目的解释加以确立。

在企业工会的利益代表方面有两点值得注意。首先是《德国企业组织法》第 75 条第 1 款中的平等对待原则,禁止种族、宗教方面的歧视。但是这项原则已经超出了企业组织法所禁止的歧视范围,也禁止因诸如国籍等其他方面的原因所造成的歧视。[142]

另一方面,《德国企业组织法》第 80 条第 1 款第 7 项支持外国劳动者的融合与相互间理解,认为要求企业采取措施反对企业中的种族主义与排外主义是企业工会的任务。它明确要求,企业各方通过采取措施,促进企业中的外国人融合。企业工会似乎有义务积极支持外国劳动者的融合。[143] 在采取有利于外国劳动者的积极措施的同时,也不能导致对于本国劳工的反向歧视。这些措施可以明确成为《德国企业组织法》第 88 条第 4 项中企业自愿约定的内容。例如企业劳资双方可以缔结关于解释以及支持相互间容忍措施的约定。[144] 因此依据《德国企业组织法》第 43 条第 2 款第 3 项的规定,雇主必须在每年一次企业大会对与之相关的状况进行报告,在企业工会大会上也是如此。

企业工会有义务促进外国劳动者的融合,尤其是谋求外国劳动者同德国人受到同等对待。[145] 立法者也考虑到,外国劳动者常常面临更为恶劣的劳动条件。[146]

---

〔140〕 BAG 13. 10. 2004 – 7 ABR 5/04 – DB 2005,675,676.

〔141〕 So konsequent *Däubler*, Das Arbeitsrecht 2, Rn. 1678.

〔142〕 *Woltereck*, in: Ansey/Gessner (Hrsg.), Gastarbeiter in Gesellschaft und Recht, München 1974, S. 102, 105, sah darin seinerzeit „die entscheidende innerdeutsche Rechtsgrundlage für das Verbot der Diskriminierung von Ausländern im Arbeitsverhältnis“.

〔143〕 *Weber*, in: Wiese/Kreuz/Oetker/Raab/Weber/Franzen/Gutzeit/Jacobs (Hrsg.), Betriebsverfassungsgesetz, Gemeinschaftskommentar (GK), 10. Auflage, Köln 2014, § 80 Rn. 49.

〔144〕 Schaub-*Koch*, § 233 Rn. 12.

〔145〕 GK-*Weber*, § 80 Rn. 49; *Thüsing*, in: Richardi (Hrsg.), BetrVG, 15. Aufl., München 2016, § 80 Rn. 45; Fitting, BetrVG, 28. Aufl., München 2016, § 80 Rn. 32.

〔146〕 *Buschmann*, in: Däubler/Kittner/Klebe/Wedde (Hrsg.), BetrVG, 15. Aufl., Frankfurt/M. 2016, § 80 Rn. 64.

此外企业工会还应当采取行动使外国劳动者有机会学习德语。[147] 尤其是在企业职工有排外行动时,企业工会必须采取积极行动。轻则直接谈话[148],重则依据《德国企业组织法》第104条[149]解雇。在担心会出现种族歧视或排外活动时,依据《德国企业组织法》第99条第2款第6项,他拥有对个人的个别措施的同意抗辩权。

四、总结与小结

德国已经是一个移民国家。在过去的65年内,移民已经在迁徙浪潮中具有较大的意义。移民对劳动市场始终是个挑战。作为外国人法的组成部分,工作许可法考虑到了这一点。其中只要在等价性审查的框架下获得批准从事工作并获得与本国人相同的工作待遇,传统劳动移民如何融入劳动市场的问题就很少成为焦点。其与在欧盟领域内的劳动者自由迁徙类似。它保障求职与获得工作的机会,重视确保他们得到平等对待。在难民融合方面,对国家和社会提出了更高的要求,因为难民的准入无法受到劳动市场政策的规制。立法者在社会法领域制定了一些措施,以使难民也能成功融入劳动市场。[150] 尽管在某个岗位上有一定的改善潜力,在国际上也是如此。[151] 与此相对地,劳动法则并不明朗。除关于劳动法上的平等对待原则以及歧视禁止为形式的平等对待条例等例外之外,劳动法的作用非常有限。它无法提供特殊的保障来有效地实现平等。正如在葡萄牙语言案判决中明确的一致。基本法上保护义务的适用进一

---

〔147〕 DKKW-*Buschmann*, § 80 Rn. 65; Richardi-*Thüsing*, § 80 Rn. 45; Kittner/Zwanziger/Deinert/Heuschmid-*Heuschmid/Hlava*, § 107 Rn. 64; vgl. auch*Blank*, AuR 1994, 286, 291.

〔148〕 Vgl. DKKW-*Buschmann*, § 80 Rn. 66.

〔149〕 *Blank*, AuR 1994, 286, 291; Kittner/Zwanziger/Deinert/Heuschmid-*Heuschmid/Hlava*, § 107 Rn. 74 ff.

〔150〕 Überblick über das sozialrechtliche Instrumentarium bei *Schubert/Räder*, Flüchtlinge Arbeit und Ausbildung (2017), S. 68 ff.; vgl. *Schubert*, AuR 2015, 430, 437.

〔151〕 Vgl. OECD; Finding their Way-The Labour Market Integration of Refugees in Germany, 2017.

步抵消了这一点，也有相关的判决作为力争。因此实现移民能够融入其工作生活，这主要是企业劳资双方的任务，这在《德国企业组织法》第 80 条第 1 款第 7 项中得以明确，(在有企业工会的企业中工作之人！)也是劳资协定各方的义务。(为受劳资协定约束的雇主工作之人！)

(徐凌波　校)

中德法学论坛
第15辑，第236~265页

圣命难违与圣教一统
——罗马法中的渎圣罪

马海峰*

摘　要：渎圣罪出现于奥古斯都时期，元首制时期的渎圣罪只是保护神庙的不可侵犯性，但从戴克里先之后，随着元首制向绝对君主制的转变，渎圣罪具有了与以往不同的内涵，最重要的表现是将违反圣命的行为纳入渎圣罪，是以圣命难违。除此之外，帝国后期，随着基督教的国教化，所有异教和异端皆成了渎圣罪的调控对象，并最终在法典中形成了圣教一统的格局。无论是圣命难违，还是圣教一统，都是罗马皇权专制发展的重要表现。不仅如此，渎圣罪对后世也产生了较大影响。

关键词：渎圣罪；神庙；圣命；基督教

Abstract: The sacrilegium was created during Augustus's reign, at that time, it was to protect the sacrosanctity of temple, however, after Diocletian, with the transformation of the imperial power into a monarchy, the sacrilegium gained a different meaning from the past, and the act against the emperors' order was brought into it, then the imperial order was inviolable. Apart from this, in the later Roman Empire, with Christianity having become the state religion, all paganism and heresy became the suppressed objects, and the Christianity was the only Orthodox in the Codes. Whether it was the inviolability of the imperial order or the domination of the

* 马海峰：深圳大学法学院讲师。

Christianity, they all were important development of the Roman imperial power. In addition to this, the sacrilegium had a great impact on the afterworld.

Key Words: sacrilegium, temple, imperial orders, Christianity

罗马人自始就是一个信仰宗教的民族。既有信仰,就有禁忌。禁忌当中,自然少不了渎圣行为。对于这些渎圣行为,有学者已经做了充分的研究。[1] 从渎圣行为到渎圣罪,这一过程何时发生,学者们有两种观点。一种观点认为,虽然共和时期有不少渎圣行为,但并不存在渎圣罪;[2]另外一种观点认为,共和时期确实存在渎圣罪,只不过它是以类似于私犯(delicta privata)的形式提起诉讼的。[3]

从元首制时期开始,渎圣罪就确已存在,且在帝国后期发生了不小的变化。对于帝国时期渎圣罪的研究,法律史学者和宗教史学者由于志趣相异,故而研究重点各有不同。前者关注渎圣罪在帝制期间的犯罪构成及其惩罚;[4]后者关注的重点主要集中在《狄奥多西法典》的宗教法规上面。学者们不仅考证史实,

---

〔1〕 *Eli Edward Burriss*, The Misuse of Sacred Things at Rome, The Classical Weekly, Vol. 22, No. 14 (Jan. 28, 1929), pp. 105 – 110; *Steven H. Rutledge*, The Roman Destruction of Sacred Sites, Historia: Zeitschrift für Alte Geschichte, Bd. 56, H. 2 (2007), pp. 179 – 195; *John Scheid*, Le délit religieux dans la Rome tardo-républicaine, Le délit religieux dans la cité antique. Actes de la table ronde de Rome (6 – 7 avril 1978) Rome : École Française de Rome, 1981. pp. 135 – 136.

〔2〕 *Yan Thomas*, La valeur des choses. Le droit romain hors la religion, Annales. Histoire, Sciences Sociales. 57e année, N. 6, 2002. p. 1439; Steven H. Rutledge, The Roman Destruction of Sacred Sites, Historia: Zeitschrift für Alte Geschichte, Bd. 56, H. 2 (2007), pp. 179 – 195.

〔3〕 *Theodor Mommsen*, Römisches Strafrecht, Leipzig: Verlag von Duncker & Humblot, 1898, ff. 760 – 771; R. A. Bauman, Tertullian and the Crime of Sacrilegium, JRH 4, 1967, pp. 175 – 183.

〔4〕 See *Krzysztof Amielańczyk*, Peculatus-Several Remarks on the Classification of the Offence of Embezzlement of Public Funds in Roman Law, Studia Ceranea 2, 2012, pp. 11 – 25.

比如君士坦丁时期是否存在禁止献祭的法令;[5]而且探究法典对于异端,异教徒及其神庙所造成的影响,并说明相关法典条文的出台背景及其立法目的。无论是法律史学者,还是宗教史学者,直接关注渎圣罪的并不多见。

总体而言,上述学者对于渎圣罪的研究各有千秋,但是依旧存有一些不足。比如,对于渎圣罪产生的历史动因,它在戴克里先和君士坦丁时期所发生的变化及其后世影响都较少提及。基于此,本文首先会对渎圣罪产生的确切时期予以分析,并对其历史动因予以说明,继而探讨其在帝制时期的新的变化及具体表现,最后言及渎圣罪的历史影响。

一、元首制时期的渎圣罪

(一)渎圣罪的产生

对于渎圣罪何时产生,学界聚讼纷纷,至今未有统一意见。就此而言,有两种观点,共和论和帝国论。前者以蒙森为代表,后者以法国学者扬·托马斯为代表。在笔者看来,持共和论者,其论证存在张力。蒙森等人认为共和时期的渎圣罪是以类似私犯的形式提起的,它与一般的盗窃程序并无实质不同。[6] 确实,从共和时期的司法记录而言,找不到一例以渎圣罪为名提起的诉讼。蒙森之所以认为共和时期存有渎圣罪,是因为他的《罗马刑法》一书完全是按照当时德国法学界流行的法教义学的模式撰写的。蒙森在评价渎圣罪时,其所采取的犯罪观念具有鲜明的时代特色。但是,在罗马法的语境中,盗窃属于私犯,私犯并不是犯罪行为。当然,犯罪观念本身是随着历史时代不断变化的,私犯中的盗窃、抢劫在现代无一不是违法或犯罪行为,但在共和时期的罗马,事实相反。既如此,那么共和时期就无渎圣罪。

渎圣罪的出现,应是奥古斯都时期。探其根本,除上述对于私犯的论析外,

---

〔5〕 *T. D. Barnes*, Constantine's Prohibition of Pagan Sacrifice, The American Journal of Philology, Vol. 105, No. 1 (Spring, 1984), pp. 69 – 72; *Scott Bradbury*, Constantine and the Problem of Anti-Pagan Legislation in the Fourth Century, Classical Philology, Vol. 89, No. 2 (Apr., 1994), pp. 120 – 139.

〔6〕 *Theodor Mommsen*, Römisches Strafrecht, Leipzig: Verlag von Duncker&Humblot, 1898, S. 771.

还在于：首先，在拉丁文中，渎圣罪为 *sacrilegium*，该词源于 *sublegere*[7]，意为劫掠盗窃圣物。"*Sacrilegium*"一词在奥古斯都（Augustus）以前并未出现。[8] 语词作为一种表意象征符号，它本身是社会事实的高度凝结，与时代背景人物活动密切相关，常与相应的社会事实和现象相伴而生。其次，从共和时期的司法实践来看，渎圣罪中所涉及的物品在这个时候得到保护，往往是因为其公共性，而非神圣性。这与帝制时期渎圣罪所保护的物品强调公共性的同时，也强调其宗教性明显不同。再次，就对渎圣罪的惩罚而言，共和时期对于渎圣行为的处罚具有纯粹的宗教性质，只有神和祭司才能执行。这和公犯（Crimina publica）罪行要接受刑罚制裁不可同日而语。最后，正如本文下文所要揭示的那样，创立渎圣罪符合奥古斯都的大政方针。

奥古斯都创立渎圣罪，这绝非偶然。共和末期的罗马有相当一段时间都处于内乱时期。奥古斯都结束内乱，恢复平静之后，上层精英寄情于哲学以探讨精神信仰，普通民众却将注意力转向了外来宗教。这种宗教强调个人与保护神之间的关系，这与罗马传统宗教强调城邦集体与神祇的关系，通过宗教增强集体认同和团结的价值取向相悖。这种趋势造成了统治阶层的忧虑，外来宗教对于他们的影响被视为是颠覆性的，因为这解构了他们的权威。[9] 作为应对之道，传统宗教又得到了他们的重视。于是乎，神庙得到重建，教士得以重尊。奥古斯都在其《功业录》中宣扬，自己新建了朱庇特、朱诺、阿波罗、马尔斯等诸多神庙，这些神庙大致落成于公元前 28 年。不仅如此，单公元前 28 年一年，他就重建了 82 处神庙。公元前 27 年，奥古斯都发布敕令，要求任何人都不能移动、购买、抵押或赠与圣地所属之物。[10] 除在罗马重建外，他还还将亚细亚行省所有城市中因安东尼劫掠而遭毁坏的神庙的东西完璧归赵。奥古斯都的举措步步为营，对于神庙的保护力度也是逐渐增强。在这种背景下，劫掠盗窃神庙的行为自然会成为打击对象。

---

〔7〕 *Servius*, Serv. ad Ecl, 9. 21.

〔8〕 *Eli Edward Burriss*, The Misuse of Sacred Things at Rome, The Classical Weekly, Vol. 22, No. 14 (Jan. 28, 1929), pp. 105 – 110.

〔9〕 *David Shotter*, Augustus Caesar, Routledge: 1991, p. 54.

〔10〕 罗伯特·K. 谢尔克编译：《希腊罗马史料集四——至奥古斯都统治时期的罗马与希腊》（英文影印版），北京大学出版社 2014 年版，第 115 页。

再者,奥古斯都重建共和国的重要内容之一就是恢复传统道德。第二次布匿战争之后,罗马国土得到了空前扩张。扩张带来的滚滚财富和外来文化,让罗马世风日下。罗马人勤劳、淳朴、虔敬的美德日益稀罕,代之而起的则是享乐、奢靡、淫乱之风。奥古斯都上台之后,戮力改革,通过各种立法来恢复传统道德。而恢复传统道德,虔敬也是重中之重。因为,“虔敬确保了神的持续保护,以及持续不断的繁荣昌盛”。[11] 而虔敬的表达与神庙献祭仪式密切相关。献祭需要有虔诚的举意,要有相应的金钱和牺牲,而献祭仪式中的套语、动作,皆需正心诚意,分毫不差。若有疏漏,都将导致献祭行为的无效。凡此种种,皆关乎信众对于神祇的虔敬。与此同时,对奥古斯都的崇拜也日益高涨。皇帝的献祭成了罗马的崇拜,在行省,皇帝的献祭成了各地大员表露忠心的机会。而在罗马,这种献祭与和平、有序、稳定密切相关。这是虔敬的终极表达,也是奥古斯都让罗马回归传统的表达。[12] 既如此,对神庙及其器物予以严格保护也成了应有之义。

最后,劫掠神庙的行为本身就是一种严重危害公共秩序的行为。奥古斯都初期,帝国的城市“往往受到马贼、扒手、小偷和抢劫犯的袭扰”。[13] 为了惩治盗贼,恢复治安,奥古斯都颁行了《关于公共暴力和私人暴力的尤利乌斯法》(Lex Iulia de vi publica et privata)。为了加强首都罗马的治安,奥古斯都设立了城市长官和宵警官,在行省,行省总督则被克以此任。无论是筹计地方治安,还是与帕提亚媾和,奥古斯都都在为确立一种新的和平秩序——奥古斯都和平(Pax Augusta)而努力。劫掠神庙的行为无疑与奥古斯都的初衷背道而驰。更有甚者,渎圣罪所涉及的圣物具有献祭行为的特征,需要罗马人民,或其长官,或相关法律,或元老院决议或皇帝宪令的授权。也即圣物本身是公共权力的象征之物,对它进行盗窃,早已超出了一般的盗窃罪,具有藐视权威,挑战国家的意味。为了构建和平,确保权威,对其定罪处罚,实属应该。

总之,渎圣罪的出现是奥古斯都进行国家建构,恢复“传统”的努力的一部分。设立渎圣罪,就是要保护神庙,确保传统献祭礼仪的进行,进而维护精英阶

---

〔11〕 *David Shotter*, Augustus Caesar, Routledge: 1991, p. 55.

〔12〕 Id.

〔13〕 *Thomas W. Africa*, Urban Violence in Imperial Rome, The Journal of Interdisciplinary History, Vol. 2, No. 1 (Summer, 1971), pp. 3 – 21.

层的统治地位。同时,设立渎圣罪,也是奥古斯都恢复传统道德,建构共和国,建设奥古斯都和平的重要举措。

(二)渎圣罪的具体表现

对于渎圣罪,帝政初期的昆体良(Quintilianus)曾将其定义为:“渎圣罪就是明抢暗夺寺庙中的圣物(Sacrilegium est rem sacram de templo surripere)”。[14]现代学者一般认为渎圣罪主要是盗窃祀神物品。“按照罗马的规则,祀神之物首先涉及的是祭献给国家神祇的物品。它是否安放在圣地,法律对此并不关注。”[15]换言之,神圣物需要敬献者的举意,即此物是献祭给神祇的。同时它还需要有公共权力机关或其代表的授权。“市民的私人献祭之物在普遍意义上并不能看作是祀神物品,比如奉献给亡灵的安魂物(res religiosae)。”[16]因此,盗窃存放在寺庙中的私人物品,只能算是盗窃罪,而非渎圣罪。除此之外,献祭物品必须是欲其永远存在。由此可见,神圣物必须具有神圣性,公共性和永久性。三者若丧失其一,虽有劫掠盗窃,也不构成渎圣罪。

与元首制前期相比,古典时期的法学家对渎圣罪所针对的对象——圣物亦做了区分,如果属于公共献祭之物,那么盗窃此等物品无疑犯有渎圣罪;但若圣物属于私人所有或者存放于未有人监管之神龛,惩罚依旧,但并不属于渎圣罪。[17] 在这一时期,除了神庙中的祀神物品可以构成渎圣罪的保护对象,构成献祭地点一部分的森林也属于神圣物,但连接圣地的小路并不属于神圣物。

圣物属性及类别属于渎圣罪的客观方面,在主观方面,渎圣罪非常注重当事人的犯意和动机。要构成此罪,当事人必须是抱着非法占有和使用圣物的目的,此种心态也常常用渎圣(sacrilegium)来表示。如果是带着装饰或修复的目的将圣地物品借来或带到外边,抑或是出于保护目的而接触圣物都不能认为是渎圣罪。可见,渎圣罪的重点在于主观方面,而并不在于客观方面,这也是宗教

---

〔14〕 *Eli Edward Burriss*, The Misuse of Sacred Things at Rome, The Classical Weekly, Vol. 22, No. 14 (Jan. 28, 1929), pp. 105 - 110.

〔15〕 *Theodor Mommsen*, Römisches Strafrecht, Leipzig: Verlag von Duncker&Humblot, 1898, S. 762.

〔16〕 *Theodor Mommsen*, Römisches Strafrecht, Leipzig: Verlag von Duncker&Humblot, 1898, S. 763.

〔17〕 D. 48. 13. 11. 1.

犯罪所具有的一个共同特征,因为宗教本身不仅注重调控人们的行为,更注重于调控人们的内心。这种对于当事人心理状态的重视在绝对君主制时期愈加明显。

前已述及,渎圣罪虽在奥古斯都时期已经出现,但是它一开始并非一种独立的犯罪种类。古典时期的法学家在自己的法学著作中,常常将其与贪污截留等犯罪行为相提并论。虽如此,在塞维鲁(Septimius Severus)统治时期,渎圣罪终于成了一种独立的犯罪类别。另需注意的是,尽管我们一直强调圣物具有公共性,且此种公共性有时也与皇帝的授权密切相关,但元首制时期的渎圣罪与皇帝并无直接关系,这与绝对君主制时期的渎圣罪形成了明显的区别。

二、皇帝的生前神化及其对渎圣罪的影响

(一)皇帝的生前神圣化

对罗马人而言,将皇帝神化渊源已久,从凯撒(Caesar)时期就是如此。与后来的皇帝不同,凯撒在生前就被神化。只是凯撒在成神不久之后便被暗杀,使得 Dius(神君)这一本来无关生死的单词自此有了不祥之意。在一位皇帝活着的时候便称其为神,就是诅咒其死。[18] 因此,从奥古斯都以后,皇帝都是死后被元老院敬奉为神。这不仅是因为凯撒的缘故,更是罗马人非常巧妙的宪制安排。如果生前就将其神化,则其权力太大,无法约束,奥古斯都建立的整个机制就趋于瘫痪。[19] 故而死后封神就成了通例。但到了戴克里先(Diocletianus)时期,这一传统遭弃。戴克里先为了强调自己的至高无上和大权在握,在继承了 Augustus 的封号外,又给自己加上了 Iovius(罗马最高神朱庇特——笔者注)的封号,而副帝马克西米安(Maximianus)则使用较低一级的 Herculius(赫拉库利乌斯,半人半神——笔者注)。[20] 随着皇帝的生前神化,与皇帝有关的东西之称谓亦经历了一次大规模的神圣化过程。

---

〔18〕 *Ittai Gradel*, Emperor worship and Roman religion, Clarendon: Oxford University Press, 2002, p. 266.

〔19〕 Ibid., p. 263.

〔20〕 Mario Talamanca (sotto la direzione di). *Lineamenti di storia del diritto romano*, Milano: Giuffrè, 1989, p. 603.

往观前朝,皇帝一般称作 princeps、imperator,亦写作 noster princeps,为了表达虔敬,在有些皇帝名讳前会加上"Pivus"或"Divus"一词。但进入绝对君主制之后,皇帝在不同情况下被称为 sacratissimi imperatores(圣君)、sacratissimi principes(圣上),若为立法,则又称为 sacratissimus legislator(圣立法者);元首制时期,皇帝之批复一般有四种表达方式,即 rescripsit, rescripto, rescriptum est 和 rescriptione。在这当中,前三种经常使用,最后一种在整个《学说汇纂》里只有一例。[21] 而在绝对君主制时期,皇帝的批复变为了 sacrum rescriptum(御批),除此之外,皇帝发布的其他法令则冠以 sacratissimae iussiones(圣命)、sacrum mandatum(敕示)、sacra constitutio(圣令)、sacra lex(圣法)、sacrum praeceptum(圣制)、oraculum sacrum(圣规)之名。皇帝所在城市君士坦丁堡被称为 sacratissima urbs(圣城);皇帝对于某事所做之决断则称为 sacrae nostrae litterae(圣谕),通过这种方式发布的敕令一般会在其末尾用 exempl. sacr. litt. Ad 来标注。而在一般诏书的末尾,则会使用 sacr. Larg(sacrarum largitionum)这一术语。[22] 皇帝得以神圣化,跟他相关的事物亦有了神圣性,因而对他们的侵犯也就成了渎圣罪可能的调控对象。[23] 但是,对皇帝的直接侵犯并不属于渎圣罪,而是属于叛逆罪。

---

〔21〕 D. 1. 18. 9.

〔22〕 该词意指帝政后期的"皇库",此皇库由皇帝直接控制和处理。除跟帝国财政相关外,皇库还负责日常皇帝诏令的草拟和发布等工作。

〔23〕 可以肯定的是,这一现象出现在戴克里先之后。之所以这样说,是因为:第一,前述称谓和术语,虽然有些,比如 sacra constitutio,已见于古典时期法学家的作品当中,但极为罕见。在法学家的笔下,"sacra"一词多与 loca/aede/re/via 连用。但从戴克里先时期开始,sacra 就开始大规模地得以使用,并用于跟皇帝相关的诸多事物,已如上述。第二,从现有的法学家的记载来看,古典时代的法学家在提及渎圣罪时,不管是《学说汇纂》,还是《保罗意见集》里的记载,都只针对盗窃寺庙祀神物品,并未言及其他。第三,从《狄奥多西法典》的记载来看,从君士坦丁时期开始,渎圣罪已有了不同于古典时代的新规定。第四,给自己的名讳里加上神的封号,亦是从戴克里先开始。而在世神化是渎圣罪具有新内涵的前提。第五,古典作家,无论是苏埃托尼乌斯,还是塔西佗,在其作品记录中,但凡涉及 sacrilegium 的记载,都跟劫掠神庙相关,与君主本人无关。

(二)神圣化之后的渎圣罪

1. 违反上诉规定的渎圣罪

从奥古斯都时期开始,皇帝就越来越多地参与到案件的审判当中,无论是民事案件,还是刑事案件。元首制后期,司法权越来越多地集中于皇帝手中。除参与审判,聆听上诉之外,对于像行省总督这样的封疆大吏,他们所享有的生杀权(Ius gladii)也渐渐收归皇帝。从哈德良(Hadrianus)时期开始,总督就无权处死地方元老和尊贵之人。及至塞维鲁时期,行省总督若要判处某人放逐海岛之刑,则必须征得皇帝的授权。进入绝对君主制时期之后,这一现象更甚。是以,在大案要案中,司法官经常就案件疑难问题征求皇帝意见。为了对此进行规范,君士坦丁(Constantinus)皇帝于312年下令,在民事案件中,在对两造听审完毕以后,如果司法官宣布自己准备征求皇帝意见,那么就应在十天之内向诉讼当事人公布向皇帝提交之案情报告,如果当事人认为司法官的报告并不完整或与事实相反,他应在司法官向其寄送报告副本五天内向司法官提出异议。[24]

皇帝号为神圣,但难脱肉身,精力有限,军国大务往往为其工作重心。越来越多的司法问题使其难以应付,亦对帝国的治理造成了影响。而且,皇帝既已成圣,对于臣民而言,就不能拿鸡零狗碎之事来烦劳皇帝。对此,313年年末,君士坦丁曾给卢卡尼亚(Lucania)和布鲁提姆(Bruttium)的省区长官下达敕令,明确规定:"诉讼当事人可以就判决上诉,但你只能就那些司法审判无法裁决的问题征求皇帝意见,以免干扰帝国公事。"314年,敕令宣布剥夺杀人犯、通奸犯、巫术和投毒犯的上诉权。[25] 虽然做了如此限制,但现实中有些法官依旧事事皆奏于上,有些当事人在听判后依旧上诉于皇帝。这些都让皇帝不胜其烦,在这种背景下,君士坦丁于316年再次下令:"在案件悬而未决之时不能请求皇帝,除非当事人无法获得法官的案情报告,或者所有案卷的传输已经停止了。当事法官若允许这样的行为,或使当事人向皇帝上诉成为必要,都要被克以渎圣罪。"[26]

君士坦丁之后,对这一问题有了更加细密的规定。主审法官若觉得案件有

[24] CTh. 11. 30. 1.

[25] CTh. 11. 36. 1.

[26] CTh. 11. 30. 6.

必要征求皇帝意见,那么就不能做出判决,而应就疑问问题征求皇帝意见;如果做出了判决,也不应阻止当事人向皇帝上诉。若要征求皇帝意见,那么主审法官就必须提供全部的案卷材料,虽然查验并非必需。一旦提出上诉,或者当法官自己就案件,无论民事案件还是刑事案件,存有疑问并且许诺就此征求皇帝意见时,他应在相应期限内遵循君士坦丁皇帝所定规则,给当事人意见,陈述反证并且征求皇帝意见。此后如果法官不按已有法令的规定行事,并且他的僚属亦忘了提醒遵从,将受到渎圣罪的惩罚。[27]

无论是一审案件,还是上诉案件,经皇帝审理后,皇帝的裁判即为终审判决,具有最高的效力。因此,作为司法官,不应对皇帝的裁判有所争议,怀疑皇帝所选(裁判)之人是否尊贵够格,无疑等同于渎圣罪。如果某一法官对皇帝的裁判有所不敬,且被发现,他的下属要被处以五磅黄金的罚金,他自己则要向皇库缴纳十磅黄金,除非他是对皇帝的判罚予以建议。[28]

2. 违反驿站使用规定的渎圣罪

帝国治理,无论是政令传送,还是军情传递,驿站都是非常重要的机构。帝政初期,为了更好地治理帝国,"奥古斯都按照波斯模式建立了驿站,主要目的是为邮传运输提供必要的马匹和交通工具,以保障信使的休养接续"。[29] 起初驿站的维持费用并不由国库支付,而是由它经行的沿路地区负责。到了涅尔瓦(Nerva)统治时期,为了减轻意大利人的负担,就由国库来承担驿丞的一部分费用。在塞普蒂米乌斯·塞维鲁统治时期,全部费用都由国库支付。[30] 驿站创立之初,为了规范使用,就推行使用证制度。其后,许多皇帝通过发布敕令来规范驿站的运行。君士坦丁时期,就明确规定驿马不能使用棍棒来驱策,只能使用皮鞭。若用它法,必遭惩罚。[31]

尽管有使用证制度,但帝国越往后发展,对驿站的滥用也就越普遍。帝国的各级长官,利用职权方便,运用各种方法,为了一己私利而滥用驿站。对此,

---

〔27〕 CTh. 11. 29. 5.

〔28〕 CTh. 1. 6. 9.

〔29〕 *Michel Labrousse*, Les burgarii et le cursus publicus, *Mélanges d'archéologie et d'histoire* T. 56, 1939, pp. 151 – 167.

〔30〕 Id.

〔31〕 C. 12. 50. 1.

历代皇帝多有规制。到了君士坦丁时期,对于省长、会计和其他人等,除执行公务或运输粮草外,其余事务使用驿站的特权一律废止。[32] 君士坦提乌斯(Constantius)进一步规定,使用驿站不仅要有使用证,而且驿站还要检查使用证的序列。公元365年,瓦伦提尼安(Valentinianus)下令,凭使用证使用驿站的人员,不得违背既定路线,否则必受惩罚。[33] 到了384年,私人使用驿站的权利被剥夺,即使他有所恳求。[34] 虽然有这样的规定,但实践中,常有人不遵常法,欺蒙诈骗予以使用,以致驿站的负责人员抱怨不迭。[35]

除了在使用权限方面予以规制,为了能够减少滥用,使驿站更好地为帝国服务,从4世纪初开始,国家就派出专门的监察员赶赴帝国各地监督驿站的运行。这些监察员检查驿站使用证的使用情况,严防有人擅自改变使用证的许可权限或越权使用。[36] 同时,皇帝在敕令中要求他们时刻保持警醒,克勤克谨,戮力为公。如果不能忠信而为,恪尽职责,有辱时代荣光,不仅要予以判罚,而且要受重惩。[37] 自此以后,这些规定就成了驿站监察员的行事纪律。虽如此,监察员的腐败渎职依旧严重。“他们把有利可图的驿站业务,变成掠夺性的压榨工具。”[38]到了狄奥多西(Theodosianus)统治时期,再次颁发敕令,规定驿站监察员若为自己的事情,为自己的职责而计量,并不能认定是有违纪律。如若有违纪律,则渎圣罪伺候。[39]

3. 熔铸和非法偷运货币的渎圣罪

元首制后期,在卡拉卡拉(Caracalla)统治时代,为了支付不断增长的军费,卡拉卡拉不仅对罗马传统的金币的实际重量做了缩减,还发行了新的银币。这种银币重量为旧币的1.5倍,面值却为旧币的2倍。与此同时,市面上有大量

---

〔32〕 C. 12. 50. 2.

〔33〕 C. 12. 50. 5.

〔34〕 C. 12. 50. 11.

〔35〕 C. 12. 50. 19.

〔36〕 C. 12. 22. 2. 1.

〔37〕 C. 12. 22. 3;CTh. 6. 29. 3.

〔38〕 [英]爱德华·吉本:《罗马帝国衰亡史》(第2卷),席代岳译,吉林出版集团有限责任公司2008年版,第38页。

〔39〕 CTh. 6. 29. 9.

劣币流行。这些都造成了后来严重的通货膨胀。自戴克里先接管帝国以后,就着力解决这一问题,为此实施了货币改革。戴克里先的改革措施主要是重铸金、银、铜币,重定货币价值。这些做法虽在一定程度上缓解了通货膨胀的问题,但无法从根本上解决问题。

戴克里先之后,四帝共治的体制也随之人亡政息,帝国重新陷入混乱。一时间,帝国竟然出现了六位皇帝。六帝混战之后,随着李锡尼(Licinius)的死亡,君士坦丁重新统一了帝国。为了恢复帝国凋敝的经济,保障货币和市场秩序,君士坦丁在戴克里先的基础上进一步推行货币改革。君士坦丁不仅发行了新的金币 solidus,而且将新币的铸币权收归皇家所有,他人不能铸造。为了保证货币铸造的专营权,保证货币质量,减少伪币和劣币,君士坦丁改变了自苏拉时期将伪造货币定为诈伪的法律规定,将其变为了叛逆罪。当事人若有所犯,不仅犯罪工具将被没收,本人亦将受到严惩。〔40〕

君士坦丁的改革措施,大多为后人所继承。对于货币的管控,越往后,就越为细密严格。君士坦丁死后,公元 351 年 3 月 25 日,其子君士坦提乌斯为了征伐东部叛将马格嫩提乌斯(Magnentius),遂将伽鲁斯(Galus)选为副帝,让其坐镇西方。此后,以“跌落的骑马人”为形象的铜币得以大量铸造,该款铜币的含银量大体在 0.79% 左右,重量在 5.3g 左右。〔41〕 公元 353 年夏,马格嫩提乌斯自杀,平叛结束。接下来的两年之内,君士坦提乌斯将先前的粗苯铜币变为重量约为 2.5g 的小铜币。这种铜币共有三种。和先前的铜币一样,它们成色较差,品质不高。而且含银量更低,最高不过 0.58%,最低只有 0.06%。以致有人怀疑铸币时是否有加入银子的考虑。〔42〕

相较而言,不管是先前其他皇帝铸造发行的铜币,还是君士坦提乌斯自己发行的粗苯铜币,其含银量都较后期的铜币为高。因此,有不法铸造师将铜币融化,提取其中的银,以为牟利。对此,早在 349 年,君士坦提乌斯就在给大区长官利美尼乌斯(Limenius)的敕令中强调,若有铸造师从事此种非法勾当,被人拿获,将处以极刑。354 年,为了更进一步杜绝此类现象,保证国家货币体系

〔40〕 C. 9. 24. 2.

〔41〕 *J. P. C. KENT*, The Roman imperial coinage, volume viii: The family of Constantine I, London: Spink&Son Ltd, 1981, p. 64.

〔42〕 Id.

的正常运行,遂又下令,“任何人若被发现将钱币熔铸或为了出售而将其运往其他地方,将受到渎圣罪的追究并被处以死刑”。[43]

4. 违反圣命的渎圣罪

戴克里先之后,皇帝成神成圣,他口含天宪,所颁法令,所发圣命,上至权贵,下至小民百姓,皆不能违背。若有违背,即构成渎圣罪。可以说,这是渎圣罪在绝对君主制时期所具有的新的意义。

在戴克里先和君士坦丁统治期间,行政官员大多来自元老等级和骑士等级。君士坦丁之后,骑士等级消失,官员大多出于元老等级或显贵等级(clarissimi)。显贵等级又可分为三个品级:第一品级为 clarissimus et illustris(显赫卓越之人);第二品级为 clarissimus et spectabilis(显赫钦敬之人);第三品级为 clarissimus(显赫之人)。这些人享有种种特权,若是在朝为官,特权更多更大。离职之后,依旧享有特权。作为皇帝,时常会向某些个人和臣子赐予名号或赏赐。但是实践中,往往有些人在获得御赏之后予以滥用。对此,386 年,皇帝下令,那些获得封地和尊号的人,“如果有人因此而出于私利对其予以滥用,疏忽不能成为其借口,毫无疑问,忽视圣命之人,将成渎圣罪之被告”。[44]

帝国自戴克里先即位之后,人分三六九等,职业世袭。不同职业的从业者享有不同的权利和地位。从君士坦丁时期开始,历代皇帝赋予不同的职业人群以各种特权。君士坦丁曾豁免了建筑师、医师、画家、雕塑家、紫色染色师、金匠等人的徭役和税赋。[45] 其子君士坦提乌斯在继承这一政策的基础上,对于画家更是青睐有加。授予画家以种种特权,他们不仅免交人头税,其妻子和子女也属于免税行列,就是他们的奴隶,亦能免税。不仅如此,他们还可以免费获取工作坊,自由选择在各城市定居,不用承担徭役,等等。若有人不顾敕令赋予他们的特权,就要承受渎圣罪的刑罚。[46]

自君士坦丁皇帝 324 年对军队体制改革之后,罗马的军队就永久地分为了驻防军(comitatenses)和巡防军(limitanei,burgarii 或 ripenses)。二者的主要差

---

[43] CTh. 9. 23. 1.

[44] CTh. 6. 5. 2.

[45] CTh. 13. 4. 2.

[46] CTh. 13. 4. 4.

别在于士兵的体格标准、服役期限以及退役津贴。[47] 不仅如此，由于帝国的政治和经济危机，传统上用于支付士兵军饷的贡赋(stipidium)也被新的税种——军需税所代替。它不仅包括了士兵所需的食品给养，亦包括了军服、战马和驮畜所需的草料，以及其他军需。[48] 它由大区长官总体负责，由士兵驻扎的地区居民负担。军需税的征收有一定限额，但实践中，驻地长官常常横征暴敛，导致民怨沸腾。对此，皇帝下令，规定其可以收取一定军需和钱款，此后不得再度收取。如果违令，则不仅要缴纳巨额罚金，还要被处以渎圣罪。[49] 409 年，皇帝在重新修订的法律里规定："如果任何士兵图谋截留税款，或胆敢私改既定数额，钦敬之人不仅要被克以 200 磅的黄金罚款，而且他的职位也要受到最高的惩罚，渎圣罪的刑罚要加于其身，这种刑罚公开针对违背圣意之行为。"[50]

奥古斯都在位时期，鉴于凯撒被刺的血的教训，出于对自身安全的考虑，设立禁卫军以保护自己。禁卫军在帝国初期，尚能恪守本职，但从 3 世纪初开始，便开始干政，并渐成帝国的一大祸患。戴克里先上台之后，为了消除此弊，便削减禁卫军的人数，并取消其特权。在此基础上，君士坦丁废除了禁卫军，另外组建了四千人的卫队以保障自身的安全。这一时期的皇帝，平日深居宫中，故而皇宫驻防便成了紧要之事。为了能够更好地驾驭这些亲兵卫队，皇帝一方面赋予他们种种特权，另一方面又要求他们严守纪律。公元 386 年，瓦伦提尼安二世和狄奥多西共同发布敕令，就皇宫驻防做出规定。敕令要求"在皇宫驻防之人，分司不同职务，根据日耳曼尼陛下(即格拉蒂安皇帝——笔者注)的律法，为了表示对他的敬意，每一个都应恪尽职责，不应忘戴标徽，皆应在后来治理省区并且享有皇室荣耀之人的带领下列队集合。然而，任何人若鲁莽有犯这一敕示之规定，将成渎圣罪之被告"。[51]

---

[47] *Philip Sabin*, Hans van Wees, Michael Whitby, The Cambridge History of Greek and Roman Warfare: Volume 2, Rome from the Late Republic to the Late Empire, Cambridge: Cambridge University Press, 2007, p. 274.

[48] A Companion to the Roman Army, Edited by *Paul Erdkamp*, Oxford: Blackwell Publishing, 2007, p. 330.

[49] CTh. 7. 4. 30.

[50] C. 12. 37. 13.

[51] CTh. 6. 35. 13.

戴克里先创立四帝共治体制,目的是解决皇位继承问题,以求帝国永固。出发点固然不错,但两位奥古斯都,两位凯撒,导致帝国有四套行政班子。再加上东方宫廷礼仪的采用,和保境安民的需要,帝国冗兵冗员,公共支出激增。在这种情况下,作为"养活政府的奶娘"的税收也就较前世为重。一方面经济衰退,另一方面税收增加,帝国的农民对此苦不堪言。现实中,有些农民为了少交税,减轻负担,就故意作伪。比如,剪掉葡萄树的枝条,或者减少挂果枝条的挂果量,甚或谎报自己贫困。为了防止作伪,保证税源,皇帝下令对此予以严惩。上述行为,如有所犯,则为渎圣罪。当事人不仅要被处以死刑,而且资材没官。[52]

总而言之,这一类型的渎圣罪大体都是有违圣命。同样,疏忽圣命之人已为渎圣罪之被告。[53] 正如狄奥多西皇帝在380年所颁敕令中所言:"以假装不知,或以疏忽而违背触犯圣法之规定,是为渎圣罪。"[54] 若再进行细分,其规制对象又可以分为两大群体:一类是普通民众,另一类是官僚阶层。就敕令所针对的对象而言,官僚阶层是其调控的重点。因为他们是皇帝诏命和敕令的直接接受者。对于这一类群体,一般都是皇帝先前就某个问题颁发敕谕予以规制,但实践中又运行不畅,故而三令五申,而且敕令用语多所夸张,以增强威吓效果。对于违令行为直接上升到渎圣罪,以加强其效力。

三、基督教的地位变化及其对渎圣罪的影响

绝对君主制时期,罗马帝国风云激荡。从戴克里先到君士坦丁,从尤里安到狄奥多西,基督教在这一时期命运波折,经历了从非法到合法,再遭短暂压抑,最后跃升为国教的发展历程。与此相应,罗马传统宗教却由合法变成非法,乃至被最终禁绝。在此二者此消彼长的过程中,渎圣罪也深受其影响,从而有了与以往不同的表现。

(一)基督教合法化之前的渎圣罪

这一时期的渎圣罪,在继承元首制时期渎圣罪的主要规定外,又有了进一步的发展。戴克里先在位后期,鉴于基督教势力的急剧膨胀,他以保持传统价

[52] CTh. 13. 11. 1.

[53] C. 12. 8. 1.

[54] CTh. 16. 2. 25;C. 9. 29. 1.

值观的雄心,为了保卫罗马传统宗教,亦是担心基督教会毁坏国家基础,于公元298年下令对基督教进行镇压。[55] 公元303年,他下令关闭教会,毁坏基督教圣地。紧接着,他又连下三道敕令。自此,"信仰基督教变成了严重的犯罪,要处以死刑。若要避免受罚,就要向神祇献祭"。[56]

在这一过程中,罗马传统宗教至少在官方层面又得到了重视,相应地,对于神庙的保护也比以前更加严格。以前从神庙内盗走物品是渎圣罪,现在只要是带着盗窃意图进入寺庙,就是渎圣罪。[57] 因此,"为获取钱财进入寺庙,确是渎圣罪",相反,"如果是为了美化寺庙而从其中拿走某些东西,则不是渎圣"。[58] 可以看出,这一时期的渎圣罪的规定,"原心定罪"的意味更加明显。除盗窃行为成了渎圣罪直接打击的对象外,就是移动或玷污放置于庙内的物品,亦被视为渎圣罪。[59] 虽然法律对渎圣罪的打击更为严厉,但是这一时期的渎圣罪的侵犯对象依旧不包括私人物品。正如维克多(Victor)所言:"如果从寺庙的监护人或守卫那里拿走托付给他们的物品,并不能看作是渎圣罪。"[60]

(二)合法化之后的渎圣罪

在经历了8年的迫害之后,基督教在罗马帝国的命运终于迎来了转机。公元311年,伽勒里乌斯在临终之前良心发现,颁布了停止迫害基督徒的敕令。在此之后,公元313年,君士坦丁和李锡尼二位皇帝在米兰共同颁布了《米兰敕令》,基督教由此迎来了新生。依据《米兰敕令》,所有人都拥有信仰宗教的自由,基督徒的信仰至此获得了官方的正式认可。除此之外,对于大迫害期间被关闭的基督教会予以重开,没收的教会财产予以无偿归还。

君士坦丁临终受洗,成为基督徒,让基督教的地位更加巩固。但是,基督教此后的发展之路并非一帆风顺。公元360年,尤里安(Julianus)成为罗马皇帝。这位受过希腊古典教育的皇帝,像戴克里先一样,致力于成为罗马古典传统的

[55] *Mario Talamanca*(*sotto la direzione di*). Lineamenti di storia del diritto romano, Milano: Giuffrè, 1989, p. 609.

[56] Id.

[57] Julius Victor, ars rhet. 6. 5.

[58] Julius Victor, ars rhet. 6. 1.

[59] Julius Victor, ars rhet. 6. 4.

[60] Julius Victor, ars rhet. 6. 1.

捍卫者。他在位期间,罗马的传统信仰又得到了支持,寺庙、墓地等跟传统信仰息息相关的建筑又得到了严格保护。罗马传统习俗“严厉禁止毁坏尸体,在死尸上面或者旁边居住,剥落死尸等。同样转移死人,重新下葬或毁坏坟冢是由祭司集团负责监管和授权的”。[61] 但是在基督教取得合法地位后,作为一神教信仰,对于异教之建筑,基督徒往往怀有鄙弃之意,对它们的破坏有时甚至成了一种嘉行。对此,尤里安于363年下发敕令予以规制。敕令规定:“葬礼之日,胆敢闯入坟地和圣地,将石头移走,翻耕土地,毁坏草坪者,前人常常将此等行为同于渎圣罪,更不用说将坟墓上的装饰物拿走以装修餐厅或柱廊。”[62] 对于玷污圣地的,明确规定要“以渎圣罪伺候”。[63]

尤里安因种种“倒行逆施”而被称为“叛教者”。作为古典传统的捍卫者,只可惜他在位时期太短,且基督教早已成为主流宗教,历史潮流无法逆转。在尤里安死后,基督教再次得以高歌猛进。公元380年,随着《萨罗尼迦敕令》的颁行,基督教成为罗马帝国的国教。随着基督教国教地位的确立,教会和基督教神职人员的地位得以提高,基督教的教义对罗马的渎圣罪亦产生了一定的影响。公元386年,格拉蒂安、瓦伦提尼安和狄奥多西皇帝共同颁布敕令,规定在星期天——这一天主之日,“所有的诉讼,商业买卖,聚会皆应停歇;也不应收缴公债和私人债务;亦不能在裁判员那里,无论裁判员是召集来的,还是当事人自愿挑选的,每一个人都应息讼。违背圣教礼仪或启示者,不仅声名狼藉,而且还将作为渎圣罪的罪犯而受到审判”。[64] 而在君士坦丁时期,在321年的敕令中,皇帝虽然认为星期天所有的诉讼都应谢绝,但并不禁止当事人提起诉讼,或解放奴隶。[65]

基督教在成为国教后,一方面,为了维护正统信仰,对于叛教者和亵渎使徒

---

〔61〕 John Scheid, Le délit religieux dans la Rome tardo-républicaine, Le délit religieux dans la cité antique. Actes de la table ronde de Rome (6-7 avril 1978) Rome: École Française de Rome, 1981. pp. 135-136.

〔62〕 C. 9. 19. 5pr.

〔63〕 C. 9. 19. 5. 1.

〔64〕 CTh. 2. 8. 18; CTh. 8. 8. 3; CTh. 11. 7. 13.

〔65〕 CTh. 2. 8. 1.

者，法律将其定为渎圣罪；[66] 另一方面，教堂和教会及其财产得到了更加严格的保护。教堂不仅是基督徒传颂福音，流布圣恩的地方，亦是和平福祥之地。因之，教堂不仅可以解放奴隶，亦可以成为避难之所。教堂及其周边地区不允许任何人持械进入，[67] 若有人"冲进教堂，伤及长官和祭司，有伤肃穆之地及其大雅"，他的所作不仅值得省区长官的警醒，更会被当作渎圣罪予以惩罚。[68]

大迫害时期，教会财产被没收。《米兰敕令》颁行后，原来被没收的教会财产得以归还。不仅如此，皇帝还赋予教会种种特权。对于教会所享有的这些特权，政府官员不能等闲视之或予以违反。412 年的敕令就规定："凡是献给教会使用的地产免于卑贱而下流的公共义务。建造修护道路的义务将不会克以享有此类特权的土地。也不会征收税金或税费，除了特殊情况下所需的税费外，不会增加其他税费。如若有人胆敢违令而行，将被克以渎圣罪，永久流放。"[69] 教会不仅享有特权，而且还拥有大量地产。这些地产要么来自私人捐献，要么来自皇家所赐，抑或由教会自己购买。地产是教会维系运营的重要资本，法律对此也予以格外保护，并将巧取豪夺教会财产的行为定为渎圣罪。在公元 470 年颁发的敕令里，皇帝就慷慨陈词："确实，任何人都认为那些胆大包天的当事人所实施的，要受永久追索之渎圣罪应该被毁灭，他自己，恬不知耻，狗胆包天，试图以他人名义攫取教会通过受赠、买卖或交换或以其他各种合约而获得的田产，除了那些以朕决定的名义获得的，将其收归已有。而他给主事或其他相关人员的价金和款项应作为教会的利润和收益。"[70]

（三）针对异教的渎圣罪

《米兰敕令》的核心精神是宽容和信仰自由，敕令中明文强调每一个人都有选择信仰何种宗教的自由。法令如此规定，现实中君士坦丁本人对于基督教却是有所钟爱。他在位期间，虽未颁布大量禁绝异教的敕令，但从 320 年开始，他就在敕令中禁止家内献祭。[71] 在罗马历史上，从公元前 300 年开始就有干涉献

---

[66] C. 1. 7. 2；C. 1. 7. 4.

[67] CTh. 9. 45pr.

[68] C. 1. 3. 10pr.

[69] CTh. 16. 2. 40.

[70] C. 1. 2. 14. 3.

[71] CTh. 16. 10. 1pr.

祭的传统,[72]但是禁绝献祭,君士坦丁却是第一人。从此之后,包括罗马传统宗教在内的异教就成了国家法令压制的对象。君士坦丁在位时期,家内献祭被禁绝,其他传统尚可保留,并无违法罔命之嫌。[73] 在君士坦丁二世在位时期,除继续严惩家内献祭外,[74]还禁止类似的迷信活动。[75] 紧接着,公元346年的敕令则规定:“所有地方,所有的城市寺庙皆应关闭,进入无门,放辟邪侈之行皆可戒绝。如朕所愿,所有人都应戒绝献祭。但是如果有人犯下此类罪行,必受愤怒之剑的惩罚。其资财没官,省区长官若对此视若无睹,亦受同样的惩罚。”[76]到了356年,对于献祭和崇拜偶像之人,敕令规定处以死刑。[77]

基督教成为国教之后,国家对于异教的规制更甚从前。以前是禁止家内献祭,到了公元392年,连在公共地域和他人土地上的献祭也被禁绝。[78] 以前是关闭寺庙,到了399年,皇帝下令拆毁乡村寺庙。[79] 其他地方的寺庙要么用被用于公益,[80]要么归皇帝所有,成为皇帝私产。在此,神庙的私有化需要注意,因为私有化使神庙的公共属性丧失,也让传统的渎圣罪失去了依归。不仅献祭被禁止,其他有违基督教教义的罗马传统也被禁止。依照罗马传统宗教,葬礼上会举办一定的仪式,而在此时,皇帝“绝不允许在葬礼之日举行纪念渎圣仪式的聚会或举办任何神圣仪式”,并赋予地方上的教士用教会之权力禁止此类活动的权力;如果地区长官对此有所疏忽,则要被处以二十磅黄金的罚金。[81] 敕令之下,不仅信奉传统宗教的民众大受影响,异教神职人员更是首当其冲。阿卡迪乌斯(Arcadius)在位时期,首先废除了异教祭司所享有的种种特权。到了

---

[72] Clifford Ando, Jorg Riipke, Religion and Law in Classical and Christian Rome, Stuttgart: Franz Steiner Verlag, 2006, p. 116.

[73] CTh. 16. 10. 1pr.

[74] CTh. 16. 10. 2.

[75] CTh. 16. 10. 3.

[76] CTh. 16. 10. 4.

[77] CTh. 16. 10. 6.

[78] CTh. 16. 10. 12. 3.

[79] CTh. 16. 10. 16.

[80] CTh. 16. 10. 19. 2.

[81] CTh. 16. 10. 19. 3.

狄奥多西时代，则要求身在迦太基的异教祭司离开迦太基，回到故土，否则要受到惩罚。[82] 对于一般民众，如果曾参加过异教仪式，则无法参军，亦无法成为政府官员。[83]

自古以来，神庙对于传统的罗马人而言，不仅是举行献祭祈愿等宗教活动的地方，更是一个民众庆祝节日，举办娱乐活动的重要场所。基督教的流行让罗马传统的神庙受到了极大的冲击，乃至被下令关闭。鉴于其所具有的社会公益功能和历史传统，前述皇帝在关闭庙门的时候，并未对其进行大规模的毁坏。相反，君士坦提乌斯认为，“城墙之外的神庙建筑应当完整保留且不受侵扰。既然某些游戏竞赛活动皆渊源于此，此类建筑将不予毁坏，罗马人民从它们获趣良多”。[84] 在瓦伦提尼安时代，皇帝奉行实用主义，不立国教，不反异教。颁布宽容法令，保护非基督徒的传统，并取消夜间举办庆典的禁令。[85] 即使在公元380年基督教成为国教之后，皇帝在敕令中仍然宣布那些有益于民众之庙宇继续开放。开放之日，维护秩序，禁绝献祭。[86]

391年以后，情况有所变化，这一年，皇帝下令，要求“任何人都不应接近偶像，走近寺庙并且瞻仰凡人所做之画像，以免他成为人法和神法之被告并受制裁”。[87] 到了435年，所有的神庙、寺庙和神龛，要么被拆毁，要么被改建为基督教堂。[88] 无论是拆毁，还是改建为基督教堂，都对罗马传统的渎圣罪造成了影响。前者让神庙在物理空间上不复存在；后者让神庙彻底改变属性。无论是前者，还是后者，都让传统的以保护神庙中祀神物品的渎圣罪成了无的放矢，事实上名存实亡。

罗马帝国幅员辽阔，境内民族众多。民众所信仰之宗教，不仅有传统的多神教，亦有外来之宗教。起源于伊朗的摩尼教，在3世纪中期产生后，276年就

〔82〕 CTh. 16. 10. 20pr.

〔83〕 CTh. 16. 10. 21.

〔84〕 CTh. 16. 10. 3.

〔85〕 R. Malcolm Errington, Roman imperial policy from Julian to Theodosius, Chapel Hill: The University of North Carolina Press, 2006, pp. 188 – 190.

〔86〕 CTh. 16. 10. 8.

〔87〕 CTh. 16. 10. 10; CTh. 16. 10. 11.

〔88〕 CTh. 16. 10. 25.

西向传入了罗马帝国。[89] 其流布之地,信众不少,甚至后来封圣的奥古斯丁(Aurelius Augustinus)在皈依基督之前也曾信仰过9年的摩尼教。基督教成为国教后,政府在对异教进行改宗转信的镇压时,摩尼教亦不能免。相对于罗马本土的其他宗教,摩尼教由于源自东土伊朗,而当时的萨珊王朝又是罗马劲敌,故而摩尼教所受之规制较其他异教更甚。公元297年,戴克里先就发布敕令,帝国境内摩尼教首的书籍要予以焚毁,他们的追随者之财产要予以充公。[90] 公职人员或有品级之人若有崇信之举,则资材没收,本人发配至矿场服役。[91] 而后,在瓦伦奇尼安时代,摩尼教徒不仅没有制定遗嘱的权利,也无法通过遗嘱获得他人之财产,更有甚者,皇帝剥夺他们生活在罗马法下的权利。[92] 在颁布这项法令之后,后任皇帝继续予以沿用。与以往法律不具有溯及力不同,此项法令"不仅针对未来,亦针对过去。"[93] 敕令颁布后,若有人违法不遵,将克以渎圣罪。[94]

可以看出,对于异教的规制,其间屡有反复,但基本趋势是越往后越严厉。从君士坦丁到狄奥多西,他们对于神庙,虽有关闭拆毁之举,但亦网开一面。只是对于献祭,从头至尾,都是严厉禁绝。之所以如此,不仅因为献祭跟基督教的教义相悖,更重要的原因恐怕在于:时常有人通过献祭来获得神谕,预言未来和祸福吉凶;[95] 更有甚者,借此"问及皇帝安康或有害于皇帝龙体"。[96] 但现实中,依旧有不少人顶风作案,按照自己的传统习俗生活。于是乎,"前人的荣耀今日又加于荒谬和被控的塑像,寺庙里不敬神的门又一次绕满了花环,火在亵渎的祭坛上燃了起来,乳香也开始在祭坛弥散,牺牲在此宰杀,圣杯里盛满了葡

---

〔89〕 Samuel N. C. Lieu, Manichaeism in Mesopotamia and the Roman East, Brill: Leiden. Boston' Koln, 1999, p. 22.

〔90〕 Coll. 15. 3. 6.

〔91〕 Coll. 15. 3. 7.

〔92〕 CTh. 16. 5. 7pr.

〔93〕 CTh. 16. 5. 7. 1.

〔94〕 CTh. 16. 5. 7. 1.

〔95〕 CTh. 16. 10. 9.

〔96〕 CTh. 16. 10. 12. 1.

萄酒,渎圣之行在此安魂地上演”。[97] 皇帝对此雷霆震怒,下令规定:若“仍有人违背禁令,冒天下之大不韪而试图奉献牺牲,对于此等人,在公共法官面前对其进行控告,一旦定罪,他的所有财产将被没收,本人处以死刑。”[98] 在这一条文里,这些冥顽不灵,怙恶不悛,不顾皇命,坚持献祭的异教徒无疑是渎圣罪的被告。不仅如此,负责审理这些案件的主事官员,若在合法指控和确证后无动于衷,亦将被克以罚金。[99]

(四)规制异端的渎圣罪

基督教虽然从313年起就变成了合法宗教,但这并不代表基督教内部就是铁板一块,没有宗派纷争和教义冲突。相反,基督教在其创立之后,传播过程中衍生出不少宗派。不同宗派所信奉的教义各有不同,又各以为是。325年,君士坦丁皇帝为了消除信仰歧见,统一教义,免得派别纷争,以致影响帝国的统一和稳定,遂召开尼西亚会议。这次会议所确立的尼西亚信经被确认为唯一正统的信仰体系,除此之外,“君士坦丁引入了异端 haereticus 这个法令术语,第一个在异端教义和基督徒所遵从的规则间作了区分”。[100] 自此以后,其他与之相悖的基督教宗派就沦落为异端。通过法律对异端进行镇压,这一过程从君士坦丁延续至优士丁尼时代。[101]

为了统一思想,纯洁信仰,同时为了平息异端的教义解释,将其烙上耻辱的烙印,清楚异端所造成的感染,[102] 皇帝下令焚毁异端派别的经典和书籍。此焚书之举,而后又不断上演。398年,霍诺留(Honorius)皇帝就下令,“所有包含优诺米派和孟他努派犯罪教义和事项的书籍,相应机关有所风闻,应立即起获,并

---

[97] C. 1. 11. 7pr.

[98] C. 1. 11. 7. 1.

[99] C. 1. 11. 7. 3.

[100] Maria Victoria Escribano Pano, The social exclusion of Heretics in Codex Theodosianus XVI, Université de Neuchatel faculté des Lettres et Sciences Humaines Librairie Droz S. A. Genève 2009, pp. 39 – 66.

[101] Clifford Ando, Jorg Riipke, Religion and Law in Classical and Christian Rome, Stuttgart: Franz Steiner Verlag, 2006, p. 120.

[102] María Victoria Escribano Pano, La quema de libros heréticos en el Codex TheodosianusXVI, 5, Ilu. Revista de Ciencias de las Religiones 2007, XIX, pp. 175 – 200.

且在当值官员的监督下予以焚毁。如果有人以欺诈方式或任何借口隐匿这些书籍并且没有交出,他们将因为隐匿禁书被作为巫术罪罪犯而被处以死刑”。[103] 425年,针对奈斯乌斯的著作,皇帝亦下了焚书令。[104] 435年,狄奥多西和瓦伦提尼安又禁止“宣读、藏有或抄录以弗斯的祭司所藏有的亵渎圣灵之作以及反对可敬的正统宗派及其神圣教义的作品”。[105] 455年,瓦伦提尼安对于阿波利拿里等宗派,明言“尽管他们的名称各不相同,但是每个都与异端有所关联,虽然名称不同,但是都是渎圣”。对于这些玷污圣教的异端,混杂他们教义的“书籍和纸沙草本,皆应付之一炬,邪恶流播之地皆应在烈焰中灭亡。用严刑峻法惩治如此邪恶的渎圣罪行,亦为公平”。[106]

对于异端,不仅其书籍遭禁遭毁,而且他们作为基督教徒所享有的特权也被剥夺。更有甚者,有些异端的信徒没有权利建造教堂,如果有人允许,这样的教堂已建,则要被没收。任何有这种教义的房屋或住所立即成为国库之物。[107] 为了限制其流布影响,敕令亦限制异端踏足某些地方,比如阿非利加。[108] 同时,为了保证“唯一而且至高的上帝之名将处处得以庆祝,永远遵行先辈所传承以及圣教证据所证实之尼西亚信义”,“异端群氓不得举行非法集会”。[109] 敕令禁止他们在帝国的任何一个城市集会,无论公私地方,[110] 他们亦不能举行秘仪。为了从根本上戒绝异端的活动,皇帝不仅严厉惩治私自集会的异端分子,而且对于那些为此而提供土地或住所的民众,敕令也是一副杀气腾腾的语气。这些人若为异端聚会秘仪提供土地或住所,不仅本人将遭受极刑,而且土地和房屋也会被没收。[111] 异端和异教徒一样,都被斥为“渎圣之人”[112]。他们违背圣教

[103] CTh. 16. 5. 34. 1.

[104] CTh. 16. 5. 66. 1.

[105] C. 1. 5. 6. 1.

[106] C. 1. 5. 8. 2.

[107] CTh. 16. 5. 8.

[108] CTh. 16. 5. 52. 5.

[109] CTh. 16. 5. 6. 1.

[110] CTh. 16. 5. 20.

[111] CTh. 16. 5. 34.

[112] CTh. 16. 2. 2.

礼仪的行为，敕令往往冠以“渎圣”之名。他们背弃基督教的行为，则被克以渎圣罪，永受追索。[113] 敕令中的所有这些规定，探究其本，很大程度上是因为在皇帝眼里，“作为阴谋反对上帝和社会的成员，异端必须处处隔绝，被拒于城墙之外，远离诚实之人的集会，远离神圣团体，异端必须被发配到与社会团体隔绝的地方”。[114]

四、渎圣罪的审判及其刑罚

罗马的刑事审判，大体经历了民众大会到常设刑事法庭，再到特别程序的发展历程。共和末期就已经出现的特别程序到了帝制时代，变成了主流的审判程序。从法学家的记述来看，渎圣罪主要由总督负责审理。公元3世纪前期的法学家乌尔比安就曾认为，总督的职责就是保障行省的安宁。为了达到这一目标，总督应该搜捕渎圣犯、强盗、劫掠者和小偷，并根据每个人所交代的罪行对其予以惩罚。[115] 对于那些流窜到不同行省作案的罪犯，如果先后在不同行省犯有渎圣罪和较轻的罪行，那么就应在对请罪予以调查之后，将其押解到犯有渎圣罪的行省进行审判。[116] 对于罗马城和意大利境内的渎圣罪行，则由城市长官负责审理。这是因为“城市长官负责所有罪行的惩戒权，不仅包括发生在罗马城内的，也包括出了罗马而在意大利境内的”。[117]

戴克里先上台之后，对于传统的行省制度做了改革。他取消了先前元首行省与元老院行省的区分，并将其划分为12个行政区，区下又细分为101个省。新设立的行政区设立行政区长官一职（Vicarius）。君士坦丁时期，又将已经消失的四帝分治区域改为4个大区，设立大区长官（Praefectus praetorio）一职。至此，罗马传统的行政体制就变为了大区—行政区—省—区体制。不仅如此，在

〔113〕 CTh. 16. 7. 7pr.

〔114〕 Maria Victoria Escribano Pano, The social exclusion of Heretics in Codex Theodosianus XVI, Université de Neuchatel faculté des Lettres et Sciences Humaines Librairie Droz S. A. Genève 2009, pp. 39 – 66.

〔115〕 D. 1. 18. 13pr.

〔116〕 D. 48. 2. 7. 5.

〔117〕 D. 1. 12. 1pr.

进入绝对君主制以后,渎圣罪的内涵也发生了变化,它包括了不遵皇命的犯罪行为。基于此,对于渎圣罪的审理就有了不同的机构。一般而言,如果依旧是盗窃祀神物品的渎圣罪,那么就由省长(Rector provinciae)来审理。但若当事人属于士兵,则由行政区长官审理。若行为人品级较高,则一般由大区长官或皇帝来审理。另外,当基督教成为正信,且日渐声隆,并跃为国教之后。渎圣罪的罪行亦包括了侵犯教堂和教士,以及秉持异教信仰,或者虽为基督教,但实为异端的行为。这些渎圣罪行,对于前一类行为,在398年的敕令中,依旧由省长(Moderator)来审理。[118] 对于异端和异教徒,则由省长或更高一级的行政长官负责。[119]

依照传统观点,奥古斯都颁布《惩治通奸罪的优利乌斯法》(Lex Iulia de adulteriis)被认为是创制追诉时效制度的起源,此法对通奸罪规定了5年的追诉时效。自此以后,追诉时效成为一项基本制度,并为后世所沿用。[120] 对于渎圣罪而言,狄奥多西以前关于此罪的追诉时效期限不得而知。狄奥多西时期,针对亵渎使徒,违背基督教正信的渎圣罪,敕令规定不受追诉时效限制。[121] 此后,在公元470年,利奥(Leo)皇帝在所颁发的敕令中,再次强调渎圣罪应"永受追索"[122]。

按照古典时代法学家的记载,对于渎圣罪,通常适用特别程序进行审理。[123] 审理之后,渎圣罪所面临的刑罚基本都是死刑。[124] 古典时代的法学家保罗在《论渎圣罪》时曾写道:"为了劫掠,夜晚暴力闯入寺庙者,投喂给野兽;如果是白天从庙中拿走财物,无论贵贱,都将发往矿场服役。"[125] 乌尔比安对此亦有描述,只是略有不同的是,当事人若出身比较高贵,刑罚相对缓和,从矿场劳役变

[118] CTh. 16. 2. 31.

[119] CTh. 16. 5. 12.

[120] 参见徐国栋:《罗马公法要论》,北京大学出版社2014年版,第321~349页。

[121] C. 1. 7. 4pr; CTh. 16. 7. 7pr.

[122] C. 1. 2. 14. 3.

[123] D. 48. 13. 4. 2.

[124] Theodor Mommsen, Römisches Strafrecht, Leipzig: Verlag von Duncker&Humblot, 1898, S. 769.

[125] Pauli Sent. Ⅴ. 19.

成了流放海岛。[126] 进入绝对君主制之后,由于基督教的影响,对于渎圣罪的刑罚表现出复合化的倾向。死刑依旧是这一时期针对渎圣罪的基本刑罚,帝国后期,永久流放的刑罚亦常常加于渎圣罪罪犯身上。[127] 无论是处以死刑,还是被处以流放,渎圣罪罪犯的财产通常都会被充公。[128] 而且,他们若生前被指控为渎圣罪罪犯,则无权利制定遗嘱。[129] 死后,其所为的赠与和遗嘱亦归于无效。[130] 在优士丁尼时代,“丈夫若发现妻子有通奸、杀人、渎圣等行为,可以离异妻子并获得先前赠与之物和嫁资”。[131]

在基督教时代,基督教教义中所含的宽悯恕人之理念也影响了罗马的刑罚制度。具体表现,最重要的莫过于赦宥制度。像复活节、祈福节这些基督教的重大节日,皇帝都会赦免囚犯。轻罪罪犯一般借此会得免予刑罚的恐惧和身陷囹圄的危险,[132] 但是渎圣罪除外[133]。在格拉提安和瓦伦提尼安时代,皇帝在敕令中以反问的语气言道:“谁会在复活节赦免一个犯有渎圣罪的人呢?”[134]。是以,当事人一旦犯有此罪,至死难赦。

五、渎圣罪的影响

渎圣罪自产生之后,其后虽有变迁,但影响深远。渎圣罪不仅影响了当时的罗马帝国,也影响了后世。

(一)对罗马帝国的影响

从奥古斯都开始,帝王崇拜之风盛行。神庙,作为身处庙堂的君主与身处江湖之远的普通百姓连接的纽结,其中枢地位至关重要。一方面,帝国的官僚

[126] D. 48. 13. 7.

[127] CTh. 16. 2. 40; C. 1. 2. 5.

[128] C. 1. 5. 8. 2; C. 1. 11. 7. 1.

[129] CTh. 16. 7. 7.

[130] CTh. 16. 7. 7. 3.

[131] Nov. 22. 15. 2.

[132] CTh. 9. 38. 7.

[133] CTh. 9. 38. 3; CTh. 9. 38. 7.

[134] CTh. 9. 38. 8.

可以通过它来表达对皇帝的忠心和崇敬,帝国的臣民也可以借此表达自己的感激之情;另一方面,皇帝可以借此来增加自己的神圣魅力,增强自己统治的合法性。渎圣罪的创立就在于通过加强神庙的神圣不可侵犯性来加强皇帝的神圣不可侵犯性。这对于生前尚未神化的君主而言,无疑是其权力尊荣得到保障的有利方式。从戴克里先之后,皇帝生前就开始神化。渎圣罪的内涵也多了违背圣命和伪造货币。将违背圣命纳入渎圣罪,对久居深宫,难以事事亲为的皇帝而言,加强了对臣下的控制,在一定程度上提高了行政效率。至于伪造货币,罗马历代货币,都印有在位皇帝之头像。货币本身,它所代表的无过于皇帝的威权和信用,它所关乎的,无过于帝国金融健康和经济生活的有序。如有伪造,事实上就是在贬损皇帝的信用及其在公众心中的印象,更是对金融和经济秩序的严重破坏。将此纳入渎圣罪,保障了帝国的经济秩序。

帝国后期,渎圣罪的犯罪构成发生了变化,它更强调犯意,而不注重行为结果。即只要有盗窃的意图进入神庙,即可构成此罪。不仅如此,公元 4 世纪末期,皇帝在敕令中将叛逆罪和渎圣密切勾连起来。狄奥多西就发布敕令,明言,“仅仅叛逆罪的审讯是除外的,如果有人以渎圣的意图实施此罪,那么可以在其死后予以惩罚”。[135] 而瓦伦斯皇帝曾就罪犯遗产做出规定,罪犯的子女可以继承他的遗产,但是叛逆罪除外,如果他是以渎圣的意图实施这一犯罪的。[136] 也即在皇帝心目当中,叛逆就是渎圣。从诛行到诛心,意味着皇权的进一步扩张,也是对皇权保护的进一步加强。这与中国古代“十恶”犯罪中的“三谋”犯罪有异曲同工之妙。

除了加强皇权,渎圣罪的更重要的影响在于,借此基督教在法典中形成了圣教一统的局面。圣教关乎信仰,信仰关乎思想。渎圣罪在建构思想一统的过程中,一方面,将尼西亚信经所确立的三位一体的信仰变成正统信仰,而此正统信仰恰恰是在公元 325 年君士坦丁主持下所确定的,背后皇帝旨意毋庸讳言。法典通过渎圣罪,肯定维护正统信仰,赋予教会和教士特权,引导民众有正道可循,有正信可以皈依,有尊贵可以谋求;另一方面,法典又对异教徒和异端进行镇压,隔绝清除,焚书禁足,乃至剥夺权利,消灭肉身,让人闻而生畏。与此同时,神庙或关闭拆毁,或改为他用,而教堂大门敞开,数量增长。此一损一荣,一

[135] C. 9. 49. 10. 5.

[136] CTh. 9. 42. 6.

阖一开，一正一反之道，相反相成。帝国由此在形式上形成了思想的一统，教会的合一。此也为教会在中世纪的巨大影响奠定了基础。

（二）对后世的影响

渎圣罪不仅对当世的罗马帝国产生了不小的影响，对于后世也是影响颇深。渎圣罪所具有维护皇权，维护正统信仰，保护宗教神圣性的内涵都为后世所继承。

就维护宗教神圣性而言，教会法继承了罗马法中的渎圣罪制度，并在此基础上有所变通和发展。教会法认为“抢夺教会之物或金钱者，犯有渎圣罪”。[137]不仅如此，侵入圣地，拿走圣地的圣物，或非圣地的圣物，或圣地的非圣物；[138]侵入教堂及其周边建筑，拿走或夺走财物，或拿走或夺走教士，修士的财物或献给上帝之物，或对教士进行侵辱；[139]进攻教堂或对其进行纵火；[140]欺诈教会，[141]侵占教会财产，[142]非法售卖教会财产，[143]将进入教堂避难之人带走并转移给他人，[144]皆是渎圣罪。在世俗国家，中世纪的西西里王国就将盗窃宗教场所物品，尤其是圣器圣物的行为，定为渎圣罪，且处以死刑。[145] 在法国，1825 年法国议会专门制定了《镇压针对奉献于天主教的建筑或物品或其他在法国合法建造的祭坛的犯罪和违法行为》（Loi pour la répression des Crimes et délits commis dans les Édifices ou sur les objets consacrés à la Religion catholique ou aux autres Cultes légalement établis en France）的法案，该法将盗窃天主教，使徒以及罗马教会的建筑的行为处以死刑，在开展国教的建筑内盗窃财物者，在国教开展的地方盗窃圣器，处以终身苦役。在德国，1751 年的《巴伐利亚法典》第 7 章中将抢夺教

---

[137] Gratianus, Decretum Gratiani, C. 17. q. 4, d. p, c. 18.

[138] C. 17. q. 4, d. p, c. 20.

[139] C. 17. q. 4, d. p, c. 21.

[140] C. 24, q. 3, c. 22.

[141] C. 12. q, 2. c. 71.

[142] C. 12. q, 2. c. 21.

[143] C. 12. q, 2. c. 21.

[144] C. 12. q, 2. c. 21. 2.

[145] Frederick II, Costitutiones Melphitanae, 1. 5.

堂财物定为渎圣犯罪。[146]

与此同时,由于渎圣罪能够维护皇权,故而为世俗君王所青睐。以弗里德里希二世在西西里颁布的《梅尔菲宪法》为例,该法第4章规定,“不应对国王的判决,决定,定制,行为有所争论。确实,争论国王的判决,决定,定制,行为等同于渎圣罪。同样,争议国王所选所任之人是否尊贵,亦是渎圣罪”。[147] 这一条直接照抄自《优士丁尼法典》第9篇第29章第2节。对于弗里德里希而言,继承渎圣罪,无过于强调自身的不可侵犯以及独立于教皇的身份地位。在法国,中世纪的法国国王为了加强王权,强调其王统的神圣性,颁布大量立法,“将渎圣罪的适用范围由宗教领域扩及政治领域,即对神圣的国王以及王室成员的亵渎行为不仅是一种宗教罪愆,而且也是一种不容宽宥的政治犯罪;在这里,诅咒国王就如同诅咒上帝一样,它是对王统神圣性的挑战,而其结果只能是自取灭亡”。[148]

相较于前二者,渎圣罪对后世影响最大的莫过于它所确立的维护正统信仰,打击异端的法律传统。由于《狄奥多西法典》中有关宗教的法令多出自正统派教士之手,所以教会在继受这些制度时,几无违和。虽然异端的定义、构成及其处罚在中世纪皆与前代有别,但其精神意旨却是一脉相承。在教会法中,对于异端所采取的罚没财产、监禁、绝罚,甚至死后追罚的措施与罗马法中渎圣罪的规定别无二致。中世纪早期世俗王国的立法缺乏针对异端的规制时,在民众和统治者心目中却共有一种理念,那就是不仅仅是一种死刑,而是一种特别恐怖的死刑,才是惩治异端的合宜方式。此种理念或许源于罗马法对几种不同的异端处以死刑的事实。[149] 而在后来世俗王国的反异端立法中,我们也可以看到渎圣罪的痕迹。前述的《梅尔菲宪法》第一篇第一章第一节里,弗里德里希二世就明言“为了上帝和人类,对于此等异端和受其感染之人,朕不会无动于衷,因此朕要对此等斗筲之徒予以严惩。异端属于公犯。因为他贬损了上帝之天威。

[146] 陈慧馨:《1751年德国〈巴伐利亚刑法典〉——德国当代刑法的起源》,载《比较法研究》2012年第1期。

[147] Frederick II, Costitutiones Melphitanae, 1.4.

[148] 陈文海:《试论中世纪中后期的法兰西王统理论》,载《世界历史》1999年第1期。

[149] A. S. Turberville, Medieval heresy and the inquisition, C. Lockwood and son, 1920, pp. 134 – 135.

因此我们要依据王国法令，对他们所感染之人处以死刑，以便他们能在众目睽睽之下消失”。[150] 在德国，亦是弗里德里希二世，在 1231 年 1 月和 2 月接连发布两道反对异端的敕令，敕令和《狄奥多西法典》中对异端的处置几乎相同，即剥夺他们的各种权能资格。由此可见，无论是教会本身，还是世俗王国，他们对于异端的镇压和打击措施中，无不深受罗马渎圣罪的影响。

[150] Frederick II, Costitutiones Melphitanae, 1. 1.

中德法学论坛
第15辑,第266～288页

从"孟文公案"中的优待股论争看类别股权益的平衡路径*

吴建斌**

摘　要:孟勤国教授的《法官自由心证必须受成文法规则的约束——最高法院(2013)民申字第820号民事裁判书研读》曾引发法律界的激烈论争,几乎酿成一桩公案。遍览该案三级法院裁判、孟文内容以及参与各方攻防论据,大多涉及程序法问题,对该案实体争议焦点如620股优待股权益性质及其处分权利、590股现金股质押的效力、是否违反流质禁止规定、被告有无权利抵扣债务等,均未充分论证。其中优待股虽然在《公司法》中难觅踪影,也与近年推行的优先股有所不同,但孟文质疑的法律效力难以否定。迄今为止,尽管论争几近平息,遗留问题却远未解决。现实中权能特别设计的股权繁复多样,远非普通股、优先股的传统分类所能涵盖,公司章程自治规则应予充分尊重,类别股权益的平衡路径亦宜交由公司自行选择决定。

关键词:优待股;章程规定;类别股权益;平衡路径;公司自治

Abstract: Professor Meng Qinguo from Wuhan University published in *The Law Review*, the 4th issue of 2015, "Judges' Free Evidence Must Comply to the Statute Rules-A Study on Supreme People's Court (2013) Civil Shen Zi No. 820

* 本文系国家社会科学基金后期资助项目(14FFX024)阶段性研究成果。

** 吴建斌:南京大学法学院教授、博士生导师。

Civil Ruling". The article provoked fierce debate in the legal profession and has almost led to a public case. Reading through the three-tier court decisions, the content of Meng's article, and the arguments from both sides, these mostly involved procedural law issues. There is lack of argument and demonstration on the focus of the dispute on this case such as the nature of the 620 preferential shares of and its disposal rights, the effectiveness of the pledge of the 590 shares in cash, whether there was the violation of the liquidity prohibition or whether the defendant has the right to offset the debt. Preferential share is difficult to trace in "Company Law", it is also difference from the implementation of preferred shares in recent years, but its legal validity being questioned in Meng's article is also hard to deny. So far, although the controversy has almost subsided, the remaining problems are far from being solved. In reality, shares with rights specially designed can be numerous and varied, far beyond the traditional classification of common shares and preferred shares. The rules of autonomy in the Articles of Incorporation should be fully respected, and the path to balance of the rights of share classes should also be left to the company's own choice.

Key Words: preferred shares, constitutional regulations, share class rights, path to balance, company autonomy

一、引　　言

孟勤国教授发表于《法学评论》2015 年第 4 期的案例研究论文《法官自由心证必须受成文法规则的约束——最高法院(2013)民申字第 820 号民事裁判书研读》,曾在法律界引发了一桩论争多日的公案,各路豪杰频出奇招,攻防 PK,混战一场。[1] 该文研讨的主题是由孟教授代理的“商某诉新和成控股集团有限公司股权确认纠纷案”的民事诉讼举证规则。作为案件的代理人输掉官司之后的激愤心情,在文中溢于言表:“历经四年,这场事实清楚、是非分明的官

[1] 参见滑璇:《一篇论文砸出法律界混战》,载《南方周末》2015 年 8 月 13 日;李轩:《法官学者隔空呛声:一篇“檄文”引发的公案》,载 http://www.chinacase.net/news/html/?7266.Html,最后访问日期:2015 年 9 月 27 日。

司,最终还是输掉了。商某价值亿元人民币的股权不明不白地消逝在绍兴中院、浙江高院、最高法院的几张裁判文书中。中国民事审判的任性,在该案中得到了淋漓尽致的展现,该案因而成为了解和研究中国民事审判现状不可多得的样本。"因而,有必要"围绕案件争议焦点","紧扣三级裁判摆弄证据的轨迹、还原法官滥用自由心证的思维过程、揭示裁判结果的无理和不公,进而提出法官自由心证必须受成文法规则的约束"的倡议。[2] 当然,也有人质疑孟文缺乏证据法上的请求权基础,[3]但仁者见仁智者见智,横看成岭侧成峰,远近高低各不同,孟文从举证规则的程序法角度进行剖析不无价值。不过,该案三级法院确定的案由为股权确认纠纷,审理的实体争议也是商某是否仍然享有公司单方面收回处分的特殊股权。该案的特殊性还表现在,系争股权经历了从所谓的股份合作制企业份额,经有限公司股权再到上市公司股份的演变。[4] 尽管法律界公认股份合作制企业有别于公司,其出资人也不是公司法意义上的股东。因日后最高人民法院的终审判决已经确认该类企业纠纷可以参照公司法的规定,[5]类

---

〔2〕 孟勤国:《法官自由心证必须受成文法规则的约束——最高法院(2013)民申字第820号民事裁判书研读》,载《法学评论》2015年第4期。

〔3〕 参见易延友:《自由心证的底线与边界——就最高法院(2013)民申字第820号民事裁定书之证据法问题与孟勤国教授商榷》,载 http://blog.sina.com.cn/s/blog_9b7bc0b70102vlo8.html,最后访问日期:2017年12月28日。

〔4〕 该案一审、二审判决书认定事实部分,是直接表述为"章程规定(股份合作制)企业设三种股份"的,似不太准确。严格而言,德国、日本公司法中的股份公司和股份两合公司可发行股份,其他公司则为股东认缴的份额。德国法资料详见《德国商法典》第120条和第167条,《有限责任公司法》第5条,《股份法》第1条、第199条。参见《德国商事公司法》,胡晓静、杨代雄译,法律出版社2014年版,第6、18、67、199页。日本法资料详见日本《公司法》第二编第25条、第三编第585条。参见吴建斌编译:《日本公司法:附经典判例》,法律出版社2017年版,第12、303页。另见吴建斌:《现代日本商法研究》,人民出版社2003年版,第538页。王保树主编、于敏、杨东译以及崔延花的译本,则将日文汉字"持分"直译为中文"持份",似乎不太符合中文习惯甚至词义不清。参见王保树主编:《最新日本公司法》,于敏、杨东译,法律出版社2006年版,第309页;《日本公司法典》,崔延花译,中国政法大学出版社2006年版,第270页。

〔5〕 参见2013年11月23日最高人民法院(2013)民提字第129号"李世江与荣成市铸钢厂董事损害公司权益纠纷再审案"民事判决书。

推适用公司法上出资、股东、股权的规定未尝不可,学理上也可以说得通,只是对该案并不产生实质性影响。因为该案即使适用或者参照适用公司法,也无法改变相关结论。该案实体争议焦点如620股优待股权益性质及其处分权利、590股现金股质押的效力、是否违反流质禁止规定、被告有无权利抵扣债务等,迄今均未见到有人加以充分论证。孟教授本人也仅通过网络提出有待研究的十大问题而并未给出答案,[6]其研究价值丝毫不亚于程序法上的争议问题。该案中商某的部分诉讼请求不尽合理,依法依理很难得到全部支持,诉讼策略更有值得斟酌之处。所谓的优待股虽然在《公司法》中难觅踪影,也与近年推行的优先股有所差异,但孟文质疑的法律效力毋庸置疑,具体理由有待后述。现实中权能特别设计的股权繁复多样,远非普通股、优先股的传统分类所能涵盖,公司章程自治规则应予充分尊重,类别股权益的平衡路径亦宜任由公司自行选择。本文即尝试从公司法角度探讨该案有关优待股的特殊股权设置的正当性,并就公司法的规范路径探讨其一般化原理。

本文除引言外,分成六个部分:第一,孟文遗漏的重要事实构成法院裁判的决定因素;第二,对孟文诟病法院裁判的辩驳;第三,我国现行类别股分类落后于公司运行实践;第四,域外法考察;第五,我国未来类别股权益的平衡路径选择;第六,以结语归纳并结束全文。

二、孟文遗漏的重要事实构成法院裁判的决定因素

案例研究的起码前提,必须基于案件本身及其裁判载明的基本事实,否则,势必会陷入各敲锣鼓、无法对话的境地,更不用说开展有益的学术讨论了。孟文陈述该案的基本案情与三级法院裁判文书相比,就遗漏了一些非常重要的事实,这些科斯法律经济学视野下的局限条件构成了法院裁判的决定因素,为了更加客观地评述孟文诟病法院裁判的理由究竟能否成立,有必要先

[6] 参见孟勤国:《最高法院(2013)民申字第820号民事裁定书的十大问题),载 http://club. kdnet. net/ dispbbs. asp? id = 11142758&boardid = 1(2015 - 09 - 02),最后访问日期:2017年12月28日。

予梳理澄清。[7]

该案原审被告浙江省新昌县新和成控股集团有限公司的前身是 1989 年由两个中学各自出资 3 万元设立的新昌县有机化工厂。原告商某 1992 年被其借用,并主持开发了维生素 E 等关键技术,推动企业快速发展,贡献突出。1994 年商某比照企业内部职工的待遇,参加了企业股份合作制改制。章程规定以原企业净资产价值 315 万元为基数设置三种股份:一是原投资学校集体股,计 107.1 万元;二是企业集体股,计 207.9 万元,并特别规定"所有权归企业集体,分红权归企业股东,以影子股(也称优待股)量化到企业干部职工,不得转让、赠予、买卖和继承,职工离厂影子股自行终止";三是现金股,计 200 万元,其权属归股东。按照经有关主管部门行政审批的改制方案以及章程安排,上述企业集体股折合成 20,790 股,按厂龄、职务或职称、建厂补贴、特殊贡献四项标准计算确定量化到干部职工名下,商某作为总工程师分享 620 股优待股。同时,以自有资金出资 16,500 元购买 165 股、向企业借款 18 万元购买 1800 股小计 1965 股现金股,三项合计持有 2585 股内部职工股。双方事后签订的《借贷协议》第 8 条约定:"本借款采用抵押担保,借款方自愿将投入合成化工厂的现金股 196,500 元及借款方现有房产作为该借款的抵押(依法应分别称为质押和抵押——笔者注)。"第 9 条又约定:"未经董事会批准不得擅离本厂……,否则由此项借款所购股份所分得的红利无偿缴还企业。"1995 年商某因考取浙江大学博士研究生而终止借用协议,但仍继续为企业提供技术服务。在 1997 年上半年之前,企业按 2585 股向商某分配 1995 年度、1996 年度红利。1998 年上半年因商某博士毕业后决定留校任教,但未经企业同意。企业即径自终止 620 股优待股并抵扣 590 股现金股,不再按照 2585 股而是依据 1375 股现金股、0 股优待股的标准向商某分配 1997 年度红利,商某在分红清单上签字确认,双方均未提交证据证明办理过商某丧失前述 620 股优待股和 590 股现金股合计 1210 股内部职工股的其他手续。1998 年下半年,被告筹建中的职工持股会协议溢价收购商某持有的剩余 1375 股现金股,其后的职工持股会成员名册中再无商某的姓名,企业每年分红也再无商某参与的记录。2002 年企业职工持股会解散,转由 130 名自然人

---

[7] 参见 2011 年 10 月 12 日浙江省绍兴市中级人民法院(2011)浙绍商初字第 24 号民事判决书;2012 年 6 月 21 日浙江省高级人民法院(2011)浙商终字第 62 号民事判决书;2014 年 12 月 9 日最高人民法院(2013)民申字第 820 号申请再审民事裁定书。

股东直接持股。在商某留校并实际丧失股东资格6年后的2004年,以该企业为主发起人设立的新和成股份有限公司在深交所成功上市,该企业成为上市公司的控股股东,2009年变更为现名“新和成控股集团有限公司”。原告商某于2011年初诉诸浙江省绍兴市中级人民法院,要求确认原有620股优待股以及590股现金股合计1210股同比例扩股的上市公司股份282万余股,按照2008年评估价值测算价值3600余万元,市值更是上亿元。在诉讼中,被告企业主张按照章程规定终止其620股优待股,并通过抵扣590股现金股的方式抵偿商某未按约返还的1995年度、1996年度红利。商某则坚持主张仅凭分红清单签字并无其他证据,不能证明已经终止620股优待股和抵扣590股现金股的事实存在,其仍依法享有与当年1210股相当的股份及其相应权益,为此预付诉讼费22万余元。

经仔细研读商某起诉书、上诉状以及孟文内容,并将其与三级法院裁判文书尤其是法庭调查以及事实认定部分相互对照,发现前者刻意回避了企业章程规定优待股为企业集体所有、量化到个人部分仅为分红权、职工离厂即自行终止的事实,有关购买1800股现金股的18万元借款有抵押或者质押担保约定,也仅在孟文注释⑨中一带而过。有关物的担保是否成立和生效、是否违反流质禁止规定、企业作为债权人有无权利不经诉讼或者仲裁程序径自处分抵押物、质押物以抵偿债务等,正好为孟教授专业特长,本可成为原审原告诉请的重要理由,也有可能大大提高其胜诉概率,可惜商某一方在三级法院诉讼程序中均未提出相应主张,反而在似是而非的问题上作无谓的纠缠,扬短避长,甚至意气用事,最终遭致败诉结果,其诉讼策略及执业水平值得怀疑。至于孟文主张“至1997年12月28日,商某已还清该借款协议的全部本金和利息,借款协议第8条的抵押担保自然消灭”,[8]因三级法院均未审议这一情节,也无相应的证据予以支持,甚至连质押或抵押不同的担保类型也未加区分,审理法院自然无法采信。假如确有证据,为何不在诉讼中提交,孟文如此言说,又依据何在呢?不过,鉴于590股现金股(为何抵扣18万元而非其他数额,指控方在诉讼中自始至终未予注意并穷根究底,辩解方也未能解释清楚,令人遗憾)的处置方式是否合法,其归属如何确定等争议并非本文重点,故不予赘述。

---

〔8〕 孟勤国:《法官自由心证必须受成文法规则的约束——最高法院(2013)民申字第820号民事裁判书研读》,载《法学评论》2015年第4期。

我们着重讨论的是620股优待股。对此,原审判决详细引证企业章程规定内容,即"量化到企业职工的企业集体股(量化后称为优待股或影子股),股东只有分红权,不得转让、赠予(与)、买卖和继承,职工离厂影子股自行终止"。进而,以该章程和分配方案已经职代会、股东代表大会等企业内部决策机构表决通过,并经有关主管机关审批同意,同时也不违反法律、行政法规的强制性规定和当时关于股份合作制企业的政策为由,确认其合法有效。孟文花了很多笔墨质疑改制方案包括章程规定内容的真实性,似乎并无多大说服力,故法院未予支持。另外,企业辩称在商某读博期间还保留其分红权,但1998年商某决定留校,不再回厂工作(此后两者之间仍有独立主体间的技术协作关系),企业才按章程规定予以终止,并在1998年实施的1997年度红利时,就不予分红了(实际上提前了一年,商某起码还可以享受1998年上半年的红利,尽管要等到1999年上半年企业决定分红后才能确定具体数额,商某假如就此提出异议,倒是很可能会得到法院支持的)。企业还强调其在1998年处置终止商某的分红权后,商某不仅签字确认,十多年来从未提出过异议,也未主张过任何权利。法院在认定上述事实的基础上,认定商某的诉请并无事实和法律依据。

二审中,浙江省高级人民法院的判决转向企业有无权利剥夺620股优待股,以及实际有无终止的价值判断和事实认定两方面的综合考量,认为根据股份合作制企业的特点,在法无明文规定时只能参照适用部门规章和地方性法规。其中,1994年浙江省委、省政府办公厅《关于进一步完善乡村集体企业产权制度改革的若干意见》已经规定,职工集体股归职工集体所有,可以划出一定的比例量化到职工个人,持有人不享有所有权,只享有分红权,不能带走、继承、馈赠、转让。该意见可以成为该案企业章程的上位法依据。另外,上述判决也强调"对于企业的处置方式,商某签字认可,长期不予主张,明显不符合常理。"申诉审的焦点是商某620股优待股是否已经终止,属于事实认定层面的问题。最高院首先论证适用地方性法规不属适用法律错误。由于章程规定职工离厂优待股自行终止,此前法院以商某毕业留校离开企业时,企业就不予分红,商某签字确认,其后也未予主张为由,认定"其持有的620股优待股即已被终止,并无不当。"这样的裁判理由,应当是站得住脚的。

三、对孟文诟病法院裁判的辩驳

正如前述,尽管孟文抨击三级法院滥用自由心证也有言过其实之嫌,从程序法的角度值得商榷，本文还是主要围绕该案企业处分的商某股权实体权利的正当性展开分析。对此，孟文就法院裁判的诟病分为以下四个层面。

第一，优待股属于地方规范性文件中的“企业积累分配股”，企业无权收回，企业章程规定不能成为其收回依据。孟文主张，涉案改制方案批复并无章程草案第 12 条“影子股”的说法，而是称为“企业积累分配股”，企业积累分配，是对企业职工以往劳动积累的一次性分配，正如工资报酬一样，断无分配后因职工离厂收回之理。无论如何，章程草案第 12 条都不是商某的 620 股优待股得或失的依据。〔9〕

第二，企业终止优待股须经原持股人同意，质疑法院认可企业单方行为或者商某事后签字追认的效力。孟文认为，“该案法官们似乎不知道终止和抵扣是一个权利变更的合同因而必须存在合意”，“一审被告必须对终止和抵扣 1210 股权这一权利变更合同的‘订立’和‘生效’这两个事项举证，也就是说，一审被告必须直接证明终止和抵扣合同的存在，证明合同订立的时间地点、主体客体、权利义务、违约责任、生效条件、争议解决等合同内容”。〔10〕据此，章程草案即便如一审被告所言经股东大会表决通过，也只能证明该化工厂有权终止商某的 620 股优待股，不能证明已经终止，更不能证明有“事实上的合意”。

第三，终止优待股没有留下痕迹，故法院认定优待股已经终止的事实并不存在。对此，除了前述孟文主张章程草案不能证明已经终止优待股外，该文还强调：“更为重要的是，620 股占总股本 1.205%，终止后这部分股权是怎么处理的？若是注销，应有减少注册资本的工商登记资料，若是奖励给职工，应有奖励文件，若是转让给其他股东，应有股东大会决议和转让合同。1994 年股东大会的董事选票都一一装订成册，足以证明一审被告的档案工作极其出色，占总股本 1.205% 的 620 股优待股的终止，如此大事岂能不留下相应的书证？岂能像空气那样不留一丝痕迹？一审被告没有提交哪怕是片言只语的书证，该案裁判

〔9〕 参见孟勤国：《法官自由心证必须受成文法规则的约束——最高法院（2013）民申字第 820 号民事裁判书研读》，载《法学评论》2015 年第 4 期。

〔10〕 同上。

仅凭章程草案就认定商某620股优待股已终止,实在荒谬至极。"[11]

第四,基于上述三点,孟文接着全面抨击法院裁判,认为判决无视商某从来不是在册职工,无视商某因技术贡献而任总工程师,认定620股优待股与商某技术贡献无关;无视1995年借用协议终止商某读博期间依然享有2825股(疑为2585的笔误——笔者注)的红利,无视商某博士毕业后依然为厂服务,认定商某擅自离厂;无视1994年公司法已经实施,无视章程草案开宗明义"依据公司法制定",认定620股优待股不适用公司法关于股权转让必须经过法定程序和形式的规定;无视政府批复并无"影子股和终止条款"的内容,无视"影子股和终止条款"是侵害职工劳动积累利益的土政策,无视企业积累分配给个人符合当时浙江省政府明晰产权摘"红帽子"的改革精神,认定章程草案的"影子股和终止条款"合法有效。这些认定逻辑漏洞百出,蛊惑人心,依据的是"620股优待股是无偿取得的,无偿终止也成理"的幻象。不明真相者很难知道该案的事实:商某支付了对价(技术贡献)并非无偿取得;这620股优待股最终无偿转为管理层的个人财产;所有的优待股除商某外自始至终按公司法的普通股享有权利。

由于孟文对于法院裁判采取全盘否定的态度,并牵扯该案三级法院未予审理的诸多案外恩怨纠葛,我们无法就其对法院裁判的诟病作出全面评述。但在几个关键问题上,无论法院裁判论证是否充分,孟文的观点除显得偏激之外,在理论上也是很难成立的,而法院裁判意见大致说得过去,与孟文质疑"有关590股现金股的裁判论证理由牵强附会",形成鲜明的对比。我们择其要点稍加评述。

第一,如何理解优待股的性质。企业章程所规定的优待股不管称谓如何,明确所有权属于企业集体,量化到个人部分仅有分红权,持有人离厂即自行终止,是与前述地方性规章规定基本保持一致的,只不过后者用了"不能带走"的表述而已。它不能与孟文中所指的工资报酬相提并论。孟文主张其"断无分配后因职工离厂收回之理",也是未经论证的武断之言。理由很简单:因章程规定被量化到个人的部分仅是分红权,不是所有权,严格意义上还不是完整的股权,而是分红依据,持有人并无所有权意义上的权利,具有虚拟性,何来收回,又如

〔11〕 孟勤国:《法官自由心证必须受成文法规则的约束——最高法院(2013)民申字第820号民事裁判书研读》,载《法学评论》2015年第4期。

何收回？该案案情所反映的章程规定也非收回或者回购，而是终止。终止的并非股权本身的所有权，而是分红权。对此，孟教授作为该案一、二审的代理人，著名民商法专家，不可能不知道这一情节，为何仍出此言？至于由此又派生出企业、公司能否持有自己的股份，则属于库存股或者库藏股的范畴了。笔者曾于1990年在日本进修商法公司法时所发表的研修论文，为此考察过域外法，回国后又另文进行了专题讨论。[12] 域外对此主要采取两种模式，一为美国法所代表的原则允许、依法规制公司取得方式及持有环节，二为德国法所代表的原则禁止、例外允许。近年转而仿效美国法的国家和地区逐渐增多，如2001年日本修改商法，2005年《日本公司法》沿袭了新的规定。[13] 不管采行哪种模式，当今世界各国已无绝对禁止的法例了。我国现行公司法效仿的是德国法模式，例外允许的情形在2005年修法后也大大扩展了。[14] 国内学界予以正面回应的文献不在少数，在此无须赘述。公司持有的库存股与本案中的企业所持的优待股有相似之处，只是后者的做法不够规范罢了，孟文称其没有法理依据，可能有失偏颇。

至于商某离开后，涉案企业将职工持股会持股重新量化转变为个人直接持股，实际上已经将优待股原先归企业集体所有的做法改为归个人所有，并导致仅有商某一人被剥夺股权的结果，这一点虽然备受孟文诟病，但也值得商榷。孟文直言：“这620股优待股最终无偿转为管理层的个人财产；所有的优待股除商某外自始至终按公司法的普通股享有权利。”对此如何评价，需要具体情况具体分析。假如留任的职工在当时政策、法律允许的前提下，通过修改章程甚至将不太规范的股份合作制企业变更为有限公司或者股份公司，企业集体股重新量化到个人名下，不再虚化为仅有分红权而是确认持有人的实际股权，并无不可。尽管此前企业的做法确有依据土政策、土办法之嫌，可能不合理不规范。但当时《公司法》尚未施行，其他法律法规未予规定，故不存在违法问题。《公司

〔12〕 参见吴建斌：《自己株式取得の規制について》，载《愛知論叢》1990年第49期；吴建斌：《关于企业股取得限制的比较研究》，载《外国法译评》1993年第3期。

〔13〕 参见吴建斌：《现代日本商法研究》，人民出版社2003年版，第367页以下；吴建斌：《最新日本公司法》，中国人民大学出版社2003年版，第100页以下；吴建斌主编：《日本公司法规范》，法律出版社2003年版，第58页；吴建斌编译：《日本公司法：附经典判例》，法律出版社2017年版，第71～82页。

〔14〕 详见我国《公司法》第142条。

法》实施后,因该法对这样的做法仍无规定、未予禁止,违法之说也就无从谈起。进一步而言,涉案股权变动的情形,根本不是《公司法》第71条所规定的股权转让事宜,故不适用该条。因此,争议问题纯属公司自治范畴。只有在类似商某那样的离厂借用人员或者在册职工,也仍然享有企业集体股变虚为实的待遇,孟文的主张才有实证依据。否则,只能是主观臆断的一面之词,不足为道。

该案商某起诉的起因,也许是当年不顾企业领导的挽留,执意在取得博士学位后留校任教(绝无贬义),虽然后来发展得也不错,甚至当上了教授博导并连连获奖,但因此丧失包括仅以2.3倍溢价转让1375股现金股在内的全部股权,在上市以后所带来的暴富机会,也即孟文所称的上亿元计的财产权益失之交臂,从而导致心理不平衡。假如真的如此,则完全属于对未来预期的商业判断问题,当事人后悔归后悔,而要诉请法院确认其当年已被处分的620股优待股股权,恐怕依据不足。而前述似有违法处分嫌疑的590股现金股或许还有一争,但已不属于本文的题中之义了。

第二,企业单方面处分(虽然裁判文书中均强调商某签字确认,但仅为签字确认,而非与企业达成处分合意)620股优待股是否正当合法?孟文质疑法院认定企业单方面处分620股优待股法律效力的主要理由,在于就该620股优待股(或者影子股或者孟文所称的"企业积累分配股")处分,应当是合同行为,需要在当事人双方之间协商一致达成合意,企业不得单方决定、单方实施,否则构成侵权,"被害人"有权主张停止侵害、恢复原状。而该案审结后的《民法总则》第196条还明确停止侵害的请求权"不适用诉讼时效的规定",这正是孟教授代理该案的基本思路以及请求权基础。孟文前述的主要观点,比如,"该案法官们似乎不知道终止和抵扣是一个权利变更的合同因而必须存在合意";又如,"一审被告必须对终止和抵扣1210股权这一权利变更合同的'订立'和'生效'这两个事项举证,也就是说,一审被告必须直接证明终止和抵扣合同的存在,证明合同订立的时间地点、主体客体、权利义务、违约责任、生效条件、争议解决等合同内容";再如,章程草案即便如一审被告所言经股东大会表决通过,也只能证明该化工厂有权终止商某的620股优待股,不能证明已经终止,更不能证明有"事实上的合意"。凡此种种,均是按照前述思路所阐述的不同理由以及合同法依据。总之,孟教授几乎是完全以合同法的思路代理案件,进行逻辑论证的。而这又涉及近年风头很劲的公司法理论重大发展——公司合同理论。孟文是否依据公司合同理论提出上述主张尚不得而知。近年国内对于公司合同

理论的研究文献不断涌现,[15]也有不少法院运用该项理论裁判各种公司纠纷

---

〔15〕 主要有:汤欣:《论公司法与合同自由》,载梁慧星主编:《民商法论丛》(第16卷),金桥文化出版(香港)有限公司2000年版;汤欣:《公司治理与上市公司收购》,中国人民大学出版社2001年版,第17页以下;汤欣:《论公司法的性格——强行法抑或任意法》,载《中国法学》2001年第1期;蒋大兴:《股东出资瑕疵法律责任》,载蒋大兴:《公司法的展开与评判——方法·判例·制度》,法律出版社2001年版,第135页以下;蒋大兴:《公司章程与法律关系》,第279页以下;蒋大兴、金剑峰:《论公司法的私法品格——检视司法的立场》,载《南京大学学报》(哲学社会科学版)2005年第1期;蒋大兴:《公司自治与裁判宽容——新〈公司法〉视野下的裁判思维》,载《法学家》2006年第6期;张民安:《公司契约理论研究》,载《现代法学》2003年第2期;蔡立东:《公司本质论纲——公司法理论体系逻辑起点解读》,载《法制与社会发展》2004年第1期;蔡立东:《公司自治论》,北京大学出版社2006年版,第44页以下;罗培新:《公司法的合同路径与公司法规则的正当性》,载《法学研究》2004年第2期;罗培新:《公司法学研究的法律经济学含义——以公司表决权规则为中心》,载《法学研究》2006年第5期;罗培新:《填补公司合同“缝隙”:司法介入公司运作的一个分析框架》,载《北京大学学报》2007年第1期;罗培新:《公司法强制性与任意性边界之厘定——一个法理分析框架》,载《中国法学》2007年第4期;罗培新:《新〈公司法〉框架下的司法裁判困境》,载《华东政法学院学报》2006年第1期;罗培新:《公司法的合同解释》,北京大学出版社2004年版;张文楚、谈萧:《经理与股东关系新论——基于人力资本和公司契约的理论阐释》,载《法学家》2005年第4期;蔡伟:《论股东股利分配权的制衡——从公司契约理论的角度》,载《兰州学刊》2005年第5期;宋从文:《公司章程的合同解读》,载《法律适用》2007年第2期;江苏省高院民二庭:《审理有限责任公司治理结构案件中的三个基本问题》,载《人民司法·应用》2007年第4期;范黎红:《公司章程“侵权条款”的司法认定及救济》,载《法律适用》2009年第1期;刘迎霜:《公司契约理论对公司法的解读》,载《当代法学》2009年第1期;钱玉林:《公司章程“另有规定”检讨》,载《法学研究》2009年第2期;侯东德:《论中国股东权制度的立法完善——以公司契约理论为视角》,载《现代法学》2009年第2期;侯东德:《公司契约理论与中国股东权制度的发展》,载《学术论坛》2009年第4期;丁俊峰、闫志旻:《股东请求法院审查公司章程的效力》,载《人民司法·案例》2010年第6期;钱玉林:《公司章程对股权转让限制的效力》,载《法学》2012年第10期;罗培新:《抑制股权转让代理成本的法律构造》,载《中国社会科学》2013年第7期;吴飞飞:《“公司章程另有规定”条款的理论争点与司法解说——以公司合同理论与股东平等原则为认知路径》,载《甘肃政法学院学报》2014年第1期;李诗鸿:《公司契约理论新发展及其缺陷的反思》,载《华政政法大学学报》2014年第5期;罗培新:《股东会与董事会权力构造论:以合同为进路的分析》,载《政治与法律》2016年第2期;冯果、段丙华:《公司法中的契约自由——以股权处分抑制条款为视角》,载《中国社会科学》2017年第3期;黄辉:《对公司法合同进路的反思》,载《法学》2017年第4期;蒋大兴:《公司法中的合同空间——从契约法到组织法的逻辑》,载《法学》2017年第4期;朱慈蕴、沈朝晖:《不完全合同视角下的公司治理规则》,载《法学》2017年第4期。

案件的。[16] 笔者曾有专文予以探讨,并揭示主流观点以及诸多法院在裁判中误解该项理论的具体表现。[17] 孟文假如能够事先梳理上述文献,并了解法院裁判立场的发展演变过程,或许会放弃原来的观点,至少不会如此偏激。理由在于:首先,公司治理机制并非采取合同法上的合意原则而是公司机关议事规则中的多数决原则。因此,民法上的合同法规则通常不适用于公司案件纠纷。当然,公司合同理论也非民法上的合同理论。两者的联系与区别在此不赘。其次,假如将该案620股的处分权置于合同法框架下考量,公司章程也与合同相似,则该案企业章程中就已经"约定"620股优待股所有权属于企业集体(尽管指代不明),商某仅有分红权,且在离厂时"自行终止"。从合同法的角度理解,这一内容是一个附条件条款,当条件成就,约定自然生效,我国合同法对此有明文规定。[18] 最后,这样的"约定"为终止条件条款,当条件成就即商某离厂事实发生时,商某的分红权即行消灭,无须办理任何手续留下任何凭证或者痕迹。至于这一"约定"是否公平合理,是否达到了显失公平的程度,则另当别论。何况,该案也并非以显失公平为请求权基础的撤销之诉,纠缠于公平与否于事无补。

第三,基于前述第二点理由,孟文有关"终止优待股没有留下痕迹,故法院认定优待股已经终止的事实并不存在"的观点也就不攻自破,无需再费口舌了。至于孟文紧接着的诘难,则仍需回应。孟文质疑上述620股优待股"终止后,这部分股权是怎么处理的?若是注销,应有减少注册资本的工商登记资料,若是

---

〔16〕 参见孔维寅、王东辉:《常熟审结一股东权纠纷案确认未经股东本人同意股权转让不能成立》,载《人民法院报》2007年2月17日,第4版;吴晓锋:《江苏大丰丰鹿建材公司转让股权案小股东二审胜诉》,载《法制日报》2007年5月27日。另见2005年12月26日(2005)天民二初字第497号江苏省常州市天宁区人民法院民事判决书;2006年5月25日常州市中级人民法院(2006)常民二终字第95号民事判决书;2006年9月11日常州市天宁区人民法院(2006)天民二初字第338号民事判决书;2006年12月8日常州市中级人民法院(2006)常民二终字第313号民事判决书;2007年3月19日常州市天宁区人民法院(2007)天民二初字第36号民事判决书;2011年7月15日(2010)宁民再终字第48号南京市中级人民法院民事判决书;2014年5月16日(2013)宁商终字第1337号南京市中级人民法院民事判决书。

〔17〕 参见吴建斌:《合议原则何以取代多数决——公司合同理论本土化迷思解析》,载《法学》2011年第2期。

〔18〕 参见我国《合同法》第45条。

奖励给职工,应有奖励文件,若是转让给其他股东,应有股东大会决议和转让合同”。实际上,孟文如此操心,似乎有点杞人忧天。须知前述早已澄清该620股为企业集体股。在改制当时,以107.1万元和207.9万元累计315万元积累净资产,加上现金股200万元,合计515万元构成股份合作制企业改制初期的原始资本金或者注册资金,620股分红权而非所有权终止后,并不改变企业注册资本金的数额和构成,故无需特别处理,也不用注销。同时,因为分红权原先就不像有限公司股权那样反映在工商登记资料中,故不涉及变更登记,而是连同筹备中的职工持股会收回的1375股等其他优待股、现金股,根据一定的规则重新派发给在职职工,直至不断增资扩股后成功实现IPO。假如一定要梳理清楚其去向,估计企业也能做到。不过,由于该案后来的职工持股会与商某并无法律关系,也与该案的程序和实体争议无关,三级法院未予理涉,则并无过错。

四、我国现行类别股分类落后于公司运行实践

我国1993年《公司法》就为类别股预留了空间并授权国务院作出具体规定。2013年国务院发布《关于开展优先股试点的指导意见》,从其对优先股[19]的定义看,仍限于传统经典的盈余分配和剩余财产分配权优于普通股,同时表决权受到限制的股份。2014年中国证监会发布的《优先股试点管理办法》亦然。而在我国公司运行实践中,有关类别股的设置早就不受此限。从广义上讲,我国改革开放初期外商投资企业中的外资股、国有企业改制而成的股份公司中的法人股、上市公司股权分置改革完成前的非流通股、该案中的企业集体股以及内部职工股,均可视为不同种类的类别股。近年逐渐成长起来并为社会各界所熟悉的一些创新型企业,尤其是海外上市公司,则在股权设置上也有很多创新,最为典型的如2014年在美国成功实现IPO的阿里巴巴集团公司。根据其招股说明书披露,该公司2010年正式确立合伙人制度,取名湖畔合伙人,几经调整后确定30位内部职工相互选任,一旦离职则退出合伙人关系。合伙人股东最重要的特权为公司董事会候选人的提名权以及半数以上的董事会成

---

〔19〕 优先股是指依照公司法,在一般规定的普通种类股份之外,另行规定的其他种类股份,其股份持有人优先于普通股股东分配公司利润和剩余财产,但参与公司决策管理等权利受到限制。

员控制权。它源于2010年该公司与日本软银集团及美国雅虎公司进行并购重组时的特别安排,并通过以下机制加以实现:第一,明确合伙人拥有提名董事的权利;第二,合伙人提名的董事占董事会人数一半以上,因任何原因董事会成员中由合伙人提名或任命的董事不足半数时,合伙人有权任命其他董事以确保其半数以上董事控制权;第三,如果股东不同意选举合伙人提名的董事人选的,合伙人可以任命新的临时董事,直至下一年度股东大会;第四,如果董事因任何原因离职,合伙人有权任命临时董事以填补空缺,直至下一年度股东大会。这是在当时融资10亿美元,软银集团及其控股的雅虎公司联合持股超过57%以后,马云等阿里巴巴创始人股东确保对于公司的控制权而采取的特殊安排,也是阿里巴巴创始人及管理层与大股东协商的结果,具有契约效力。该公司首选的上市场所香港联交所不同意这样的特殊股权结构安排,认为违反股权平等原则。因广受诟病,联交所在征询意见的基础上提出原则禁止例外许可的提案,但仍被香港证监会否决,理由是担心无法保护小股东的权益,香港联交所只得搁置上述提案,显得有点保守。[20] 而美国证券市场采取的则是宽容态度并很快予以放行,成为轰动一时的新闻。另外,阿里巴巴的合伙人还享有奖金分配权。阿里每年会向包括公司合伙人在内的公司管理层发放奖金,阿里在招股书中强调,该奖金属于税前列支事项。这意味着合伙人的奖金分配权将区别于从税后利润中予以分配的股东分红权,合伙人的奖金分配将作为管理费用处理。更为特别的是,该项奖金也有别于奖励其他职工的奖励费用。至于其股权结构还有A、B、C不同类型的区分,在域外尤其是美国已成常态。据学者考察,截至2014年12月底,我国赴美IPO的152家中概股中,就有35家采取双层股权结构,占比23%。[21] 尤其是当年被香港联交所拒之门外的阿里巴巴公司股价屡创新高。2018年1月底每股超过200美元,总市值高达5000多亿美元。值得一提的是,香港联交所在全球证券交易市场竞争压力下,终于改变初衷,进行24年

〔20〕 参见方嘉麟、林郁馨:《CEM之经济分析与管制模式——港台引进复数表决权股之介绍》,载《资本市场法制的现代化》,21世纪商法论坛第十五届国际学术研讨会论文集,清华大学商法研究中心2015年10月编印,第433页。

〔21〕 参见高菲、周林彬:《上市公司双层股权结构与投资者权利保护》,载《资本市场法制的现代化》,21世纪商法论坛第十五届国际学术研讨会论文集,清华大学商法研究中心2015年10月编印,第442页。

来最大的上市制度改革,允许同股不同权的新经济公司赴港上市交易,并纳入港股通标的,向美国靠拢。[22] 我国也采取特别措施为所谓的“独角兽公司”开辟快速上市通道,全球知名的芯片代工企业富士康就以 36 天实现上市审核的速度创造了 IPO 史上的奇迹。[23]

发生在深圳市富安娜家居用品股份有限公司(简称富安娜,股票代码 002327)的我国第一例上市公司股权激励方案就授予对象作出特别限制引发的诉讼纠纷,也很能说明问题。2013 年 12 月 20 日,在该公司诉曹某承诺函违约合同纠纷案中,深圳市中院(2013)深中法商终字第 2088 号民事判决说理部分言简意赅,值得肯定。其主要内容如下:《深圳市富安娜家居用品股份有限公司限制性股票激励计划(草案)》规定的面向激励对象发行的限制性股份是由激励对象(高级管理人员及主要业务骨干)自愿认购的、转让受到公司内部一定限制的普通股。此种激励计划有利于增强富安娜公司经营团队的稳定性及工作积极性,增进富安娜公司与股东的利益,不违反法律强制性规定,是合法有效的。该股权激励计划终止后,富安娜采用由激励对象出具《承诺函》的方式继续对激励对象进行约束,《承诺函》实为原限制性股票激励计划回购条款的变通和延续,体现了激励与约束相结合原则。《承诺函》继续对提前辞职的激励对象所能获得的股份投资收益予以限制,并不违反公平原则,是合法有效的。曹某在富安娜公司上市后三年内离职,《承诺函》约定的对曹某股份投资收益进行限制的条件已经成就,曹某应依约将被限制的部分收益(即“违约金”)返还给富安娜公司。广东省高级人民法院驳回原审被告申诉的民事裁定理由,几乎与上述深圳中院的终审判决完全相同。[24] 公司公告中所涉 16 个被告的执行标的就有

---

〔22〕 参见马婧妤、张忆:《李小加详解香港最新上市制度改革 三类新经济公司有望纳入港股通标的》,载《上海证券报》2017 年 12 月 18 日。

〔23〕 参见吴晓璐:《富士康“闪电”过会广东上市公司增至 573 家》,载《证券时报》2018 年 3 月 13 日。

〔24〕 参见庄少文:《首例“天价”股权激励索赔案终审落锤 富安娜胜诉》,载《证券日报》2014 年 1 月 21 日;2014 年 9 月 24 日广东省高级人民法院(2014)粤高法民二申字第 946 号民事裁定书;2015 年 1 月 19 日深圳市富安娜家居用品股份有限公司《关于公司与部分原始股东诉讼进展的公告》,载《证券时报》2015 年 1 月 20 日。另见吴建斌:《股份转让自由原则再审视》,载《南京大学学报》(哲学·人文科学·社会科学)2015 年第 3 期。

3200 余万元,平均每人向公司偿付离职违约金(购买原始股份价与特定基准日股市收盘价之间的差价)200 万元之多,可谓利害攸关、影响巨大。随着上市公司股权激励制度的推行,职工持股计划趋向普及,类似纠纷势必增加,该案对于公众公司尤其是上市公司限制性普通股计划施行过程中潜在的权利冲突纠纷,具有很强的示范意义。

再举一例,即居于全球通讯设备供应商领先地位的华为技术有限公司的虚拟股做法更有特色。该公司经 2014 年 12 月底调整后的股权结构,总股本 399 亿余元,为华为投资控股有限公司的独资公司。[25] 而后者股东有两个:华为投资控股有限公司工会委员会和自然人任正非。前者持股 98.82%,包括任正非的 0.22%,任正非直接持股 1.18%,与间接持股数量合计持股 1.4%,并保留一票否决权(黄金股)。工会作为公司股东参与决策的公司重大事项,由持股员工代表会审议并决策。持股员工代表会由全体持股员工代表组成,代表全体持股员工行使有关权利。持股员工代表 51 人和候补持股员工代表 9 人由在职持股员工选举产生,任期 5 年。持股员工代表空缺时,由候补持股员工代表依次递补。其虚拟股设计则更有特色。表现优异的华为公司员工每年会与公司签具一份持股合同,取得虚拟受限股(也称虚拟股)即华为投资控股有限公司工会授予员工的一种特殊股票。拥有虚拟股的员工,可以获得一定比例的分红,以及虚拟股对应的公司净资产增值部分,但没有所有权、表决权,也不能转让和出售。在员工离开企业时,股票只能由华为控股工会按照原价回购。经过十多年的持续增发,华为虚拟股的总规模已达到惊人的程度,持股人数逾万人,每年获益丰厚。2003 年,曾经发生资深员工离职后起诉公司的诉讼案件。其起诉理由之一,就是华为公司是根据双方合同中约定的以每股 1 元的价格,而不是以每股净资产价格回购股票。两位离职员工还认为,华为用于增资的应付红利中也有自己的利益,他们应按照同股同权的原则享有股权的增值。华为员工与华为公司所签署的《参股承诺书》中明确规定,员工在辞职或因违反公司的规章制度被辞退等丧失持股资格之一的情况出现时,需要将所持股份以原值退回公司。

---

〔25〕 参见 http://www.gsxt.gov.cn/%7BZRUOpZRR1_Ivws4yTg-LgvClWyz1lUFxMqyN0IneDj2VoThPYZeIjcV0TF-hcHO4bPHd3dj5fzt0JDrr51ESu8Jw5k5hDd3EiIdV16WRmqUI4q4gHaJVgYL8n2zsjaSJqUd9qOeo2qAXHA9Q_gjHaw-1514724768128%7D,最后访问日期:2017 年 12 月 31 日。

这一规定有违公司法规定的同股同权原则。不过,深圳市中院和广东省高院均判决两位员工败诉。在虚拟股制度下,持股员工的权利仅限于分红和股价增值收益,不涉及所有权,并通过合同而非公司章程安排职工股东与公司之间的权利义务关系,这样的安排已经成为华为公司迈向全球顶级通讯设备供应商的制度保障。[26] 前述孟文所涉案件中的优待股或者影子股,虽与华为的虚拟股并不完全相同,但并无实质性的区别,甚至具有异曲同工之妙。职工持股会也实际上发挥了收回离职员工原有股权的蓄水池功能,避免了股权变动时逐一对应个别受让人,以及办理相应工商变更登记手续的麻烦,在公司运行实践中节省了大量的交易成本,故备受公司青睐。

至于我国其他有限公司中的股权特殊安排似乎更多,具体办法也繁复多样、不胜枚举,也并不受公司法中以及国务院最新规定中限定股份公司才能实行不同类别股的限制,呈现出百花齐放、争相斗艳的局面。前述若干诉讼案件所反映的情况和问题,仅是冰山一角。尽管早期有的法院采取否定其法律效力的立场,近年诸多法院却已经转向认可其法律效力了,充分说明有益的理论探讨,终究是会影响司法实践的。

五、域外法考察

在域外传统公司法上,均有普通股和特别股之分,后者又有劣后股和优先股的区别,劣后股已经不多见。这在国内公司法教科书上通常会有所介绍。不过,考察近年成熟市场经济国家或者地区的公司法,法德两国似乎仍在恪守传统,英美两国已经淡化普通股、优先股的类别股分类,而更多地采取授权性、任意性的规定,任由公司根据自身发展的需要以及投资者的不同偏好,设置具体权能不一的股份。美国代表性的《特拉华州普通公司法》、英国 2006 年《公司法》,均是如此。而这一发展趋势也极大地影响了 2005 年《日本公司法》中的股份类别设置,具体类型竟有 9 种之多,韩国以及我国台湾地区修改"商法""公司法"亦然。

据有的学者考察,《英国公司法》就"股份类别的划分没有一个严格的标准,

---

〔26〕 参见佚名:《深度解剖华为虚拟股权激励》,载 http://www. goingconcern. cn/article/4782,最后访问日期:2015 年 10 月 15 日。

完全根据公司在该股份的发行条款里授予其不同的权利而决定,即根据依附于股份的不同权利而确定”。[27] 美国公司不仅可以按照传统分类划分股份,而且可以将同种股份划分为不同类,如前述的A、B、C类股份,赋予股东不同的权利。由于多数州公司法允许公司自由选择股权结构,实际情况要复杂得多。例如,公司可以发行只有清偿权、只有投票权或者拥有不同投票权的“普通股”,也可以发行拥有一般投票权或者分红权的“优先股”。对此,公司法主要有两点限制。第一,至少有一种股票(应当为股份,下同)拥有或者多种股票共同拥有不受限制的投票权,且至少一种股票拥有或者多种股票共同拥有分配权和清偿权;第二,公司如果要将股票划分为不同种类,就须在公司注册证书中载明。[28] 以《美国特拉华州普通公司法》为例,该法第151条明确规定,“每个公司都可以发行一种或者一种以上类别的股份”。每个类别可以发行一种或者一种以上的系列。所有类别或者部分类别可以是面值股,也可以是无面值股,各类别或者系列可以有完全表决权、受限制的表决权,或者没有表决权,具有各自的名称、优先权以及相对权、参与权、选择权或者其他特别权利,以及权利的各种限制,具体根据章程大纲或者修正案的记载确定,或者由董事会依章程大纲明确授权通过的股份发行决议确定。[29] 在实践中,如谷歌、脸书、亚马逊等,均设有类别股,且不一定仍遵循自益权和共益权相互折冲,以便与普通股权益进行平衡,即所谓“股权平等原则”。究其原因,也许在很大程度上受到公司合同理论的影响,公权力与其恪守传统的甚至过时的原则,为保护公众投资者、少数股东利益殚精竭虑地设置种种限制性甚至禁止性规则,最后导致吃力不讨好的结果,还不如通过强制性信息披露的公示公开方式揭示风险,任由投资者自我评估理性选择,当出现必须解决的重大问题时,再通过司法或者立法方式加以解决。美国法律经济学大师、公司合同理论积极推动者伊斯特布鲁克和费雪儿《公司契约论》的核心观点,正有此意。[30]

---

〔27〕 参见葛伟军:《英国公司法要义》,法律出版社2014年版,第103页;林少伟:《英国现代公司法》,法律出版社2015年版,第596页。

〔28〕 参见苗壮:《美国公司法:制度与判例》,法律出版社2007年版,第88~89页。

〔29〕 参见《特拉华州普通公司法》,徐文彬等译,中国法制出版社2010年版,第50页。

〔30〕 参见[美]弗兰克·H.伊斯特布鲁克等:《公司法的逻辑》,黄辉编译,法律出版社2016年版,第3页以下。

在大陆法体系国家中，日本仿效英美法尤其是美国法的积极性颇高，近年修法趋势在加速英美法化，并在美国法提供的基本思路上有所细化。因日本已经废止从德国引进的有限公司制度，现行日本公司法的立法基础和规范对象主要是股份公司。其第108条授权公司可以发行前述权能不同的9类股份，不同权能的内容涉及：(1)盈余分配；(2)剩余财产分配；(3)限制表决权；(4)限制股份转让；(5)股东回购股份请求权；(6)附卖权期权股份；(7)全部附买权期权类别股份；(8)附否决权条件股份；(9)选任董监事表决权。[31] 日本的做法不久就影响韩国公司法的修改。韩国商法典仍在原则上坚持股权平等原则，并通过第369条第1款、第464条、第418条、第538条等条款，具体规定了按照股东持股比例享有表决权、盈余分配请求权、新股认购权和剩余财产分配请求权等共益权和自益权。但是，为了适应韩国公司在全球竞争中多样化融资的需求，2011年韩国大幅度修改商法典，明确规定公司有权发行有关表决权行使的特殊股份(第344条第1、3款)、有关盈余分配请求权和剩余财产分配请求权的特殊股份(第344条第1、2款)、有关可赎回股的特殊股份(第345条)、有关可转换股的特殊股份(第346条)，等等。[32]

我国台湾地区于2015年7月修改"公司法"，在股份公司部分增加了闭锁公司(也称封闭式公司)专节，除颠覆台湾地区"公司法"传统理论的废除额面股、允许章程限制股份转让、开放信用和劳务出资外，最引人注目的莫过于首次引进复数表决权股份以及其他特殊股权结构设计，以适应创业型企业设立和运行的特殊要求。[33]

---

[31] 参见[日]前田庸：《公司法入门》(第12版)，王作全译，北京大学出版社2012年版，第73页以下；[日]近藤光男：《最新日本公司法》(第7版)，梁爽译，法律出版社2016年版，第59～64页；[日]中田裕康等：《判例六法》(平成28年版)，有斐阁2015年版，第749页；吴建斌编译：《日本公司法：附经典判例》，法律出版社2017年版，第46～47页。

[32] 参见[韩]孙永和：《特殊股票与股权平等原则》，载《资本市场法制的现代化》，21世纪商法论坛第十五届国际学术研讨会论文集，清华大学商法研究中心2015年10月编印，第449页。

[33] 参见方嘉麟、林郁馨：《CEM之经济分析与管制模式——港台引进复数表决权股之介绍》，载《资本市场法制的现代化》，21世纪商法论坛第十五届国际学术研讨会论文集，清华大学商法研究中心2015年10月编印，第428页、第433页以下。

六、我国未来类别股权益的平衡路径选择

我国大陆公司法秉承的仍是一股一权意义上的股东平等原则,仅在有限公司类型公司中稍稍放开部分自治权限。2015年国务院推进大众创业,以及一大批赴美国上市的中概股有意退市后返回国内证券市场上市,均提出了现行优先股规范尚未涵盖和解决的其他特殊股权结构的市场需求。如何在顶层设计上考量我国未来类别股权益的平衡路径选择,确是一个迫在眉睫、急需解决的课题。有关国家或者地区放行特殊股权结构安排,甚至开放性公司也不例外,不等于相关法律就无视其中不同类别股份股权的不平衡甚至失衡。特殊股权结构安排在近年已经吸引了众多学者的关注,相关研究成果层出不穷,[34]只是鲜有专门论及如何平衡不同类别股权益的著述。综观域外法的典型做法,法德两国秉承传统,少有突破和创新,英美国家广泛授权,甚至将公司法视为事先提供的示范合同文本。其背后,隐含着以国家公权力为主导,还是发挥市场决定性作用两种不同思维模式、不同规范路径的分歧和差异。这正是我国新一轮体制改革所要着力解决的问题。当然,这样的讨论永远不会形成绝对的"一边倒"的结论,世上本来就不存在所谓的绝对真理。正如张五常所言,所谓的真理只能是可被证伪而尚未被证伪的理论。

---

〔34〕 参见张舫:《美国一股一权制度的兴衰及其启示》,载《现代法学》2012年第2期;张舫:《一股一票原则与不同投票权股的发行》,载《重庆大学学报》(社会科学版)2013年第1期;马立行:《美国双层股权结构的经验及其对我国的启示》,载《世界经济研究》2013年第4期;卢文道、王文心:《双层股权结构及其对一股一权规则的背离——阿里上市方案中"合伙人制度"引起的思考》,载《证券法苑》2013年第9卷第2期;汪青松:《论股份公司股东权利的分离——以"一股一票"原则的历史兴衰为背景》,载《清华法学》2014年第2期;马一:《股权稀释过程中公司控制权保持:法律途径与边界——以双层股权结构和马云"中国合伙人制"为研究对象》,载《中外法学》2014年第3期;陈若英:《论双层股权结构的公司实践及制度配套——兼论我国的监管应对》,载《证券市场导报》2014年第3期;冯果、杨梦:《国企二次改革与双层股权结构的运用》,载《法律科学》2014年第6期;朱慈蕴、沈朝晖:《类别股与中国公司法的演进》,载《中国社会科学》2013年第9期。清华大学商法研究中心2015年10月举办的21世纪商法论坛第十五届国际学术研讨会,更是将"类别股与股东权益平衡"列为大会主题之一。

国家公权力主导,付诸相对严格的管制性规范,是法制相对并不完善的国家和地区学界以及政府较为倾向的选择,其理由不外是选择较为宽松的授权性立法体例条件尚不成熟,严苛的规范尤其是事先规制可以减少乃至于消除公司实际运行中的混乱,节省交易成本。政府机关甚至还有强化其权力的考量。但问题的关键在于,政府主导、事先规制的效果较市场决定是否更好?现有国内外无数仁人志士、学界大师对此进行论证,尤其是凯恩斯理论和奥地利学派的代表性人物哈耶克,在数十年之前就为此展开过激烈论争,后来的科斯理论更是提供了考虑问题的科学视角,完全可以借用来分析解决类别股设置的边际效率问题。我们不是不相信政府主导、事先规制的作用,但当政府由于前人已经充分揭示的种种原因,尤其是信息不对称以及可能出现的官僚主义,极易导致比市场失灵更为糟糕的政府失灵。在政府包括其通过立法无法穷尽公司运行实践做法,无法周延考量所有影响因子的局限条件下,引导性、授权性的规范路径似乎更好。

那么,另一种选择,即政府什么都不做甚至连授权性规范都不加明确,不也同样可取?普适性规范属于公共产品,由私人提供或者任由当事人个别谈判所导致的交易成本势必会畸高不下,相较于什么都不明确,依法提供示范规则,以引导行为人的行为,且以示范性规范的理性魅力吸引人们去选择和遵行,可以节省大量一一谈判并严格履行的交易成本,因此而成为一种更为可行的路径选择。鉴于前述现实中权能特别设计的股权无论在股份公司还是有限公司中均是繁复多样,远非普通股、优先股的传统分类所能涵盖,似可放手公司章程自治,类别股权益的平衡路径亦宜由公司自行设计。当出现明显的制度缺陷或者利益失衡时,如公司多数决变更权利义务设置时,可授予受害股东广泛的救济权利。

笔者曾在代理本文所涉类似案件,以及围绕着类似于本文案例的相关改制公司股权纠纷案例研究中,从科斯冲突权利优化配置的视角,详细分析过离职股东和公司之间的权利冲突如何解决的具体办法以及由此提升的一般性理论。[35] 当法律有明文规定且尚未更改时,法院当然要首先考虑依法裁判,假如

---

〔35〕 参见吴建斌:《公司设限股权转让效力新解》,载《南京大学法律评论》2009 年春季卷;吴建斌:《有限公司收购设限股权效力解析》,载《社会科学》2009 年第 4 期;吴建斌:《关于公司冲突权利配置效率观的反思与重构》,载《南京大学学报》(哲学 · 人文 · 社会科学)2011 年第 2 期;吴建斌:《上海外滩“地王”案的二维解析》,载《法学》2013 年第 7 期。

要改变原有的权利配置,法院可以模拟市场交易中交易双方或者多方谈判时充分协商得出的结果,即不是单纯地追究价高者得,而是让愿意付出更高价格的一方(推定可以更有效地行使权利——更好地发挥资源效率)支付相应的对价购买对方的权利,从而实现权利的重新配置。因为假如市场交易成本很低或者为零,谈判双方讨价还价的结果一定是双赢或者多赢的,绝无价高者得的一方单方获益,而让渡甚至被剥夺权利的一方白白地丧失权利或者明显受损的道理。否则,何以协商一致达成合意?回归到本文所涉案例的公司法问题,既然原始章程就离职员工的优待股处分方式已经设置非常明确的规定,当商某从企业借用到终止借用关系,改为留在其攻读博士学位的浙江大学当老师,尽管其还在以其他身份以及方式为企业提供技术服务,也依既有的产权规则丧失了该优待股。被告企业的行为是在如履行合同约定那样执行章程的规定,何错之有?假如企业原始章程并无这样的规定,但因在运行实践中遇到员工特别是技术骨干流失而威胁其生存和发展,而不得不修改章程增设相关规定时,情形则完全不同。此时,首先,不宜否定企业的章程修改权;其次,也不能无视改变原有游戏规则对离职股东带来的损害;最后,通过赋予受损股东股份回购请求权以破解这样的权利冲突。[36] 当然,现行《公司法》第142条仅适用于股份公司且适用情形限于列举事由的缺陷亟须弥补,起码加设兜底性条款,明确凡是公司章程修改或者公司行为致使类别股股东受损的,相关股东均有救济途径。

七、结　　语

孟文所涉特别股权设置引发的争议,除法院有关该部分的裁判相对公正合理,孟文言辞激烈的抨击多有偏颇的个案意义外,可以上升到制度选择层面,并延伸到政府干预和市场决定之间的关系。政府当通过法律明确产权规则有所作为,然法律顶层设计的思路,不宜以严苛的事先规制捆住人们的手脚,而是以提供示范合同文本的心态授权、引导市场行为,以减少一一谈判所引发的交易成本。当然,在具体制度选择社会安排上,则需要既积极进取又艰苦细致、严肃认真的调查研究,广泛讨论,综合考量各种影响因子以后再行定夺。

---

〔36〕 参见吴建斌、迟敏:《公司修改章程强行收购股权效力辨析——基于 Calabresi & Melamed 模型的解释》,载《南京大学法律评论》2012年春季卷。

中德法学论坛
第15辑,第289~310页

消解中的拒绝履行

——德国法演进及对中国法的启示*

李建星**

摘　要:德国司法系统在“积极违反契约”理论提出前已形成针对拒绝履行的固定裁判规则,并开始区分期前、期后拒绝履行。“积极违反契约”的理论贡献在于论证对期前拒绝履行采取法律措施的正当性,并指明个别类推履行迟延规则的法律续造方法。德国联邦最高法院以该理论为基础,逐步厘清拒绝履行属违约行为,并确定期前、期后拒绝履行二分模式。在现行《德国民法典》加入“预期违约”概念后,拒绝履行逐渐消解在现有的给付障碍原因中。中国法应坚持期前、期后拒绝履行的二分模式,将期前拒绝履行纳入预期违约,将期后拒绝履行归于迟延履行但无须设定宽限期之特殊情形。

关键词:拒绝履行;积极违反契约;预期违约;宽限期;不完全给付

Abstract:Before the theory of “positive breach of contract”, the German judicial system has formed a fixed referee rule for refusal to perform, and began to distinguish pre-and post-refusal to perform. The theoretical contribution of the “positive breach of contract” is to demonstrate the legitimacy of refusing to fulfill the legal action before the fulfillment period and to specify the legal renewal

---

* 本文受2017年度教育部人文社会科学研究青年基金(17YJC820021)与华东师范大学2017年度人文社会科学青年预研究项目(2017ECNU-YYJ008)的联合资助。

** 李建星:华东师范大学法学院讲师,民商法学博士。

method for the implementation of the delay rules. The German Federal Supreme Court gradually clarify the refusal to perform a breach of contract on the basis of this theory, and determine the dichotomy model for pre-and post-refusal to perform. In the current "German Civil Code" to join the " anticipatory breach " concept, refused to perform gradually disappear. Chinese law should adhere to the pre-and post-refusal to perform the dichotomy mode. Pre-refusing to perform should be included in the expected default, and post-refusal to perform should be included in the special circumstances that are due to delay in the implementation of the grace period.

Key Words: refusal to perform, positive breach of contract, anticipatory breach, grace period, incomplete payment

一、导　言

据债务人终局、严肃拒绝履行债务时,履行期届满与否,拒绝履行可分为期前拒绝履行与期后拒绝履行。我国学界对拒绝履行的地位存在两种对立观点:多数说按参与《合同法》立法的全国人大工作人员所持之意见,将期后拒绝履行置于实际违约中的合同不履行,[1]并将期前拒绝履行置于预期违约内;[2]少数说则延续我国台湾地区学者的观点,[3]在区分不完全给付、迟延履行的基础上,

[1] 参见胡康生主编:《中华人民共和国合同法释义》,法律出版社 2013 年版,第 201 页。

[2] 在梁慧星先生主持的民法典建议稿的第 932 条将期后拒绝履行纳入现实违约,并在第 934 条确立预期违约。参见梁慧星主编:《中国民法典草案建议稿附理由 · 合同编》(上册),法律出版社 2013 年版,第 200、205 页。类似观点如陈小君主编:《合同法学》(第 2 版),高等教育出版社 2010 年版,第 277 页以下;王利明:《合同法研究》(第 2 卷),中国人民大学出版社 2015 年版,第 462、468 页;江平主编:《民法学》,中国政法大学出版社 2016 年版,第 632 页;马俊驹、余延满:《民法原论》,法律出版社 2014 年版,第 619 页。

[3] 参见郑玉波:《民法债编总论》,中国政法大学出版社 2004 年版,第 269 页;史尚宽:《债法总论》,中国政法大学出版社 2000 年版,第 410 页。

视拒绝履行为统一违约形态。[4] 少数说之论证理据大致有二：一是效果理据，认为期前、期后拒绝履行均是债权人确定无法获得给付，无须催告即可行使相应法律救济；[5] 二是历史理据，坚守以障碍原因为标准（主要指债法改革前德国民法与我国台湾地区“民法典”），将拒绝履行作为一种债务不履行形态。

本文认为，由于我国台湾地区学者对德国法之描述存在误读——德国法从未将拒绝履行作为一种不履行形态，历史理据无存在之事实依据。为实现证成前述观点，甚有必要追本溯源，探求拒绝履行在德国法的演进轨迹，避免以讹传讹之继续，达致正本清源。故而本文以史韬伯提出的“积极违反契约”理论为区分线，展现拒绝履行在德国法的历史历程，阐述德国法区分对待期前、期后拒绝履行的立场。最后，以此为据论述中国法对拒绝履行的规定模式，以期为设计民法典合同法编的违约形态提供理论基础。

二、史韬伯之前：裁判规则的连续性

在德国法早期，成文法与司法实践就拒绝履行存在巨大张力：成文法缺乏可资适用的规则，司法实践却不得不经常处理拒绝履行案件。后者出于维护法律安定性的目的，逐步建构起拒绝履行的裁判规则。本部分将以 1900 年《德国民法典》[6] 生效为中间线，分别呈现两段时间成文法内容及司法实践的裁判规则。

（一）共同法与其裁判规则

中世纪末到《德国民法典》生效的漫长岁月，在继受罗马法、教会法的基础上，获得德意志地区普遍遵循的法律逐步形成，该法律被称为“共同法”（Gemeines Recht），该时期亦相应被称为“共同法时期”。此时，私法既不区分期前、

---

〔4〕 参见王家福主编：《民法债权》，中国社会科学出版社 2015 年版，第 146 页；韩世远：《合同法总论》，法律出版社 2011 年版，第 369 页以下；苏号朋：《合同法教程》（第 3 版），中国人民大学出版社 2015 年版，第 258 页；朱晓喆：《瑕疵担保、加害给付与请求权竞合》，载《中外法学》2015 年第 5 期。

〔5〕 参见前引〔4〕，王家福书，第 146 页。

〔6〕 本文第一、二部分所引证的均是 2002 年债法改革前《德国民法典》，第三部分是现行《德国民法典》。

期后的障碍事实构成,[7]也无“宽限期”制度,拒绝履行并未显现其特殊性。尽管,蒙森已将不履行区分为债务人“不想履行”与“不能履行”两种类型,[8]并认为,债务人在判决履行后仍拒绝履行,债权人即可主张损害赔偿。[9] 但该观点并未区分拒绝履行与迟延履行,无法凸显前者的特殊性。而温德夏特只论及拒绝受领,[10]也并未触及拒绝履行。故现今学者总结道,共同法时期的判决与文献仅把拒绝履行作为边缘问题,缺乏专门讨论,更遑论将期前拒绝履行普遍地作为利益丧失(Interessenfortfall)的例外事实构成,债权人即可主张损害赔偿。[11]

《德意志共通商法典》成文后,情况有根本变化。[12] 该法典第354条规定,如买受人迟延付款或不受领货物,出卖人有三个层次选择权:主张履行与迟延履行损害赔偿;自助变卖与不履行损害赔偿;解除合同。第355条规定,如出卖人迟延交货,买受人有两个层次选择权:主张履行与迟延履行损害赔偿;基于不履行损害赔偿或解除合同。第356条另外将“通知对方”及“在交易性质允许下,有权为对方设定补正耽误的宽限期(angemessene Frist zur Nachholung des Versäumten)”作为守约方主张不履行损害赔偿请求权,或解除合同的前提条件。“宽限期”制度终于登上德国法的历史舞台。[13] 其意义在于,债务人可在

---

[7] Vgl. Heinz Weidt, Antizipierter Vertragsbruch, Tübingen 2008, S. 78.

[8] Vgl. Mommsen, Lehre von der Mora nebst Beiträgen zur Lehre von der Culpa, Braunschweig 1855, S. 17 ff.

[9] Vgl. 同上书, S. 18。

[10] Vgl. Windscheid, Lehrbuch des Pandektenrechts II, 8. Aufl., Frankfurt am Main, 1900, S. 78.

[11] Vgl. 前引[7], Weidt 书, S. 82。

[12] Allgemeines Deutsches Handelsgesetzbuch, ADHGB, 该法典在1861年成文,于1897年被现行《德国商法典》取代。具体参见[德]维亚克尔:《近代私法史》(下),陈爱娥、黄建辉译,上海三联书店2006年版,第444~445页。

[13] Vgl. Huber, Wandlungen im Recht des Handelskaufs, ZHR 161 (1997), 160, 165; Tobias Huth, Die Fristsetzung zur Erfüllung und Nacherfüllung und ihre Entbehrlichkeit, Diss. Hamburg 2006, S. 5.

承担违约之不利前,以依约再给付的方式[14]终结迟延(purgatio morae)。

第354～356条虽为迟延履行规则,司法实践却高度"能动性"地将其适用于拒绝履行的案件。帝国高等商事法院[15]在1871年10月17日的判决中开始处理期后拒绝履行。该院认为,法定之流程因对方明示拒绝履行沦为形式,[16]第356条要求宽限期的规定不再适用,[17]债权人可立即按第355条主张不履行损害赔偿,或解除合同。在随后的1874年2月25日,该院首次处理期前拒绝履行。其认为,因买受人期前拒绝履行,出卖人有权解除合同,[18]但判决理由并未充分展开。在不久后的另一份判决中,该院明确以"弃权"(Verzicht)思想授予买受人在出卖人期前拒绝履行时,在履行期届满前采取替代交易,或解除合同。[19]

基于前述实践之观察,本文有三点评述:(1)帝国高等商事法院缘何能在几无学说资源下,即授权守约方采取救济措施?或许只能归因于法曹之"法感觉":"令守约方享有解除权,系理所当然;令其坐待违约方继续违约,显非合理"。[20] (2)迟延履行规则的"能动"适用首先体现在《德意志共通商法典》第356条"交易性质"的限缩解释。第356条规制的不定期交易[21]中,债权人均须为迟延履行的债务人设定宽限期,要求其继续履行。拒绝履行显然落入该条的

〔14〕 前引〔13〕,Huth书,S. 40。

〔15〕 Reichsoberhandelsgericht,简称"ROHG",设在莱比锡,由萨克森与普鲁士在1869年6月12日创建。其在1871年成为德意志第二帝国的商事法终审法院,到1879年,被帝国法院取代。

〔16〕 Vgl. Entscheidung des Reichs-Oberhandelsgerichts, Band III, 208, 211. 类似观点还出现在1871年10月6日的另一份判决中,该判决认为,回溯宽限期的基于终结迟延(purgatio morae)的思想,债务人拒绝履行,使宽限期之设定成为不适当与无意义。Vgl. Entscheidung des Reichs-Oberhandelsgerichts, Band XII, 319, 321f.

〔17〕 Entscheidung des Reichs-Oberhandelsgerichts, Band III, 208, 210f.

〔18〕 Vgl. Entscheidung des Reichs-Oberhandelsgerichts, Band XI, 282, 284

〔19〕 Vgl. Entscheidung des Reichs-Oberhandelsgerichts, Band XV, 332, 335.

〔20〕 [德]史韬伯:《论积极违反契约》,金可可译,载《华东政法大学学报》2015年第2期。

〔21〕 通过《德意志共通商法典》第356、357条的表述可知,第357条规制的是定期交易,则第356条即为不定期交易。

指涉范围。但帝国高等商事法院限缩解释第356条“交易性质”,指明不定期交易中的拒绝履行应无须设定宽限期。由此,拒绝履行与一般迟延履行得以明确区分:在一般迟延履行的情形,立法者“强制”债权人通过设定宽限期要求债务人继续履行,而在拒绝履行中,债权人却无此项要求——采取法律救济的流程被简化。(3)“能动”适用还体现在,该院并不限于将迟延履行规则适用于期后拒绝履行,还授予债权人对期前拒绝履行享有迟延履行的相等救济。

帝国法院在1881年判决期前拒绝履行的案件时,也延续帝国高等商事法院对《德意志共通商法典》第354~356条的理解。帝国法院将拒绝履行作为无须设定宽限期的衡平理由,认为于此再设定宽限期构成目的丧失(zwecklos),[22]原告无须待履行期届满,就可采取替代交易或主张损害赔偿。[23] 前述裁判规则获得《德国商法典》立法者的认可。其在立法资料中表明,“债权人履行期届至前即知悉债务人拒绝履行,则无须基于《德意志共通商法典》第356条为债务人设定宽限期,该观点符合事物之本质及商业交易之需要”。[24] 然而,《德国商法典》的文本并未规定拒绝履行。

(二)《德国民法典》之规定与早期裁判规则

《德国民法典》第326条将《德意志共通商法典》第354~356条简化为单一迟延履行规则:第1款规定,一方对另一方迟延履行可设定宽限期,如宽限期届满仍无履行,则一方有救济措施的选择权;第2款规定,迟延履行导致债权人目的丧失,债权人可无须设定宽限期即采取前款的救济措施。仅在承揽合同中规定,如瑕疵不能排除、拒绝消除瑕疵或因定做人的特殊利益,无须宽限期(第634条第2款)。学者推测道,立法者认为迟延履行规则足以处理拒绝履行,[25]故

---

〔22〕 在债法改革前《德国民法典》的中译本中,多将“Zwecklosigkeit”译为“无利益”,参见郑冲、贾红梅译著:《德国民法典》,法律出版社1999年版,第65页。本文认为,该处应直译为“目的丧失”,以体现宽限期的制度原意在于再给债务人给付的机会,而拒绝履行使得宽限期的制度原意不复实现。

〔23〕 RGZ 4,69,71.

〔24〕 Denkschrift zur Reichstagsvorlage des Entwurfs eines HGB S. 221 = Hahn, Die gesammelten Materialien zu den Reichs-Justizgesetzen Band. VI, Berlin1880, S. 374.

〔25〕 Vgl. Seunghyeon Seong, Der Begriff der nicht gehörigen Erfüllung aus dogmengesichtlicher und rechtsvergleichender Sicht. Frankfurt am Main 2004, S. 240.

明知存在拒绝履行的案型,仍不设置专门处理规定。拒绝履行被《德国民法典》的立法者遗忘在历史的角落。

帝国法院在1902年5月27日,首次依据第326条处理期后拒绝履行。[26]案情是,出卖人被告须于1900年8月到12月分5次,每次供应200公担的粗菜籽油。到期提供货物时,被告质疑合同的法律拘束力。原告为此主张不履行损害赔偿。帝国法院认为,双方交易并未构成《商法典》第376条与《民法典》第361条的定期行为。原告能否直接主张损害赔偿的关键在于是否满足第326条的例外情形。帝国法院的论证理由有三:(1)认可围绕《德意志共通商法典》所形成的裁判规则,并指出,虽然《德国民法典》未说明要与《德意志共通商法典》保持一致,但两者处理拒绝履行不应有根本区别,[27]故应将拒绝履行作为利益丧失的情形。(2)于此案中,设定宽限期是目的丧失与多余的(zwecklos und überflüssig),法律不能强制当事人实施目的丧失与多余的行为。(3)第326条设定宽限期的流程属任意法(dispositives Recht),基于"弃权"思想,在拒绝履行时,无须设定宽限期。[28] 第三点理由的内在逻辑是宽限期的设定属任意法,可被约定和特定法律行为排除,债务人拒绝履行即自动放弃宽限期所获之利益。

帝国法院在随后的7月11日适用第326条处理期前拒绝履行。帝国法院直接将5月27日的判决要旨转移适用到期前拒绝履行,并认为,此案虽尚未构成迟延履行,但债权人可直接主张第326条第1款第2句不履行损害赔偿。[29]

(三)小结

由前述成文法的发展与裁判规则可得两点总结经验:

1. 法典更新与审判机关的更迭均未改变拒绝履行的裁判规则:期后拒绝履行,债权人可无须设定宽限期,直接行使救济权利;期前拒绝履行,债权人可无须等到届期,也无须设定宽限期,就行使救济权利。可推测,即便史韬伯在之后没有"发现"积极违反契约,前揭裁判规则会持续约束司法机关与当事人,为各方提供稳定的法律预期。

2. 期前、期后拒绝履行的区分已为显著。帝国法院裁判规则的含义是,第

---

〔26〕 Huber, Leistungsstörungen. Band Ⅱ, Tübingen 1999, S. 568.

〔27〕 RGZ 51, 347, 349.

〔28〕 RGZ 51, 347, 350.

〔29〕 Vgl. RGZ 52, 150, 152.

326条要求债权人设定宽限期的范围过大,存在法律漏洞,故应依其法律目的,将期后拒绝履行排除在设定宽限期的范围之外。拉伦茨嗣后评论道,帝国法院采取了"目的性限缩"第326条的法律续造。[30] 然而,期前拒绝履行适用迟延履行规则的内在逻辑却"阒然无声",缺乏有力解释,继而导致个别论述被迫向"禁止反言"(venire contra factum proprium)及诚信原则[31]等一般原则"逃逸"。但是,由此可见,两者于法律方法已有根本差异。

三、史韬伯之后:通说支配的二分模式

史韬伯的"积极违反契约"被誉为"法学上之伟大发现"。然而,该发现并非源于"顿悟",而存在一定的思想轨迹。而且,"罗马不是一天建成的",德国司法实践与学说仍须漫长历程方能构建出拒绝履行"习惯法"。基于前述两点在国内论述寥寥,下文将首先展示史韬伯在拒绝履行问题上的思想轨迹,并指明"积极违反契约"理论就此的杰出贡献,然后,梳理司法机关与学说的演进脉络,明确期前、期后拒绝履行二分的"习惯法"。

(一)史韬伯眼中的拒绝履行

史韬伯虽以律师为业,但不影响成为一时的商法权威。1893年评注《德意志共通商法典》时,其即认为,设定宽限期的法律理由(ratio legis)是获得再给付的可能,[32]而严肃、终局的拒绝履行消灭再给付的可能,故应作为设定宽限期的例外。[33]

然而,在1900年评注《德国商法典》第374条,并附带评述刚刚生效的《德国民法典》第326条时,史韬伯的学说意见却发生根本转变。其虽然承认既有的裁判规则反对设定宽限期,但仍坚持道,宽限期是《德国民法典》第326条所涉权利的行使要件,法律并未将期后拒绝履行作为设定宽限期的例外情形,故

---

〔30〕 Larenz, Lehrbuch des Schuldrechts AT, 14. Aufl., München 1987, S. 356.

〔31〕 Vgl. Staudinger/Löwisch, Berlin 1995, §284, Rn. 67. Staudinger/Löwisch, Berlin 1995, vor §275 ff, Rn. 135.

〔32〕 Staub/Staub, Berlin 1893, ADHGB, Art. 356, Anm. 22.

〔33〕 同上书, Art. 355, Anm. 9。

须以设定宽限期为前提，方能将第326条直接适用于拒绝履行。[34] 如债务人在期前拒绝履行，债权人仍须先设定宽限期，确认债务人的履行意思；在宽限期无效果届至时，债权人方能采取相应法律措施。[35] 前述观点与裁判规则、史韬伯的固有观点截然相反，显然是为了严格遵守《德国民法典》第326条的条文表述。

"积极违反契约"的提出是史韬伯对自身观点的拨乱反正。该文第一版名为"论积极违反契约及其法律后果"，于《第二十六届德国法学家大会纪念文集》上发表。帝国法院旋即在1903年3月6日的砾石案（Kies Fall）按该理论处理期前拒绝履行。[36] 该文在1904年发表的第二版更名为"论积极违反契约"。第二版的第三、四部分回应了学界对第一版的评述意见，第五部分加入与买卖法竞合的处理意见，第六部分全面评述帝国法院在砾石案的判决要旨。同年9月2日，史韬伯去世。该文对拒绝履行有三点重大理论贡献：

1. 期前拒绝履行被纳入积极违反契约，属于法律漏洞。对期前拒绝履行立即采取法律救济的理据被归结为"若债务人向债权人声明将不履行其债务，即应认为构成权利之侵害。其纵为善意（比如因契约之解释有误），只要债务确然存在，亦为权利侵害之威胁"。[37] 由此，债权人在期前主张不履行损害赔偿或解除合同获得正当性。

2. 通过评述之前的判决要旨，指明无须设定宽限期之理由。之前审判排除设定宽限期的理据通常有二：设定宽限期目的丧失、流于形式，或者基于"弃权"思想——双方就债务人放弃宽限期的利益达成合意。史韬伯逐一评述道：

就"宽限期徒劳、流于形式"这一理据，其指出，"法官即不得因其于某种情形可能流于形式，对之视若无睹，更何况债务人纵已为确定之履行拒绝，催告期

---

〔34〕 Staub/Staub，Berlin 1900，HGB § 374. Anm. 76. 同样观点也适用于其在1901年的一篇论文中。Staub，Fristbestimmung bei Verweigerung der Erfüllung，DJZ 1901，S. 478，478. 持同样观点还有 Erler，Frist auch bei vorzeitiger Erfüllungsverweigerung?，DR 1901，421，422。当时另一种坚持设定宽限期观点来自 Heinrich Sibe。其认为，设定宽限期仍有利益，因其还可改变债务人不想履行的念头。Planck/Siber，2. Aufl，Berlin 1900，BGB § 326. S. 157.

〔35〕 Vgl. 前引〔34〕，Staub 书，HGB § 374. Anm. 76。

〔36〕 Vgl. RGZ 54，98.

〔37〕 前引〔20〕，史韬伯文，第139页。

间之指定是否确然无用,仍不得而知”。[38] 但该批评未获得全面赞许,之后诸多判决与学说仍将设定宽限期徒劳、流于形式[39]作为论述理由。

就“弃权”思想这一理据,史韬伯亦认为其不符合实际,因双方此时已关系破裂,“绝无达成协议之意思”[40]放弃宽限期之设定。该理据至此再无拥趸。

史韬伯归纳道,期前拒绝履行无须设定宽限期的依据是“若将确定之履行拒绝作为积极违约……积极违约所创设之局面清晰明了,另一方有权立即选择解除或不履行之损害赔偿,因此所生之法律状况(Rechtslage)亦十分确定”。[41]

3. 最重要的是,期前拒绝履行的漏洞填补方法得以明确。前文已指明,之前学说一直未能充分解释“期前拒绝履行适用迟延履行法律救济”的内在逻辑。史韬伯对此正确地提出,期前拒绝履行“即属违约,纵无迟延,甚至纵未届期,即得类推第326条而发生其法律效果”。[42] 该段论述的含义有二:第一,其内在逻辑是第326条的迟延履行规则个别类推到期前拒绝履行;第二,该类推为第326条的法律效果类推,既然届期要求与宽限期流程在期前拒绝履行均属多余,故法官无须遵循类推基础(第326条)的全部构成要件,可径行支持债权人采取法律救济。

如此一来,拒绝履行被一分为二:期前拒绝履行属于积极违反违约,须以个别法律效果类推的方式填补之,期后拒绝履行仍适用原有裁判规则。

(二)法官法支配的通说发展

现今学者归纳道,帝国法院在1904年已按“积极违反契约”理论形成六点裁判规则:第一,双务合同的积极违反契约可产生解除权与不履行损害赔偿;第二,须“相应”地适用第326条;第三,契约违反的程度需达到特定严重性;第四,积极违反契约最主要的适用情形是债务人无权拒绝履行;第五,继续供给合同

---

〔38〕 前引〔20〕,史韬伯文,第140页。

〔39〕 Vgl. BGH NJW 1974, 1080, 1081; Jakobs, Unmöglichkeit und Nichterfüllung, Bonn 1969, S. 51. Wertenbruch, Das Wahlrecht des Gläubigers zwischen Erfüllungsanspruch und den Rechten aus § 326, AcP 193(1993), 191, 194. 该种理据在现时仍为通说。Vgl. Staudinger/Otto/Schwarze, Berlin 2009, § 281, Rn. B89.

〔40〕 前引〔20〕,史韬伯文,第140页。

〔41〕 同上文,第140页。

〔42〕 同上文,第140页。

中,可因一期瑕疵供给而基于“积极违反契约”解除整个合同;第六,若构成不能,即可直接适用第 325 条。[43] 然而,通说仍需不断细化,方能成为“习惯法”规则。例如,直到 1953 年 11 月 13 日,联邦最高法院才在“租船合同”案提出,以第 280、286、325、326 条等给付不能、迟延履行规定为基础,以整体类推的续造方式形成“积极违反契约”的一般法律依据。[44] 单就拒绝履行而言,通说在以下两点持续演进:

1. 法律属性的逐渐清晰

帝国法院虽在 1903 年将拒绝履行定性为意思表示,[45] 却未被学界接受。当时还有学者将拒绝履行与债权人受领拒绝的意思通知等同视之。[46] 联邦最高法院在 1990 年的一份判决中,同时否定拒绝履行属意思表示或意思通知,而将拒绝履行仅认定为排除宽限期的行为。[47]

现时德国学界基本遵从联邦最高法院意见,否认拒绝履行为意思表示或意思通知。[48] 但具体定性略有差别。例如,Gernhuber 教授认为,拒绝履行不是合法的意思通知(Willensäußerung),仅是不合法的、义务违反的事实行为(Realakt)。[49] 更多学者使用“实际行为”(tatsächlich Verhalten)的表述,以便与事实行为做区分。[50] 究其本质,“履行拒绝为债务不履行,具有违法之性质”,[51] 债

[43] Vgl. Glöckner, Positive Vertragsletzung, Frankfurt a. M 2006, S. 329.

[44] Vgl. BGHZ 11, 80, 82.

[45] Vgl. RGZ 56, 231, 234.

[46] Vgl. Schulze, Die Erfüllungsverweigerung des Schuldners, Diss. Leipzig 1934, S. 37. 该说亦为我国学界的通说。参见前引〔3〕,郑玉波书,第 268 页;葛云松:《期前违约规则研究》,中国政法大学出版社 2003 年版,第 318 页;常鹏翱:《对准法律行为的体系化解读》,载《环球法律评论》2014 年第 2 期;王立争:《论准民事法律行为》,载《甘肃政法学院学报》2004 年第 5 期。

[47] BGH NJW-RR 1990, 1300, 1300.

[48] Vgl. Huber, Zur Dogmatik der Vertragsverletzung nach einheitlichem Kaufrecht und deutschemSchuldrecht, in: FS Ernst v. Caemmerer, Tübingen 1978, S. 858.

[49] Gernhuber, Die endgültige Erfüllungsverweigerung, in: FS Dieter Medicus, Köln 1999, S. 157.

[50] 前引〔39〕, Wertenbruch 文, S. 197; 前引〔26〕, Huber 书, S. 591。

[51] 前引〔3〕,史尚宽书,第 409 页。

权人可基于拒绝履行,由主给付法律关系转化为次给付法律关系,并主张损害赔偿;而且,拒绝履行直接表达债务人根本不想履行的意图,导致债权人在合同中毫无所得。因此,拒绝履行应被定性为违法行为,从属于债务不履行。

2. 期前、期后二分模式的确定

德国通说照史韬伯的意见仅将期前拒绝履行纳入积极违反契约。[52] Stoll在探讨《联合国国际货物销售合同公约》(CISG)的拒绝履行问题时也主张,债务人在迟延期间拒绝履行应作为一般的债务不履行,期前拒绝履行方有独立意义。[53] 另外,通说一直坚持个别类推填补期前拒绝履行的漏洞。例如,拉伦茨指出,单务合同的期前拒绝履行,应个别类推第286条第2款主张不履行损害赔偿;双务合同的期前拒绝履行,则类推第326条第2款。[54]

期前拒绝履行所违反的义务类型尤值深入剖析。史韬伯提出,“与鄙人缔约者,自负有一种义务:凡足以令鄙人发生合理之担心,担心其将不履行契约者,均不得为之。若其违反此种义务,为其于此不得为之事,向鄙人声称将不履行契约,即构成积极违约”。[55] 联邦最高法院在1978年按该观点指出,债务关系内部存在一种互为忠实的附随义务,称之为给付忠实义务,其要求债务人既不能危及,也不能妨碍合同目的与给付效果,[56] 期前拒绝履行正是违背该给付忠实义务。当下学说将给付忠实义务纳入与给付相关的附随义务,[57] 而非保护义务。违反给付忠实义务会直接损害给付利益,故债务人不得阻碍或危害给付

---

〔52〕 Huber, Haftung des Verkäufers wegen positiver Vertragsverletzung, AcP 177 (1977), 282, 339; Staudinger/Löwisch, Berlin 1995, vor § 275 ff, Rn. 137. 瑞士联邦法院在1943年1月29日的判决持相同观点。Vgl. Bundesgerichtsentscheide (BGE) Band 69 Ⅱ, 243, 245.

〔53〕 Vgl. Hans Stoll, Erfüllungsweigerungim einheitlichen Kaufrecht, RabelZ 52 (1988), 617, 624 ff.

〔54〕 前引〔30〕, Larenz书, S. 369。

〔55〕 前引〔20〕, 史韬伯文, 第139页。

〔56〕 BGH NJW 1978, 260, 260.

〔57〕 Jan Lüsing, Die Pflichten aus culpa in contrahendo und positiver Vertragsverletzung, Baden-Baden 2010, S. 84; Emmerich, Das Recht der Leistungsstörungen, 6. Aufl., München 2005, § 22, Rn. 13; Münchener Kommentar/Kramer, 6. Aufl., München 2012, § 241, Rn. 67.

结果,[58]或谓之,债务人违反该项义务,严重危及合同目的,债权人不能期待未来的合同执行。[59]

此外,通说为维护既有法律体系的稳定性,致力将期后拒绝履行解释入迟延履行。联邦最高法院在1957年提出,债务到期后,被告向原告表达不再进口货物的意图,原告可基于第326条第2款的"目的丧失",无须设定宽限期即主张损害赔偿。[60] 学界采纳该意见,进而指明期后拒绝履行属于目的丧失(Zwecklosigkeit),可直接涵摄入《德国民法典》第326条第2款。[61] 可见,通说放弃之前"目的性限缩"的续造方式,转向扩张解释第326条第2款的"目的丧失",使期后拒绝履行涵摄入迟延履行规定。既然迟延履行属于主给付义务的违反,期后拒绝履行又可直接适用第326条的迟延履行规则,故而其顺理成章是违反主给付义务。

总结而言,德国通说在债法改革前,已就拒绝履行形成了完整的两分模式:期前拒绝履行违反给付忠实义务,属法律漏洞,应以类推迟延履行规则填补之,债权人无须等到届期即可解除合同或主张损害赔偿;[62]期后拒绝履行违反主给付义务,可被作为无须设定宽限期的特定迟延履行。

四、债法改革后:走向消解

虽然,现行《德国民法典》在"四分之三"意义上明确规定拒绝履行规则——未规定期前拒绝履行的损害赔偿请求权,但在顺应国际统一实体法趋势下,拒绝履行在德国法却走向消解。本部分先描述现行《德国民法典》对其的明文规定,再展示其在给付障碍学说中走向消解的情况。

[58] Vgl. 前注[57],Lüsing 书,S. 84。

[59] 前引[49],Gernhuber 文,S. 149。

[60] Vgl. BGH,DB 1957,1048,1048. 类似观点还有 BGHZ 104,6,13。

[61] Münchener Kommentar/Emmerich, 2. Aufl., München 1985, §326, Rn. 56; Ernst Wolf, Lehrbuch des Schuldrechts AT, Berlin 1978, S. 502.

[62] Vgl. 前引[26],Huber 书,S. 566; 前引[7],Weidt 书,S. 99。

(一)“四分之三”的解决方案

1.解除权的规定与扩张

1981年,胡贝尔教授在债法修订委员会(Kommission zur Überarbeitung des Schuldrechts)建议稿(Kommissionsentwurf,简写为BGB-KE)中按照“二分”模式分别提出拒绝履行解除权的建议:建议规定第326a条——债权人对期后拒绝履行可立即解除合同,以及第326b条——对期前履行不能、期前拒绝履行可立即解除合同。[63] 现行《德国民法典》基本延续前述思路,债务人在履行期届满后严肃、终局地拒绝履行债务,债权人可依第323条第2款第1项无须设定宽限期解除合同;第323条第4款虽未出现“拒绝履行”的表述,但债法改革立法理由书[64]与学界[65]均认同该款授权对期前拒绝履行的解除权。另外,在持续性债务关系(Dauerschuldverhältnissen)中,期前拒绝履行属于破坏必要持续信赖关系的“重大事由”,[66]债权人可依第314条第1款立即终止(Kündigung)合同;期后拒绝履行适用第2款(准用第323条第2款)。(见表1)

表1 债法改革前后的拒绝履行二分模式

		期前拒绝履行	期后拒绝履行
债法改革前	定位	法律漏洞,属积极违反契约	属履行迟延的特殊情形
	法律方法	个别类推履行迟延规则	扩张解释宽限期排除规则
	义务违反类型	给付忠实义务	主给付义务
债法改革后	解除权依据	《德国民法典》第323条第4款的一种情形	《德国民法典》第323条第2款第1项
	损害赔偿请求权基础	法律漏洞填补	《德国民法典》第281条第2款第1项的一种情形

[63] Vgl. Huber, Leistungsstörungen, im BMJ hrsg, Gutachten und Vorschläge zur Überarbeitung des Schuldrechts, Band. Ⅰ. Köln 1981, S. 678.

[64] Vgl. BT-Drucks. 14/6040, S. 186.

[65] Vgl. Münchener Kommentar/ Ernst, 6. Aufl., München 2012, § 323, Rn. 132; Staudingers/Otto/Schwarze, Berlin 2009, § 323, Rn. B159.

[66] Vgl. Jauernig/Stadler, 15. Aufl., München 2014, § 314, Rn. 6.

2. 损害赔偿的遗憾与填补

按《德国民法典》第281条第2款,债权人因债务人拒绝履行可立即主张替代给付损害赔偿,但第281条第2款以第1款的届期(fällig)为前提。故该款仅为调整期后拒绝履行,并未涉及期前拒绝履行的损害赔偿。据本文观察,该立法失误极有可能受德国联邦司法部《联邦政府与政党联盟对债法现代化草案的介绍》的影响。该文件认为,债法改革前,缔约过失、积极违反契约、交易基础丧失、基于重大原因终止合同等四项制度未有规定,因此,政府草案建议将以上四项制度明确规定。其中,"积极违反契约"规定在政府草案的第241条第2款、责任规则是第280条第1款结合第281、282条。〔67〕 而政府草案第241条第2款〔68〕只规制保护对方固有法益的附随义务。但期前拒绝履行违反的给付忠实义务并不适于该类附随义务。由此,期前拒绝履行的损害赔偿请求权又被遗忘在角落。

现时德国学界一般认为,不规定期前拒绝履行的替代给付损害赔偿请求权实属重大法律漏洞,其理由有三:(1)在债法改革前,无法条规定不影响债权人对期前拒绝履行立即主张损害赔偿,或行使解除权。倘若债法改革反而去掉期前拒绝履行的损害赔偿请求权,则有悖原来法律状态,〔69〕有违法律安定性。而且,司法部讨论草案(Der Diskussionsentwurf des Bundesministeriums der Justiz,简写为BGB-DiskE)第282条并未将替代给付损害赔偿请求权限定在届期后。可见,债法改革立法者本无意区分期前、期后拒绝履行。故现行法有违立法者之意图,〔70〕属法律漏洞。(2)德国债法改革受到CISG的极大影响已是不争事实,CISG的损害赔偿请求权不区分期前、期后拒绝履行,故《德国民法典》也不应仅有期后拒绝履行的损害赔偿请求权。(3)期前、期后拒绝履行的利益情况并无不同,均造成不合理的给付风险。〔71〕 基于"同等事实同等对待"的原理,不应厚此薄彼。

---

〔67〕 Vgl. BMJ, Einführung in den Entwurf der Bundesregierung und der Koalitionsfraktionen für ein Gesetz zur Modernisierung der Schuldrechts, S. 7.

〔68〕 Vgl. Entwurf eines Gesetzes zur Modernisierung des Schuldrechts, S. 13.

〔69〕 Vgl. 前引〔7〕, Weidt 书, S. 99。

〔70〕 Vgl. 前引〔13〕, Huth 书, S. 116。

〔71〕 Vgl. Staudinger/Otto/Schwarze, Berlin 2009, § 281, Rn. B90.

现有三种学说可兹填补前揭漏洞:适用第282条说,[72]类推第281条与第323条第4款说,[73]以及类推第281条第1、2款或直接适用第282条说。[74] 但三种学说只有法学方法论的意义,其法律效果并无实际区别——债权人均可基于期前拒绝履行立即主张替代给付损害赔偿。

(二)统一拒绝履行的消解

前文业已指明,期前拒绝履行方属"积极违反契约",方有法律续造的必要。在债法改革前,"积极违反契约"通常包含三种类型:第一,主给付义务已为履行,但未依约履行,即不完全给付(Schlechtleistung);第二,债务人以其行为危及债务关系,称为合同不忠实(Vertragsuntreue);第三,债务人损害或危害债权人的固有法益,称为违反保护义务(Schutzpflichtverletzung)。[75] 期前拒绝履行属第二种合同不忠实的典型。由此可见,学者在债法改革前已开始将拒绝履行作为"积极违反契约"更下位的类型。债法改革后,学者几乎不再使用"积极违反契约"来统括履行不能、迟延履行之外的给付障碍类型。例如,梅迪库斯与Lorenz的《债法总则》不再论述"积极违反契约",将履行不能、迟延履行外的给付障碍归纳为违反保护义务、缔约过失、债权人迟延、交易基础丧失。[76] 再如,介绍债法改革的专著将给付障碍的类型总结为履行不能、交易基础丧失、迟延履行、不完全给付、缔约过失、对第三人保护、债权人迟延,持续性债务的终止等。[77] 期前、前后拒绝履行均不再独立成为一种给付障碍类型。

学说的根本转换缘于立法的更新。柏林地方法院在1992年即按CISG第72条的预期违约规定处理合同解除案件。[78] 债法改革的立法者为吸纳该规

---

〔72〕 Vgl. Ramming, vorzeitiges Rücktrittsrecht und Schadensersatz statt der Leistung, ZGS 2002, 412, 415 f.; Lorenz/Riehm, Lehrbuch zum neuen Schuldrecht, München2002, Rn. 361.

〔73〕 Vgl. Jaensch, Der Gleichlauf von Rücktritt und Schadensersatz, NJW 2003, 3613, 3614; Ramming, Die Aufforderung zur Bestätigung der Leistungsbereitschaft und fähigkeit als weiterer vorzeitiger Rechtsbehelf des Gläubigers, ZGS 2003, 209, 211.

〔74〕 Vgl. Münchener Kommentar/Ernst, 5. Aufl., München2008, § 281, Rn. 62.

〔75〕 Staudinger/Löwisch, Berlin 1995, vor § 275 ff, Rn. 23.

〔76〕 Medicus/Lorenz, Schuldrecht AT, 20. Aufl., München 2012, S. 255ff.

〔77〕 Olzen/Wank, Die Schuldrechtsreform, München 1982, Rn. 57ff.

〔78〕 Vgl. LG Berlin, Kammer für Handelssachen 99, 30. 09. 1992, 99 O 123/92.

定,将第323条第4款表达为“解除要件显将成就,债权人可在给付期届满前解除”。该款不但涵盖期前拒绝履行,还包括客观危及履行(objektive Erfüllungsgefährdung)[79]的违约情形,如进出口管制、战争事件、疾病导致债务人或其工作人员无法履行,再如因火灾、自然现象、罢工等情形导致货物无法提供。[80] 换言之,预期违约成为期前拒绝履行的上位概念,取得独立障碍事实构成[81]的地位。

该立法考量也影响到期前拒绝履行损害赔偿的续造方式。第281条与第323条第4款的类推在诸续造学说中为多数说。该说认为,基于法律评价一致性,债权人对第323条第4款规定的事项有解除权,却无替代给付损害赔偿请求权,违背法律评价之一致性,故应第323条第4款类推到第281条。[82] 其内在逻辑仍将预期违约作为期前拒绝履行的上位概念,债权人可对预期违约的各种情事主张替代给付损害赔偿。

五、对中国法的启示:不走弯路

从德国法100余年的演进历程可以看出,拒绝履行从未以统一的给付障碍形态存在过,也会在合同法国际统一化的大潮流下走向消解。统一形态的历史理据显然无法溯源到德国法,而只能来自我国台湾地区“民法典”。故而本部分将简单梳理拒绝履行在我国台湾地区“民法典”的境遇,然后,结合现行中国法,指明拒绝履行在未来民法典中的设计方法。

(一)我国台湾地区“民法典”对德国法的双重误读

一重误读在于忽视史韬伯二分拒绝履行。1929年生效的我国台湾地区“民法典”第227条规定,“债务人不为给付或不为完全之给付者,债权人得声情法院强制执行,并得请求损害赔偿”。其中“不为给付”向学者提供了拒绝履行作为统一给付障碍形态的法条依据。如史尚宽先生论述拒绝履行与不完全给付的关系中指出,“然在我“民法”,明以不为给付与不完全给付对立(“民法”第

---

〔79〕 前引〔7〕,Weidt书,S. 130。

〔80〕 Vgl. Staudinger/Otto, Berlin 2009, § 281, Rn. 18.

〔81〕 Münchener Kommentar/Enrst, 6. Aufl., München 2012, § 323, Rn. 132.

〔82〕 Vgl. 前注〔73〕,Jaensch文,S. 3614。

227条),则履行拒绝列入不为给付之内,殆无疑义",[83]再如郑玉波先生论述拒绝履行与迟延履行的关系中指出,"给付迟延与履行期有关,而给付拒绝与履行期无关,不独于履行期届至可以发生给付拒绝,即于履行期前或于履行期后亦均可发生"。[84] 两位法儒依据第227条的文字表达得出拒绝履行为独立的不履行形态并无不妥,然后,两位却又引证史韬伯的"积极违反契约"论述拒绝履行的同一性。[85] 由此令人误认为史韬伯为代表的德国法也未二分拒绝履行,并以之为大陆法系的圭臬。然而,前文通过学术史的梳理已经证明,德国法在史韬伯提出"积极违反契约"前已开始区分出期前拒绝履行与期后拒绝履行,显然与台湾地区学者的解读有所背离。

另一重误读将除给付不能、履行迟延之外的"第三种给付障碍"限定为"不完全给付"。学者考证认为,该误读系继受日本法所致。[86] 但据本文观察,内在原因须溯源至波恩大学教授齐特尔曼(Ernst Zitelmann)。齐特尔曼在1911年的一篇论文主张,因为德国法不存在"契约违反"(Vertragsverletzungen)的概念,而反对接受"积极违反契约"理论,[87]其提出以不履行(Nichterfüllung)与不完全履行(Schlechterfüllung)代替契约违反,不履行涵盖给付不能与迟延履行,不完全履行就是第三种给付障碍形态。[88] 不完全履行仅能涵盖瑕疵给付与加害给付两种案型。该种学说借由日本,转而影响我国台湾地区"民法典"的立法者,并持续影响我国台湾地区1999年的"债编"修订。为杜绝修订前第227条的"不为完全之给付"是否为不完全给付之争,[89]立法部门采取了"倒洗澡水时

---

〔83〕 前引〔3〕,史尚宽书,第410页。

〔84〕 前引〔3〕,郑玉波书,第269页。该观点在当下我国台湾地区学者仍是主流观点。如"其遗漏了本属于积极侵害债权内涵中的拒绝履行和单纯违反附随义务两种形态",姚志明:《债务不履行——不完全给付之研究》,中国政法大学出版社2003年版,第54页。

〔85〕 两位先生的著述仅引证了德国的学说观点,并未引证日本等其他大陆法系国家法律作为论据。因此,可以推测其主要是依据德国法。

〔86〕 参见陈自强:《不完全履行与不完全给付》,载《北航法律评论》2013年第1期。

〔87〕 Zitelmann, Nichterfüllung und Schlechterfüllung in: FS Paul Krüger, Berlin1911, S. 266.

〔88〕 同上文,S. 276。

〔89〕 参见前引〔84〕,姚志明书,第50页。

连小孩一起倒掉"的方法,不但将"不为完全之给付"改为"致为不完全给付者",还删除了"不为给付",导致法律漏洞。〔90〕由此,统一的拒绝履行已然丧失法条依据。

(二)二分模式的中国法继受

实际上,支持"统一拒绝履行"的效果理据是以免除催告,防止实践麻烦〔91〕为目标,但其正当性论证仍区分期前、期后。例如,佟柔先生认为,期前拒绝履行,"无疑会降低甚至消灭债权的经济价值,从而使债权人的利益受到损害",〔92〕而期后拒绝履行,"也可表现为履行迟延……债务人已确定地表示拒绝履行债务,故不可能再有履行行为"。〔93〕现时学说多以履行期为中轴区分违约形态,〔94〕按此推演,可以下述方式将期前、期后拒绝履行分别纳入现有违约形态:

1. 期后拒绝履行作为迟延履行的特殊情形

期后拒绝履行的损害赔偿请求权基础为《合同法》第107条的实际违约当无疑问。期后拒绝履行的解除权依据则存在争议。一种观点主张,按照"举轻以明重"仍适用《合同法》第94条第2项;〔95〕另一种观点认为,应适用第94条第4项后句的"致使不能实现合同目的的其他违约行为"。〔96〕本文主张直接适用第94条第4项前句的"迟延履行债务致使不能实现合同目的",理据有三:

第一,第94条第3项实为迟延履行的一般规定,以催告为前提而解除合同;第94条第4项前句明定要件之一为"迟延履行",只是直接"致使不能实现合同目的",进而无须催告即可解除,可见后者实为迟延履行的特殊规定。然

〔90〕参见林诚二:《民法债编总论——体系化解说》,中国人民大学出版社2003年版,第356页。

〔91〕参见前引〔4〕,王家福书,第146页。

〔92〕同上书,第152页。

〔93〕同上书,第153页。

〔94〕参见前引〔2〕,胡康生书,第201页;前引〔2〕,梁慧星书,第200页;前引〔2〕,马俊驹、余延满书,第619页。

〔95〕参见前引〔2〕,王利明书,第477页;郭明瑞主编:《合同法学》,复旦大学出版社2007年版,第205页。

〔96〕前引〔1〕,胡康生书,第176页。

后,将第94条第4项前句解释为迟延履行的特殊情形,不单可涵盖期后拒绝履行,还能涵盖迟延履行相对定期行为、迟延履行时效性较强标的物的买卖合同等情形,进而加快法律关系之流转。

第二,第94条第4项前句的构成要件是"迟延履行+根本违约"。债务人到履行期届期后仍拒绝履行债务,仍为迟延履行。且拒绝履行势必造成合同目的不能实现,属根本违约。结合前述两者,期后拒绝履行完全符合第94条第4项前句的构成要件,理应作为迟延履行的特殊情形。[97]

第三,由参与《合同法》立法的工作人员表述可知,第94条第4项明确分为前句与后句两种不同的合同解除事由,[98]第94条第4项前句绝不仅有示例作用,而是可以涵盖多种迟延履行的事由。相较而言,第94条第4项后句是第94条第1~3项、第4项前句的一般规定,指明债权人基于其他未列举但构成根本违约的事项也可解除合同。[99] 裁判者有义务优先适用确定规则,而非"逃向"一般规定。既然期后拒绝履行可归入第94条第4项前句,即无须归入"其他违约行为"。此为尊重法律规则的确定性。

2. 期前拒绝履行作为预期违约的典型情形

现行《合同法》已将期前拒绝履行作为预期违约的典型情形,并以第108条为损害赔偿请求权基础、第94条第2项为解除权依据。有观点认为,应将预期违约解释为严格意义上的拒绝履行。[100] 个人认为,该观点对法律适用并无益处。拉贝尔教授将预期违约作为违约一般规则的有益补充。[101] 其规范意旨在于违约将确定发生,一方即可无须届期解除合同,由此加快法律关系的变动,免除双方受无意义之法律约束。以此为考量起点,第94条第2项不单可涵盖期

---

〔97〕 在债务人迟延履行时,发生货物灭失等履行不能情事无法适用第94条第4项。一旦发生履行不能,直接免除债务人的给付义务,同时依据"存续上的牵连性",免除债权人的对待给付义务,无须考虑在发生履行不能的时间点。这与迟延履行以及期后拒绝履行在事实构成与法律效果上均有重大不同,不能纳入第94条第4项的适用范围。

〔98〕 参见前引〔1〕,胡康生书,第178页。

〔99〕 参见前引〔4〕,韩世远书,第414页。

〔100〕 参见陈韵希:《预期不履行的救济及其法理基础》,载《比较法研究》2017年第6期。

〔101〕 Vgl. Rabel, Das Recht des Warenkauf Band I, Berlin 1964, S. 273.

前拒绝履行，还能涵盖大火烧毁生产场所，战争、恐怖活动、罢工或其他情形使履行难以实现；官方发布进口限制或销售禁令等预期不能的情形，[102]还能涵盖确定丧失履行能力（Leistungsunfähigkeit）并造成根本违约情形，如《商品房买卖司法解释》第 23 条。由此，法律关系加速流转，免除当事人之无理等待。

另外，预期违约的独立性是否与“救济进路”直接关联，[103]成为证成后者的主要理据？朱晓喆先生指出，给付障碍或违约责任一般条款过于抽象，区分各种义务违反的具体构成形态有助于分析阐释其相应的法律效果。[104] 按照既有思路，以履行期为中轴，区分出现实违约与预期违约两个大类，并在现实违约下细分为给付不能、迟延履行、不完全给付、违反附随义务等具体义务违反构成，并仍符合“原因进路”，仍可构成出与现行中国法体系符合，并有助于法律适用的违约形态。

六、结　　语

中国作为法律后发国家，借鉴、继受先进的法律制度本属正常。在中国大陆法学打开眼界、进行法律继受的初期，两岸同文同根，便于大陆学者接受的缘故使得我国台湾地区著述几乎成为大陆法系制度与学说的唯一解读渠道。然而，时至今日，大陆再进行法律继受，则应回溯到制度与学说的原典，回归学说史的起源，方能绕过历史的迷雾，直接点明制度的根本面目。

法律继受的落脚点是回归对中国法的架构与解释。从条文表述上，中国法对于拒绝履行的架构更加接近 CISG 的模式，体现了国际统一合同法的发展潮流。而且，其与德国债法改革前的习惯规则及现行规定也存在诸多不谋而合。因此，在架构拒绝履行时，更应立足于中国现行法律，并辅于 CISG 与德国法的比较法解释，将拒绝履行按照履行期区分为期前拒绝履行与期后拒绝履行，并使之各安其位。反观现行中国台湾地区“民法典”中的债务不履行条文，形式上坚持与债法改革前《德国民法典》类似的条文表述，却在实质上缺乏灵活的习惯规则处理拒绝履行事宜，进而导致现时学界与实务界在架构拒绝履行规则时，

---

[102] Vgl. Staudingers/Magnus, Berlin 2013, CISG § 72, Rn. 11.

[103] 参见柯伟才：《我国合同法上的“不能履行”》，载《清华法学》2016 年第 5 期。

[104] 参见前引〔4〕，朱晓喆文，第 1128 页。

仍瞻前顾后,左右为难,实不足为借鉴之样本。

综上所述,中国法不应采取统一的拒绝履行形态,而将期前拒绝履行纳入预期违约,期后拒绝履行属于迟延履行,但无须设定宽限期之特殊情形。

中德法学论坛
第 15 辑,第 311 ~332 页

论德国刑事被追诉人的阅卷权*

陈苏豪**

摘　要:在德国,阅卷权的法理基础是被追诉人有权获得公正审判并不受非法羁押,被追诉人是当然的权利主体。阅卷权在充分性上高于知悉指控权,要求辩方能够充分了解案件的主要证据。被追诉人的阅卷权通常由律师代为行使,主要是考虑到律师相对超然的地位不至于危害公共利益。在特定情况下,可以限制阅卷权,但有一些底线性标准不能突破。德国的经验可以为解决我国阅卷权的主体、范围、阶段与限制方面的争论,以及相关立法的完善提供参考。

关键词:法理基础;主体;阶段;限制

Abstract:In Germany,the right of the accused to inspect dossiers is based on the right to a fair trial and be free from arbitrary detention. Thus,the accused is the subject of this right. The right to inspect dossiers means that the accused is entitled to have access to material evidences. It is a higher requirement than what the right to get informed about the accusation indicates. Generally,inspection right is exercised through an attorney,since his or her comparative independence is more likely

---

* 项目基金:2015 年国家社科基金项目“认罪认罚从宽实施程序研究”,15BFX072;重庆市 2016 年研究生科研创新项目“在押未决犯的会见交流权”,CYB16085。本文同时受国家留学基金委资助。

** 陈苏豪:西南政法大学诉讼法学博士研究生。

to promote public interest. However, this right can be restricted under some circumstances without undermining certain bottom lines. The German regime may provide comparative experience concerning the subject, content, stage and restriction of the right to inspect dossiers, especially when it comes to the future improvement of legislature.

Key Words: legal basis, subject, stage, restriction

现行《刑事诉讼法》第 38 条规定:“辩护律师自人民检察院对案件审查起诉之日起,可以查阅、摘抄、复制本案的案卷材料。其他辩护人经人民法院、人民检察院许可,也可以查阅、摘抄、复制上述材料。”相比于 1996 年的立法规定,上述条文已经扩大了辩护人在审查起诉阶段的阅卷范围。[1] 实践运行表明,该法及其司法解释对查阅、摘抄、复制的规定较为简单,造成了一些适用难题,诸如阅卷时间、复制方式等。[2] 这些仅是操作层面的问题,通过公安司法机关的积极沟通与协调即可解决。然而,关于辩方阅卷的立法及实践,同时面临亟待破除的制度困境。《刑事诉讼法》没有规定被追诉人能否自行查阅卷宗,引发了理论界、实务界关于阅卷权的权利归属的讨论。[3] 相应地,关于辩护律师依据《刑事诉讼法》第 37 条向被追诉人核实证据的范围和方式,存在“有限核实论”和“全面核实论”两种不同的观点。[4] 同时,关于阅卷的范围,实践中较为突出的问题是能否查阅同步录音录像材料,如果侦查机关不移送,辩方无从查阅,[5] 即使随案移送,是否允许查阅、复制则存在不同的实践做法,最高人民法院和最

---

〔1〕 根据 1996 年《刑事诉讼法》第 36 条的规定,辩护律师在审查起诉阶段只能查阅、摘抄、复制本案的诉讼文书、技术性鉴定材料。

〔2〕 尚权律师事务所:《新刑事诉讼法实施状况调研报告(2013 年第一季度)》,载尚权刑事辩护网:http://www.sqxb.com/WorksNewsInfo.php? SysID=66,最后访问日期:2016 年 7 月 26 日。

〔3〕 杨波:《被追诉人阅卷权探究——以阅卷权权属为基点的展开》,载《当代法学》2012 年第 1 期。

〔4〕 韩旭:《辩护律师核实证据问题研究》,载《法学家》2016 年第 2 期。

〔5〕 王永杰:《新刑诉法中侦查讯问同步录音录像的程序规制:困境与出路》,载《华东师范大学学报》(哲学社会科学版)2014 年第 1 期。

高人民检察院对此的态度也不完全一致。[6] 此外,《刑事诉讼法》第36条规定律师在侦查阶段可以向侦查机关了解犯罪嫌疑人涉嫌的罪名和案件有关情况,但却没有规定其可以查阅相关的证据材料,使律师在为犯罪嫌疑人提供法律帮助、向侦查机关提出意见时对案件事实缺乏必要的了解,难以履行辩护职能。[7]

他山之石,可以攻玉。本文拟对德国法上的被追诉人阅卷权问题作一介绍,以供进一步完善立法时参考。同时考虑到在《欧洲保障人权与基本自由公约》(以下简称《公约》)的框架下,欧洲人权法院判例对欧洲各国的刑事立法与司法产生了深远的影响,在具体论述时,笔者将首先梳理相关欧洲标准,再结合德国的立法规定与实践情况展开分析。

一、阅卷权的法理基础

在德国,采取侦查措施以及收集证据的情况都会记载于案卷,查阅案卷是辩方了解案件进展的主要途径。关于阅卷权的规定,可以追溯到1879年第一部《德国刑事诉讼法典》,不过最初这一权利受到较为严格限制,直至1964年修法时才予以较为充分的保障。[8] 时至今日,被追诉人的阅卷权既具有宪法基础,又有欧洲人权法院的判例作为依据。

(一)获得公正的审判

《公约》第6条第1款规定:"在决定某人的公民权利和义务或者在决定对某人确定任何刑事罪名时,任何人有理由在合理的时间内受到依法设立的独立

〔6〕 最高人民法院刑事审判第二庭在对广东省高级人民法院的批复中指出:"侦查机关对被告人的讯问录音录像已经作为证据材料向人民法院移送并已在庭审中播放,不属于依法不能公开的材料,在辩护律师提出要求复制有关录音录像的情况下,应当准许。"但是,最高人民检察院政策研究室《关于辩护人要求查阅、复制讯问录音、录像如何处理的答复》则认为讯问录音录像系案卷材料之外其他与案件有关的材料,辩护人未经许可,无权查阅、复制。

〔7〕 孙远:《论侦查阶段辩护律师的阅卷权》,载《法律适用》2015年第2期。

〔8〕 Floyd Feeney & Joachim Herrmann, *One Case-Two Systems: A Comparative View of American and German Criminal Justice*, Martinus Nijhoff 2005, pp. 413, 423.

而公正的法院的公平且公开的审判。"该条第3款进一步明确了受到刑事指控者所享有的最低限度的权利,其中b项规定:"应当有适当的时间和便利条件为辩护作准备。"在欧洲人权法院看来,保障刑事被追诉人了解侦控方所掌握的主要证据并有机会查阅案卷,是实现上述条款所规定的公正审判的必然要求,其在一些代表性案件中对此进行了详细论证。

在布兰德施泰德诉奥地利一案中,欧洲人权法院认为:"平等武装仅是更为宽泛的公正审判概念的一个特征,而公正审判也包含着刑事诉讼程序应当是对抗性的这一基本权利……获得对抗性的审判意味着控辩双方均应该有机会了解并回应对方提出的主张和提交的证据。"〔9〕同样地,在爱德华兹诉英国一案中,欧洲人权法院也指出:"控方向辩方开示全部有利于或不利于被指控人的主要证据,是《公约》第6条第1款中'公正性'的要求,这也被英国法律所确认,本案中未能如此施行,使得审判程序存在瑕疵。"〔10〕此后,欧洲人权法院在纳特兰诉芬兰一案中进一步指出:"《公约》第6条第3款b项保障被指控人应当有'充足的时间和条件来准备辩护',这就意味着为其进行的实质性辩护活动包含着所有对于准备正式审判来说是必要的内容。被指控人应当有机会以适当的方式不受限制地准备辩护,从而能够在审判法庭提出全部相关的辩护主张并影响到最终的程序结果。更进一步,被提起刑事指控的人所享有的条件,应当包括为了准备辩护而了解并熟悉侦查的结果。"〔11〕

类似的逻辑,在德国国内法上亦有所体现。德国《基本法》〔12〕第103条第1款规定:"在法庭上所有人都有权依法接受审判。"对此,德国联邦宪法法院曾经指出,裁判只能够建立在被告人有机会了解并作出回应的事实和证据的基础上,这在德国被称为"公正听审"原则。〔13〕 换言之,如果在提出一项证据前未能给予被告人以了解并回应的机会,则不能基于这一证据对被告人作出不利裁

〔9〕 ECtHR 28 August 1991, *Brandstetter v. Austria*, Nos. 11170/84, 12876/87, 13468/87, § § 66, 67.

〔10〕 ECtHR 16 December 1992, *Edwards v. The United Kingdom*, No. 13071/87, § 36.

〔11〕 ECtHR 31 March 2009, *Natunen v. Finland*, No. 21022/04, § 42.

〔12〕 本文中援引《基本法》的条文均源自英文版,下文中不再特别说明。可以参见 http://www.gesetze-im-internet.de/englisch_gg/englisch_gg.html#p0019。

〔13〕 BVerfG July 11, 1994, NJW 3219(1994), 3220.

判。同时,辩方能够查阅并了解相关证据,可以保障被追诉人作为积极对抗的一方参与到诉讼中去,而不至于沦为诉讼的客体,被动消极地等待案件处理结果。

(二)不受非法羁押

根据欧洲人权法院的判例,《公约》第6条关于公正审判的要求同样适用于审前阶段。审前调查活动如果未能满足这些要求,也会影响刑事诉讼程序的整体公正性。[14] 从这个意义上来说,被追诉人在审前阶段和审判阶段阅卷权的法理基础应当是相同的。欧洲人权法院在加尔斯强诉亚美尼亚一案中提出,关于是否向被追诉人提供了充足的时间和条件来准备辩护这一问题,应当在个案中进行具体分析。[15] 尽管《公约》第6条也可以作为审前阶段阅卷权的基础,但是,与审判阶段相比,审前的调查活动具有一定的特殊性。至少出于侦查秘密和侦查效率的考虑,审前环节对阅卷权的限制肯定更为严格,从而可能会与前者有所区别,而在具体进行个案分析时,肯定会倾向于保护侦查秘密。

除此之外,《公约》第5条关于自由和安全的相关内容,也是审前阶段保障被追诉人阅卷权的一项重要依据。该条第4款规定:"因被逮捕或者拘留而被剥夺自由的任何人应当有权运用司法程序,法院应当依照司法程序对他被拘留的合法性作出决定,如果拘留是不合法的,则应当命令将其释放。"欧洲人权法院曾经在三个针对德国的案件中裁判认为,根据平等武装的原则,为满足《公约》第5条第4款的要求,应当保证辩方能够查阅侦查卷宗中对有效质疑羁押合法性具有关键作用的证据。[16] 关于审前阅卷的范围,欧洲人权法院在加西亚阿尔瓦诉德国一案中作出了如下论述:"本院承认犯罪侦查的效率要求,这就意味着侦查过程中搜集到的信息可能需要保密,以防止犯罪嫌疑人篡改证据,影响司法公正。然而,实现这一合法目的不能以对辩护权施加实质性的限制为代价。因此,对于审查羁押合法性具有关键作用的信息,必须通过适当的方式为犯罪嫌疑人的律师所了解。"[17] 在此问题上,欧洲人权法院特别指出,仅仅提供

[14] ECtHR 24 November 1993, *Imbrioscia v. Switzerland*, No. 13972/88, § 36.

[15] ECtHR 15 November 2007, *Galstyan v. Armenia*, No. 26986/03, § 84.

[16] ECtHR 13 February 2001, *Garcia Alva v. Germany*, *Lietzow v. Germany and Schops v. Germany*, Nos. 23541/94, 24479/94 and 25116/94.

[17] ECtHR 13 February 2001, *Garcia Alva v. Germany*, No. 23541/94, § 42.

案卷材料的摘要或是口头告知证据和事实,并不能达到《公约》要求;而如果对于辩护是关键的,则应当为辩方查阅案卷提供便利。[18]

相应地,德国《基本法》第20条第3款规定:“立法机关应受法治国原则制约,行政机关应当依照法律和公正价值行事。”该法第2条第2款规定:“所有人均享有生命权与健康权,任何人的人身自由均不受侵犯,对上述权利的干涉只能依照法律进行。”辩方有权查阅案卷,了解案件的事实和证据基础,才能够有效遏制政府对公民的任意拘捕。《基本法》的上述内容进一步为保障被追诉人的阅卷权提供了宪法基础。[19]

综上所述,从权利的基础来看,阅卷权源于刑事被追诉人不受非法羁押以及获得公正审判的权利,这一点在欧洲人权法院的判例中表现得较为明显。而在德国国内法层面,“公正听审”应当是阅卷权的主要法理基础。可见,阅卷权是由刑事被追诉人的固有权利衍生而来,刑事被追诉人才是阅卷权的主体。

二、阅卷权的行使

正如有国内学者观察到的,德国理论界普遍肯定被追诉人是阅卷权的主体,但是却认为这一权利的行使主体是辩护人,因此德国立法长期以来仅规定辩护人可以阅卷,直至1999年才增加了《德国刑事诉讼法典》第147条第7款,允许没有辩护人的被告人在特定情况下亲自查阅案卷。[20] 其中最主要的原因是,相比于被追诉人而言,辩护律师在刑事司法制度中被认为是更值得信赖的主体,实际上扮演着保证人的角色。也正是基于这种考虑,辩护律师查阅案卷后,并不能将案卷中信息毫无保留地告知被追诉人。

(一)通常由律师代为查阅

虽然从权利本源上来看,阅卷权应当属于被追诉人,但欧洲人权法院认为

---

〔18〕 ECtHR 13 February 2001, *Schops v. Germany*, No. 25116/94, § 47 – 55. ECtHR 9 July 2009, *Mooren v. Germany*, No. 11364/03, § 12 – 125.

〔19〕 Werner Beulke & Tobias Witzigmann: “Das Akteneinsichtstecht des Strafverteidigers in Fdllen der Untersuchungshaft”, *NEUE ZEITSCHRIFr FOR STRAFRECHT* [*NStZ*] (2011), p. 254.

〔20〕 吴纪奎:《被追诉人阅卷权研究》,载《中国刑事法杂志》2010年第8期。

这并不意味着需要让被追诉人直接查阅案卷。将阅卷权的行使主体限于律师,并由律师向被追诉人告知案卷的内容,并不会违反《公约》第 6 条的要求。[21] 然而,在之后的判决中欧洲人权法院强调,对被追诉人及其律师阅卷权的限制,不能够阻止被追诉人在开庭前查阅证据,并通过他在口头申请中通过律师对相关证据提出意见。[22] 同时,欧洲人权法院指出,被告人自行辩护时不让其阅卷并复制相关文件侵犯了其辩护权。[23] 为了有效行使辩护权,被追诉人应该被允许获得相关文件的复印件,编辑并使用所作笔记。[24] 总体来看,欧洲人权法院的判例是倾向于允许被告人自行查阅案卷的。

《德国刑事诉讼法典》第 147 条的规定及其司法实践是否符合《公约》的标准,实际上是存在疑问的。[25] 根据该条第 7 款的规定,没有辩护人的被追诉人只有在不妨碍侦查、不影响第三人利益(如证人)的情况下,才能依申请获得案卷信息、摘要或是副本。值得注意的是,不同于辩护人,被追诉人没有权利查阅原始卷宗。可见,尽管从权利本源上来看阅卷权应当属于被追诉人,但是被追诉人自行查阅案卷的权利受到了更为严格的限制:其一,即使是侦查终结之后,被追诉人也必须在申请获批后才能获得案卷信息、摘要或是副本,而辩护人在此阶段查阅案卷原则上不受限制;其二,即使被追诉人被允许获得案卷的副本,也不能查阅原始卷宗,而辩护人甚至可以将案卷带回办公室查阅。此外,对于已经有辩护人的被追诉人来说,则没有自行查阅案卷的权利。

(二)在阅卷问题上区别对待被追诉人及其律师的原因

主要的疑问是,为什么阅卷权的法理基础是被追诉人有权获得公正审判并不受非法羁押,但被追诉人自行查阅卷宗却受到更为严格的限制呢?难道让被追诉人自行查阅案卷不是更能够保证其进行有效辩护吗?[26]

有学者总结认为,德国对被追诉人自行查阅案卷作出了更为严格限制,主

[21] ECtHR 21 September 1993, *Kremzow v. Austria*, No. 12350/86, § 53.

[22] ECtHR 12 May 2005, *Ocalan v. Turkey*, No. 46221/99, § 140.

[23] ECtHR 18 March 1997, *Foucher v. France*, No. 22209/93, § § 33 – 36.

[24] ECtHR 28 April 2009, Rasmussen, No. 38886/05, § § 48 – 49.

[25] 本文引用《德国刑事诉讼法典》均参照 2014 年修改后的英文版,网址为 https://www.gesetze-im-internet.de/englisch_stpo/englisch_stpo.html,下文不再特别说明。

[26] 陈瑞华:《论被告人的阅卷权》,载《当代法学》2013 年第 3 期。

要是为了保护原始卷宗的完整性,避免案情晦暗,保护第三人利益,确保案件能够及时迅速地得到处理。[27] 上述理由没有解决一个根本问题,即为什么被追诉人自行查阅卷宗就更可能出现这些不利后果?更进一步的解释应当从被追诉人与辩护律师的不同角色定位出发:在德国的刑事司法活动中,律师被视作一个相对独立的主体,所以也被认为更加可信。[28] 《德国律师法》第 1 条将辩护律师定位为刑事司法系统的一个独立组成部分,这意味着辩护律师同时负有维护委托人利益和寻求司法公正的义务,其既不能滥用程序权利,也不能故意扭曲案件事实。与之相反,被追诉人与案件的处理结果有直接的利害关系,其比辩护律师更有可能在查阅案卷后造成上文提及的危害结果,因此对其查阅案卷作出更为严格的限制,也在情理之中。通过选择向被追诉人告知卷宗的内容及方式,律师能够以自己的职业判断来防止被诉人滥用阅卷权。

(三)律师向被追诉人告知案件信息

虽然被追诉人本人查阅案卷受到严格限制,但因为《德国刑事诉讼法典》第 140 条所规定的强制辩护制度的存在,这在实践中并不是一个很突出的问题。在德国,如果被告人有可能被判处一年以上有期徒刑,法院一般都会认为其被指控的犯罪是严重的,并为其指定辩护律师,且获得律师辩护的权利不得放弃。[29] 此外,查阅案卷的需要本身即可能使得案件在事实和法律上显得较为复杂,从而构成强制辩护的理由,并因此为被追诉人指定辩护律师,一些典型的情形如案卷中包含了不一致的证人证言、专家意见等。[30] 实践中,律师在阅卷后会将案件信息口头告知被追诉人,而更为通常的做法是直接将案卷材料的复印件交给被追诉人查阅。[31] 这样一来,即使不能自行查阅案卷,被追诉人也可以通过律师较为充分地了解案件的事实和证据基础。

---

〔27〕 前引〔20〕,吴纪奎文。

〔28〕 Ed Cape, Zara Namoradze, Roger Smith and Taru Spronken, *Effective Criminal Defense in Europe*, Intersentia 2010, pp. 275, 304 – 305.

〔29〕 Thomas Weigend & Jenia Turner: "The Constitutionality of Negotiated Criminal Judgments in Germany", *German Law Journal*, Vol. 15 No. 1, 2014, p. 103.

〔30〕 Jenia Turner, " Plea Bargaining and Disclosure in Germany and the United States: Comparative Lessons", *William & Mary Law Review*, Vol. 57, 2016, p. 1568, note 99.

〔31〕 Ibid. , p. 1568.

因此,限制被追诉人自行查阅案卷可能影响有效辩护的问题,仅存在于被告人没有辩护人的简单轻微案件中。而在严重复杂的案件中,关键的问题是辩护律师能够在多大程度上将案卷材料包含的信息告知被追诉人。通说认为,如果被追诉人可能会利用案卷中的信息阻碍侦查(尤其是威胁证人)或是其持有一些文件本身就是犯罪的(如儿童色情制品),辩护人不应当向被追诉人提供相关材料的复印件,但能否在某些情形下禁止辩护律师向被追诉人传递特定的案件信息,一直存在较大争议。[32]

三、阅卷的范围

欧洲人权法院的判例和德国国内法共同表明,保障刑事被追诉人的阅卷权,主要是为了实现"平等武装",因为只有保障控辩双方所掌握的案件信息相对称,才能使得被追诉人获得有效的辩护,并在审前阶段对羁押的合法性进行充分审查。可见,保障被追诉人阅卷权的根本目的是实现有效辩护。为此,辩方通过阅卷应当能够充分了解案件的事实和证据基础。另外,即使相关证据材料没有被纳入卷宗,或是属于其他相关案件的卷宗,也应当属于广义上阅卷权的覆盖范围。

(一)阅卷权不同于知悉指控权

被追诉人享有阅卷权的范围是"主要证据",即那些对案件处理结果有实质性影响的证据,[33]且能够亲自或通过律师查阅,不同于《公约》第5条第2款和第6条第3款a项所规定的被追诉人有权知晓所涉嫌的罪名以及被指控和羁押的理由。

《公约》第5条第2款规定:"应当以被逮捕的任何人所了解的语言立即通知他被逮捕的理由以及被指控的罪名。"在欧洲人权法院的判例中,上述条款进一步被解释为:"应当以被逮捕人能够理解的非技术化的简单语言,向其告知逮

---

〔32〕 Jenia Turner, " Plea Bargaining and Disclosure in Germany and the United States: Comparative Lessons", *William & Mary Law Review*, Vol. 57, 2016, p. 1568, note 102.

〔33〕 在本文引用的欧洲人权法院的判例中,大多使用"access to material evidence"来指代阅卷权的问题,其中的"material"指的就是对案件处理结果具有实质性作用,本文遵从中文表达习惯,表述为"主要证据"。

捕的关键事实和法律依据,以保障其能够依据《公约》第 5 条第 4 款向法庭提出审查逮捕合法性的申请。"[34] 不过,欧洲人权委员会指出,此种告知并不要求在羁押决定中详细说明,也不需要以书面形式或其他特别方式作出。[35] 类似地,《公约》第 6 条第 3 款 a 项要求:"以他所了解的语言立即详细地通知他被指控的罪名的性质及被指控的原因。"尽管对该条款的分析必须结合 b 项规定的准备辩护的权利进行,[36] 并且此处的用语是"详细的",但欧洲人权法院和欧洲人权委员会并没有对告知的形式作出具体的要求。口头告知也是符合《公约》要求的,[37] 甚至进行告知时不必提及指控所依据的证据。[38]

可见,相比于知悉指控权,被追诉人的阅卷权对证据开示的要求更高,其核心要旨是被追诉人能够充分了解案件的事实和证据基础。尽管都是为了保障被追诉人能够充分准备辩护并有效挑战羁押的合法性,但前者并不要求以特定的方式作出,也不需要提及所依据的证据,而后者则通常需要保证被追诉人或其辩护律师能够知晓并查阅案件的主要证据。此外,向被追诉人告知指控的罪名的性质、被指控的原因、被羁押的理由(如果被羁押)应当是迅速、立即的,通常应该向本人告知,欧洲人权法院的判例也没有表明可以对知悉指控权进行限制。但是,如果自侦查开始,便毫无保留地将侦查机关所搜集的证据全部告知犯罪嫌疑人,无疑会严重影响侦查效率。总的来说,根据欧洲人权法院所确立的标准,不同于知悉指控权,阅卷权并不是"立即"的,也并不是必然由被追诉人本人亲自行使,特定情况下还可能基于公共利益而受到限制。

上述欧洲标准也体现在德国的国内立法中,其关于阅卷权的规定,见于《德国刑事诉讼法典》第 147 条。此外,该法第 163 条 a 第 4 款规定,警察在初次讯问被指控人时,应当向其告知被指控的犯罪行为。该法第 114 条第 2 款第 4 项规定,在不危及国家安全的前提下,法官签署的羁押令应当写明构成犯罪行为重大嫌疑和羁押理由的事实。该法第 200 条规定,公诉书应当写明被告人,其

---

〔34〕 ECtHR 30 August 1990, *Fox, Campbelland and Hartley v. The United Kingdom*, Nos. 12244/86; 12245/86; 12383/86, § 40.

〔35〕 X. v. Germany, Commission decision of 13 December 1977.

〔36〕 ECtHR 25 March 1999, *Pelissier and Sassi v. France*, No. 25444/94, § 54.

〔37〕 ECtHR 25 March 1999, *Pelissier and Sassi v. France*, No. 25444/94, § 53.

〔38〕 X v. Belgium, Commission decision of 5 May 1977.

被指控的犯罪行为、实施犯罪行为的时间和地点、犯罪行为的法定特征和应适用的刑罚规定,还应当写出证据材料,而第201条要求审判长将公诉书送达被告人。后面列举的三个条款都属于《公约》第5条第2款和第6条第3款a项所规定的被追诉人有权知晓所涉嫌的罪名以及被指控和羁押的理由的范畴,均应当向本人告知且没有限制性条款,也不必详细说明事实和证据基础。与之不同,根据该法第147条第1、4款的规定,辩护人原则上有权查阅的范围是"法院处的案卷或是在提起公诉情形中应当提交法院的案卷、官方保管的证据材料",且原则上应当允许辩护人在办公地点或住所查阅被扣押的证据材料以外的案卷,仅仅口头告知或是给出摘要是不充分的。虽然知悉指控的权利在充分性的要求上低于阅卷权,但其也构成了被追诉人了解案件信息、获得有效辩护的重要环节,是阅卷权的重要补充。

(二)被追诉人有权查阅案件主要证据

如果单纯从字面上来理解,阅卷权仅是查阅本案卷宗及其所涉及的证据材料的权利。但是,欧洲人权法院受理的案件来自不同国家,各国的司法传统和司法制度并不相同,所以在上文引用的判例中,会同时使用知悉证据(access to evidence)与查阅案卷(access to case file)等类似的表达,从而将不存在侦查卷宗制度的英美法系国家也纳入同一法理框架中。因此,严格地说,前述欧洲人权法院所确立标准的适用对象是被追诉人获知案件主要证据的权利。查阅卷宗是大陆法系国家被追诉人获知案件事实和证据基础的主要途径,英美法系国家对应的制度是证据开示。在案卷制度下,如果侦查机关掌握的证据材料未装入卷宗并移送,辩方是否能够查阅、又如何查阅?如果相关的证据材料在另案卷宗中,辩方是否能够查阅、又如何查阅?

《德国刑事诉讼法典》第168条b第1款规定:"侦查机关调查行为的结果应当记入案卷",虽然该条适用的对象是检察院调查行为的笔录,但现在的趋势是认为这一要求同样适用于警察,[39]侦查案卷的制作应当遵循"完整性原则"(Aktenvollstdndigkei),其中包括专家意见、被告人陈述、证人证言、警察报告以及检察官的侦查指令等内容。在德国联邦最高法院看来,上述原则意味着

---

[39] Wolfgang Wohler& Stephan Schlegel, "Zum Umfang des Rechts der Verteidigung auf Akteneinsicht gemdss § 147 I StPO-Zugleich Besprechung von BGH-Urtei,", *Neue Zeitschrift for Strafrecht*[*NStZ*](2010), p. 487.

侦查卷宗不应有缺失。[40] 但是,实践中警察可能会故意将一些线索证据(Spurenakten)排除在案卷以外。所谓线索证据,即警察或检察官经过调查后认为没有价值的案件线索。若此类的证据材料与辩方的案件相关,才应将其纳入卷宗并供辩方查阅。[41] 不过,是否具有相关性由侦查人员判断,这就可能会使得无罪、罪轻的证据未被纳入卷宗中。此时,辩方可以依据《司法法通则》(Einführungsgesetz zum Gerichtsverfassungsgesetz)第23条的规定向法院提出调取相关证据材料的申请。可见,德国阅卷权不仅保障辩方能够查阅卷宗及扣押的证据,还拓展到警察、检察官所掌握的未被列入卷宗的相关证据。

除此之外,在共同犯罪案件,如果共同犯罪人在同一个程序中受审,辩护人当然可以查阅与同案犯相关的那部分案卷材料。但是,如果共同犯罪人另案处理,情况则有所不同。如果共同犯罪人案卷中的信息与本案有关,则可以申请进行调取,一旦调取后,辩护人阅卷的范围就自然扩展到共同犯罪人的案卷。另外,如果共同犯罪人最初是在一个程序中进行处理的,之后被法院决定分开审判,则辩护人有权查阅决定分案审理之前的全部卷宗材料。至于决定分案审理后形成的卷宗材料,则可以依法调取后查阅。[42]

上文的分析表明,广义上的阅卷权实际上是充分了解对案件处理具有实质性影响的证据的权利,口头告知不能代替辩方的亲自查阅,同时阅卷权的范围应当拓展到在案证据,而不限于在卷证据,另案处理的共同犯罪人的案卷材料如果与本案处理紧密相关,在调取之后也应当允许辩方查阅。

四、阅卷权的限制

刑事司法总是涉及公民个人权利与社会公共利益间的价值平衡,这在阅卷权的问题上也没有例外。因此,在特定情形下,不得不对阅卷的范围及方式作出一定的限制,这一点在侦查阶段表现得更为突出。除了必须遵循一定的原则,根据欧洲人权法院判例及国内立法,限制阅卷权亦存在不能突破的底线性的保障,这在诉讼的不同阶段有所区别。

---

〔40〕 BGH, November 12, 2013, NJW 277(281), 2014.

〔41〕 BVerfG December 1, 1983 NJW273 (276).

〔42〕 Ed Cape, Zara Namoradze, Roger Smith and Taru Spronken, 28, p. 275, note 107.

(一)一般规则

在欧洲人权法院看来,被追诉人的阅卷权并不是绝对的,可以基于合法的目的加以限制,比如维护国家安全,保护证人免受报复,保障犯罪侦查手段的秘密性等。因此,在一些案件中可以不将特定的证据交由辩方查阅或向其开示,但这样的限制必须是严格必要的且不至于影响审判的公正性。[43] 按照其一贯的立场,欧洲人权法院并不会直接对是否应当开示特定证据作出裁决,但其会在个案中审查相关决定程序是否符合对抗性程序及平等武装的要求,并为被追诉人提供了相应保障。[44] 相应地,欧洲人权法院要求是否开示特定证据一般应当由审判法官来决定。如果未能向辩方开示无罪或罪轻的证据,则会阻碍被追诉人准备辩护,违反《公约》第 6 条第 3 款 b 项的规定。[45] 不过,如果被追诉人要求开示特定证据,应当给出具体的理由。[46]

根据《德国刑事诉讼法典》第 147 条第 1 款和第 2 款的规定,侦查终结之后辩护律师查阅案卷原则上不再受到限制,其能够查阅的案卷范围与法院所持有的相一致。不过,辩护律师不能查阅工作文件,[47] 在一定情况下也不能知晓证人、卧底侦查员的住所地或身份。[48] 关于不公布证人住址和身份的规定见于《德国刑事诉讼法典》第 68 条第 2～5 款。根据该条第 2 款的规定,如果可能危及证人或其他人的安全,可以准许证人提供住所地;而依据该条第 3 款的规定,如果检察官有充分的证据证明证人或其他人的安全会受到危害,即使是在侦查终结之后也可以对证人身份予以保密。又根据该条第 4 款的规定,能够确定证人住所地或身份的资料保存在检察院,只有前述危害消除后才能将其纳入卷

---

〔43〕 ECtHR 16 February 2000, *Jasper v. the United Kingdom*, No. 27052/95, § 43. ECtHR 24 June 2003, *Dowsett v. the United Kingdom*, No. 39482/98, § 42.

〔44〕 ECtHR 24 June 2003, *Dowsett v. the United Kingdom*, No. 39482/98, § 43.

〔45〕 ECtHR 31 March 2009, *Natunen v. Finland*, No. 21022/04, § 43.

〔46〕 ECtHR 24 February 1992, *Bendenoun v. France*, No. 12547/86, § 52.

〔47〕 所谓工作文件即侦查机关工作过程中仅用作自己参考的文件,例如解释法律或证据的内部备忘录等。

〔48〕 除此之外,还有观点认为,在侦查终结以后对于可能将作出的、能够引起强烈效应的强制措施不得告知辩护人,只是对此问题仍然存在争议,本文就没有作详细介绍。参见宗玉琨译注:《德国刑事诉讼法典》,知识产权出版社 2013 年版,第 138 页,注释①。

宗。如果证人的住所地或身份的资料未被纳入卷宗,辩护律师自然无法查阅。此外,该法第110条b第3款与第96条对不公开卧底侦查员身份作出了规定:在刑事诉讼中可以对卧底侦查员的身份继续保密,特别是如果公开真实身份可能危及侦查员或其他人安全或是影响继续任用该侦查员,且会损害德国联邦或某州利益的。如果卧底侦查员的身份被保密,辩护律师也无法知晓。

此外,《德国刑事诉讼法典》第147条第2款规定,在侦查尚未终结之前,如果可能危及侦查目的的,则检察官可以拒绝辩护人查阅全部或部分案卷。此种限制应当遵循两项原则,一是存在合理依据,二是临时性。该条第2款中的可能危及侦查必须有具体的依据,例如被追诉人可能会毁灭证据、干扰侦查措施或者威胁证人等,否则不能任意限制。此外,依据该条第6款的规定,一旦阅卷权恢复到不受限制的状态,就应当立即通知辩护人。如果危害侦查结果的威胁已经不存在了,检察官就不应再限制辩护人查阅卷宗的相应部分。实践中,检察官很少会大幅度限制辩护人的阅卷范围。最为常见的限制理由是,如果被追诉人及其亲属知晓了即将进行的侦查措施(如搜查、窃听、逮捕),可能会使影响这些侦查措施的有效实施。〔49〕 至于对证人、卧底侦查人员的住所、身份的保密,在前一部分已经介绍过了,只是在侦查终结前对这些信息进行保密更为常见。

(二)例外规定

前一部分介绍了限制阅卷权的一般规则,但是从保障被追诉人获得公正审判及不受非法羁押的角度来看,这些规则的适用仍然存在例外性规定,即查阅特定证据的权利不得受到限制。例如,根据《德国刑事诉讼法典》第147条第2款的规定,对被指控人的询问笔录、对已准予辩护人在场或本应准予其在场的调查行为作的笔录以及鉴定人的鉴定,在刑事诉讼程序的任何阶段都不得拒绝辩护人查阅。

除了不能限制查阅上述证据材料,也不能对限制辩护人查阅对审查羁押合法性具有重要意义的证据。欧洲人权法院依据《公约》第6条所作出的判决没有明确何时需要向辩方开示主要证据,即保障本文意义上的阅卷权。而其依据《公约》第5条第4款所作出的判决表明,在审前阶段被追诉人申请审查羁押的合法性时,应当保障被追诉人或其律师能够查阅侦查卷宗中的相关证据。根据《德国刑事诉讼法典》第147条第2款的规定,侦查终结以前,如果允许查阅可

〔49〕 Jenia Turner, 30, p. 1561.

能会危及侦查目的,则可以拒绝辩护人查阅案卷或案卷的个别部分以及官方扣押的证据材料。也就是说,在侦查阶段辩护人可能无法查阅或完整查阅全部卷宗内容。但是,不能对关键环节的主要证据施加此种限制。根据上述条文的后半段的规定,如果被告人处于待审羁押或在暂时逮捕情形中已经申请待审羁押,应当以合适的方式让辩护人接触对评断剥夺自由的合法性具有重要意义的信息,并通常就此准予查阅案卷。如上文提及的,欧洲人权法院在2001年针对德国的三个案件中裁判认为,应当保证辩方能够查阅侦查卷宗中对有效质疑羁押合法性具有关键作用的证据。[50] 因此,现在公认的观点是若被追诉人处于待审羁押中,辩护人有权查阅案卷中与指控及作为羁押理由相关的证据材料。这意味着尽管可以禁止辩方查阅敏感的证据材料,但随之而来的法律后果是,法官就不能根据这些证据材料签发或维持羁押令。[51] 根据德国联邦宪法法院的判决,同样的原则也适用于冻结财产的程序。[52]

上述规则亦有司法救济程序予以保障,根据《德国刑事诉讼法典》第147条第5款的规定,如果检察院在侦查终结之后拒绝查阅卷宗,或者拒绝查阅该条第3款所列举的证据材料,或是在侦查终结前拒绝辩护人查阅相关卷宗内容且被追诉人处于羁押状态,[53]则辩护人可以向法院申请救济。

五、比较分析与借鉴意义

当前正在进行的以审判为中心的诉讼制度改革,也是一个保障和加强辩护权的过程。根据现有的改革情况来看,中国刑事诉讼制度有两个发展趋势,一是重大复杂争议案件的庭审实质化,实现诉讼证据质证在法庭、案件事实查明在法庭、辩诉意见发表在法庭、裁判理由形成在法庭,真正让法庭审判成为决定

---

〔50〕 ECtHR 13 February 2001, *Garcia Alva v. Germany*, *Lietzow v. Germany and Schops v. Germany*, Nos. 23541/94, 24479/94 and 25116/94.

〔51〕 Ed Cape, Zara Namoradze, Roger Smith and Taru Spronken, 28, p. 274.

〔52〕 BVerfG, NStZ, 2006, 459.

〔53〕 如果此时被追诉人处于自由状态,则其不能对拒绝查阅卷宗的决定提出司法救济的申请。

性环节;[54]二是认罪认罚案件的程序简易化,被追诉人审前环节的认罪认罚的意思表示,将对案件的最终处理结果产生决定性影响。[55] 前一种案件对辩护的质量和水平提出了更高的要求,而只有在充分了解案件证据材料的基础上,被追诉人及其律师才能积极准备辩护;后一种案件要求被追诉人在审前环节就作出重要程序性选择,而其只有在充分了解指控事实的基础上,才能作出明智的判断。这都要求加强被追诉人的阅卷权保障,在完善实践操作模式的基础上突破制度性障碍。在此方面,德国刑事被追诉人阅卷权制度可以提供以下启示。

(一)被追诉人是阅卷权的主体

不难发现,无论是《公约》还是《基本法》都没有直接规定被追诉人享有阅卷权。欧洲人权法院和德国国内判例均指出,阅卷权是被追诉人获得公正审判、不受非法羁押的内在要求,因而这一权利当然归属于被追诉人。笔者认为,从理论上肯定被追诉人是阅卷权的主体可以打破限制被追诉人自行阅卷、辩护律师核实证据的理论怪圈。在现有制度下,如果被追诉人没有律师为其辩护,就不能查阅卷宗,其有限的辩护能力和手段因此又受到进一步的制约。更为严重的是,在中国的刑事诉讼中,律师辩护率是极低的,[56]也就是说被追诉人无法(直接或间接)阅卷属于常态。同时,关于辩护律师阅卷后与被追诉人核实证据,实务界尚有"除有罪的实物证据律师可以告诉犯罪嫌疑人、被告人外,其他证据即言词证据和无罪的实物证据都不能告诉"的主张。[57] 实际上,法律规定律师可以阅卷,并非否定被追诉人在特定情形下可以自行查阅,从辩护律师的

〔54〕《关于推进以审判为中心的刑事诉讼制度改革的意见》从庭前准备、庭审规则到裁判标准进一步对法庭审判的改革作出了要求,旨在建立一种"审前充分准备,控辩积极对抗,法官居中裁判的"的审理模式。

〔55〕根据《关于在部分地区开展刑事案件认罪认罚从宽制度试点工作的办法》第10、20条的规定,审前环节犯罪嫌疑人自愿认罪,同意量刑建议和程序适用的,应当在辩护人或者值班律师在场的情况下签署具结书,而人民法院作出裁判时,一般应当采纳人民检察院指控的罪名和提出的量刑建议。也就是说,最终的裁判很大程度上是建立在被追诉人认罪认罚具结书的内容基础上的。

〔56〕顾永忠:《以审判为中心背景下刑事辩护突出问题研究》,载《中国法学》2016年第2期。

〔57〕朱孝清:《刑事诉讼法实施中的若干问题研究》,载《中国法学》2014年第3期。

职责来看,其依法核实"有关证据"也当然应以提供有效的法律帮助为目的。如果认为保障阅卷权是为了使得被告人获得公正审判、不受非法羁押,阅卷权的主体是被追诉人本人,自然就没有理由禁止未获得律师辩护的被追诉人自行阅卷,也不能任意限制辩护律师向被追诉人传递案卷信息。

（二）通常应由律师代为查阅案卷

即使是主张赋予被追诉人以直接查阅案卷权利的学者也认识到,这样做可能会诱使被告人翻供,影响供述的真实性,为被追诉人报复被害人、证人提供了机会,并且为其伪造证据、串供、唆使证人作伪证提供了便利。[58] 同样的担忧,也存在于德国的刑事司法实践中,而德国在处理这一问题时,显然更加信任作为中立主体的律师,赋予了辩护律师完整的查阅案卷的权利,并由辩护律师决定是否将所知晓的案卷信息内容告知被追诉人。我国《律师法》第2条第2款规定:"律师应当维护当事人合法权益,维护法律正确实施,维护社会公平和正义。"该法第3条前2款规定:"律师执业必须遵守宪法和法律,恪守律师职业道德和执业纪律。律师执业必须以事实为根据,以法律为准绳。"可见,在维护被追诉人利益的同时,我国律师在一定程度上也应当承担客观公正的义务,并受到法律法规以及职业道德、执业纪律的约束。因此,由律师在阅卷后再将案卷信息有选择地传达给被追诉人,即核实证据,可能是一种更为合理的制度安排。不过,不同于德国刑事被追诉人普遍获得法律帮助,目前我国刑事诉讼中辩护律师整体参与率不高。参照欧洲人权法院判例和德国经验,如果被追诉人没有聘请律师,仍然应当有权向检察院和法院申请查阅卷宗,是否允许查阅以及查阅的范围、方式,可以由人民检察院或人民法院根据具体情况决定。若确实不宜由被追诉人自行查阅,如可能造成前文所提到的危害后果,且无法通过其他手段予以避免,但案情复杂、证据材料间存在矛盾的,则应当就此为其指定辩护律师。需要说明的是,在阅卷问题上对律师和被追诉人的此种"信任差异",又需要两项配套制度予以支撑,一是律师的职业伦理和纪律惩戒,只有这样才能避免律师利用职业信任不当干扰诉讼;二是覆盖面更大的刑事法律援助制度,只有这样才能保障被追诉人获得有效辩护。

（三）律师可以在庭前全面核实证据

根据《刑事诉讼法》第37条的规定,辩护律师自案件移送审查起诉之日起,

---

[58] 前引〔26〕,陈瑞华文。

可以向犯罪嫌疑人、被告人核实有关证据。何为“有关证据”,立法及其他规范性文件都没有予以界定。来自实务部门的一种观点认为,辩护人只能核实客观证据,而不能核实人证。〔59〕如前文所述,阅卷权本是被追诉人的权利,只是因为可能出现干扰诉讼、威胁证人等不当后果,才通常由律师代为行使。更进一步,从为了帮助被告人更好地准备辩护的立法原意来看,限制核实范围的解释显然不能成立。〔60〕事先了解人证的内容,对于被追诉人和律师协商辩护思路至关重要,如果放到欧洲标准之下,这当然属于“适当的时间和便利条件为辩护作准备”的范畴。如果予以限制,将不利于被追诉人准备辩护,推进庭审实质化。同时,看守所和办案单位均无权审查辩护律师携带的案卷材料的内容,而律师会见又不受监听,看守所和办案人员都无法对辩护律师出示给犯罪嫌疑人、被告人的证据材料进行监督。〔61〕事先限制律师向被告人核实证据的类型既没有法理和规范依据,又不具有现实可操作性。究竟向被追诉人透露何种案件信息,主要应当由辩护律师基于职业训练、职业伦理进行判断。至于具体的核实方式,应当以口头核实为主,提供复制材料为辅,且被追诉人不能保留案卷材料的复制件。这样一种安排,在保障辩护权的同时,也能防止被追诉人掌握证人住址、联系方式等敏感内容,避免向第三方泄露案件信息。

(四)阅卷范围应当包括在案证据

根据《刑事诉讼法》第38条,律师能够查阅、摘抄、复制的对象是“本案的案卷材料”,实践中司法机关拒绝律师查阅特定材料,如讯问录音录像,主要的理由就是其不属于案卷材料。〔62〕德国的经验表明,不能将阅卷范围狭隘地理解为已经装订成册的侦查卷宗,那些对于案件处理具有实质性影响且为侦控机关所掌握的证据材料,都应当是辩方查阅的范围。即使有证据材料未能纳入卷宗,辩方也可以申请调取。可能作为定罪量刑的依据,影响罪与非罪、罪重与罪轻的材料,都属于对案件处理具有实质性影响的证据材料。这样的一种解释,超出了中文“阅卷”的范畴,更接近于“熟悉和了解案件证据材料”的表达。不过,

〔59〕孙谦:《关于修改后刑事诉讼法执行情况的若干思考》,载《国家检察官学院学报》2015年第3期。

〔60〕龙宗智:《辩护律师有权向当事人核实人证》,载《法学》2015年第5期。

〔61〕前引〔26〕,陈瑞华文。

〔62〕参见前注〔6〕。

"熟悉和了解"的要求较高,仅仅通过告知是难以满足的,因为如果辩方不对指控事实有非常细致的掌握,是不足以进行充分有效辩护的。在绝大多数情况下,只有允许辩方查阅,才能确保其对相关内容足够熟悉。在理论上对阅卷权作这一个广义的解释,有利于保障被追诉人行使辩护权,且并不存在制度障碍。《刑事诉讼法》第39条规定:"辩护人认为在侦查、审查起诉期间公安机关、人民检察院收集的证明犯罪嫌疑人、被告人无罪或者罪轻的证据材料未提交的,有权申请人民检察院、人民法院调取。"律师这一申请调取证据的权利,是对查阅案卷材料的重要补充,实际上构成了广义上的阅卷权。另外,根据最高人民法院《关于适用〈中华人民共和国刑事诉讼法〉的解释》第221条,辩方提出需要对新的证据作辩护准备的,法庭可以宣布休庭并确定准备辩护的时间。虽然上述条款的用语是"可以",但其已经肯定了查阅证据并进行辩护准备的重要性。公诉人庭前未移送人民法院的证据,辩方无从知晓,自然不能充分质证,客观上需要重新给予其查阅的机会。如果能够进一步规定"未给予辩方查阅机会的证据材料不得作为定案根据"这一不利后果,将能够更加充分地保障辩方对于在案证据有充分的了解,进而作积极的质证准备,推动庭审实质化。

(五)将阅卷权拓展到侦查阶段

不同于德国的规定,我国辩护律师能够查阅案卷的时间始于决定审查起诉之日,这也就意味着在侦查终结前,被追诉人不享有阅卷权,其辩护律师不能够查阅案卷材料。然而,在侦查阶段律师的职责包括提供法律帮助,代理申诉、控告,申请变更强制措施,提出意见等,无法查阅相关证据材料将会阻碍律师履行辩护职责。其中,尤为突出的两个环节是逮捕和就非法审讯提出申诉、控告。笔者认为,应当对《刑事诉讼法》第36条后半段"向侦查机关了解犯罪嫌疑人所涉的罪名和案件有关情况"作细化解释,赋予辩方查阅相关证据材料的权利,具体论述如下。

第一,侦查阶段羁押必要性审查应当允许律师查阅相关证据材料。[63] 如前文所介绍的,在德国,对于审查羁押合法性的证据材料,应当允许辩护律师查

〔63〕 根据《刑事诉讼法》第86条,《人民检察院刑事诉讼规则(试行)》第285条的规定,人民检察院在审查批准逮捕,审查延长或重新计算侦查羁押期限时,需要酌情听取律师意见。如果律师不能了解案件信息,当然无法提出充分的异议。不过,这一阶段只需使得辩方能够"知悉指控"即可,这是一个相对较低的要求,并不需要提供完整全面的案件信息。

阅,否则就不能依据这些证据材料做出不利于被追诉人的关于羁押的决定,这样的制度安排有利于辩方对于羁押决定提出异议。我国《刑事诉讼法》第93条新设了捕后羁押必要性审查制度,如果参照欧洲标准,就类似于《公约》第5条第4款规定的审查羁押合法性的程序。《人民检察院办理羁押必要性审查案件规定(试行)》第7条规定:"犯罪嫌疑人、被告人及其法定代理人、近亲属、辩护人审前进行羁押必要性审查的,应当说明不需要继续羁押的理由。有相关证明材料的,应当一并提供。"该规定第13条将"审查犯罪嫌疑人、被告人不需要继续羁押的理由和证明材料""听取犯罪嫌疑人、被告人不需要继续羁押的理由和证明材料"作为检察机关审查羁押必要性的两种手段,同时该规定第17条列举的应当向办案机关提出释放或者变更强制措施的建议的几种情形中就包括案件证据发生重大变化、案件事实或情节发生重大变化。然而,该文件并没有赋予辩护律师以查阅证据材料的权利。这样一来,被追诉人及其辩护律师既不能提供充分的证明材料,也不能基于侦查机关已经掌握的证据材料提出相应的意见,羁押必要性审查的有效性将会下降,那种建立公开的、对抗式的审查模式的改革初衷也无法实现。笔者认为,羁押必要性审查中检察机关应当主动提供被追诉人无罪、罪轻以及符合取保候审、监视居住条件的证据材料。应当认识到,尽管引入了公开审查、听取律师意见等具有对抗因素的制度,但我国羁押必要性审查仍不是一个完全司法化的程序。如果经审查认为有羁押必要,人民检察院仅需通知办案机关,而不需要作出书面决定,辩方若对继续羁押不服,也无法提出上诉或是复议。因此,这一环节的阅卷权的落实,很大程度上不得不依赖于检察机关的自觉自愿。

第二,应当赋予辩护律师查阅犯罪嫌疑人供述、提讯记录、体检证明等证据材料的权利。不同于德国的规定,我国辩护律师在侦查阶段无权查阅犯罪嫌疑人供述等证据材料。这就造成一个困难,如果侦查阶段发生了刑讯逼供,辩护律师将难以提出申诉控告。《刑事诉讼法》第36条赋予了辩护律师在侦查阶段代理申诉、控告的权利,第50条明确禁止以刑讯逼供等非法方法收集证据,第55条则规定人民检察院接到报案、控告、举报或者发现侦查人员以非法方法收集证据的,应当进行调查核实,上述这些规定实际构成了侦查阶段对非法取证行为的申诉控告机制。最高人民法院、最高人民检察院、公安部、国安部、司法部联合发布的《关于办理刑事案件严格排除非法证据若干问题的规定》第14条特别规定:"犯罪嫌疑人及其辩护人在侦查期间可以向人民检察院申请排除非法证据。对犯罪嫌疑人及其辩护人提供相关线索或者材料的,人民检察院应当调查核实。调查结论应当书面告知犯罪嫌疑人及其辩护人。对确有以非法方法收集证据情形的,人民检察院应当向侦查机关提出纠正意见。”但是,如果在会见的过程中犯罪嫌疑人向辩护律师提出自己受到了刑讯逼供,而辩护律师却无权查阅其供述及与讯问过程相关的证据材料,则很难保证其能够提出有效的申诉控告。若要等到之后的审查起诉阶段或是审判阶段再进行调查核实,则可能因为证据材料的灭失而难以认定,降低非法证据排除规则的实效。

(六)建立阅卷的风险防范机制

最后,在提高被追诉人阅卷权保障程度的同时,也必须正视其可能导致的附带效果。首先应当将这些附带效果区分为两类:其一,被追诉人在充分了解证据材料后,对自己的供述作出相应的调整(翻供),从而使最终的审判具有不确定性;其二,被追诉人在了解案卷中包含的一些信息后,利用这些信息干扰侦查或实施新的犯罪。对于前者,在我国《刑事诉讼法》已经确立“不得强迫任何人证实自己有罪”原则的情况下,翻供可以看作是被追诉人的一项权利。[64] 被告人翻供总体上应当视为一种辩护策略,即使翻供是虚假的,也应当由之后的庭审调查程序予以甄别,不能以被告人可能翻供为由而限制被追诉人通过辩护律师了解证据材料。因而,关于被追诉人在了解案件信息后干扰侦查以及实施新的犯罪,才是应当重点预防的,对此,主要需要从两个方面予以应对。

第一,对案卷材料中的部分信息作技术化处理。为防止被追诉人报复证人、干扰证人作证,以及威胁技术侦查人员的人身安全和未来工作,德国允许隐匿上述人员的身份和地址。我国《刑事诉讼法》第 62 条规定了对证人的特殊保护措施,其中就有不公开真实姓名、住址和工作单位等个人信息的内容;第 125 条规定如果将使用技术侦查措施获得的材料作为证据使用可能危及有关人员的人身安全,或者可能产生其他严重后果的,应当采取不暴露有关人员身份、技术方法等保护措施。上述规定如何与阅卷制度相衔接,仍然有待进一步讨论。一种可行的方案是在复制、扫描案卷时对相关信息作技术处理,被追诉人及其律师只能查阅经过处理后的案卷复制版或电子版。

第二,在例外的情况下适当限制辩护律师向被追诉人透露案卷信息。前文已经指出,被追诉人阅卷权应当通过律师行使,且不应当对辩护律师核实证据

〔64〕 参见前引〔7〕,孙远文。

的类型作出事先限制。但是,参考德国的经验,也应当允许办案机关在个案中采取一定限制。按照目前的立法规定,辩护律师能够查阅卷宗并核实证据是在侦查终结以后,此时证据基本已经固定,没有必要通过事前的规范来限制辩护律师向被追诉人透露案卷信息的范围。如果在今后的改革中将阅卷权拓展到侦查阶段,相应地也应当规定律师不能向被追诉人及其家属透露即将采取的侦查措施的信息。

德国联邦法院典型判例研究

李大雪　德国教会内部纠纷的法律救济途径

——德国联邦最高法院判例评析

中德法学论坛
第 15 辑,第 335 ~349 页

德国教会内部纠纷的法律救济途径
——德国联邦最高法院判例评析

李大雪*

摘　要:德国联邦最高法院在 2003 年的救世军案中明确表示,国家司法权源于宪法,不受教会自决权的限制,但要求教会内部纠纷在寻求国家法院保护之前,要穷尽教会内部的纠纷解决途径。此判例改变了长期以来法院在处理教会内部纠纷中的保守态度,学界普遍持肯定态度。联邦行政法院在摇摆十多年以后,也采纳了与联邦最高法院相同的立场。

关键词:德国;教会自决权;法律途径

Zusammenfassung: Der BGH hat in seinem Urteil vom 28. 03. 2003 bestätigt, dass die staatliche Gerichtsbarkeit von Verfassungs wegen besteht und nicht von dem Selbstbestimmungsrecht abhängt. Es bestehe für die Anrufung staatlicher Gerichte vor Erschöpfung des kirchlichen Rechtswegs kein Rechtsschutzbedürfnis. Diese Entscheidung hat die zurückhaltende Haltung der staatlichen Gerichte in Kirchensachen seit Jahrzehnten geändert. Dies wird in der Literatur zum größten Teil befürwortet. Nach Zögern von 12 Jahren ist das Bundesverwaltungsgericht in die gleiche Richtung vom BGH genommen.

Schlüsselwort: Deutschland, kirchliches Selbstbestimmungsrecht, Rechtsweg

* 李大雪:四川外国语大学德国研究中心教授。

一、联邦最高法院判决

(译自《联邦最高法院民事裁判集》第154卷,第306页以下)

(BGHZ 154,306-315)

(一)要旨

1. 救世军神职人员因雇佣关系而产生的工资诉讼,即使请求权的正当性取决于神职人员是否被有效解聘,也可以使用国家法院途径。

2. 在教会内部争议中,教会或者宗教团体所享有的司法请求权既不用区分职务关系和雇佣关系,也不用区分教会职务法和财产法上的后果。

3. 教会的自决权不会限制[国家]提供司法的义务,但可能会限制被攻击裁判接受司法审查的程度和范围。

4. 如果教会内部争议可以声请教会的内部法庭或调解委员会处理,在穷尽教会内部法律途径之前,不存在声请国家法院提供法律保护的需要。

5. 对于教会或者宗教团体根据教会或宗教团体自主法制定的基本条例或自我规范,国家法院不能审查其合法性,仅能审查其有效性。

6. 有效性审查仅限于审查该措施是否违反了法律制度的基本原则,如是否存在一般恣意禁止(《基本法》第3条第1款),以及是否有违善良风俗(《民法典》第138条)和公共秩序(《民法典施行法》第30条)。

7. 教会法院作出的有存续效力的裁判也只接受有效性审查。

8. 神职人员是否被有效解聘的问题由教会或宗教团体自主裁判。

《基本法》第140条结合《魏玛帝国宪法》第137条第3款

第五审判庭2003年3月28日判决

原告:M.

被告:H.

V ZR 261/02

第一审法院:科隆州法院

第二审法院:科隆州高等法院

(二)事实

1975年原告成为被告救世军的军官。他们签署了一份声明,明确同意不建立“聘用”关系，也不签订任何劳动合同。

原告在巴塞尔接受培训后即开始从事军官工作，最后一段时间他们是在普福尔茨海姆教区传教，级别是少校。1998 年，被告的教区主管书面投诉原告在会计和出纳方面的工作存在瑕疵，对于存放着捐赠物品和衣物的军营也管理不善。多次警告无效之后，原告被调往瑞士。2001 年 1 月 29 日，被告的教区主管写信宣布终止原告的军官职务，他在信中称，原告在瑞士重新开始的尝试已告失败，因此不适合继续担任军官职务。2001 年 2 月，被告宣布原告“无法使用”。

原告申请判令被告支付 2001 年 3 月至 11 月的工资，即 9219.06 马克和 30,294.54 马克加利息。原告认为，他们与被告之间存在劳动关系，该关系既没有因调往瑞士也没有因被解除军官职务而终止。被告则宣称，国家法院不应对此进行裁判。

原告最初声请的是普福尔茨海姆劳动法院，该法院将争议移送给科隆劳动法院，科隆劳动法院因无管辖权又将争议移送给科隆州法院。州法院以诉讼不合法为由驳回了原告的请求，州高等法院认为诉讼不正当，也驳回了诉讼。原告被许可上告，在上告中仍然没有胜诉。

(三)理由

1. 控诉法院(州高等法院)认为，国家法院可以对本案的法律争议进行裁判。原告作为救世军的军官，与其他宗教团体的神职人员具有可比性。当事人之间不存在劳动关系。没有劳动关系的神职人员是否可以向国家法院提起诉讼要求支付工资，对此最高法院迄今为止都没有作出过裁判。根据联邦宪法法院新近的判例(1999 年 9 月 18 日的裁定，载 NJW 1999,349)和联邦最高法院的判例(本庭 2000 年 2 月 11 日的判决 V ZR 271/99，载 NJW 2000,1555)，至少在——与本案一样——没有内部法律途径可供使用的情况下，原告是可以向国家法院起诉的。但该诉讼在实体方面不能获得支持，因为原告作为被告军官的身份已被 2001 年 1 月 29 日的信件有效终止了。这种终止在实体方面是否合理，考虑到教会的自主权，国家法院不必对此进行审查。

2. 经过审查，本庭认为控诉法院的理由是成立的。

(1)控诉法院合理地肯定了向原告开放国家法院法律途径的做法。这一点应由上告法院独立审查，《民事诉讼法》第 545 条第 2 款没有剥夺上告法院的裁判权。[1]

①被告是受到承认的公法上的宗教团体。对于教会和宗教团体,本庭2000年2月11日的判决[2]认为,原则上所有法律问题都可以声请国家法院裁判,它的判断依国家法律作出。联邦行政法院2002年2月28日的判决(载JZ 2002, 1102 m. Anm. Mauer)也延续了这一观点。无论是有利于还是不利于教会和宗教团体,国家都应当有提供司法的义务,同样,对于国家领土上的所有法律主体而言,无论是对他有利还是不利,即使在适用国家法律规范时必须对宗教团体的前问题进行澄清,国家也有义务提供司法。受宪法保护的教会自决权(《基本法》第140条结合《魏玛帝国宪法》第137条第3款)并不会架空国家的司法主权。根据《魏玛帝国宪法》第137条第3款,该自决权毋宁要受到适用于所有人的法律的限制。

②本庭2000年2月11日的裁判(V ZR 291/99,NJW 2000,1555)虽然只涉及宗教团体在民法上针对其成员的不作为请求权,但该裁判所作的原则性理解却不仅限于此。提供司法的请求权适用于所有依照国家法律进行判断的法律问题,更确切地说,即使在教会或者宗教团体——例如本案的被告——没有以自己的教会法设定国家司法管辖权的情形中,也同样如此。此外,提供司法的义务不依赖于国家是否明确地"同意"了明示或者默示"让与"的宗教裁判权(参见BGHZ 46,96,101)。最后,作为救世军的军官,原告相当于教会和其他宗教团体的神职人员,他们向被告主张因雇佣关系而产生的财产请求权,这一点与向国家法院提出声请并不冲突。依据适用于雇佣关系的内部团体规则所主张的工资请求权与要求提供劳动力的请求权是相互关联的,它们都是雇佣关系中的根本性法律元素。因此,两者都可以从国家法律中派生出来。不过,这一点无须深化,因为,并不仅仅是在教会内部纠纷涉及某项由国家法律派生出来的请求权时,国家才有提供司法的义务。毋宁是,只要纯粹由教会内部设定的请求权或者纯属教会内部的法律问题涉及对所有人都有效的普通法律的适用,

---

[1] 参见本庭2002年2月11日的判决,V ZR 291/99,NJW 2000,1555;MünchKomm-ZPO/Wenzel 2. Aufl. Aktualisierungsband § 545 Rdn. 17。

[2] V ZR 271/99,NJW 2000,1555 mit Anm. v. Campenhausen,Zeitschrift für evangelisches Kirchenrecht [ZerKV] 2000,622;Kästner NVwZ 2000,889;Mauer JZ 2000,1113;Nolte NJW 2000,1844;Rüfner LM GG Art. 2 Nr. 73.

国家就会介入。因此,通往国家法院的法律途径即使在下述情形也会开启,即案件涉及“隐藏的身份程序”——如在本案中,所主张请求权的正当性取决于被告是否有效地终止了原告的军官身份。因为对于司法提供义务而言,既不会在乎职务关系和雇佣关系的区分,也不会在乎宗教职务法和财产法后果的区分。撇开两个领域有着纵横交错的关联不谈,它们的区分事实上已经非常困难,对它们进行区分也毫无意义。不能仅仅因为法律问题涉及教会自治的范围,如组织自治和职务任命自治等,国家司法就一律不做出裁判。因为根据《基本法》第140条结合《魏玛帝国宪法》第137条第3款,教会自治的范围不是一片法外天地,而是嵌入国家法律制度之中的。[3] 一项属于教会自治权核心领域的措施或者裁判与法律制度的基本原则是否相符,要根据国家法来判断,对此只能声请国家法院做出裁判。

联邦行政法院对此所持的不同观点(参见2002年10月30日的判决,2 C 23/01),本庭不能苟同。准许使用国家法院的法律途径并不会影响对教会自主管理的保障。教会内部事务是否以及在多大程度上受国家法院监控,这并不是法律途径合法性的问题,而是所主张请求权的正当性问题。同样,在此不会考虑根据《司法统一法》第2条第1款将案件提交给联邦各最高法院联合法庭裁判,因为联邦行政法院对于这个——此处最重要的——问题,“是否会根据《基本法》第19条第4款对教会人员因财产法上的请求权提供国家法院保护”,迄今为止明确表示不置可否(BVerwG NJW 1983,2580,2582; 1983,2582,2583; Vgl. auch BVerfG NJW 1983,1569,2570)。在教会内部或者宗教团体内部的法律问题只是作为所主张请求权是否正当的前提问题时,国家法院也是有管辖权的(本庭2000年2月11日的判决,见前注,第1556页)。

(2)此外,本庭也同意控诉法院的下述裁判,即对于是否可以使用民事法律途径的问题,不能再进行审查。因为,科隆劳动法院将法律争议移送给州法院,根据第17a条第2款第3句,这种移送对控诉法院也有拘束力。即使移送违反了法律,这种拘束效力仍然存在,[4] 其结果是,不能再对其他法院体系的管辖权

---

〔3〕 参见 *Campenhausen*, Staatskirchenrecht 3. Aufl. 363 ff.; Kästner NvewZ 2000,889,890。

〔4〕 参见联邦最高法院2000年2月24日的裁定 III ZB 33/99,NJW 2000,1343,1344。

进行裁量。[5]

(3)起诉在其他方面也是合法的,尤其是,它并不缺乏法律保护需要。法院不能指责原告没有穷尽团体内部的上诉途径。

①如果原则上可以肯定国家法院的权限,则并非也同时确认,诉讼标的就毫无限制地由法律来判断。毋宁是必须在具体情形中审查,国家法院的审查和裁判权限是否以及在多大程度上受到教会自决权的限制。《基本法》第140条结合《魏玛帝国宪法》第137条第3款保障教会和宗教团体在普通法律的界限内独立规范和管理自己的事务,通过这种方式,宪法虽然没有限制提供司法的义务,但对提供司法的程度和范围进行了一定的限制(Steiner NVwZ 1989,410,415)。自主管理权与普通法律及国家法院的司法处于一种交互关系,这一点决定了国家提供司法的内容和范围。对此应当进行法益衡量,即根据教会和宗教团体的基本神职规范来考虑它们的自主管理权和自我定位。

教会自主管理权包括有权创造机会,通过声请自己的法院或者调停委员会根据教会的自我定位来解决教会内部纠纷。如果创设了这种法律途径,并且可以指望它提供有效的权利保护,则国家法院在教会法律途径穷尽之前不能进行裁判。[6] 在这种情况下,诉讼就缺乏法律保护需要。此时教会内部的权利保护具有优先地位,国家提供司法是辅助性的。与此相反,本庭在2000年2月11日的裁判中在其他意义上使用了辅助性的概念,提到国家的司法相对于教会内部的司法而言不是辅助性的,它表达的意思仅仅是,司法提供请求权不会因教会法院的设立而被完全排除。该裁判并没有以此同时表达教会内部的法律途径相对于国家司法来说不具有优先权。

②根据控诉法院未被声明不服的认定,被告仅仅设立了调查委员会,其任务是准备和实施纪律程序。没有迹象表明这个委员会可以相当于独立的法院或者调停委员会,能够为拒绝支付工资提供法律保护。

(4)起诉不正当。

从实体上看,国家法律保护的内容和范围取决于哪些东西应当被视为教会或宗教团体自己的事务,这要根据事物的本质或者目的来看,并且需要对宗教法上规定的教会或宗教团体的保护需要和自由需要与针对个体的普通法律进

---

[5] 参见联邦最高法院2001年7月24日的裁定 VI ZB 12/01,NJW 2001,3537,3538。

[6] 参见 BVerfG NJW 1999,349; *Kirchberg* NVwZ 1999,734。

行权衡。[7] 如果权衡的结果是,案件只是涉及教会或宗教团体依照自己的自主权基于宗教基本法与以此为基础的自我定位而采取的措施,则国家法院就不能对它的合法性进行审查,而只能审查其有效性,即看它是否违反法律制度的基本原则,如一般恣意禁止(《基本法》第3条第1款)、善良风俗(《民法典》第138条)和公共秩序(《民法典施行法》第6条)。[8] 这同样也适用于教会法庭或调停机构作出的有存续效力的裁判。[9] 因为只有当其裁判的标的本身也受宪法保护时,这类机构的行为才属于教会自主管理和自决权的宪法保障范围。[10]

①被告是否有效终止了原告军官职务的问题属于被告自主裁判权的范围,因而不能根据劳动法的原则来判断。被告并没有以劳动关系来聘用原告担任军官职务。对于教会或宗教团体与从事神职活动的个人之间能否订立这样一种劳动合同的问题,[11]这里不需要进行裁判。根据1975年签订的声明,双方没有建立劳动法关系。该声明明确排除了这种劳动合同或者聘用合同,因此即使口头上的劳动合同也不存在。[12] 由于原告是被告的(从事神职活动的)军官,与教会或者其他宗教团体的神职人员一样,并不是要在人身依附关系中提供听命于他人的劳动,所以即使从内容上看,也不能把当事人之间的法律关系归入(事实上的)劳动关系。[13] 这一判断与下述事实并不矛盾,即在原告任职期间,被告在柏林的联邦职员保险机构为其缴纳了保险。因为,劳动关系只是多种可能引起保险义务的雇佣关系之一,在宗教团体特有的雇佣关系中也可能产生保险义务,在原告担任军官职务期间当事人之间即存在过这种特殊的关系。[14]

②在2001年1月29日的信中,被告的教区主管F——如控诉法院所认为的那样——是想立刻“开除”原告还是仅仅想宣布“解除雇佣关系”,对此无须

---

〔7〕 本庭2000年2月11日的判决V ZR 271/99,见前注第1556页。

〔8〕 参见BVerfG 70,138,168; Rüfner LM Art. 2 GG Nr. 74。

〔9〕 本庭2000年2月11日的判决V ZR 271/99,NJW 2000,1555,1557。

〔10〕 参见*v. Campenhausen*,Staatskirchenrecht 3. Aufl. S. 370。

〔11〕 持肯定观点的是*Weber* NJW 1983,2541 ff.,2550; 1989,2214,2221。

〔12〕 BAG NJW 1978,2116对于所有神职人员适用;NJW 1990,2082,2083对于天主教会牧师适用。

〔13〕 BAG NJW 2003,161,162.

〔14〕 联邦劳动法院1990年2月7日的判决5 AZR 84/89,NJW 1990,2082,2083。

进行裁判。在两种情形中都规定了不发工资。是否考虑“依照各自教区的规定”支付一定的补偿,这并不重要。姑且不论原告通过自己的声明已经放弃了向被告要求支付工资和其他请求的权利,他们在起诉中也(只是)明确主张“工资请求权”。

③如果原告对纪律法上终止军官关系的行为提出质疑,则不能由国家法院对被告的决定进行合法性审查。教会和宗教团体有权自主确定教会职务的规则以及由此产生的人身要求,并依此来做出自己的决定。职务和雇佣关系所具有的教会或宗教团体的神职宗教特征越多,受国家法律保护的主体法律地位就越弱。[15] 本案中,被告声称,原告在“履行军官义务”中,即在被告的基本规则所规定的神职人员职位上,有个人错误。因而,解除神职人员的职务是一种纪律处分,对此原告只能声请调查委员会处理。他们没有这样做,但这并不会扩展国家法院的审查范围。假如根据被告的团体法,原告完全没有机会通过行政途径对自己被解聘的行为进行辩护,这时会不会有不同的处理,此处无须裁判。因此,解聘不受合法性审查,而只受有效性审查。原告在事实审没有指出被告的自我定位有违反法制基本原则的问题,如违反一般恣意禁止(《基本法》第3条第1款)、善良风俗(《民法典》第138条)和公共秩序(《民法典施行法》第6条),因而无须依法查明。

二、评　　析

本案的核心问题是教会自决权和国家司法权之间的关系。在西方,国家和宗教的关系源远流长,现代国家即是在宗教冲突和战争中形成的。目前,绝大多数国家都是与宗教相分离的。尽管德国也实行政教分离,但它的宗教组织法至今仍然保留了很多传统的理念,德国更加强调国家与宗教各自的独立以及相互保持距离。它并没有把教会和其他宗教团体视为一般的社团组织,而是赋予了宗教组织一定的自决权。

(一)关系回顾

教会自决权从1848年开始就成为德国宪法的组成部分。《普鲁士宪法》

---

〔15〕 参见 *Ehlers* ZevKR 27[1982],269,292 f.;v. Mangoldt/Klein/Starck/v. Campenhausen aaO Art. 137 WRV,Rdn. 201。

(1848 年)第 15 条规定:“新教、罗马天主教以及任何其他团体自主规定和管理其事务,并继续占有和享用用于礼拜、宣教和慈善的机构、捐赠和基金”。《保罗教堂宪法》(1849 年)第 147 条第 1 款规定:“每个宗教团体都自主地规定和管理自己的事务,但受制于一般国家法律”。《魏玛宪法》(1919 年)第 137 条第 3 款规定:“每个宗教团体在对所有人都适用的法律界限内自主规定和管理其事务。”根据德国现行宪法《基本法》(1949 年)第 140 条,《魏玛宪法》第 137 条被直接纳入《基本法》,继续有效。〔16〕

在学界,人们对教会自决权的范围一直存在争议。有学者认为,《基本法》规定的并不仅仅是一种自我管理的权利,而是承认宗教团体的自我决定权,以及其完全不受国家监视和监护的自由。〔17〕 宗教团体的自决权包括组织自由、规定自由和管理自由。其中规定自由是指国家不能对教会的规则制定施加影响,教会法律规定不需要提交国家批准才能生效。教会的管理自由则包括自由确定实现管理任务的各种机构,其中主要是职务任命。“规定”和“管理”的概念相当广泛,也包括自己的司法,即按照法院的方式解决自己的事务,包括制定必要的程序法。这一点在一些大的教会中比较常见。教会自决权的范围不由国家单方面确定,而应“实质性地、按照事物本质或者目的来决定哪些应视为教会的自我事务”。〔18〕 例如,自由地任命主教和其他神职高级教职、神职人员的教育和培训、成员的权利和义务、教会的职务法和劳动法以及行善活动等。

不过,另一些人则强调,宗教团体的自决权要受到“适用于所有人的法律”的限制。什么叫“适用于所有人的法律”,Johannes Heckel 有一个经典的定义,即“即使原则性认可教会的自主权、但从整个国家的立场来看必须承认为教会自由之必要限制的法律,换句话说,每部对于作为政治文化和法律共同体的整体国家而言不可或缺的法律,但也仅仅是这样的法律”。这一定义被学界和司法判例长期使用。由于这一概念具有很大的解释空间,所以学界的讨论很多,

〔16〕《魏玛宪法》制定于 1919 年,1945 年德国战败以后被盟国管制委员会废止。1949 年联邦德国成立之后,该法的第 136 条、第 137 条、第 138 条、第 139 条和第 141 条被《基本法》吸收。该法其他条款在不违背联邦法律的情况下继续有效,但经过 20 世纪 60 年代进行的法律清理之后,仅有第 109 条在今天仍然有效。

〔17〕 *v. Campenhausen/H. de Wall*, Staatskirchenrecht 4. Aufl. ,S. 99.

〔18〕 BverfGE 70,138,165.

争议很大,司法判例也不断做出解释。[19] 其实,简单地讲就是普通法律。此外,教会当然需要服从《基本法》的一些原则和制度,例如民主原则、国家主权原则等。

在实务中,国家法院对于教会领域的司法一直保持克制,遵循着非常严格的限制路线。自《魏玛宪法》制定以来,法院一直恪守对宗教内部事务没有管辖权的规定,不提供司法保护。无论是民事法院还是行政法院,甚至包括联邦宪法法院对此都有非常严格的限制,尤其是在宗教职务法方面。即使在财产法方面,也只有当教会明确放弃管辖,或者至少是默许国家法院管辖后,相应的法院才能介入。在此期间,仅在例外情形中,如在涉及教会的所有权、不正当竞争、幼儿园和交通安全义务等问题时,才可向普通法院提起诉讼;涉及职务关系、墓碑和征收教会房屋时,可向行政法院提起诉讼。[20]

这一路线从2000年开始松动。联邦最高法院在2000年2月11日作出的裁判与此前的判例不同,开始强调国家对教会和宗教团体的司法提供义务。联邦最高法院认为,即使需要首先澄清教会内部的一些前问题,教会或宗教团队也可以向国家法院申请提供法律保护。[21] 随后,联邦行政法院关于犹太教区参与分配萨克森-安哈尔特州国家补助的判决,[22]更被学术界视为司法判例的重要转折。司法界的新风向表明,国家法院在教会案件中的提供司法的退缩态度已经走到尽头,国家法院可能会更多地介入宗教事务。

(二)本案的突破

与2000年的判决相比,联邦最高法院在本判决中对教会自决权及与国家司法的关系进行了非常详细的阐释,明确放弃了坚守几十年的严格路线,进一步确定了新的方向。新的突破尤其体现在阐明了以下几个问题:

1. 国家的司法义务源于宪法,不受制于教会自决权

联邦最高法院在判例中明确表示,国家提供司法的义务是宪法规定的,不需要征得教会同意,也不以国家在这个领域是否有特殊的意愿为前提。“无论是有利于还是不利于教会和宗教团体,国家都应当有提供司法的义务,同样,对

---

〔19〕 参见 *v. Campenhausen/H. de Wall*, Staatskirchenrecht 4. Aufl. ,S. 109 – 114。

〔20〕 参见 MünchKomm-ZPO/Wolf 2. Aufl. GVG § 13 Rdn. 101 – 103。

〔21〕 BGH NJW 2000,1555.

〔22〕 BVerwGE 116,86.

于国家领土上的所有法律主体而言，无论是对他有利还是不利，即使在适用国家法律规范时必须对宗教团体的前问题进行澄清，国家也有义务提供司法。”仅在纯粹的宗教内部事务中，如礼拜、圣事管理和教会内部结构等问题，才不会涉及国家的司法。判例还指出，教会和宗教团体也得遵守宪法国家制度。受宪法保障的教会自决权包括的范围“不是一片法外天地，而是嵌入国家法律制度之中的”。“相对于法院司法，教会和宗教团体不存在原则上的自由空间；它的自有领域会在案件裁判的框架内被考虑，而不是从一开始就将国家司法排除在外。”〔23〕如果以此为基础，就不难理解国家法院对教会的渗透。

2. 教会司法权与国家司法权不是平级的

国家司法和教会司法的关系以前被描述为相互对立和并存关系。从国家的视角来看，是否设立教会法院以及教会的司法权限有多宽，纯粹是教会自己决定的问题，国家并没有为他们设定界限。然而这并不意味着教会法院的判决与国家法院的判决具有同样的作用：因为司法权仅由国家法院行使，只要根据国家法存在司法提供请求权的地方，就只能由国家法院提供法律保护。教会法院即使满足了国家法院的所有前提条件，也不是国家法院。因此，使用教会法院的法律途径不能视为已行使了司法提供请求权。联邦最高法院明确表示，此前的观点，即教会案件仅由教会法院负责，排除国家法院的法律途径，已不再正确。只是由于教会法院与教会案件的距离更近，它无须遵守国家信仰中立的原则，因而更适合于处理信仰问题。

司法提供请求权要求“原则上对诉讼标的进行全面的事实审查和法律审查，并由国家法院作出有拘束力的裁判”。20 世纪 50 年代以来延续的、国家法院在教会和宗教团体的效力范围保持防御的态度，可能给人造成一种错误的认识，即认为国家法院在宗教案件中的司法是国家对教会的一种监视。这种认识是违背关于国家和宗教关系的原则性理解的。然而这个问题应当辩证地来看待，一方面，宪法所保障的教会自决权不是要架空国家的司法主权，另一方面，教会自决权也为国家的司法设定了一定的界限。这个界限指的是国家法院审查和裁判权限的标准和界限，即国家法院仅对法律保护请求的正当性进行审查，而不是审查它的合法性。

由此可见，国家司法提供义务和教会自决权之间的平衡不再是在诉讼的合

〔23〕 *Weber*, Kirchlicher Rechtsschutz und Staatliche Gerichtsbarkeit, ZevKR 49, 394.

法性层面来寻求,而是在正当性层面来寻求。也就是说,国家法院通常会将宗教团体自决领域的诉讼视为是合法的,只有在审查原告对于宗教团体是否真的享有所主张的请求权——即该请求权是否正当——这个问题时,教会的自决权才有意义。

3. 穷尽教会法律途径

联邦最高法院指出,"如果教会内部争议可以声请教会的内部法庭或调解委员会处理,在穷尽教会内部法律途径之前,不存在声请国家法院提供法律保护的需要"。对于国家法院而言,要求寻求法律保护的人在声请国家法院之前穷尽教会内部的权利保护措施,这不过是根据一般诉讼法原则所确定的对于利用法院所必需的法律保护需要。与其他的法律纠纷一样,在教会案件中,如果还有可以利用的教会内部解决措施,法院就会认为缺乏法律保护需要。从这个意义上讲,要求穷尽教会内部法律途径,也是承认教会法院具有合格的人员组成,基于其对特殊领域的相近关系,可以对涉及教会的法律纠纷作出相当的裁判。当然,这里没有考虑寻求法律保护人的时间因素。如果某个教会有多重审级,走完所有的程序往往可能需要几年。在这种情况下是否存在声请国家的充分理由,需要视具体情况而定。[24]

联邦宪法法院曾经指出,应当顾及教会的自我规则,"在穷尽这方面现存的教会法律途径之前不要对教会的职务法问题按照一般法律和以满足司法提供请求权的标准来进行裁判",[25]这是诉讼法上对于声请国家法院的合法性要求,它考虑了教会司法的特殊性。这当然不是说,教会内部的司法与国家法院的司法在法院组织法上处于同一个位阶,似乎教会司法与国家司法以一种审级的形式各自具有一定的管辖权限。尽管事实上教会的法庭在人员、程序和裁判质量方面都跟国家法院基本处于同一个水平,但它不是《基本法》第92条意义上的法院。[26] 也更不能认为,教会司法应当考虑国家在教会案件中的司法提供义务。

---

〔24〕 *Kästner*, Vergangenheit und Zukunft der Frage nach rechtsstaatlicher Judikatur in Kirchensachen, ZevKR 48, 310.

〔25〕 BVerfG, NJW 1999, 349, 350.

〔26〕 *Kästner*, Vergangenheit und Zukunft der Frage nach rechtsstaatlicher Judikatur in Kirchensachen, ZevKR 48, 310.

(三)存在的问题

对于本判决,学界有不同的解读。尽管主流观点认为,它是国家司法权的继续扩张,但也有人认为它仍然行进在原来较为克制的道路之上,因为判决也明确指出,仅对"教会裁判的有效性进行审查",而且对有效性的审查也仅限于"审查该措施是否违反了法律制度的基本原则,如是否存在一般恣意禁止,以及是否有违善良风俗和公共秩序"。[27]

如果说上述分歧只是学理解读,不具有权威性,那么联邦行政法院在裁判中的摇摆态度则可以说明德国司法界对这一问题仍然存在较大争议。联邦行政法院在 2002 年 2 月 28 日作出了一项松动的裁判,[28]半年以后,即 2002 年 10 月 30 日又做出了一项严格的裁判。[29] 该裁判不仅毫无限制地证实了此前的严格路线,在某些重要问题上甚至还更加严格,明确强调教会在教会职务法方面不受国家司法控制,指出由教会的机构做出裁判也是遵守国家法律制度的根本原则。

直到十年之后,联邦行政法院才在 2014 年 2 月 17 日的判决[30]中明确指出,国家法院的法律途径也向神职人员和教会的官员开放,国家法律途径具有补充性和从属性特征。基于宪法所保障的司法提供请求权,神职人员和宗教团体的官员也有权声请国家法院对宗教团体的职务法措施是否与国家法相符进行审查。此判决明确放弃了联邦行政法院 2002 年 10 月 30 日的判决。它还指出,宪法所保障的宗教团体的自决权在法院审查的范围和强度中才予以考虑。国家法院审查的内容和范围取决于国家法的各个调整范围对宗教团体自决权有怎样的限制。神职人员和官员的职务法是宗教团体自决权的核心。在这个领域内,国家法院仅限于审查被攻击的措施是否违反了《基本法》第 79 条第 3 款规定的根本性宪法原则。在职务法案件中,必须先寻求宗教团体自己的法律途径,寻求无果之后才能声请国家法院。

总的来看,在所有存在教会法院法律途径的地方,需由教会法院先行处理,

---

〔27〕 *Hermann Weber*, Kontroverse zum Rechtsschutz durch staatliche Gerichte im kirchlichen Amtsrecht, NJW 2003, 2067, 2069.

〔28〕 BVerwGE 116, 86.

〔29〕 BVerwG, NJW 2003, 2112.

〔30〕 BVerwG, Urteil vom 27. Februar 2014 – 2 C 19/12 –, juris.

另一方面,国家法院收回控制权,对教会自我立法的解释和适用进行审查。国家法院具有最终的管辖权,这也是保证民主法治国家公共秩序的需要。

三、结　　语

21世纪初,关于国家司法提供义务和宗教团体自主权的争论非常激烈,分别以联邦最高法院和联邦行政法院的几个判例为代表。一派认为,国家司法权应当扩展,[31]另一派认为应当维持原来的克制路线。[32] 学界更期待联邦宪法法院关注和讨论该问题,并且做出原则性裁判。联邦宪法法院在此后的两个裁定中,并没有借此机会对这个关键的问题进行解释。[33] 不过Lübbe-Wolff法官在其中一个裁定中投了否决票,[34]这一点非常值得注意,它说明甚至在联邦宪法法院内部对于这个问题也存在争议。直到2014年联邦行政法院放弃其此前立场以后,这一争论才得以平息。

德国实行政教分离,国家不指定国教,公民享有宗教信仰自由(《基本法》第4条),宗教团体享有自决权(《基本法》第140条)。由于教会的人员同时是公民和教徒,所以国家和教会这两个机构实际上并不可能彻底分离,立法机关仅仅是将其从组织上、根源上分开了。[35] 在历史上,德国曾有过皇帝和教会关于主教续任权的争斗,为了防止再次出现这种情况,从《魏玛宪法》开始,德国立法机关选择了合作模式,[36]这与法国和美国的做法不同。德国的联邦政府和各州政府都会和教会签订相应的协定,例如在梅克伦堡州政府和州教会团体签订的

---

〔31〕 BGH,2003 -03 -28,V ZR 261/02,NJW 2003,2097 und BVerwG,2002 -02 -28,7 C 7/01,DVBl 2002,986.

〔32〕 BVerwG,2002 -10 -30,2 C 23/01,BVerwGE 117,145.

〔33〕 BVerfG,2004 -01 -27,2 BvR 496/01,ZevKR 49,777 (2004) und BVerfG,2004 -01 -27,2 BvR 1978/00.

〔34〕 *Droege*,Neues zum „Quis judicabit?" -oder:Ist das Bundesverfassungsgericht (k) ein staatliches Gericht? ZevKR 49,763.

〔35〕 *v. Campenhausen/H. de Wall*,Staatskirchenrecht,S. 90.

〔36〕 *de Wall/Muckel*, Kirchenrecht,S. 86.

协定中,规定“国家和教会这种分离既要求保持距离,也要求进行合作”。[37] 在日常生活中,教徒的事务与世俗国家有很多交集,教会作为一种公法团体也受到不同法律的规制。从国家方面来讲,尽量在《基本法》规定的自决权框架下保证宗教团体享有最大限度的自治,但从教会方面来看,德国的这种克制态度承受了越来越大的政治压力,也不断在遭到突破。一方面,欧盟“从上面”要求对这种关系进行某种修订;另一方面,社会的发展和变化也“从下面”不断对这种模式造成冲击。

历史表明,国家和教会的关系不能简单地描述为由基督教国家过渡到了世俗国家,而是共处。只要是在同一空间内共处,就不能被相互取代。国家和教会在本质上都有一些恒定的元素,当然它们的表现形式也受到历史变迁的影响,对于其任务与各自的关系会不断出现新的阐释。鉴于历史教训,德国并不十分强调公民服从命令和听话,而是强调参与和共同承担责任。由于宗教团体的信众同时也是普通的国家公民,他们会受到国家权力的影响。当然,民主自由的国家也不会不承认宗教团体的共存,它会在法律上对其关系做出规定。经验表明,不能用简单的概念来概括国家与教会的关系,如分离、中立和宗教自由等。现实是多层面的,甚至每个州的历史情况都不一样。

---

〔37〕 ebd. ,S. 87.

图书在版编目(CIP)数据

中德法学论坛. 第15辑 / 方小敏主编. -- 北京 : 法律出版社, 2018
ISBN 978-7-5197-0177-2

Ⅰ. ①中… Ⅱ. ①方… Ⅲ. ①法律-文集 Ⅳ. ①D9-53

中国版本图书馆CIP数据核字(2018)第290634号

中德法学论坛(第15辑)
ZHONG-DE FAXUE LUNTAN (DI 15 JI)

方小敏 主编

责任编辑 孙东育 王 珊
装帧设计 李 瞻

出版 法律出版社
总发行 中国法律图书有限公司
经销 新华书店
印刷 北京玺诚印务有限公司
责任校对 杨锦华
责任印制 陶 松

编辑统筹 学术·对外出版分社
开本 720毫米×960毫米 1/16
印张 23
字数 354千
版本 2018年12月第1版
印次 2018年12月第1次印刷

法律出版社/北京市丰台区莲花池西里7号(100073)
网址/www.lawpress.com.cn
投稿邮箱/info@lawpress.com.cn
举报维权邮箱/jbwq@lawpress.com.cn
销售热线/010-83938336
咨询电话/010-63939796

中国法律图书有限公司/北京市丰台区莲花池西里7号(100073)
全国各地中法图分、子公司销售电话:
统一销售客服/400-660-6393
第一法律书店/010-83938334/8335
西安分公司/029-85330678
重庆分公司/023-67453036
上海分公司/021-62071639/1636
深圳分公司/0755-83072995

书号:ISBN 978-7-5197-0177-2
定价:89.00元

(如有缺页或倒装,中国法律图书有限公司负责退换)